权威·前沿·原创

皮书系列为
"十二五""十三五"国家重点图书出版规划项目

B
BLUE BOOK

智 库 成 果 出 版 与 传 播 平 台

越南蓝皮书

BLUE BOOK OF
VIETNAM

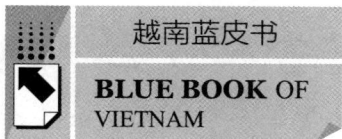

越南国情报告
（2019）

ANNUAL REPORT ON VIETNAM'S NATIONAL SITUATION
(2019)

广西社会科学院
广西东南亚研究会
主　编／谢林城

社 会 科 学 文 献 出 版 社
SOCIAL SCIENCES ACADEMIC PRESS（CHINA）

图书在版编目（CIP）数据

越南国情报告. 2019 / 谢林城主编. -- 北京：社
会科学文献出版社，2020.2
　（越南蓝皮书）
　ISBN 978 - 7 - 5201 - 6229 - 6

　Ⅰ.①越…　Ⅱ.①谢…　Ⅲ.①越南 - 研究报告 -
2019　Ⅳ.①K933.3

　中国版本图书馆 CIP 数据核字（2020）第 028860 号

越南蓝皮书
越南国情报告（2019）

主　　编 / 谢林城

出 版 人 / 谢寿光
组稿编辑 / 周　丽　王玉山
责任编辑 / 王玉山
文稿编辑 / 程彩彩

出　　版 / 社会科学文献出版社·城市和绿色发展分社（010）59367143
　　　　　地址：北京市北三环中路甲 29 号院华龙大厦　邮编：100029
　　　　　网址：www. ssap. com. cn
发　　行 / 市场营销中心（010）59367081　59367083
印　　装 / 天津千鹤文化传播有限公司

规　　格 / 开本：787mm × 1092mm　1/16
　　　　　印张：25　字数：375 千字
版　　次 / 2020 年 2 月第 1 版　2020 年 2 月第 1 次印刷
书　　号 / ISBN 978 - 7 - 5201 - 6229 - 6
定　　价 / 185.00 元

越南蓝皮书编委会

主 任 陈立生

副主任 谢林城　刘建军　黄天贵

委 员（按姓氏笔画为序）

王建平　韦朝晖　邓　坚　刘东燕　吴　坚

陈红升　陈洁莲　林智荣　周可达　冼少华

姚　华　黄红星　覃卫军　覃　娟　曾家华

解桂海　廖　欣

编撰说明

为了加强对越南现状的基础性研究，为研究教学人员、实际工作者及对越南问题感兴趣的各界人士提供准确翔实的系统性研究报告和最新资讯，广西社会科学院东南亚研究所与国内有关单位合作，组织越南问题研究的知名专家、学者，自 2000 年起逐年编纂《越南国情报告》。

连续出版的《越南国情报告》作为具有较高学术水准和资料准确翔实的系统研究报告和工具书，已成为国内外各界了解越南最新发展情况和研究越南发展趋势的重要参考书，受到广大读者的欢迎。

《越南国情报告（2019）》内容分为六部分：第一部分为总报告，比较全面地反映和研究了 2018 年越南政治、外交、经济、贸易、社会、文化等方面的发展情况，并对下一年度的发展前景进行了预测；第二部分为越南 2018～2019 年度发展分报告，介绍了越南各个行业、领域的发展状况；第三部分为经济专题报告，对 2018 年度越南农业、工业、财政金融、交通通信等各个经济领域的发展状况进行了分析研究；第四部分为区域专题报告，对越南首都河内、工商业中心胡志明市和越南北部边境经济的发展状况进行了研究；第五部分为其他专题研究；第六部分为综合资料，设有 2018 年越南及中越关系大事记、越南经济社会统计数据、主要参考文献和资料来源。

广西社会科学院、有关越南问题研究专家和社会科学文献出版社对本项目的重视和支持，使本书得以顺利出版发行，在此表示衷心感谢！由于我们水平有限，这本书会存在这样或那样的缺点和不足，敬请专家和读者批评指正，并赐予宝贵建议，我们将努力把下一本《越南国情报告》编写得更好。

编　者

2019 年 8 月

From the Editor

With an aim to strengthen the fundamental research on the situation of Vietnam and provide a systematic reference to those who have interests in Vietnamese issues, the Institute of Southeast Asian Studies (ISEAS), Guangxi Academy of Social Sciences (GASS), together with specialists and scholars from outside organizations, have compiled the *Country Report of Vietnam* annually since 2000.

As an academic publication, *Annual Country Report of Vietnam* is well-received by readers and has become an important reference domestically and internationally to acquaint the latest information on Vietnam.

The *Annual Country Report of Vietnam* (2019) includes six sections. SectionⅠis the general report on the retrospect of 2018 regarding the politics and foreign relations, economy and trade, as well as social and cultural development of the country, and its outlook on that of the next year. Section Ⅱ are the reports concerning the development of different industries and fields during 2018 – 2019. Section Ⅲ consists of reports on economic issues, regarding the development of various economic fields, namely agriculture, industry, finance and banking, transport and communication. Section Ⅳ covers regional development reports, including the capital Hanoi, the industrial and commercial center Ho Chi Minh city and the frontier economy in northern Vietnam. Section Ⅴ contains other relative reports, and Section Ⅵare the reference data, including chronicle of events of Vietnam and Sino-Vietnam relations in 2018, economic and social statistics, relevant documents and source of information.

From the Editor

We would like to extend our gratitude to Guangxi Academy of Social Sciences, specialists and scholars on Vietnamese Studies, and Social Sciences Academic Press (China) for the support to this report. Any omissions and mistakes are on us, and critics and comments are welcome in order for a better one next year.

Editor

August 2019

摘　要

2018 年，越南继续加强党的建设和反腐败斗争工作，提升越南共产党的领导能力和执政能力，为计划于 2021 年年初召开的越共十三大开展筹备工作。越南国家主席陈大光因病去世，越共中央总书记阮富仲依照法律程序当选越南国家主席；外交活动活跃；全部完成国会提出的 12 项经济社会发展指标，国内生产总值增长 7.08%，为 2008 年以来最高水平；体育文化事业取得进步；遭受自然灾害损失较为严重。

政治方面：政治基本保持稳定。2018 年，越南继续加强党的建设和整顿，提升党的领导能力和执政能力。越南中央和地方各级政府继续落实《关于加强建设和整顿党，防止和遏制思想政治、道德和作风蜕化及内部"自我演变""自我转化"现象的决议》行动计划要求，加强思想政治建设，严格纪律、纪纲。越共十二届七中、八中、九中三次全会研究部署干部队伍建设工作，出台有关决议和规定引领越南政治和经济社会发展，并为计划于 2021 年年初召开的越共十三大进行筹备工作。越共中央颁行越南海洋经济可持续发展战略决议。越南第十四届国会第五次会议和第六次会议继续集中开展立法工作，并对国家的一些重要问题做出决定，两次会议审议通过了 16 部法律，其中包括新的《国防法》。国会拟审议通过特区法案，引起越南部分人强烈反对并引发社会骚乱，导致上百人被拘留和起诉。第三次对由国会选举产生和批准的官员进行信任测评，根据投票结果，48 名官员全部通过测评。大力实施机关合并，精简行政机构，公安部门精简机构工作尤显突出。在各地，很多局级机构、部门被合并。

外交方面：外交活动活跃。2018 年，越南继续推动和深入发展与邻国中国，东盟国家，美国、俄罗斯等大国以及传统伙伴国的关系。美国航空母舰在越战结束后首次访问越南。2018 年，越南党和国家领导人 28 次出国访问和参加大型的国际会议，接待 33 个各国高级领导代表团访问越南和参加在越南举行的重要活动，以及进行上百场在重要多边会议空隙时间的高级别接触。年内，越南和澳大利亚双边关系提升为战略伙伴关系，越南与匈牙利建立全面伙伴关系。越南批准了《全面与进步跨太平洋伙伴关系协定》（CPTPP）。2018 年，越南积极参加多边外交活动，组织了一些重大的多边国际会议，多边外交有了新的发展。越共中央书记处颁行《至 2030 年加强和提升多边外交能力的指示》，这是越南共产党专门针对多边外交工作的首个指导文件，把多边外交列入政治系列的任务之中。

经济方面：国内生产总值增速为 2008 年以来最高水平。2018 年，越南全部完成国会提出的 12 项经济社会发展指标。其中，越南国内生产总值增长 7.08%。经济规模依照现行价格达到 5535.3 万亿越南盾（约合 2440 亿美元），人均 GDP 约为 5850 万越南盾，相当于 2587 美元，比 2017 年增加 198 美元。2018 年，货物贸易进出口总额达 4822.3 亿美元，再创新高，也使得外贸依存度继续攀升，高达 198%。越南的主要贸易伙伴为中国、韩国、美国、东盟、欧盟、日本。在吸引外资方面，2018 年越南新批外资项目协议金额和已经投资的外资项目增资金额与 2017 年相比均有所下降，但外资收购股权协议金额大幅上升，三项合计 354.6 亿美元，与 2017 年基本持平。旅游业吸引国际游客人数实现大幅度增长，赴越南的国际游客达 1550 万人次。2018 年，越南国有资产管理委员会在河内正式成立，接管了 19 家国有独资集团和总公司。年内，越南制造汽车首次面世，宜山炼油厂正式投入商业运行，越南股市连续五年增长后下跌。

社会文化方面：越南足球队连创佳绩，"越南数字化知识体系"提案正式启动，越南遭受自然灾害损失严重，越南高考发生严重舞弊事件、胡志明市首添新都市区土地纠纷、岘港—广义高速公路通车不久在暴雨过后出现大量坑洞等成为社会热点问题。

展望 2019 年，越南将集中精力落实越南第十四届国会第六次会议提出的 2019 年经济社会发展总体目标和各项主要指标。继续保持宏观经济稳定，控制通货膨胀，提高经济的效率、质量、效果、自主性和竞争力。集中改善投资和经营环境，促进经济增长；实施战略突破，力争有更加实质性的转变；提高人民的物质和精神生活；坚决预防和打击贪污腐败；实行节俭，反对浪费。

关键词： 越南　政治　经济　社会文化建设　国情报告

Abstract

In 2018, Vietnam continued strengthening the construction of the Communist Party of Vietnam (CPV) and anti-corruption, upgrading the leadership and governance capability of CPV, and preparing for the 13th National Party Congress scheduled for early 2021. President Tran Dai Quang died of illness during the year and General Secretary of CPV central committee Nguyen Phu Trong was elected as the new president in accordance with Vietnam's legal process. The year saw the country being active in diplomatic activities. Gross domestic product grew by 7.08%, the highest since 2008. Progress was also made in sports and cultural fields, and losses caused by natural disasters were relatively high.

Political aspect: in 2018, politics in Vietnam remained basically stable. The country continued strengthening the construction and rectification of CPV, upgrading its leadership and governance capability. Both the central and local governments carried on implementing the action plan of *Resolution on Strengthening Construction and Rectification of CPV, Preventing and Curbing the Disintegration of Political Thought, Morality and Work Style and Internal " Self-evolution" and "Self-transformation"*, highlighting ideological and political development and streamlining discipline. The seventh, eighth and ninth plenum of the 12th Central Committee of the CPV discussed and deployed the building of contingent of cadres, issued relevant resolutions and regulations to guide Vietnam's political, economic and social development, and prepared for the 13th National Party Congress scheduled to be held in early 2021. The central committee of CPV has issued a strategic resolution on the sustainable development of Vietnam's sea-based economy. The fifth and sixth sessions of Vietnam's 14th national assembly continued to focus on legislation and made decisions on the country's important issues. Sixteen laws, including an amended Law on National Defense, were reviewed and adopted at the two sessions. A plan to pass a Law on Special Administrative and Economic Units of Van Don, Bac Van Phong and Phu Quoc in the national assembly had sparked strong opposition from some Vietnamese and social unrest, resulting in the detention and prosecution of hundreds of people. For the third time, all 48 officials elected and approved by the assembly passed the trust assessment. Efforts had been made to consolidate government agencies and streamline administrative agencies. The streamlining work of public security departments was particularly prominent, with many local bureaus and departments being merged.

Foreign affairs aspect: Vietnam was active in foreign relations in 2018, continued to promote and deepen the relations with neighboring countries, namely China, and relations with ASEAN members and major powers like the United States and Russia, as well as its traditional partners. An American aircraft carrier visited Vietnam for the first time since the end of Vietnam War. High officials of the country took 28 overseas visits and attended major international meetings. Meanwhile, it hosted 33 high-level delegations visiting to Vietnam or participating in important events in Vietnam, and conducted hundreds of high-level contacts during major multilateral meetings. During the year, bilateral relations between Vietnam and Australia were upgraded to a strategic partnership and that with Hungary a comprehensive partnership. In the meantime, the ratification of Comprehensive Progressive Agreement for Trans-Pacific Partnership (CPTPP) was approved. In 2018, the country took an active part in multilateral diplomatic activities and organized some major multilateral international conferences in Vietnam. New progress had been made in multilateral diplomacy. The secretariat of the central committee of CPV issued the Directive No. 25 – CT/TW on promoting and enhancing the role of multilateral diplomacy until 2030, which is the first guiding document of CPV on multilateral diplomatic affairs, putting multilateral diplomacy as one of political tasks.

Economic aspect: GDP growth has achieved the highest rate since 2008. In 2018, Vietnam completed all 12 targeted economic and social development indicators set by the National Assembly, in which gross domestic product grew by 7.08%. According to current price, the economy size of Vietnam amounted VND5535.3 trillion (about USD244 billion) and GDP per capita reached

VND58. 5 million（USD2587）, an increase of USD198 over 2017. In 2018, total imports and exports of goods reached USD482. 23 billion, achieving a new high and an increase of foreign trade dependence which was as high as 198%. Major trade partners of the country included China, South Korea, the United States, ASEAN, EU and Japan. In terms of foreign investment, in 2018, the agreed amount of new foreign-funded projects approved in Vietnam and the amount of increased investment in the already invested foreign-funded projects decreased annually compared with that of 2017, but the amount of foreign equity acquisition agreements increased significantly, totaling USD35. 46 billion, basically the same as that of 2017. The tourism industry saw a substantial increase in attracting international tourists, with 15. 5 million international tourists visiting Vietnam. In 2018, the Vietnam State-owned Assets Management Commission was formally established in Hanoi, taking over 19 wholly state-owned groups and companies. The year also saw the debut of a Vietnam-made car, Nghi Son oil refinery-petrochemical plant began commercial operation, and Vietnam's stock market fell after five years of gains.

Social and cultural highlights included Vietnam's football team achieving several best results, the "Vietnam digital knowledge system" proposal being officially launched, and heavy losses was caused by natural disasters. Other social hot issues included serious cheating in the national college entrance examination in Vietnam, land disputes in the new urbanized area Thu Thiem of Ho Chi Minh city and potholes in Da Nang-Quang Ngai expressway after heavy rain.

Looking into the year 2019, Vietnam will endeavor to accomplish the goals and indicators of the economy in 2019 proposed during the sixth session of the 14th National Assembly. The country will continue to maintain stability in macro economy, control inflation and raise the growth quality, efficiency and competitiveness. It is to focus on improving the investment and business environment, so as to promote economic growth, implement strategic breakthroughs and strive for more substantial changes, improve the material and spiritual life of the people, prevent and combat corruption resolutely, and practice thrift and oppose waste.

目 录

Ⅰ 总报告

Ⅱ 分报告

Ⅲ 经济专题报告

皮书数据库阅读**使用指南**

CONTENTS

Ⅳ   Regional Reports

V   Related Reports

Ⅵ   Reference Data

总 报 告

General Report

B.1

2018年发展回顾与2019年展望

李碧华 谢林城*

摘　要： 2018年，越南继续加强党的建设和反腐败斗争工作，提升越南共产党的领导能力和执政能力，为计划于2021年年初召开的越共十三大开展筹备工作。越南国家主席陈大光因病去世，越共中央总书记阮富仲依照法律程序当选越南国家主席；外交活动活跃；全部完成国会提出的12项经济社会发展指标，国内生产总值增长7.08%，为2008年以来最高水平；体育文化事业取得进步；遭受自然灾害损失严重，社会文化领域一些事件引人关注。

关键词： 越南　政治　外交　经济　社会文化

---

* 李碧华，广西社会科学院东南亚研究所副译审；谢林城，广西社会科学院党组副书记、副院长。

一 政治基本保持稳定

2018 年，越南继续加强党的建设和反腐败斗争工作，提升越南共产党的领导能力和执政能力，为计划于 2021 年年初召开的越共十三大开展筹备工作。出台有关重大发展战略决议和多部法律。大力实施机关合并，精简行政机构。平息 6 月份出现的社会骚乱，政治社会安全形势基本保持稳定。

2018 年 9 月 21 日，越南国家主席陈大光在河内病逝。9 月 23 日，越南国会常务委员会宣布由国家副主席邓氏玉盛出任国家代主席，直至国会选出新的国家主席。10 月 3 日，越南共产党中央委员会在越共十二届八中全会上全票提名越共中央总书记阮富仲为新一届越南国家主席人选。10 月 23 日，在越南第十四届国会第六次会议上，阮富仲以 476/477 张赞成票（赞成率为 99.79%）当选 2016～2021 年任期越南国家主席，成为自 1945 年以来继胡志明和长征这两位老一辈领导人之后再次同时担任越南党和国家两个最高职务的领导人。

（一）加强党的建设和反腐败斗争工作，提升越南共产党的领导能力和执政能力

1. 加强党的思想政治建设和干部队伍建设

2018 年，越南中央和地方各级政府继续落实《关于加强建设和整顿党，防止和遏制思想政治、道德和作风蜕化及内部"自我演变""自我转化"现象的决议》行动计划要求，加强思想政治建设，严格纪律、纪纲。越共十二届七中、八中、九中三次全会研究部署干部队伍建设工作，出台有关决议和规定引领越南政治和经济社会发展，并为计划于 2021 年年初召开的越共十三大开展筹备工作。

加强干部队伍建设是 2018 年越南共产党的一项重点工作。越共中央出台了一系列有关干部工作的重要决议和规定，分别是：越共十二届七中全会

通过的《关于集中建设具备与任务相匹配的品质、能力和威信的各级干部队伍，尤其是战略级干部队伍的决议》，该决议规划了到2020年、2025年、2030年干部队伍建设的发展目标，提出建设数量足、质量高、结构合理、可持续发展的干部队伍；越共十二届八中全会通过的《关于党员干部，尤其是政治局委员、中央书记处书记、中央委员会委员树立榜样的责任规定》，具体规定党员干部，尤其是政治局委员、中央书记处书记、中央委员会委员要严格执行党的纲领、章程、决议、指示、规定以及国家的政策法律，让党员干部，尤其是政治局委员、中央书记处书记、中央委员会委员树立榜样，成为自觉、经常和有效的具体行动者；越共十二届七中全会还通过了《关于干部、公职人员、武装力量和企业劳动者的薪酬制度改革的决议》，旨在为越共干部队伍建设提供物质基础保障。

越共十三大计划于2021年年初召开，越共十二届八中全会决定成立5个工作小组负责十三大筹备工作，5个小组分别是：由越共中央总书记阮富仲担任组长的文件起草小组、由越南政府总理阮春福担任组长的经济社会小组、由中央组织部部长范明政担任组长的党章小组、由阮富仲担任组长的人事小组、由中央书记处常务书记陈国旺担任组长的大会组织后勤小组。① 越共十二届九中全会研究和讨论中央政治局关于2021～2026年任期越共中央委员会委员候选人预备人选推荐提名工作的有关呈文、报告和材料，讨论了各个机关、各级地方呈报的两百余名十三届中央委员会候选人。

此外，2018年12月越共十二届九中全会上，越共中央委员会按照规定对16名政治局委员和5名中央书记处成员进行信任测评。按照中央委员会的规定，一般在任期第三年进行信任测评。这是越共第二次举行党内信任测评，但信任测评结果未向社会公布。

2. 继续加大反腐败工作力度

越共十二大以来，越南加大了反腐败工作力度，油气、银行、土地管

---

① 《越共十二届八中全会主要成果》，2018年10月6日，http://hanoimoi.com.vn/Tin - tuc/Chinh - tri/915022/7 - ket - qua - chinh - cua - hoi - nghi - trung - uong - 8 - khoa - xii。

理、公共财产等领域的多起重大腐败案件以及一些部门和地方发生的消极腐败案件被调查、起诉、受审和曝光。2018 年，包括越南国家油气集团及其下属的越南油气建筑安装股份总公司、大洋股份商业银行（Ocean Bank）、东亚银行、越南建设股份商业银行、越南国防部泰山总公司等部门涉及的多起重大经济犯罪案件以及涉案金额达数万亿越南盾的网络赌博大案被查处审判。涉案人员无论是越共中央政治局委员、越共中央委员、省委书记、省人民委员会主席、部长、原部长、武装力量将领，还是各级管理干部，都被严厉处置，体现了越南进行反腐败斗争以营造健康、透明的营商环境，巩固人民信心的决心。

2018 年，越南各级人民法院新受理腐败案件 340 起，被告 827 人，加上 2017 年遗留的腐败案件，2018 年要处理的腐败案件为 368 起，被告 906 人。

3. 越共中央颁行越南海洋经济可持续发展战略决议

2018 年 10 月 22 日，越共中央总书记阮富仲签署颁行越共第十二届八中全会通过的《至 2030 年海洋经济可持续发展战略及 2045 年展望决议》（36 - NQ/TW 号决议），该决议总结了"到 2020 年越南海洋战略规划"的执行情况，提出要在 2045 年把越南发展成为安全、繁荣、可持续发展的海洋强国。提出到 2030 年实现以下目标：纯海洋经济行业对全国 GDP 的贡献率为 10% 左右，28 个沿海省、直辖市经济对全国 GDP 的贡献率为 65% ~ 70%；各海洋经济行业按照国际标准可持续发展；控制海洋资源开发在海洋生态系统的恢复能力之内；沿海省、直辖市的人类发展指数高于全国平均值，人均收入为全国平均值的 1.2 倍以上，有居民的岛屿的基础设施尤其是电力、淡水、通信、医疗、教育等设施基本完备；等等。

（二）越南国会继续集中开展立法工作

2018 年，越南第十四届国会第五次会议和第六次会议分别于 5 月 21 日至 6 月 15 日、10 月 22 日至 11 月 20 日在越南国会大厦召开。越南国会继续集中开展立法工作，并对国家的一些重要问题做出决定。第十四届国会第六次会议选举越共中央总书记阮富仲为 2016 ~ 2021 年任期越南国家主席，并对由国会推选或批准的任职者进行信任测评。两次会议审议通过了 16 部法律，包括《规划相关法若干条款修改补充法》《反腐败法（修正案）》《大学教育法若干条款修改补充法》《人民公安法》《越南海警法》《国家机密保护法》《网络安全法》《国防法》等。

越南曾于 2005 年 6 月 14 日出台《国防法》，经过十几年的实施，2018 年 6 月 8 日，越南第十四届国会第五次会议通过了新的《国防法》（22/2018/QH14 号法律）。2018 年版《国防法》共 7 章 40 条，比 2005 年版《国防法》少 2 章 11 条，补充完善了一些值得注意的内容，如规定国防与经济社会以及经济社会与国防相结合，即在国家的统一管理、调度下把所有的国防活动与经济社会的各部门、领域联结起来，促进巩固和加强国防、发展经济社会。

1. 越南国会决定推迟通过特区法案

2018 年 5 月 23 日，越南第十四届国会第五次会议拟审议通过《云屯、北云峰、富国特别经济行政单位法》（简称《特区法》）草案，该草案计划在越南北部、中部和南部划设云屯、北云峰和富国三个特别经济区以吸引外资，并提出"经济特区生产和经营用地的租地期限可延长达 99 年"（现行规定为 70 年），引起越南部分人强烈反对。6 月 9 日，越南政府建议国会推迟通过《特区法》。6 月 11 日，越南国会决定推迟通过《特区法》。

2. 越南国会第三次对国会选举产生和批准的官员进行信任测评

2018 年 10 月 25 日，在越南第十四届国会第六次会议期间，国会代表通过无记名投票方式对包括政府总理等在内的 48 名官员进行信任测评，这是越南国会第三次对由国会选举产生和批准的政府高官进行信任测评，也是本届国会首次举行的信任测评。根据投票结果，48 名官员全部通过测评，国会主席阮氏金银成为获得"高信任"票数最多的官员，而教育培训部部长、交通运输部部长、计划投资部部长的"低信任"票数都超过 20%。

（三）大力实施机关合并，精简行政机构

2018 年，越南多个机关实行精简机构、精简编制。公安部门精简机构

工作尤显突出。在部级一级，2018 年，公安部被取消 6 个总局，机关减掉近 60 个局、近 300 个处。此外，在地方公安部门，原直属中央的 20 个省、直辖市消防警察机构被并入省、直辖市公安机构；省级公安机构减掉 500 多个处，县级公安机构减掉近 1000 个队。[1] 在各地，很多局级机构、部门被合并。与此同时，省级的国会代表团办公室、人民议会办公厅和人民委员会办公厅被合并为一个试点单位，试点时间为 2019 年 1 月 1 日到 12 月 31 日。

根据越南内务部 2018 年的总结报告，截至 2018 年 10 月 15 日，越南全国编制总数裁减 4.05 万人，其中，党、团体机关裁减 1698 人，行政机关裁减 4826 人，公立事业单位裁减 27547 人（占 68%），乡级干部、公职人员裁减 6213 人，国有企业裁减 200 人。[2]

二　外交活动活跃

2018 年 8 月，越南召开第 30 次外交工作会议，总结了越共十二大以来越南外交取得的成就、存在的挑战和机遇，并明确未来两年外交发展的方向、任务和措施。会议强调越南"继续贯彻实施独立、自主、和平、合作和发展的外交路线，发展多边化、多样化外交关系，积极主动融入国际，服务于国家、民族利益；外交既合作，又斗争，准确运用关于对象和伙伴的观点；加强合作，继续形成越南同各国间战略利益的交织之势，防止冲突，避免针锋相对，避免被孤立、依附"。

2018 年，越南继续推动和深入发展与邻国中国、老挝、柬埔寨，其他东盟国家，美国、俄罗斯等各大国以及传统伙伴国的关系。美国航空母舰在越战结束后首次访问越南。2018 年，越南党和国家领导人 28 次出国访问和参加大型的国际会议，接待 33 个各国高级领导代表团访问越南和参加在越

① 《2018 年 10 大政治社会事件》，2018 年 12 月 26 日，https://baomoi.com/10 - su - kien - chinh - tri - xa - hoi - noi - bat - nam - 2018/c/29132876.epi。
② 《2018 年值得铭记的 10 大政治社会事件》，2018 年 12 月 31 日，https://kinhtedoisong.vn/kinh - te - phat - trien/10 - su - kien - kinh - te - xa - hoi - dang - nho - trong - nam - 2018/。

南举行的重要活动,以及进行上百场在重要多边会议空隙时间的高级别接触。年内,越南和澳大利亚双边关系提升为战略伙伴关系,越南与匈牙利建立全面伙伴关系。越南批准了《全面与进步跨太平洋伙伴关系协定》(CPTPP)。

2018 年,越南积极参加多边外交活动,组织了一些重大的多边国际会议,多边外交有了新的发展。8 月 8 日,越共中央书记处颁行《至 2030 年加强和提升多边外交能力的指示》(25 – CT/TW 号指示),这是越南共产党专门针对多边外交工作的首个指导文件,把多边外交列入政治系列的任务之中。

(一)越南批准《全面与进步跨太平洋伙伴关系协定》(CPTPP)

2018 年 11 月 12 日,越南第十四届国会第六次会议以全票赞成批准《全面与进步跨太平洋伙伴关系协定》(CPTPP)及其相关文件,成为 11 个成员国中第 7 个批准该协定的国家。CPTPP 被视为现今世界第三大自由贸易协定,于 2019 年 1 月 14 日对越南生效实施。据越南国内分析,加入该协定将有助于越南扩大出口市场,吸引投资,增加就业,提高经济效率,促进经济增长,并朝着更加透明和开放的方向促进政策改革等。但同时也给越南带来巨大的挑战,譬如在劳动工会、政府采购、国有企业管理、知识产权等方面。CPTPP 目前有 11 个成员国,GDP 约 10 万亿美元,占全球 GDP 比重约 13%。

截至 2018 年,有 71 个国家承认越南的市场经济地位,越南签订了 13 项自由贸易协定,其中 11 项协定已生效。

(二)举行一些重大的多边国际会议

1. 大湄公河次区域经济合作第六次领导人会议和第 10 届柬老越发展三角区合作峰会在越南河内同期举行

2018 年 3 月 29～31 日,大湄公河次区域经济合作第六次领导人会议在越南河内举行。中国、柬埔寨、老挝、缅甸、泰国、越南以及东盟秘书处和相关国际组织代表就继续加强区域投资合作、促进贸易往来、可持续利用资源等问题进行讨论。大湄公河次区域经济合作第六次领导人会议通过了联合宣言、《2018～2022年河内行动计划》和《至2022年区域投资框架》三项文件，其中《至2022年区域投资框架》规定了未来5年间的优先项目清单，包含227个投资和技术援助项目，投资总额约660亿美元。第10届柬老越发展三角区合作峰会同期在河内举行，柬埔寨首相洪森、老挝总理通伦和越南总理阮春福对《至2020年柬老越发展三角区经济社会发展总体规划》落实情况做出评价并发表联合声明。

2. 2018年世界经济论坛东盟会议（WEF ASEAN 2018）在越南河内召开

2018年9月11～13日，主题为"东盟4.0：企业精神和第四次工业革命"的2018年世界经济论坛东盟会议在越南河内召开。包括东盟多国元首在内的1000多名代表参会。其间共举行60场会议，集中讨论和提出各设想、方向和倡议来激发企业和居民的潜力、创造力，走向建设为人民、活跃、强大和繁荣的东盟共同体。其中，革新创新、创业、新经营模式、数字经济发展、数字知识和数字技能、培训和解决就业问题、缩小发展差距、可持续减贫等内容成为代表们深入讨论的议题。

第四次工业革命（工业4.0）被认为是涉及许多领域的一场强大革命。在越南，2017年5月4日政府出台了《关于加强迎接第四次工业革命能力的指示》，其中强调越南要集中促进发展信息传媒技术的基础设施、应用和人力资源并取得实质性突破。

此外，2018年1月18～20日，亚太议会论坛第26届年会在越南河内举行，22个议会代表团和300多名嘉宾出席会议。

（三）积极参加多边外交活动

越南首次当选联合国国际贸易法委员会成员。2018年12月17日，在第73届联合国大会召开期间，越南首次当选2019～2025年任期联合国国际贸易法委员会成员。

越南首家野战医院参加联合国维和行动。2018年10月1日，越南一号二级野战医院63名成员前往南苏丹参加维和任务。这是越南首次组织一个独立单位参加联合国维和行动。此前，越南先后派遣29名军官前往中非共和国和南苏丹执行维和任务。此举体现了越南在联合国活动中的主动性和积极性。

（四）开展对居住在国外的越南人的工作

越南重视开展对居住在国外的越南人的工作。2004年，越共中央政治局出台了《关于对居住在国外的越南人的工作的决议》（36－NQ/TW号决议），之后越南党和政府不断出台关于开展该决议的指示和行动计划。根据越南外交部公布的数据，至2018年8月，有450多万越南侨胞在世界110多个国家和地区生活和工作。其中，在国外的越南知识分子、留学生日益增多，正在国外学习的越南留学生超过17万人。

（五）美国航空母舰在越战结束后首次访问越南

2018年1月24~25日，美国国防部部长马蒂斯访问越南，其间越南国防部宣布美国航空母舰将于3月访问越南岘港。3月5~9日，美国海军"卡尔·文森"号航母以及一艘驱逐舰、一艘巡洋舰编队抵达越南岘港市仙沙港，进行为期4天的访问。此访美军整个航母编队官兵人数有五六千人。访问期间，美军航母编队指挥官代表访问会见了越南岘港市领导、越南海军司令和海军三区司令部；一些军官和船员参观探访了岘港的橙剂/二噁英受害者服务中心、社会救助中心、精神病人调养中心。越南军人登上"卡尔·文森"号航母参观。双方进行防火救险、供水供电等专业技能交流以及开展音乐表演、体育交流等活动。这是自1975年越战结束后美国航空母舰首次访问越南，体现越美防务关系正在升温。

三　国内生产总值增长达7.08%

2018年，越南全部完成国会提出的12项经济社会发展指标。货物贸易进出口额再创新高，外国直接投资实际到位资金数额实现增长，旅游业吸引国际游客人数实现大幅度增长。年内，越南国有资产管理委员会成立，越南制造汽车首次面世，宜山炼油厂正式投入商业运行，股市连续5年增长后大幅度下跌。

（一）越南完成国会提出的12项经济社会发展指标

2018年，越南国内生产总值增长达7.08%，为2008年以来最高水平。农林水产业增长3.76%，对GDP贡献率为8.7%，工业和建筑业增长8.85%，对GDP贡献率为48.6%，服务业增长7.03%，对GDP贡献率为42.7%。经济规模依照现行价格达5535.3万亿越南盾（约合2440亿美元），人均GDP约为5850万越南盾，相当于2587美元，比2017年增加198美元；货物贸易进出口总额达4822.3亿美元①，贸易顺差72亿美元；外国直接投资实际到位资金191亿美元，创历史新高；新成立企业13.13万家，比2017年增加3.5%，注册资金增加14.1%；全国接待国际游客1550万人次，比2017年增长19.9%。居民消费价格指数（CPI）比2017年上涨3.54%。财政政策、货币政策灵活调控，满足经济发展的资金需求。

（二）货物贸易进出口额再创新高

2018年，越南货物贸易进出口总额达4822.3亿美元，再创新高，也使得外贸依存度继续攀升，高达198%。其中，出口额为2447.2亿美元，比上年增长13.8%，外资企业（包括原油投资领域）出口1755.2亿美元，增长12.9%，内资企业出口692亿美元，增长15.9%，超过外资企业的出口增幅；进口额为2375.1亿美元，增长11.5%，外资企业进口1427.1亿美

---

① 本报告中的经济数据主要来自越南统计总局《2018年经济社会情况》，2019年1月2日，https：//www. gso. gov. vn/default. aspx？ tabid = 621&ItemID = 19037。另外说明：关于2018年越南货物贸易进口额、出口额，本报告引用的是越南统计总局在2019年1月2日公布的数据，与越南海关总局晚些时候公布的数据有一定差异。本书后文有专题分析，不再另做说明。

元,增长 11.6%,内资企业进口 948 亿美元,增长 11.3%;贸易顺差 72 亿美元,外资企业(包括原油投资领域)贸易顺差 328 亿美元,内资企业贸易逆差 256 亿美元。主要的出口商品为电话及零件,纺织品服装,计算机、电子产品及零件,鞋类,农林水产品等。进口商品结构以生产资料商品类占最大比重,为 91.4%,其中机械设备、仪器、配件占 42.5%,原料、燃料物资占 48.9%;消费性商品占 8.6%。越南的主要贸易伙伴为中国、韩国、美国、东盟、欧盟、日本。

(三)越南外国直接投资情况

2018 年,越南全社会发展投资额依照现行价格为 1856.6 万亿越南盾,比 2017 年增长 11.2%,占 GDP 的比重为 33.5%,包括:国有领域投资 619.1 万亿越南盾,占 33.3%,增长 3.9%;非国有领域投资 803.3 万亿越南盾,占 43.3%,增长 18.5%;外国直接投资 434.2 万亿越南盾,占 23.4%,增长 9.6%。2016~2018 年全社会发展投资增长情况(依照现行价格)见表1。

表1 2016~2018 年全社会发展投资增长情况 (依照现行价格)

单位:%

	2016 年	2017 年	2018 年
总额	8.9	12.3	11.2
国有领域	7.3	6.9	3.9
非国有领域	9.5	17.1	18.5
外国直接投资	10.4	12.8	9.6

资料来源:《2018 年经济社会情况》,越南统计总局。

截至 2018 年 12 月 20 日,越南共吸引外国直接投资新注册资金、补充注册资金 255.729 亿美元,同比减少 13.9%。外国直接投资实际到位资金约为 191 亿美元,比 2017 年增长 9.1%。此外,外商出资购买股份 98.9 亿美元,同比增长 59.8%。外商直接投资领域主要为加工制造业、房地产业。

2018 年，日本是越南最大的外国直接投资来源国，其次是韩国、新加坡。

2018 年是越南吸引外商直接投资的第三十年。越南实行革新开放 30 多年来，外商投资已经成为越南经济的重要组成部分，对越南经济社会发展做出突出贡献。截至 2018 年年底，共有 126 个国家和地区对越南投资，有效项目共计 2.7 万个，注册资金总额为 3400 亿美元。

（四）越南旅游业吸引国际游客人数实现大幅度增长

2018 年，赴越南的国际游客达 1550 万人次，比 2017 年增长 19.9%。接待国内游客 8000 万人次。旅游业总收入达 620 万亿越南盾。越南旅游业吸引国际游客人数尽管实现大幅度增长，但是也存在诸多问题，起色不大，如旅游基础设施建设不同步，缺乏高素质的旅游从业人员，特色旅游产品种类不多等。此外，外国游客在越南被"宰"，没有"回头客"一直是热点话题。

（五）越南国有资产管理委员会成立

2018 年 9 月 30 日，越南国有资产管理委员会在河内正式成立，接管了 19 家越南国有独资集团和总公司，接收管理国有企业所有者权益总额 1000 多万亿越南盾和国有资产总额 2300 万亿越南盾。该 19 家集团和总公司包括属于越南财政部、工贸部、信息传媒部、交通运输部、农业与农村发展部等 5 个部级单位的 7 家集团和 12 家总公司，从事电力、油料、油气、煤炭、粮食、电信等重要经济领域。这是越南首次成立管理国有企业资产的专职机关，其重要职能是投资和管理企业的全部国有资产和投资资金。该委员会的成立将明晰越南各部委的国家管理职能与企业的经营职能。

（六）越南制造汽车首次面世

2018 年 10 月 2 日，越南 Vingroup 集团旗下 Vinfast 汽车制造公司参加 2018 年巴黎车展，首次展示越南制造的头两款汽车，其中一款是普通轿车，另一款是 SUV。11 月 20 日，在越南河内举行的 Vinfast 汽车和电动车发布仪式上，越南政府总理阮春福出席并启动了"越南国货征服越南人"运动，阮春福认为 Vinfast 汽车的面世是一个重大事件，越南"具有了高质量的国家品牌产品"。"越南国货征服越南人"运动旨在鼓励越南各企业应用先进的技术和管理方式，提高产品质量和降低产品成本，征服充满潜力的国内市场。

（七）越南宜山炼油厂正式投入商业运行

2018 年 12 月 23 日，越南宜山炼油和石化联合体项目正式投入商业运行。该项目位于越南清化省静嘉县宜山经济区，于 2008 年立项，2013 年动工兴建，投资总额 93 亿美元，是迄今越南最大的投资项目，其中越南国家油气集团（PVN）持有 25.1% 的股份，科威特石油国际公司（KPI）持有 35.1% 的股份，日本出光兴产公司（IKC）持有 35.1% 的股份，日本三井化学公司（MCI）持有 4.7% 的股份。宜山炼油厂第一阶段的加工能力为 20 万桶原油/天，为榕橘炼油厂的近两倍。预计 2019 年，宜山炼油厂生产将实现设计能力约 80%，当达到设计能力 100% 即年加工 1000 万吨原油时，可满足越南国内燃料需求的 40%，石化产品约 17% 的产量将用于出口。宜山炼油厂是越南第二座投入运行的炼油厂，首座炼油厂——榕橘炼油厂当前只能满足越南国内燃料需求的 30%～35%。

越南宜山炼油厂在建设过程中因产品质量不符合标准、环境污染问题历经重重困难。此外，因各投资方达成协议由越南合作方 PVN 包销该炼油厂产品，在越南加入多个自由贸易协定、关税降低甚至降为零的情况下，炼油厂既定的进出口税优惠损失将由 PVN 承担。据估算，在项目运行的头 10 年，PVN 每年要为此补偿 15 亿～20 亿美元，这使得宜山炼油厂项目在越南引发诸多争议。

（八）2018年越南股市连续五年增长后下跌

2018 年，越南股市经历了自 2008 年全球金融危机以来最为惨淡的一年，在实现连续 5 年的高增长后出现大幅度下跌。2018 年 4 月 10 日，越证指数创下 1211 点的历史最高点，但之后遭遇急剧下跌，于 10 月 30 日下跌到底部 888 点，跌幅 27%。

四 文化与社会

2018 年，越南足球队连创佳绩；"越南数字化知识体系"提案正式启动；越南遭受自然灾害损失严重；越南高考发生严重舞弊事件、胡志明市首添新都市区土地纠纷、岘港—广义高速公路通车不久在暴雨过后出现大量坑洞等成为社会热点问题。

（一）越南获2018年铃木杯东南亚足球锦标赛冠军

2018 年，越南足球队取得了历史上最好成绩。12 月 15 日，2018 年铃木杯东南亚足球锦标赛（AFF Suzuki Cup 2018）在越南河内举行决赛次回合比赛，越南队以两回合 3∶2 的总比分战胜马来西亚队，时隔 10 年再次夺冠。此外，越南代表队夺得 2018 年亚洲 U23 足球锦标赛亚军以及首次晋级 2018 年亚洲运动会（ASIAD 2018）半决赛。越南不少球迷在赛后或骑着摩托车，或走上街头庆祝，场面非常热闹。

越南政府重视足球事业的发展，2018 年 12 月 8 日，越南文化体育旅游部副部长黎庆海当选第 8 届越南足球协会主席（任期 2018～2022 年）。

（二）"越南数字化知识体系"提案正式启动

2018 年 1 月 1 日，"越南数字化知识体系"提案正式启动。越南政府副总理武德儋出席启动仪式。该提案的目标是"共享知识、鼓励创新、实现社区沟通和为了越南的未来"，旨在建立覆盖各领域的综合知识体系，为社会学习、掌握知识，加强研究创新及利用先进科技成果创造条件。这被越南视为实践创业创新活动重大机遇的基础。越南政府于 2017 年 5 月 18 日批准实施发展"越南数字化知识体系"提案。

（三）越南高考发生严重舞弊事件引起舆论震动

2018年6月25日，越南国家高中毕业和大学入学统一考试开考，90多万名考生参加考试。7月11日，越南教育培训部公布高考分数时发现，原本属于高辍学率、低毕业率的河江省、山罗省、和平省的高分人数意外激增。越南教育培训部着手复核，发现几百张高考答题卡被篡改答案、提分。越南公安调查机关介入调查，对相关涉案人员进行起诉、拘留并展开进一步调查。教育部门10名干部被起诉。这一事件曝光后引起舆论震动。舞弊事件促使越南教育培训部其后对高考规则做出了进一步的修订完善。

（四）越南胡志明市首添新都市区土地纠纷问题成为社会热点

2018年，越南胡志明市第二郡正在建设中的首添新都市区土地纠纷问题不断发酵。1996年，越南政府决定建设胡志明市首添新都市区并颁布了1∶5000规划图。首添新都市区在建设的过程中不断出现问题，如：胡志明市人民委员会没有遵照中央政府的规划图，另出规划增加按较低价格强拆的土地面积；没有按照原规划对原居民进行安置；涉及被征地的1.5万户原住户由于信息不对称没有得到应有的合理补偿。围绕拆迁、补偿、安置等问题，自强拆以来民众不断上访，矛盾尖锐，事件不断发酵，成为十分严重的社会问题，也成为越南多家新闻媒体报道的社会热点。

2018年5月，胡志明市人民委员会发言人在新闻发布会上称"首添新都市区1∶5000规划图遗失不见"，再次激起轩然大波，民意沸腾。越南中央政府其后下令政府监察总署查清首添土地纠纷申诉。9月7日，历经将近4个月的调查之后，越南政府监察总署正式公布调查结果：胡志明市人民委员会、建设部和中央政府办公厅工作存在失误或违反规定。其中包括：历届胡志明市人民委员会弃用1996年中央政府批准的规划图，扩大外围征地面积4.3公顷、把安置房用地给51家企业做项目。胡志明市人民委员会公开向首添的民众道歉，表示将全力纠正错误。与此事件相关的历届市政府领导被追究责任，多名领导干部被处分。

（五）越南岘港—广义高速公路通车不久在暴雨过后出现大量坑洞

越南岘港—广义高速公路是越南中部地区第一条高速公路，全长 139 公里，工程投资超过 34.5 万亿越南盾，2013 年 9 月动工，2018 年 9 月全线正式通车。2018 年年底越南中部下了几场暴雨之后，路面出现了大量裂缝和坑洞，车辆在路上不好行驶，带来了很大的安全隐患。情况发生后，越南高速公路服务公司对公路进行临时修复。作为投资方的越南高速公路发展投资总公司牵头组织寻找原因并表示将进行彻底的修复。

（六）越南遭受自然灾害损失严重

2018 年，越南受气候变化以及台风、暴雨引发洪涝等自然灾害影响损失严重。据越南预防自然灾害总局的数据，2018 年，自然灾害导致该国 221 人死亡和失踪，造成经济损失约 20 万亿越南盾。

五　2019 年展望

2018 年 11 月 8 日，越南第十四届国会第六次会议通过《关于 2019 年经济社会发展计划的决议》，提出了 2019 年经济社会发展总体目标和主要指标，同时提出了执行 2019 年经济社会发展计划的主要任务和措施。

（一）总体目标

《关于 2019 年经济社会发展计划的决议》提出了经济社会发展总体目标。继续保持宏观经济稳定，控制通货膨胀，提高经济的效率、质量、效果、自主性和竞争力。集中改善投资和经营环境，促进经济增长；实施战略突破，力争有更加实质性的转变，经济结构重组与革新增长模式相结合；大力开展先进科技创新、应用并有效地充分利用第四次工业革命。注重发展医疗卫生、教育、培训、文化、社会，保障社会民生，提高人民的物质、精神生活。加强管理资源，保护环境，防治天灾，应对气候变化。推进行政改革、司法改革，精简机构和编制；重组公职人员队伍，提高指导指挥和执法效力、效果；坚决预防和打击贪污腐败；实行节俭，反对浪费。巩固国防安全，保障社会安全秩序。提高对外工作和融入国际的效果。

（二）主要指标

《关于2019年经济社会发展计划的决议》提出了各项主要指标：国内生产总值增长6.6%～6.8%；居民消费价格指数上涨约4%；出口总额增长7%～8%；贸易逆差额占出口总额的3%以下；全社会发展投资额占国内生产总值的比重为33%～34%；按照多方面评价标准的贫困户比例下降1～1.5个百分点，贫困县减少4%；城镇失业率在4%以下；接受培训的劳动者比例为60%～62%，其中接受培训具有认定培训结果文凭、证书的劳动者比例为24%～24.5%；每1万人口医院床位数达27张（乡级医疗站床位不计在内）；参加医疗保险的人口比例达88.1%；正在运营的工业区、出口加工区具备达到环保标准的废水集中处理系统的比例为89%；森林覆盖率达41.85%。

分 报 告

Special Reports

B.2

政治

于向东　陈媛媛*

摘　要： 2018 年是越南共产党第十二届中央委员会任期中期关键的一年，也是越南深入贯彻落实越共十二大精神关键的一年。在越共中央委员会和总书记阮富仲的领导下，越南共产党的领导能力和执政能力得到进一步提升，党员干部队伍建设受到更多重视，得到进一步加强，政治革新得到继续深化。国家主席陈大光因病去世后，越共中央总书记阮富仲依照法律程序兼任越南国家主席。越南妥善应对各种挑战，政治、经济社会形势基本保持平稳发展。

关键词： 越南共产党　越南社会主义　政治发展　反腐败　革新事业

---

* 于向东，黄河科技学院马克思主义学院院长，郑州大学马克思主义学院、越南研究所教授，博士生导师；陈媛媛，郑州大学历史学院博士研究生，广西财经学院教师。

2018 年，越南坚持既定的政治方向，坚持走社会主义道路，继续稳步推进全面革新开放事业，完善社会主义方向市场经济体制。越南政府按照"自律、廉政、行动、创新、高效"的方针，落实越共中央和国会提出的目标任务，积极开展工作。2018 年越南经济社会发展成就显著，国内生产总值增速达 7.08%，是越南近 10 年来增长速度最快的一年。全年平均居民消费价格指数（CPI）较 2017 年上涨 3.54%，实现预定保持在 4% 以下的目标。越南在实现基本建成现代化工业国奋斗目标的前进道路上，又迈上了一个新台阶。

一 越共中央召开十二届七中、八中、九中全会，继续贯彻落实十二大精神，加强干部队伍建设，引领越南政治和经济社会发展

2018 年越南政治发展处于继往开来的重要时间节点，越共第十二届中央委员会任期刚好过半，年内连续召开了七中、八中、九中三次全会，引领越南政治和经济社会发展，并为 2021 年年初召开越共第十三届全国代表大会，进行下一届越共中央委员会换届选举展开一系列准备工作。

（一）越共十二届七中全会

2018 年 5 月 7～12 日，越南共产党十二届七中全会在越共中央总书记阮富仲的主持下在河内举行。此次会议主要讨论三大议题：集中建设德才兼备、具有威信、不辱使命的各级干部队伍，尤其是战略级干部队伍；干部、公职人员、武装力量、企业中的劳动者的薪酬政策改革；社会保险政策改革。会议讨论通过了《关于集中建设品格、能力与威信兼具、不辱使命的各级干部队伍，尤其是战略级干部队伍的决议》、《关于干部、公务员、职员、武装力量和企业劳动者的薪酬制度改革的决议》以及《关于社会保险政策改革的决议》等三项决议。

2018 年 5 月 19 日，越共中央总书记阮富仲代表越共中央政治局，正式

签署颁布了越共十二届七中全会讨论通过的《关于集中建设品格、能力与威信兼具，不辱使命的各级干部队伍，尤其是战略级干部队伍的决议》。决议指出：在党员干部队伍的建设方面，越共八届三中全会《关于干部工作战略的决议》实施 20 多年来，越共各级干部队伍不断发展与成长，干部队伍素质日益提高，年龄、性别、民族、职业结构更加平衡、合理；干部储备资源较为充足，基本上可以保障代与代之间的成功交替。干部队伍是国家革新事业取得巨大成就的关键因素。然而，部分干部存在的缺点以及干部人事工作的不足，导致国家发展水平与潜力、优势不相称，落后于部分地区和国家，影响人民对党的信心。为此，该决议提出干部队伍建设的总体目标是：集中建设品格、能力与威信兼具，不辱使命的各级干部队伍，尤其是战略级干部队伍；确保建设数量充足、素质优良、结构合理的干部队伍，服务于经济社会发展和捍卫祖国的战略，确保接班人队伍的稳定性和连续性，为至 2030 年将越南建设成为现代化工业国家，至 2045 年将越南建设成为社会主义方向的现代化工业国家提供强大保障，努力朝着民富、国强、民主、公平、文明、日益繁荣和幸福等目标迈进。①

根据这一决议，越南的战略级干部队伍包括四类人：党政领导干部，包括党和国家中央机关领导，各部委、省市的主要领导干部；军队和公安系统的高级指挥领导干部；科技干部和专家；国企管理人员。为确保干部队伍的延续性和梯次性，该决议提出战略级干部在三个年龄层次比例上的要求，45 岁以下的要占 15% 以上，50～60 岁的占 65%～70%，60 岁以上的占 5%～10%，并强调要着重培养 40 岁以下的副部级干部。根据决议，共有 610 人被列入战略级干部队伍。② 决议提出建设干部队伍要分三步走（2020，2025，2030），并提出了干部队伍建设的"两个重点""五个突破""八项任务和措施"。

---

① 《越共十二届七中全会关于各级干部队伍建设的决议正式颁布》，越南《人民报》中文网站，http：//cn. nhandan. com. vn/political/item/6103801 - 3. html。
② 《关于干部工作的第 26 - NQ/TW 号决议全文》，2018 年 5 月 20 日，https：//vov. vn/chinh - tri/dang/toan - van - nghi - quyet - so - 26nqtw - ve - cong - tac - can - bo - 764386. vov。

越共十二届七中全会关于战略级干部的决议继承和发展了八届三中全会的决议精神,是新形势下越共干部队伍建设的又一项战略举措,关系到越共长期执政和未来的发展。

越共十二届七中全会通过的《关于干部、公务员、职员、武装力量和企业劳动者的薪酬制度改革的决议》以及《关于社会保险政策改革的决议》,旨在建设科学、现代、透明、高效、符合越南实际情况且满足社会主义方向市场经济体制发展要求的国家薪酬政策系统和保险系统,构建和谐进步的劳动关系,为释放生产力、提高劳动生产率、提高人力资源素质水平、提升经济的竞争力注入新动力,致力于建设一个稳定、统一、连续、上下一致、廉洁、精简、高效的政治和行政体系,预防和打击腐败和浪费现象,实现社会公平与进步,促进经济社会发展与融入国际经济。[1] 根据薪酬制度改革决议,越南干部、公务员最低月薪为 414 万越南盾(约合 1200 元人民币),部级干部的工资可以达到 3300 万越南盾(约合 1 万元人民币)[2];保险政策改革决议旨在逐步实现全民社保,完善民生保障体系。这两项决议为越共干部队伍建设提供了物质基础保障,对预防干部队伍贪腐具有一定作用,对党的建设和政治体系建设具有重要意义。

越共十二届七中全会结束不久,2018 年 6 月 29 日,越共中央书记处召开全国干部学习贯彻落实越共十二届七中全会决议视频会议,会议主场设在河内,63 个省、直辖市设立分会场。越共中央政治局委员、中央书记处常务书记陈国旺在会上讲话时表示,十二届七中全会通过的各项决议是对越共十二大提出的核心任务的细化,对国家可持续发展具有重要意义,要切实贯彻七中全会决议和阮富仲总书记在会上发表的讲话精神,做好各项工作。越共中央政治局委员、中央宣教部部长武文赏在会议闭幕致辞时要求,各级党

---

① 《越共十二届七中全会的主要内容》,2018 年 5 月 13 日,https://bnews.vn/nhung – noi – dung – chinh – cua – hoi – nghi – lan – thu – 7 – ban – chap – hanh – trung – uong – dang – khoa – xii/84433.html。

② 周增亮、潘金娥:《越共干部队伍建设新举措》,《世界知识》2018 年第 16 期,第 24 ~ 25 页。

委、党组织，各地方和单位要组织学习、贯彻落实七中全会决议精神，并与落实越共十二届四中、五中、六中全会决议精神相结合，中央和地方各新闻媒体机构要制订有关落实决议精神的宣传计划，宣传过程中要与错误及敌对的观点做斗争。

（二）越共十二届八中全会

2018年10月2～6日，越共十二届八中全会在河内召开。越共中央总书记阮富仲主持会议并致开幕词和闭幕词。越共十二届八中全会的主要内容有：（一）通过《至2030年海洋经济可持续发展战略及2045年展望决议》；（二）颁布有关党员干部，尤其是政治局委员、书记处书记、党中央委员会党员干部发挥模范引领作用的规定；（三）通过2018年经济社会和国家财政预算执行情况以及2019年经济社会发展和国家财政预算安排计划；（四）决定成立5个工作小组负责越共十三大筹备工作；（五）越共中央委员会以100%的赞成率提名阮富仲总书记为新一届越南国家主席人选。

越共十二届八中全会还研究了其他人事和干部工作事项，补选两名十二届中央检查委员会委员，决定对违反党纪的高级干部如信息传媒部原部长阮北山，中央组织部原副部长、岘港市人民委员会原主席陈文明分别给予纪律处分。此外，八中全会还审议了政治局所做的关于2017年党的财政工作报告。

越共十二届八中全会召开之前，越南国家主席陈大光因病抢救无效于2018年9月21日在河内108号军队中央医院逝世。越南国会常务委员会于9月23日宣布，由国家副主席邓氏玉盛出任国家代主席，直至国会选出新的国家主席。在越共十二届八中全会上，与会人员就越南国家主席的提名人选进行讨论，一致赞同提名越共中央总书记阮富仲担任新一届越南国家主席人选。① 越共中央委员会、中央政治局、中央书记处一致认为，阮富仲总书

---

① 《越共十二届八中全会公布会议公报》，越南《人民报》中文网站，2018年10月6日，http：//cn. nhandan. com. vn/newest/item/6479501 -. html。

记享有崇高威信，道德高尚，具备担任国家主席的条件。提名阮富仲同志为新一届越南国家主席人选将有利于党、国家领导工作，也符合越南党、国家面临的形势。阮富仲同志得到全党的高度信任以及人民的高度认可，可以确保形势稳定，是越南国家主席的最佳人选。

越共十三大的筹备是十二届中央委员会的一项重要工作。十二届八中全会决定成立5个筹备小组，分别是文件起草组、经济社会组、党章组、人事组以及大会组织后勤组。各小组在越共中央政治局领导下开展工作，特别是认真做好会议重要文件草案的准备工作，包括《社会主义过渡时期国家建设纲领》（2011年）实施10年的情况报告和修改补充报告；大会的政治报告；10年经济社会发展战略实施总结报告以及5年经济社会发展报告；5年来党的建设工作报告以及党章的实施总结、修改补充报告；人事报告等。

2018年11月4日，为推动学习和贯彻落实越共十二届七中和八中全会精神，越共中央总书记、国家主席阮富仲在河内主持召开2021～2026年战略级干部规划制定指导委员会会议。越共中央组织部负责人宣布越共中央政治局、中央书记处《关于成立2021～2026年战略级干部规划制定指导委员会和指导委员会辅助小组的决定》。2021～2026年战略级干部规划制定指导委员会由6人组成。其中，越共中央总书记、国家主席阮富仲担任主任，其他5人为越共中央政治局委员、中央书记处常务书记陈国旺，越共中央政治局委员、中央书记处书记、中央组织部部长范明正，越共中央政治局委员、国会常务副主席丛氏放，越共中央政治局委员、政府常务副总理张和平，中央书记处书记、中央检查委员会主任陈锦绣。根据该决定，指导委员会辅助小组由12名成员组成，越共中央政治局委员、中央书记处书记、中央组织部部长范明正担任组长。会议就2021～2026年战略级干部规划制定指导委员会和指导委员会辅助小组的职能和权限进行讨论，审议了关于2021～2026年战略级干部规划制定的计划草案。阮富仲在会上发表总结讲话时强调，干部队伍特别是战略级干部规划制定工作具有至关重要的作用，要求战略级干部规划制定指导委员会和指导委员会辅助小组按照越共中央的决议精神，认真做好各项工作。①

（三）越共十二届九中全会

2018 年 12 月 25~26 日，越共十二届九中全会在河内召开。越共中央总书记、国家主席阮富仲主持会议并致开幕词和闭幕词。为期两天的会议主要内容有：（一）越共中央委员会按照规定对担任越共十二届中央政治局委员、书记处书记的有关人员进行信任测评；（二）对 2021~2026 年任期越共中央委员会委员候选人预备人选推荐工作提出意见；（三）对胡志明市市委常务副书记毕成刚做出纪律处分决定；（四）对越共中央政治局、中央书记处的工作报告进行讨论并提出意见。九中全会还发出呼吁，号召全党、全民和全军加强团结、凝心聚力，发挥 2018 年所取得的重要且全面的成效，克服困难和挑战，牢牢保卫国家独立、主权和领土完整，为胜利实现 2019 年的目标任务和胜利完成越共十二大做出的战略部署不懈奋斗。②

对党和国家高层领导干部进行信任测评，在完成规定的信任测评程序、符合规定的结果后再进行信任投票是越南近年来政治建设和发扬民主的一项重要举措。前几年，越南已在国会对由国会选举或批准任命的国会领导干部和政府高层领导干部进行过信任测评，并向社会公布了测评的投票结果，党内也开展了对领导干部的信任测评。通过信任测评，进一步加强了对领导干部的监督和考核。此次越共十二届九中全会上对越共中央政治局委员、书记处书记进行信任测评，是越共发展党内民主、加强党内监督的具体措施。此次进行的信任测评共涉及 16 名越共中央政治局委员、5 名书记处成员。根据有关规定，有 3 名政治局委员未进行信任测评，他们分别是患病的丁世

---

① 《越共中央总书记、国家主席阮富仲主持召开 2021~2026 年战略级干部规划制定指导委员会会议》，越南《人民报》中文网站，2018 年 11 月 14 日，http：//cn. nhandan. com. vn/political/item/6553101 - . html。

② 《越共十二届九中全会公报》，越通社，2018 年 12 月 26 日，https：//zh. vietnamplus. vn/%E8%B6%8A%E5%85%B1%E5%8D%81%E4%BA%8C%E5%B1%8A%E4%B9%9D%E4%B8%AD%E5%85%A8%E4%BC%9A%E5%85%AC%E6%8A%A5/90168. vnp。

兄、任职时间尚短的越共中央检查委员会主任陈锦绣、祖国阵线中央委员会主席陈青敏。但此次九中全会上信任测评的结果尚未见公布。

越共中央总书记、国家主席阮富仲在闭幕词中强调，十二届九中全会是在越共十二大后全党不断加强自身建设、取得积极成效的背景下召开的。越共十二大召开 3 年来，尤其是 2018 年，整个政治系统团结一致，上下一心，坚决落实各项战略任务，已发生全面和全方位的转变。2019 年是胜利实现越共十二大提出的 2016~2020 年经济社会发展规划和战略目标任务的重要一年，也是为越共十三大召开做好准备工作的开局之年。因此，全党、全国同胞特别是各位中央委员会委员要同心协力，发挥 2018 年所取得的成效，继续落实党中央、国会、政府各项决议，创造新气势、新动力，胜利完成2019 年乃至越共十二大决议提出的各项目标和任务。①

二 越南第十四届国会召开第五次、第六次会议，集中开展立法工作，国会在越南政治生活中的地位进一步得到提升

近年来，越南国会作为最高权力和立法机构，其在越南政治生活中的地位越来越重要，与此同时，越共对国会的全面领导作用也在加强。2018 年，为适应政治与经济社会形势发展变化需要，按照预定计划，越南第十四届国会先后召开了第五次、第六次会议。

（一）第十四届国会第五次会议

2018 年 5 月 21 日至 6 月 15 日，越南第十四届国会第五次会议在河内召开。越南国会主席阮氏金银致开幕词和闭幕词。本次国会会议继续集中开展立法工作，审议并通过包括《网络安全法》在内的 7 部法律以及各项决议

---

① 《越共中央总书记、国家主席阮富仲在九中全会闭幕式上的讲话》，2018 年 12 月 26 日，http：//thoibaonganhang. vn/toan – van – phat – bieu – be – mac – hoi – nghi – trung – uong – 9 – cua – tong – bi – thu – chu – tich – nuoc – nguyen – phu – trong – 83574. html。

草案，并对其他 9 部法律草案提出了意见，旨在继续实现越共中央全会的各项决议，贯彻 2013 年宪法精神，为国家的革新发展提供法律保障。

其中，越南《网络安全法》的通过和《特别经济行政单位法》草案的推迟讨论颇引人关注。越南《网络安全法》设 7 章 43 条，对在网络空间内，就维护越南国家安全和社会秩序，以及各有关机构、组织和个人的行为责任做出规定。比如，在越南境内提供互联网相关服务的国内外企业，需将用户信息数据存储库设在越南境内，相关外国企业需在越南设立办事处；在越南境内提供互联网相关服务的国内外企业需验证用户注册信息，并应公安部门调查要求提供相关信息；严禁利用网络空间煽动反对国家、歪曲历史、破坏民族团结、诽谤宗教、散布虚假和有伤风化的信息等行为。有关规定较为严格具体，表明越南进一步加强了对网络空间的管理。越南国会按照预定程序讨论通过此法案，并决定该法于 2019 年 1 月 1 日起生效实施。①

此次越南国会在审议和讨论《特别经济行政单位法》草案的过程中，考虑到一些地方出现的社会骚乱现象，认为社会上对此法律草案有许多不同的复杂意见，在此情况下，审议表决并不合适，因此决定将该部法案的审议时间推迟。

此外，越南第十四届国会第五次会议还集中审议了越南经济社会发展过程中的其他重要内容和议题。如讨论关于 2017 年经济社会发展与国家财政计划落实结果，以及 2018 年前几个月落实结果补充评估报告，通过 2019 年国会监督工作计划的决议等。

（二）第十四届国会第六次会议

2018 年 10 月 22 日至 11 月 20 日，越南第十四届国会第六次会议在国会大厦举行。此次会议的重要成果有：（一）选举越共中央总书记阮富仲为 2016～2021 年任期的越南社会主义共和国主席；（二）对由国会推选或批准的

---

① 《越南国会表决通过网络安全法》，人民网，2018 年 6 月 13 日，http：//media. people. com. cn/GB/n1/2018/0613/c14677 - 30053809. html。

任职者进行信任测评；（三）会议通过 9 部法律并对其他 6 项法案提出意见等。

2018 年 10 月 23 日，在越南第十四届国会第六次会议上，越共中央总书记阮富仲作为越共中央提议的国家主席候选人，以 476/477 张赞成票（赞成率为 99.79%）当选为 2016～2021 年任期越南社会主义共和国主席。此前，在越共十二届八中全会上，阮富仲以 100% 的赞成率被提名为越南国家主席人选，"显示了党意和民心的高度统一"。①

在本次会议上，越南国会对国家主席、国家副主席，国会主席、国会副主席、国会常务委员会委员、民族委员会主任、国会各直属委员会主任，政府总理、政府副总理、部长、部级机关最高领导人，最高人民法院院长、最高人民检察院检察长、国家审计署审计长等 48 名任职者进行了信任测评。② 越南国家主席阮富仲和信息传媒部部长阮孟雄因就职时间未满 9 个月而未接受信任测评。③ 10 月 25 日，国会对外公布了测评结果（见表 1）。

表 1　2018 年越南第十四届国会第六次会议信任测评结果

	姓名/职务	高信任（票数/比例）(%)	信任（票数/比例）(%)	低信任（票数/比例）(%)
1	阮氏金银/国会主席	437/90.1	34/7.01	4/0.82
2	阮春福/政府总理	393/81.03	68/14.02	14/2.89
3	范平明/政府副总理兼外交部部长	377/77.73	85/17.53	10/2.06

① 《2018 年越南十大新闻事件》，越南共产党电子报中文版，2018 年 12 月 27 日，http://cn. dangcongsan. vn/news/2018% E5% B9% B4% E8% B6% 8A% E5% 8D% 97% E5% 8D% 81% E5% A4% A7% E5% AF% B9% E5% A4% 96% E6% 96% B0% E9% 97% BB% E4% BA% 8B% E4% BB% B6 – 509262. html。
② 《越南第十四届国会第六次会议的重要看点》，2018 年 11 月 20 日，https://baotintuc. vn/thoi – su – nhung – dau – an – quan – trong – cua – ky – hop – thu – 6 – quoc – hoi – khoa – xiv – 20181120124146584. htm。
③ 《越南第十四届国会第六次会议三号公告》，2018 年 10 月 24 日，https://baotintuc. vn/chinh – tri/ky – hop – thu – 6 – quoc – hoi – khoa – xiv – thong – cao – bao – chi – so – 3 – 20181024220737367. htm。

续表

	姓名/职务	高信任（票数/比例）（%）	信任（票数/比例）（%）	低信任（票数/比例）（%）
4	汪周刘/国会副主席	374/77.1	92/18.97	9/1.86
5	丛氏放/国会常务副主席	372/76.7	91/18.76	11/2.27
6	冯国显/国会副主席	362/74.64	102/21.03	7/1.44
7	王庭惠/政府副总理	354/72.99	103/21.24	17/3.51
8	吴春历/国防部部长	341/70.31	120/24.74	12/2.47
9	陈文粹/国会代表工作委员会主任	341/70.31	120/24.74	14/2.89
10	黎明兴/越南国家银行行长	339/69.9	122/25.15	11/2.27
11	黎氏娥/国会司法委员会主任	338/69.69	118/24.33	19/3.92
12	张和平/政府常务副总理	336/69.28	122/25.15	15/3.09
13	阮文酉/国会对外委员会主任	330/68.04	139/28.66	5/1.03
14	杜伯巳/国会副主席	327/67.42	135/27.84	13/2.68
15	潘清平/国会文化教育与青少年儿童委员会主任	326/67.22	146/30.1	2/0.41
16	邓氏玉盛/国家副主席	323/66.6	146/30.1	6/1.24
17	阮德海/国会财政预算委员会主任	323/66.6	144/29.69	7/1.44
18	黎成龙/司法部部长	318/65.57	134/27.63	22/4.54
19	阮克定/国会法律委员会主任	317/65.36	145/29.9	12/2.47
20	阮幸福/国会秘书长、国会办公厅主任	315/64.95	133/27.42	26/5.36
21	阮春强/农业与农村发展部部长	307/63.3	153/31.55	12/2.47
22	武德儋/政府副总理	305/62.89	140/28.87	28/5.77
23	黎明慨/政府监察总署总监察长	304/62.68	158/32.58	12/2.47
24	何玉战/国会民族委员会主席	290/59.79	181/37.32	3/0.62
25	阮和平/最高人民法院院长	286/58.97	171/35.26	18/3.71
26	武重越/国会国防安全委员会主任	286/58.97	166/34.23	23/4.74
27	阮清海/国会常委会民愿委员会主任	279/57.53	171/35.26	25/5.15
28	潘春勇/国会科技与环境委员会主任	276/56.91	176/36.29	22/4.54
29	梅进勇/政府办公厅主任、部长	273/56.29	175/36.08	24/4.95
30	苏林/公安部部长	273/56.29	149/30.72	51/10.52
31	武红清/国会经济委员会主任	263/54.23	182/37.53	29/5.98
32	陶玉容/劳动荣军与社会部部长	258/53.2	189/38.97	25/5.15
33	杜文战/民族委员会主任、部长	255/52.58	203/41.86	14/2.89
34	胡德福/国家审计署审计长	245/50.52	194/40	36/7.42
35	丁进勇/财政部部长	229/47.22	195/40.21	49/10.1
36	陈俊英/工贸部部长	226/46.6	188/38.76	57/11.75
37	阮氏金进/卫生部部长	224/46.19	197/40.62	53/10.93

续表

	姓名/职务	高信任(票数/比例)(%)	信任(票数/比例)(%)	低信任(票数/比例)(%)
38	阮翠英/国会社会问题委员会主任	210/43.3	232/47.84	32/6.6
39	郑庭勇/政府副总理	210/43.3	212/43.71	50/10.31
40	黎明智/最高人民检察院检察长	204/42.06	229/47.22	41/8.45
41	陈红河/能源环境部部长	197/40.62	208/42.89	69/14.23
42	朱玉英/科学技术部部长	169/34.85	270/55.67	34/7.01
43	阮志勇/计划投资部部长	169/34.85	208/42.89	97/20
44	范红河/建设部部长	159/32.78	226/46.6	89/18.35
45	黎永新/内务部部长	157/32.37	250/51.55	64/13.2
46	阮玉善/文化体育旅游部部长	148/30.52	252/51.96	72/14.85
47	阮文体/交通运输部部长	142/29.28	221/45.57	107/22.06
48	冯春雅/教育培训部部长	140/28.87	194/40	137/28.25

资料来源:越南快讯网。此表为本文作者根据该网站发布的数据整理编制而成,排名顺序为"高信任"票数多者居前;如此项票数相同,则"信任"票数多者居前;如前两项得票数均相同,则"低信任"票数少者居前。[1]

从测评结果来看,本届国会对政府主要成员满意度普遍较高。其中,国会主席阮氏金银"高信任"票数 437 张,位列第一;政府总理阮春福以 393 票排名第二。教育培训部部长冯春雅只获得 140 张"高信任"票,排在第 48 位。

此外,值得关注的是,越南第十四届国会第六次会议以高赞成率批准了《全面与进步跨太平洋伙伴关系协定》(CPTPP)及其相关文件。越南是批准该协定的第七个国家。越南《人民报》指出,越南加入 CPTPP 体现了越南党和国家主动深度融入地区乃至世界的决心。[2]

本次会议还通过了《反腐败法》(修正案)、《人民公安法》(修正案)、《教育法》(修正案)等 9 部法律。这些法律涵盖了越南政治、经济、教育

---

① 《2018 年信任测评结果》,2018 年 10 月 25 日,https://vnexpress.net/interactive/2018/ket - qua - lay - phieu - tin - nhiem - 2018 - 3828680#ctr = related_ news_ click。

② 《越南第十四届国会第六次会议闭幕会》,越南《人民报》中文网站,2018 年 11 月 20 日,http://cn.nhandan.com.vn/political/national_ news/item/6591601 - .html。

等诸多领域。在国会第五次会议上推迟审议的《特别经济行政单位法》，因各方面条件仍不充足，由国会常务委员会研究后提出建议，不在此次国会会议上审议。越南国会在推进立法工作的过程中非常慎重，仔细权衡政治、经济和社会发展的多种因素，确保以稳定为前提。

三　高度重视党的建设，继续加大党的整顿和反腐败工作力度，越南共产党的领导进一步得到民心支持

越共十二大通过的《政治报告》中提出六大核心任务，摆在前两位的是党建和反腐败工作。近年来，越共不断加大党建工作力度，深入开展反腐败斗争，落实十二大要求，取得明显效果。

越共十二大以来，越共中央对党的建设和整顿、防止削弱党的领导地位、巩固人民对党和革新事业的信心等方面高度重视，不断加强工作力度。越共十一届四中全会《关于当前党建工作若干紧迫问题的决议》就强调反对官僚主义、腐败和浪费现象。阮富仲总书记在越共十二届六中全会上重申了越共领导革命的历史性教训，即顺民意则人民信任；若违反民心，失去信任就是失去一切。2018年2月，越共中央总书记阮富仲在接受《人民报》记者采访时，首先肯定了2017年越南在党建工作中所取得的一些成就：继越共十二届四中全会之后，五中全会和六中全会已就组织机构调整、人员编制精简、干部队伍结构优化、纪律作风整顿等重要问题进行审议和做出决议；致力于建设廉洁而强大的党并团结、凝聚和发挥人民群众的一切力量；党的建设和整顿工作与反腐反贪工作相结合已有明显效果，得到广大人民群众、党员干部的认同和支持。同时阮富仲总书记也指出存在的各种问题：党员干部中依然存在谋求私利的不正之风；部分党员干部尚未自觉认识到自己的缺点，亦未能勇于承担自己的责任；部分党员干部政治思想衰退、消极腐败现象依然存在；反腐倡廉取得一定成效但工作推进还不够全面协调；发现腐败犯罪、追回腐败资产遇到困难、成效不显著；部分部委、地方依然存在"兵

不由将"和"碍于情面、拉不下脸"等现象；干部工作，尤其是在干部任用以及对违纪干部处理上还存在不正之风，归根结底，个人主义思想依然很严重。阮富仲最后强调加强党的建设工作的重要性，指出"党兴则国家兴，党强则国家强"①。

在推进越南共产党的建设工作中，越共十二届七中全会聚焦干部队伍建设，推出一系列重要举措，一是要求建立一支高品质、能力强、威信高且能适应新时代任务的具有战略性的各级干部队伍，还要求建立一套客观、正确的方法来评价党员干部，提高权力监察，抵制各级干部队伍在工作中出现的个人主义、以权谋私等现象。二是加强党建和反腐败工作体制机制建设，加强中央检查委员会的领导力量。越共十二届七中全会同意免去越共中央政治局委员、中央书记处书记、中央检查委员会主任陈国旺的第十二届中央检查委员会委员和中央检查委员会主任的职务，任命越共中央委员、第十二届中央检查委员会常务副主任陈锦绣为第十二届中央检查委员会主任，任命富安省省委副书记、省人民委员会主席、省第十四届国会代表团团长黄文茶为第十二届中央检查委员会委员。同意补选越共中央委员、越南祖国阵线党组书记、祖国阵线中央委员会主席陈青敏和越共中央委员、第十二届中央检查委员会主任陈锦绣为第十二届中央书记处书记。三是强调继续落实越共十二届四中、五中、六中全会决议，特别是四中全会《关于加强建设和整顿党，防止和遏制思想政治、道德和作风蜕化及内部"自我演变""自我转化"现象的决议》。四是执行党的纪律，对腐败分子严肃处理，会议审议并决定对已受到刑事处罚的越共中央政治局原委员、中央经济部副部长丁罗升给予开除党籍处分。②

越共十二届八中全会、九中全会继续加强党的建设和反腐败工作，严肃党的纪律和纲纪。八中全会对党员干部，特别是越共中央高层领导干部，如

① 《党兴则国家兴，党强则国家强》，越南《人民报》中文网站，2018 年 2 月 15 日，http：//cn. nhandan. org. vn/political/national_ news/item/5860501 - . html。

② 《越共十二届七中全会闭幕：加强权力监察措施，反对以权谋私》，2018 年 5 月 12 日 https：//vov. vn/chinh - tri/dang/be - mac - hoi - nghi - tu - 7 - de - cao - giai - phap - kiem - soat - quyen - luc - chong - chay - chuc - quyen -761441. vov。

中央政治局委员、中央书记处书记、中央委员会委员发挥表率作用做出了规定。近年来，越南共产党一直强调加强党的纪律。2011 年 11 月，越共中央为了"增强党的纲纪、保持党员的政治品质、革命道德，发挥先锋模范作用，提高党组织的领导能力和战斗力"，曾出台过"党员禁令 19 条"（越共中央第 47 号规定）。2016 年越共中央十二届四中全会对干部、党员的要求又增加了一些新内容。2018 年，越共进一步加大党的整顿和纪律处分工作力度，严厉打击领导层中的腐败分子。继越共十二届七中全会开除丁罗升党籍之后，八中全会又对越共原中央委员、信息传媒部党组书记、信息传媒部部长阮北山进行纪律处分，罢免其职务。对越共原中央委员、岘港市委副书记、岘港市人民委员会党组书记、岘港市人民委员会主席陈文明给予开除党籍处分。在九中全会上，胡志明市市委常务副书记毕成刚也受到党的纪律处分，被免去党内职务。

为强化党的纪律和对违纪行为的追究，已卸任干部因原来的违纪行为也要受到严肃处理。2018 年 7 月底，在越共中央总书记阮富仲的主持下，根据中央检查委员会的报告，越共中央政治局会议研究决定，对违纪的几位公安和军队高级干部执行党纪处分。越共中央公安党委委员、公安部副部长、后勤技术总局副局长裴文成中将，原越共中央公安党委委员、原公安部副部长陈越新上将，越共原中央委员、越南人民军原总政治局副主任、防空空军原政委方明和上将等 3 人受到纪律处分。裴文成被撤销党内一切职务，同时还将按照程序给予行政和职衔的降级处分。陈越新被撤销越共中央公安党委委员，同时也将受到行政和职衔的降级处理。方明和受到警告处分。① 这几位受到纪律处分的高级干部除负责具体工作出现失误外，主要是违反党的民主集中制，违反保密纪律，领导不力，管理松懈等。上述对违纪干部处理的措施，反映了越共中央在增强党的纲纪、严肃党的纪律、纯洁党的作风问题上的坚定决心。

---

① 《政治局、书记处决定对三名高级干部给予纪律处分》，2018 年 7 月 28 日，http：// dangcongsan. vn/thoi - su/bo - chinh - tri - ban - bi - thu - quyet - dinh - thi - hanh - ky - luat - ba - can - bo - cao - cap - 492050. html。

越南是世界上腐败问题最为严重的国家之一。近年来，越共铁腕反腐，查处多起贪腐大案，既赢得了民心，也产生了巨大的震慑作用。2017 年 5 月越南国会常务委员会特别会议上，通过了关于对国会代表丁罗升起诉、拘留、取消其国会代表资格的决议，公安调查机构对其采取强制措施。丁罗升曾是越共中央政治局委员、胡志明市委书记、中央经济部副部长，成为越共十二大后越南反腐败中落马的第一只"大老虎"，引起广泛关注。越共中央总书记、中央防治腐败指导委员会主任阮富仲在谈及反腐败工作时多次提到"熔炉"一词，说"熔炉烧旺了，湿柴火扔进去也得燃烧"①，反映了越共中央推进反腐败斗争的坚强决心。

越南重拳反腐的一系列举措颇具亮点，其中最主要的措施是强化反腐败机构的职能，多部门加强配合。越共中央防治腐败指导委员会、中央检查委员会、政府监察总署等机构各司其职，形成合力。同时，越南不断拓宽民间反腐渠道。为了打击在百姓周围的腐败，越南进一步规范信访工作，要求信访部门对群众反映的腐败等问题和线索及时受理。

此外，越南还从法律上加大反腐败的力度，随着形势的发展变化，及时将《反腐败法》的修订工作提上国会日程。2018 年 6 月 13 日，越南第十四届国会第五次会议对《反腐败法》（修正案）草案进行讨论。在讨论的过程中，44 名国会代表发表意见并且和 11 名代表展开辩论。国会代表总体上赞成修改《反腐败法》，认为随着形势的发展变化做出修改很有必要，同时针对有关具体问题提出了意见，包括将《反腐败法》的适用范围扩大到非国营领域，对非国营领域监察、检查的内容，负责对财产、收入进行核查的机关、单位，申报财产、收入的对象，处理申报不实的财产、收入以及增加而无法妥当说明来源的财产、收入等②，为国会进一步讨论通过该法修正案打

---

① 《越南反腐行动持续加码》，2018 年 1 月 12 日，http：//world. people. com. cn/n1/2018/0112/c1002 - 29760520. html。

② 《越南第十四届国会第五次会议第 19 号公报》，2018 年 6 月 13 日，https：//baotintuc. vn/chinh － tri/thong － cao － so － 19 － ky － hop － thu － 5 － quoc － hoi － khoa － xiv － 20180613202633821. htm。

下了基础。11 月 20 日，越南第十四届国会第六次会议表决通过《反腐败法》（修正案）。越南国会常务委员会委员、国会司法委员会主任黎氏娥向国会代表报告了《反腐败法》（修正案）草案听取意见、修订完善的有关情况。国会代表以绝对多数的赞成票表决通过此法，共有 452 名国会代表赞成，占国会代表人数的 93.2%。① 国会代表高票表决通过《反腐败法》（修正案），反映出广大选民的心愿和呼声，也体现了越共中央对待反腐败的坚定态度。

自越共十二大以来，由中央管理的 60 多名干部已受到党纪处分。贯彻落实越共十二大决议两年多来，越南各级党委、检查委员会已对违纪违法的 490 个党组织、3.5 万名党员干部给予纪律处分，其中近 1300 名党员干部因贪污腐败和故意违法被给予纪律处分，包括越共中央委员甚至政治局委员，也包括年事已高的退休领导干部。② 2018 年是越南反贪史上卓有成效的一年，继丁罗升案之后又查处了一系列大案要案，引起了广泛关注。公安部两名副部长级干部陈越新和裴文成在受到党纪处分的同时，还被以法律规定的"缺乏责任，造成严重后果"罪名起诉。在越共十二届九中全会上，越共中央委员、胡志明市市委常务副书记毕成刚受到免职处分。国防部泰山总公司前副总经理丁玉系（1971 年出生，上校军衔）因犯"滥用职权罪"和"使用虚假证明文件罪"被越南第七军区军事法庭判处有期徒刑 12 年；国防部泰山总公司前董事长兼总经理冯名深（1965 年出生，大校军衔）因犯"失职失责，造成严重后果罪"被判处非监禁改造 2 年；越南知名房地产开发商潘文英武被指控犯下蓄意泄露国家机密、逃税及滥用职务和权限等罪被河内市人民法院判处有期徒刑 9 年；胡志明市人民法院以故意违反国家经济管理规定造成严重后果罪判处越南建设股份商业银行原董事长、天清集

---

① 《越南第十四届国会第六次会议第 23 号公报》，2018 年 11 月 21 日，http：//www. nhandan. com. vn/chinhtri/item/38304802 - thong - cao - so - 23 - ky - hop - thu - sau - quoc - hoi - khoa - xiv. html。
② 《越共中央总书记阮富仲：让贪污腐败、浪费和官僚现象无藏身之处》，2018 年 6 月 26 日，http：//cn. dangcongsan. vn/news/. html。

团董事会主席兼总经理范功名有期徒刑 20 年，综合旧案，共判处有期徒刑 30 年。①

越南反腐败斗争中，不少情节严重、关系复杂的腐败和经济案件被严格依法公开审理，充分体现了越共反腐"言行一致、没有禁区、无例外、无特权"的原则，有助于提高民众对越共执政的信任度，也有利于纯洁越共自身的组织，提升领导力和战斗力，获得了越南人民群众的支持和好评。

四 加强党的思想政治建设，重视意识形态领域的斗争，开展反对"和平演变"和"自我演变"的斗争，坚决维护社会稳定

近年来，越共中央高度重视党的思想政治建设，采取各种措施，加强意识形态工作，维护马克思列宁主义、胡志明思想在意识形态中的主导地位。2018 年 4 月 10 日，越共中央书记处召开会议，听取中央书记处 5 个检查团所做的"越共十二届四中全会'关于加强建设和整顿党，防止和遏制思想政治、道德和作风蜕化及内部"自我演变""自我转化"现象的决议'与'越共中央政治局关于学习和践行胡志明思想、道德和作风的五号指示'相结合执行情况监督检查的综合报告"。报告肯定了各级党委和党组织已注重政治思想教育工作，践行胡志明思想、道德和工作作风，许多党员干部，尤其是主要干部已发挥模范带头作用，指导落实好检查、监督、监察、预防和打击贪污腐败、反浪费、实行节约、推进行政手续改革等工作。与此同时，报告也指出部分党委、党组织和党员干部认识不足，执行决议和指示工作还停留在表面上，执行计划不具体，部分党员干部没有发挥好模范带头作用，需要进一步加强决议和指示的贯彻落实。

2018 年 5 月 5 日是卡尔·马克思诞辰 200 周年，越南也同世界上一些国

---

① 《2018 年令人震惊的大案》，2018 年 12 月 21 日，https：//vietnamnet. vn/vn/thoi－su/media/2018－dai－an－chan－dong－va－nhung－dieu－chua－tung－co－trong－lich－su－492340. html。

家一样，举办各种活动来纪念这位伟大的思想家和革命家。5 月 4 日，越共中央宣教部、中央理论委员会、越南社会科学翰林院及胡志明国家政治学院共同组织召开了主题为"马克思的思想遗产与时代意义"纪念马克思诞辰 200 周年国际学术研讨会。来自中国社会科学院马克思主义研究院、武汉大学、大连理工大学、郑州大学、老挝社会科学院的专家学者以及越南中央各部门的领导和胡志明国家政治学院、越共中央宣教部、中央理论委员会的专家学者约 400 人出席会议。会上，越共中央书记处书记、中央理论委员会主席阮春胜表示，中、越、老三国运用和创新发展马克思主义，并在马克思主义的指导下进行社会主义革新实践，取得了伟大成就。越南将会在马克思主义、胡志明思想指引下，继续革新，走社会主义道路。① 越共中央政治局委员、越南国家主席陈大光在 5 月 2 日的《人民报》上发表了题为《马克思的伟大思想与越南革命》的纪念文章②，指出越南共产党和胡志明主席始终以马克思列宁主义为指导思想和行动指南，灵活、创造性地把马克思列宁主义运用到越南革命和国家建设的实际之中，引导人民从胜利走向胜利。文章强调，越南必须坚定共产主义理想，坚信社会主义，全力以赴推进革新事业发展。

加强越共思想政治建设，是意识形态工作的重点，党的高级干部起着关键作用。2018 年，越共中央组织部和胡志明国家政治学院举办了多期越共十二届中央委员培训班，加强高级干部培训，学习越南共产党和国家的路线和政策主张，研究推动实际工作。8 月底，越共中央总书记阮富仲在出席第二期十二届中央委员培训班开班典礼发表讲话时，引用列宁、胡志明的话，强调"学习、学习、再学习""学习是终身之事"，党的理论和新知识的学习对于党员干部的人生和工作都具有十分重要的意义。第二期培训班安排有

---

① 《纪念马克思诞辰 200 周年国际学术研讨会》，2018 年 5 月 4 日，https：//vov. vn/chinh － tri/dang/hoi － thao － khoa － hoc － quoc － te － nhan － ky － niem － 200 － nam － ngay － sinh － cmac － 758481. vov。

② 《马克思的伟大思想与越南革命》，2018 年 5 月 2 日，http：//www. nhandan. com. vn/ chinhtri/item/36267302 － tu － tuong － vi － dai － cua － c － mac － voi － cach － mang － viet － nam. html。

新形势下党的思想工作、建设廉洁政府等 9 个专题。① 为了帮助党员干部进行学习，越南真理国家政治出版社 2018 年出版图书 1050 种共 400 多万册，其中不少是与越共中央机构合作编辑出版的著作，具有鲜明的主题和思想导向，如十二届七中、八中全会文件汇编，坚信党的领导，克服一切困难，在党员干部队伍中防范"自我演变"和"自我转化"等。②

越共在加强党的思想政治建设、抵制西方意识形态渗透的同时，还时刻警惕来自国内外的一些敌对势力和不法分子的破坏活动，强力维护社会稳定。

2018 年 5 月 23 日，越南第十四届国会第五次会议讨论《网络安全法》、《云屯、北云峰、富国特别经济行政单位法》（简称《特区法》）草案时，一些国会代表发表不同意见。越南国会随即决定延迟对该法草案的表决时间，继续对该法草案进行调整完善，然后再行审议。

反对来自西方敌对势力的"和平演变"，以及警惕来自内部的"自我演变"，是近几年来越共中央高度重视的工作。同时，越南也对敌对分子的渗透破坏犯罪活动给予坚决打击，严防其图谋得逞。2018 年 8 月 21～23 日，胡志明市人民法院审判了属于"临时越南国家政府"组织的 12 名犯罪分子。据越南《青年报》报道，这些人受"临时越南国家政府"组织的指使，接受其所交付的宣传、鼓动游行等任务。这些人现已以"颠覆人民政权罪"被起诉。"临时越南国家政府"组织由南越伪政权军人陶明军和一些成员于 1991 年在美国成立，其前身是"越南新民主党"。从 2013 年年底以来，陶明军伙同该组织成员歪曲宣传越南党和国家的主张、政策，并拉拢越南国内公民参加，同时派人回到越南鼓动实施恐怖活动，散发传单号召进行游行示

---

① 《越共十二届中央委员培训班开学》，2018 年 8 月 27 日，http：//www. dangcongsan. vn/thoi－su/khai－giang－lop－boi－duong－cap－nhat－kien－thuc－doi－voi－cac－dong－chi－uy－vien－trung－uong－dang－khoa－xii－495429. html。

② 《2018 年真理国家政治出版社出版千余种图书》，2019 年 1 月 3 日，http：//dangcongsan. vn/tu－tuong－van－hoa/nam－2018－nha－xuat－ban－chinh－tri－quoc－gia－su－that－xuat－ban－hon－1－000－dau－sach－512441. html。

威，在越南的节日期间进行破坏活动。① 2017 年，为了实施恐怖破坏、暗杀干部的活动，"临时越南国家政府"头目加紧发展力量，成立"凤凰""蟒蛇""别动军""大越"等组织；指派詹姆斯·汉·阮（美国国籍）和安吉尔·潘（美国国籍）回到越南提供财政资助并直接指导活动；计划指派组织成员散发反动传单、用非法信号入侵广播频道宣传不良信息、举行集会，等等。2018 年 1 月 30 日，越南公安部通报认定"临时越南国家政府"为恐怖组织。②

2017 年 2 月，为落实越共中央的部署和要求，越南政府出台了《防止在内部"自我演变""自我转化"的决议》（第 25/NQ – CP 号决议）。2018年越南各地方政府、各部门继续落实此项决议的要求，加强思想政治建设，高度警惕严防在政府内部出现"自我演变"和"自我转化"现象，发现问题，坚决制止，严肃处理。越共中央总书记、国家主席阮富仲在越共十二届九中全会闭幕式上强调：国家、民族、人民和党的利益至高无上。对于每个人特别是党员干部来说，名誉是最神圣、最高贵的。因此，每个人都要提高警惕，坚决反对敌对势力企图煽动骚乱，散布使国家内部分裂的错误言论。

2018 年 11 月 12～14 日，越共中央检查委员会第 31 次会议决定对越南知识出版社总编辑、科技部原副部长、越南科学技术联合协会中央理事会原成员朱好给予开除党籍处分。朱好出生于 1940 年 5 月，可谓一名根正苗红的"红二代"，其父朱庭昌曾是越南公安系统的高级干部，先后担任过越南北部、中部公安局局长，后任越南文化部办公厅主任。朱好曾任越南科技部副部长，2005 年退休后，开始担任越南知识出版社的负责人。在任期间，他利用职务便利，多次公开出版反对越南现行体制的书籍。2005～2018 年间，共出版违规图书 29 种，其中大量内容与越南党和国家的路线、观点相

---

① 《12 名恐怖组织成员在胡志明市被审判》，2018 年 8 月 21 日，https：//vnexpress. net/phap - luat/12 - nguoi - trong - to - chuc - khung - bo - bi - xet - xu - o - tp - hcm - 3795694. html。
② 《越南公安部："临时越南国家政府"是恐怖组织》，2018 年 1 月 30 日，https：//vov. vn/tin - nong/bo - cong - an - chinh - phu - quoc - gia - viet - nam - lam - thoi - la - to - chuc - khung - bo - 725213. vov。

违背。此外，他还起草、签署过 7 份公开信，很多内容"违背越南党和国家的路线、方针、政策"。他还不断与英国广播公司（BBC）、法国国际广播电台（RFI）等西方媒体联络，鼓吹越南应该"和平演变"等，其言行严重影响越南党和国家的声誉和威信，最终受到党的纪律严厉处分。

越南第十四届国会第六次会议结束后，越共中央总书记、国家主席阮富仲在与河内市巴亭郡、西湖郡的选民代表见面，谈及党员干部中的"自我演变""自我转化"问题时表示，这是一个十分严重的问题，影响政治稳定。只有确保政治稳定，国家才会发展。"现在党内大多数党员都是很好的，但是仍有一些人自认为为党做了一点贡献就居功自傲。想说什么就说什么，无视党的纲纪，无视党章，政治思想蜕化要比经济衰退更加危险。无论谁出现了思想蜕化，都必须进行教育、矫正。"①

2018 年 10 月，越共中央检查委员会第 30 次会议通报了朱好的违法违纪问题，越南《人民军队报》于 10 月 26 日发表了题为《保持真正知识分子的品格、威信》的社论。社论强调，知识分子首先是一名公民，应该同其他公民一样，对社会承担相应的义务和责任。法制社会要求每个公民都必须遵守宪法和法律。党员知识分子则更要按照党章、党纪行事。维护党在社会中的地位、威信和荣誉。自由是知识分子创造力和灵感的源泉，但值得注意的是这里的自由不是没有底线的自由。而这一底线正是不能做出任何有损社会和国家稳定和发展的行为。②

五 2018年越南政治发展变化的主要特点

越共十二大召开以来，十二大精神逐步得到贯彻落实，第十二届越共中

---

① 《总书记、国家主席谈及对于朱好的处分》），2018 年 11 月 24 日，https：//vnexpress. net/thoi－su/tong－bi－thu－chu－tich－nuoc－noi－ve－viec－ky－luat－ong－chu－hao－3844097. html。

② 《保持真正知识分子的品格、威信》，2018 年 10 月 26 日，http：//www. qdnd. vn/chinh－tri/cac－van－de/giu－gin－pham－gia－uy－tin－cua－nguoi－tri－thuc－chan－chinh－552971。

央的领导地位和执政地位也不断得到巩固提升，越共中央的集中统一领导得到加强，民主集中制得到很好的实施。从 2018 年越南政治的发展变化情况看，这些发展变化是 2017 年越南政治生活的延续，是越共十二大精神继续引领越南政治发展的结果。在越共中央总书记阮富仲的带领下，越共中央委员会朝着精干、高效的方向推进政治体制改革、不断加强党的思想政治建设和干部队伍建设，不断加强反腐败斗争的工作力度，彰显出越共第十二届领导班子巩固和提升党的领导地位的决心和工作力度。2018 年越南政治发展变化总的趋势是继续加强越共中央的集中统一领导，具体特点主要表现在以下五点。

第一，越南高层领导结构发生新的变化，有利于政治和社会的稳定发展。过去，党的总书记、国家主席、政府总理、国会主席分别由不同人选担任，被称为"四驾马车"，一些研究者甚至提出，越南政治权力中枢存在多头政治、多个权力中心。这种认识并不妥当，越共一直是越南的核心领导力量，主导越南革新开放事业的深入发展。在越南国家主席陈大光患病逝世后，越共中央总书记阮富仲众望所归，兼任国家主席。面对这一变化，有人称越南政治权力结构变为了"三驾马车"。其实，这是越共十二大以来越南政治发展的必然结果，也是越共确保政治和社会稳定的重要举措。

第二，越共出于长远战略考虑，把加强干部队伍建设摆上重要议事日程。越共领导地位的保持和巩固，最关键是能拥有一支强大的、高素质的、得到民心拥护的干部队伍。越共十二届七中、八中、九中全会都高度重视干部队伍建设工作，尤其是对于战略性干部队伍的储备、培养、建设工作，采取具体措施和步骤，努力建立一支有更高素质、更高觉悟、更高效能的干部队伍。同时，加大党的整顿和纪律处分工作力度，对于有违背党纪、党章行为的领导干部坚决予以查处。尤其是加强干部队伍建设方面的探索，将会对越南今后的政治发展、越共十三大新一届中央领导层的形成产生重要影响。

第三，越共重视民主政治建设，在扩大党内民主形式上进行了有益探索。在越共十二届九中全会上，越共中央委员会第二次对政治局委员、中央书记处书记进行信任测评，虽然投票具体结果未公布，但也是越共对扩大党内民主途径与形式进行的有益探索。同时，越共中央不断加强党纪监督检查工作，加强党建和纪律建设，形成与发扬党内民主、推进民主政治建设，最大限度调动党员干部的积极性，增强越共党内凝聚力的同时，不断提升在越南人民群众中的威望。

第四，加强意识形态阵地建设和网络治理，反对"和平演变"和"自我演变"。越共一直高度重视思想政治教育、舆论宣传工作，中央理论委员会、中央宣教部和各级党委、政府合力推进有关工作，收到较好效果。越南国会排除阻力通过《网络安全法》，有关部门将"临时越南国家政府"定为恐怖组织，对其各种攻击党和政府的言论进行批判，对越南"公知"代表人物朱好给予开除党籍处分等，都彰显了越共防止"自我演变"，与国内外敌对势力"和平演变"的图谋做斗争的决心。

第五，越南国会在越南政治生活中的地位得到进一步提升，立法工作成绩显著。2018 年越南第十四届国会第五次、第六次两次会议共表决通过了16 部法律，为政治稳定、经济社会发展服务的立法工作进度加快提供保障。这些法律涉及政治、经济、教育、安全等社会生活的方方面面，在一定程度上体现了越南国会工作的高效率。

B.3
军事

蒋玉山[*]

摘　要： 2018 年，越南继续加强党对军队的绝对领导，推进军队政治建设和党建、军事训练和后勤保障等常态化军队工作。年内，越南人民军的工作主线是适应新军事变化而基于制度革新推进军队现代化进程。主要体现为：越军从国防部领导机构开始拉开了全军机构改革与整合的序幕，以领导年轻化为特征的总部机关和军区机关人事调整；越南军队和公安部队机关的整肃和腐败治理；越南《国防法》和《海警法》的修订；等等。同时，越军为海上权益斗争的需要，继续加快越南军队武器装备现代化进程，越南陆海空军和海警部队继续改造升级武器装备，加强海防系统建设。

关键词： 越南人民军　机构整合　腐败治理　军队现代化

一　越南国防部组织编制改革与整合

按照越共十二届中央委员会第 15 号决议关于要在越共十三大召开之前（2021 年）基本完成越南人民军组织结构初步调整的指示精神，以及越共十二届中央委员会第 18 号决议《关于继续对政治体制进行改革和机构整合使之精简高效》《2016～2021 年越南人民军组织机构调整计划》《到 2020 年越

---

* 蒋玉山，北部湾大学北部湾海洋文化研究中心研究员、博士。

军军队企业机构重组和改革、提质增效计划》等文件精神，机构改革与整合以越南国防部为切入点，取得效果后从国防部再拓展到诸军兵种和各省市军事指挥部。越南国防部部长吴春历大将表达了此次国防部机构改革的决心，他表示"2018 年开始国防部将坚决依照组织编制表裁撤军队冗员"。[①]5 月，越南人民军总参谋长、国防部副部长潘文江上将表示，越军要完成对国防部机关编制组织调整，与 2015 年相比，到 2021 年裁撤 10% 的国防部机关编制军额。整合的主要宗旨是集中削减军队服务保障性单位，调整部分军兵种、预备役部队组织结构，适应新形势下国防安全战略要求，对国防部下属协调联络机构的职能、任务、权限和工作关系进行调整，明晰权责，避免机构重叠。潘文江还表示，机构精简增效是一个大的敏感问题，不可能一蹴而就，需要制订路线图和具体实施步骤。[②]综合越南媒体相关报道来看，此次越军组织编制调整以"精、简、强、灵"为指导思想，以逐步提高越军各军兵种协同作战能力、各军兵种组织结构优化为目标，能够进行快速反应，平战转移需求。根据越共中央政治局第 16 号指示精神和十二届六中全会对政治体制进行改革和整合的精神，2018 年越南正式拉开了越南人民军组织编制调整的序幕。越共中央军委、越南国防部专门成立机构改革咨询小组，在广泛征求国防部及诸军兵种退休高级将领意见和建议的情况下制订了机构改革行动计划和路线图。越军于年内新组建了越南网络空间作战司令部，把国防部下辖的越南维护和平中心升级为越南维护和平局，整合并压缩了越军部分作战机关、越军边防部队和军队院校的联络部门和编制军额。

2018 年 9 月，越南国会常务委员会颁布决议，对新成立的国防部下属三个局级单位的职级和军衔做出规定，从而完善了三大局级单位组织架构。

① Tướng Ngô Xuân Lịch, Kiên quyết giải quyết quân số dôi dư. [N/OL]. Báo Đất Việt, 15 – 02 – 2018, ＜http：//baodatviet. vn/quoc – phong/quoc – phong – viet – nam/tuong – ngo – xuan – lich – kien – quyet – giai – quyet – quan – so – doi – du – 3352928/＞.

② Sắp xếp lại Bộ Quốc phòng: Có đơn vị mới, không tăng quân [N/OL]. Báo Đất Việt, 09 – 10 – 2018, ＜http：//baodatviet. vn/quoc – phong/quoc – phong – viet – nam/sap – xep – lai – bo – quoc – phongco – don – vi – moi – khong – tang – quan – 3366970/＞.

三大局级机关分别是越南网络空间作战司令部、越南军队电信集团（Viettel）和越南维和局。国会常委会决议规定：越南网络空间作战司令部司令和政委、越南军队电信集团董事会主席兼总经理为军区级，授予中将军衔；越南维和局局长为正军级，授予少将军衔；网络空间作战司令部设副司令人数不超过 3 人，副政委限 1 人，均授予少将军衔；越南军队电信集团副总经理人数不超过 3 人，含 1 名党委副书记，1 名副总经理负责高科技国防工业部，1 名副总经理负责信息和网络安全部，均授予少将军衔。① 网络空间作战司令部成立于 2018 年 1 月，隶属于越南国防部，其主要职能是研究和预测未来的网络战争，应对网络空间安全威胁。并且，网络空间作战司令部负责与政府机构合作，以保护越南网络主权和网络基础设施安全，支持政府投资和运用第四次工业革命科技，助力国家社会经济发展。越南国防部表示，组建网络空间作战司令部是越南政府为应对网络威胁综合战略的重要组成部分。除了国防部的机构整合全面铺开，年内越南国防部对越南边防部队司令部部分直属机关单位进行裁撤和组织编制调整，共裁员约3000 人。

越南国防部全面推进下属军队企业集团公司进行重组。目前已裁撤 7 家越南军队企业集团公司 14 个预备役工兵旅，解散 6 个军队技能培训和职介中心。力争到 2020 年年初完成军队企业重组和革新，达到提质增效、提高竞争力的目的。大幅精减军队企业数量，将国防部下属企业从目前的 88 家整合成 17 家。对 38 家军队企业中的 32 家实行股份制改造，对 21 家股份公司中的 10 家完成撤资退股。除了上述改革，为缩减经费，越军还计划对越军媒体进行整合，即将当前《军队文化艺术》《全民国防杂志》等 4 份杂志进行整合，并在整合《军训杂志》（隶属越南人民军总参谋部军训局）、《军事院校杂志》（隶属军事院校管理局）、《民军自卫和国防教育杂志》（隶属国防部民军自卫局）、《标准—测量—质量杂志》（隶属标准化测量和质量局）4 份军队杂志的基

---

① Quy định cấp bậc quân hàm cao nhất ở đơn vị mới thuộc Bộ Quốc phòng. Vietnam Net，08 – 09 – 2018，< http：// vietnamnet. vn/vn/thoi – su/quoc – phong/quy – dinh – cap – bac – quan – ham – cao – nhat – o – don – vi – moi – thuoc – bo – quoc – phong – 475612. html#inner – article >.

础上创办《国防军事杂志》，杂志隶属于越南人民军总参谋部下属的军事通信和理论宣传机关，为月刊，出版许可证号 322/GP – BTTTT。[①]

二 越南《国防法》和《越南海警法》的修订

2018 年 6 月，越南第十四届国会第五次会议以 88.3% 赞成票表决通过 2018 年越南《国防法修正案（草案）》，越南国防部宣称越南《国防法》的修订是为了适应新的国际和地区安全形势变化，目标是建立强大全面的国防力量，发挥综合国力，维护国家独立、自主、统一和领土完整，保卫越南党、国家和人民及社会主义制度；保卫越南的革新事业和工业化现代化，保护国家民族利益以及保护民族文化，维护和平、政治社会稳定、国家安全。越南《国防法》的修订是转型时期越南因应新军事变革的重大举措之一。越南《国防法修正案（草案）》对国防活动原则与政策，战争状态和国防紧急状态、戒严状态，人民武装力量，防务保障，地方政府机关和组织任务和权限，公民国防权利与义务等内容做出详细规定。该法适用于越南政府机关、组织、公民及在越南的外国组织和个人。越南《国防法修正案（草案）》共 7 章 40 条，与 2005 年版越南国防法相比压缩了 2 章 11 条。国防法修订新增的内容主要包括：关于应对第四次工业革命、国防科技和国防工业发展的国家政策；信息网络战争预防，军区防御和实施国防任务禁止的行为规定；建设区域防御力量时注重对外防务合作的规定；实施国防任务中性别平等的规定；民用工程建设设计和投资必须考虑军民两用性，即工业、交通、农业和农村及其他工程战时转为国防用途的规定；中央政府各部委军事指挥部的职责和任务的规定；越南人民军任务与职能的规定；关于保障人力、财力、物力服务国防建设，在经济、文化、社会和外交中更加全面地保障与服务国防的规定；关于国防部在越南边境地区、关口、海

① Bộ trưởng Quốc phòng quyết định sáp nhập 4 tạp chí Quân đội［EB/OL］. Vietnam Net，06 – 09 – 2018，< https：//vietnamnet. vn/vn/thoi – su/chinh – tri/bo – truong – quoc – phong – quyet – dinh – sap – nhap – 4 – tap – chi – quan – doi – 475294. html >.

岛海洋和大陆架地区负有维护社会治安责任的规定；使越南《国防法》与《国家边境安全法》、《国家安全法》和《人民公安法》保持一致的规定；全民国防、区域防御、防务外交、经济文化和社会发展与国防相结合及机关组织对国防和民防责任问题；关于国防部对越南国会国防安全委员会负有参谋和协助职责的规定；关于国防安全委员会的职责与《越南宪法》（2013 年）第二款第 89 条保持一致的规定；将部分关于国防法律文本的原则性规定吸纳进 2018 年越南《国防法修正案（草案）》。①

越南第十四届国会第五次会议通过《越南海警部队条令》（简称《越南海警法》）修订案草案。《越南海警法》修订案草案共有 8 章 49 条，总则指出海警法修正案草案是关于提升越南国防实力、海上安全保障能力和海警部队能力建设的各项规定的法律。解决如何在具体操作中使《越南海警法》既符合越南国内法，又符合国际惯例，使越南海警部队的执法活动具备法律基础，能够满足捍卫海洋主权和权益、管辖权以及维护海上安全秩序和海洋环境的要求。② 草案明确越南海警部队是一支以革命化、正规化、精锐化、现代化为建设目标的海上执法骨干力量，同时在维护国家主权、安全事业中发挥综合实力，但有别于越南海军和其他军兵种部队。比如草案第 4 条明确规定海警力量的主要职责是"保卫国家海洋主权和权益、管辖权，保护环境资源及国家利益，维护越南海域安全秩序、和平与稳定"，同时"海警部队也要为保护和协助越南渔民海上作业提供便利条件"。第 8 条、第 9 条规定海上国防安全情况处理之任务与权限等。在草案正式通过之前，越南国会进行了广泛讨论，关于明确海警力量是否为武装部队问题，越南国会副主席、原越南人民军总参谋长杜伯巳在进行草案讨论时向国会代表解释称，越南海警划归越南国防部，其属性也像陆地上执法的越南边防部队一样。战时越南海警也是执行国家主权维护的主要武装力量。关于海上执法优先权次序问题，越南国防部部长吴春历大将强调，在同一片海域上，对于在不同力量

---

① Những điểm mới trong Luật Quốc phòng năm 2018. Cổng Thông tin điện tử Bộ Quốc phòng, 05 - 07 - 2018, < http: //www. mod. gov. vn/wps/portal >.

② 国会表决通过《国防法修正案（草案）》，越南共产党电子报中文版，2018 年 6 月 8 日。

共同负责的任务和权限内发生的情况，哪个力量先发现情况则哪个力量须在其权限范围内解决并将相关档案转交给职能部门。① 也就是说，不再特定海警独立执法权，以发现情况的先后为原则及时处置。2009 年版法律规定海警是执行越南各海域和大陆架安全秩序管理任务和确保越南各海域和大陆架上的相关法律法规有序执行的专门武装力量，即拥有海上执法垄断权。修订之后的海警法实际上也解决了越南海上执法多头无序的问题，原海警法规定由越南海警部队垄断执法权，此次的海警法修订案实际上是去垄断化，在同一片海域，凡负有执法任务和拥有执法权的海上执法机构依发现情况的先后顺序进行现场执法，后续情况可交由职能部门处理。一个值得关注的变化是，《越南海警法》修订案草案称越南海警可以"保卫主权"为由在海上开火，修订案草案还补充了在越南海域非法活动船只若不服从劝阻，越南海警可以开火以示警告的规定。修订前越南海警有权开火的情形仅包括海警官兵生命安全受到威胁、海上追捕罪犯和嫌疑船只或保护有生命危险的公民三种情形。在谈及修订海警法草案的目的时，越南国防部部长吴春历大将表示旨在完善海上执法法律体系，提高海洋岛屿管理与维权效果。越南国会国防安全委员会主任武仲越就该草案审核结果发表讲话时也宣称"《越南海警法》是越南海警部队执法的法律基础，维护国家海洋主权和权益、管辖权任务要求，保卫海上安全和秩序，保护海洋环境……"。②

三　越军高层领导人事调整

2018 年，越南国防部直属单位、军兵种、各大军区、四大集团军和军事院校主官小幅调整，50 多岁的中高层将领占据较大比例，表明领导机构年轻化和职业化机制建设仍然是越军现代化进程中的一项重点工作。

---

① 第十四届国会第五次会议：国会代表普遍赞同颁发《越南海警法》，〔越南〕人民军队报电子版（中文版），2018 年 6 月 8 日，＜https：//cn. qdnd. vn/cid － 6123/7182/nid － 550415. html ＞。

② 《建设革命化、正规化、精锐化和现代化的越南海警部队》，越南共产党电子报中文版，2018 年 5 月 23 日，＜https：//cn. qdnd. vn/cid － 6123/7182/nid － 549925. html ＞。

军衔晋升方面。年内，越军有两人晋升为大将，年龄均为60多岁，其中越南公安部部长苏林上将与越南人民军总政治局主任梁强上将于2019年1月20日晋升为大将。苏林，1957年出生于越南兴安省，越共第十二届中央政治局委员、越共第十一届和第十二届中央委员、越南第十四届国会代表，曾任越南第三政治保卫局局长、第一国安总局局长。2007年升任少将，2010年10月升任中将，2014年9月升任上将并担任公安部副部长。2014年越南《人民公安法》规定公安部部长最高军衔为大将、副部长为上将军衔，人数控制不超过6位。梁强，1957年出生于越南富寿省，越共第十二届中央委员，历任越军第二集团军政委、三军区政委。2011年升任越南人民军总政治局副主任。2009年升任中将，2014年升任上将。2014年《越南人民军军官法》规定，越南人民军总参谋长和总政治局主任军衔与国防部部长相同，均为大将。越军现役大将有4位，即公安部部长苏林、总政治局主任梁强、国防部部长吴春历、负责国防安全事务的国会副主席杜伯巳。一人晋升上将军衔，越南人民军副总参谋长范红香由中将晋升上将。①

军兵种领导调整方面。2018年8月底，越军第二军区副政委范德缘少将赴越南中央军委检查委员会任职。第二军区316师原师长武金河大校平调任老街省军事指挥部指挥长，第二军区训练处苏光幸大校升任316师师长。② 9月初，河内首都警备司令部阮允英少将提升为越军第四军区司令，越军第四军区副司令、参谋长邓重军少将调任越南国防部审计署审计长。第四军区原副司令何寿平少将接任第四军区参谋长。11月中旬，第二军区原

---

① Thăng quân hàm Thượng tướng và Phó đô đốc Hải quân đối với các cán bộ cao cấp quân đội. Báo điện tử Quân đội nhân dân, 16 - 06 - 2018, < http://www.qdnd.vn/quoc - phong - an - ninh/tin - tuc/thang - quan - ham - thuong - tuong - va - pho - do - doc - hai - quan - doi - voi - cac - can - bo - cao - cap - quan - doi - 541607 >.

② Điều động, bổ nhiệm một số tướng quân đội. Vietnam Net, 11 - 09 - 2018, < http://vietnamnet.vn/vn/thoi - su/chinh - tri/dieu - dong - bo - nhiem - mot - so - tuong - quan - doi - 476152.html#inner - article >.

副司令、参谋长阮红泰升任河内首都军区司令。① 第二军区原副参谋长陈英游大校晋升少将，任第二军区副司令。第二军区参谋长工作暂由团国越大校、裴宏光大校、阮友塾大校、泰明塘大校四位副参谋长分管。② 11 月中旬，越共中央委员、第四军区原司令阮新纲中将被调入越南人民军总部机关补选履任副总参谋长。9 月 14 日，越南政府总理阮春福签署命令，海军副司令陈怀忠跨军种调任第七军区党委书记兼政委，其军衔由少将晋升为中将。第七军区司令员武明良中将不再行使第七军区党委书记一职。陈怀忠出生于 1965 年，在任越南海军副司令之前，历任第七军区 77 旅旅长、第七军区宣训处处长、陆军第五步兵师师长。2011 年补任越南人民军总政治局宣训局副局长，2013 年调任第九军区政治局主任，2014 年任越南人民军总政治局宣训局局长。③ 10 月 9 日，越南中央军委检查委员会委员范德沿少将和黎玉南少将任越南中央军委检查委员会副主任。④

四 越军军队整肃与腐败治理

2018 年，越共反腐斗争由中央部委延伸到各级地方政府，从党政机关扩展到国有企业，同时军警内部的腐败治理也是 2018 年越共反腐行动的显著特点。在反腐风暴劲吹之下，越南公安部和越南军队数名将领落马，反腐败治理的深度、广度和烈度为越共十二大以来前所未有，这也充分展示了越

---

① Quyết định về lãnh đạo cấp cao trong quân đội. Báo Đất Việt, 15 – 11 – 2018, < http：// baodatviet. vn/chinh – tri – xa – hoi/tin – tuc – thoi – su/quyet – dinh – ve – lanh – dao – cap – cao – trong – quan – doi – 3369213/ >.

② Bàn giao nhiệm vụ Tham mưu trưởng Quân khu 2. Báo Đất Việt, 18 – 11 – 2018, < http：// baodatviet. vn/chinh – tri – xa – hoi/tin – tuc – thoi – su/ban – giao – nhiem – vu – tham – muu – truong – quan – khu – 2 – 3369422/ >.

③ Phó Đô đốc Trần Hoài Trung nhận nhiệm vụ Chính ủy Quân khu 7. Vietnam Net, 11 – 10 – 2018, < http：//vietnamnet. vn/vn/thoi – su/chinh – tri/pho – do – doc – tran – hoai – trung – nhan – nhiem – vu – chinh – uy – quan – khu – 7 – 482546. html >.

④ 2 Thiếu tướng giữ chức Phó chủ nhiệm Ủy ban Kiểm tra Quân ủy TƯ. Vietnam Net, 09 – 10 – 2018, < https：//vietnamnet. vn/vn/thoi – su/chinh – tri/2 – thieu – tuong – giu – chuc – pho – chu – nhiem – uy – ban – kiem – tra – quan – uy – tu – 482231. html >.

共中央反腐败的决心。

越南公安部两名上将副部长，越南人民军防空空军原政委、司令员，现已退休的方明和上将因贪污和工作履职问题被越共中央检查委员会查处。此前越共中央检查委员会经过调查认定，原公安部常委、副部长，公安部后勤技术总局局长裴文诚中将①违反民主集中制原则，不负责任，管理松懈，监管不力，尤其是任后勤技术总局局长时屡犯错误，违反国家保密规定和公安部办事程序，出售国防用地和房产，权力僭越，中饱私囊等。7月27日，越共中央政治局决定革除裴文诚党内一切职务，给予行政和党纪处罚，由中将降为少将衔。越南公安部党委原常委、副部长陈越新上将②随后落马，越共中央政治局认定陈越新上将履职不力，管理松懈，监管不力，违反国家保密法，行政越权，严重削弱了公安部领导威信，并造成了恶劣的社会影响。越共中央政治局决定撤销陈越新党内一切职务，交由越共中央书记处给予行政和纪律处分、降衔。同日，越共中央检查委员会决定给予越共中央原委员、越南人民军总政治局原副主任、越共中央军委副书记、越南防空空军原司令方明和上将党内警告处分。方明和的主要违纪行为是违反民主集中制原则，违反中央军委和国防部国防用地管理规定，领导管理失职，对党和军队造成严重影响。越共中央检查委员会认为越南防空空军党委领导履职不力，监管不到位，违规使用国防用地，用于非法经济合作牟利，违建军人住宅。7月底，越共中央检查委员会决定对防空空军党委原党委书记、原政委阮文清上将进行纪律处分，并提请对方明和上将予以追责。③当月，越南公安部反高科技犯罪警察局原局长阮清化少将因卷入赌博和洗钱集团丑闻被提起公

---

① 裴文诚，1959年出生，越南宁平省人，2014年8月调任越南公安部副部长之前，历任公安部技术总局副局长、公安部后勤技术总局局长，任副部长当日升中将军衔，负责后勤技术工作及公安部消防部队工作。

② 陈越新（时年63岁），越南太平省人，2011年10月任越南公安部副部长前历任公安部情报总局（又称越南公安部第五总局）副局长、局长。2013年7月晋升为上将，2016年退休。

③ Bộ Chính trị, Ban Bí thư xem xét kỷ luật 3 tướng công an, quân đội. Kinh tế và Dự báo, 28 - 07 - 2018, < http: //kinhtevadubao. vn/chi - tiet/2 - 12027 - bo - chinh - tri - ban - bi - thu - xem - xet - ky - luat - 3 - tuong - cong - an - quan - doi. html >.

诉。10 月，越南富寿省人民检察院对越南公安部原警察总局局长、退休中将潘文永涉贪一案提起公诉。[①]

作为公安部和军队整肃与腐败治理的前奏，2018 年 4 月 18 日，为加强越共中央对公安部的领导，越南公安部队进行领导机构的重大调整。按照越南公安部机构重组方案，公安部撤销 6 个副部级总局单位，将厅局级单位由现有的 126 个缩减到 60 个，包括公安部和各省、直辖市公安厅，共裁撤 800 个处级单位。这次改革影响到约 400 名将校级军官和多位部级高官。下级军官也可能受到较大影响，部分干部将被调离公安部。改革从公安部机关开始，之后延伸到省市公安厅及县一级公安机构，越共中央认为公安部重组将是推动越南公安部队廉政运动、加强自身腐败治理的重要举措。

2018 年 8 月 6 日，越南政府 1 号决议表明越南公安部机构重组大幕正式拉开，这是越南公安部机构改革和腐败治理的一场大革命，越共中央政治局、越南政府、越南国会均对此高度重视。[②] 同时强调军队腐败治理的机制建设，开始推行公安部队和军队各级军官的财产申报程序。[③] 越南第十四届国会第六次会议修订通过《反腐败法》修正案草案，规定党政官员有义务公开申报个人财产，扩大申报财产官员范畴，要求申报对象含官员本人及直系亲属如父母、子女。草案特别要求越南人民军队和人民警察部队军官的财产申报义务，明晰了年度财产申报的方式、财产确认、合法收入额度的确认等问题。在制度试行阶段，少将及以上军队高级领导干部以及身居要职有高贪污风险的官员必须进行财产申报。

加强对军队公车的管理，减少军费开支，从源头上遏制腐败，也是年内

---

① Thực hư thông tin tướng Vĩnh nhập viện trước ngày bị xét xử. báo điện tử Tiền Phong, 15 - 10 - 2018, < https://www. tienphong. vn/phap - luat/thuc - hu - thong - tin - tuong - vinh - nhap - vien - truoc - ngay - bi - xet - xu - 1334378. tpo >.

② Ấn tượng thật: Bỏ 6 Tổng cục Bộ Công an. Vietnam Net, 27 - 08 - 2018, < https:// vietnamnet. vn/vn/thoi - su/chinh - tri/an - tuong - that - bo - 6 - tong - cuc - bo - cong - an - 472826. html >.

③ Đề xuất sĩ quan quân đội và công an phải kê khai tài sản. Vietnam Net, 06 - 09 - 2018, < https://vietnamnet. vn/vn/thoi - su/chong - tham - nhung/de - xuat - si - quan - quan - doi - va - cong - an - phai - ke - khai - tai - san - 475248. html >.

军队腐败治理的又一重要举措。2018 年 6 月越南政府颁布第 85 号决定（85/2018/N Đ – CP），规定越南人民军队公车使用标准与额度，上将一级官员公车配备价值标准不超过 11 亿越南盾（约合 32.34 万元人民币）。[①] 决定规定自 7 月 15 日开始，凡担任越共中央政治局委员、越共中央书记处书记、越共中央委员、部长、副部长、公安部队总局局长及同等级别军队和警察部队领导干部必须按此标准执行公务用车制度。最高军衔为大将级军队领导配备固定公务用车一台，越南政府总理依据国防部部长和公安部部长的提议决定公车类型和采购价格。陆空军上将、海军司令（上将）可以配备价值为 11 亿越南盾的公务车一台。中将、海军副司令（中将）配备价值 9.2 亿越南盾（约合 27 万元人民币）的公务车一台。陆海空军少将只是在从寓所到办公地点由专车接送，不配备固定专车，接送车辆价值为 8.2 亿越南盾（约合 24 万元人民币）。国防部及公安部队下属国有企业领导的标准同上。身兼多职的军队和公安部队领导按其最高军衔计算标准。如果前任领导退休或离职、工作调动，接替者级别不够则暂不配备公车，直到职级达到标准再行配车。另外，决定还对普通公务车标准进行了规定，职级系数为 0.7 ~ 7.3 军队干部因公可以申请公务用车。[②]

五 越南人民军武器装备现代化

越共十二大政治报告对越南国防工作重点指出，越南防空空军是继越南海军之后越军新一波现代化优先扶持的军种。2018 年也是越共十二大确立的国防现代化战略承前启后的重要年份。越军现代化的路径主要有：一是通过采购先进的舰艇武器装备达到迅速现代化的目的，比如越南海警通过接受

---

① 以 2019 年 5 月 13 日越南国家银行越南官方外汇牌价 1 元人民币 = 3401.52 越南盾计算，数据来源：< https：//www. sbv. gov. vn/webcenter/portal/ >。

② Thượng tướng quân đội, công an được sử dụng ô tô không quá 1, 1 tỉ đồng. Vietnam Net, 06 – 06 – 2018, < https：//vietnamnet. vn/vn/thoi – su/thuong – tuong – quan – doi – cong – an – duoc – su – dung – o – to – khong – qua – 1 – 1 – ti – dong – 455238. html >。

美、日等国家援助和对外采购较快地实现了现代化升级；二是为节省开支对老旧装备进行升级改造，延长使用寿命和增强作战性能和适应性以达到提升军事能力的目的；三是加强自主国防工业建设和发展，加大投资力度，加快军事科研进度，提升军事科研水平，减少对外武器装备的依赖度，逐步提高国防工业的自主性。① 从指导思想上看，海军和防空空军仍然是越军现代化建设的重中之重，但从 2018 年的情况看，越南陆军的现代化也被提上议事日程，因此均衡性是越军未来现代化的主要特点。

（一）越南海军装备现代化

海军水面舰艇方面。2018 年 2 月 6 日，第四艘猎豹 3.9 级导弹护卫舰"016 - 光中"号由俄方交付越南海军，该舰与 2017 年 10 月底交付越南海军的"015 - 陈兴道"号同时举行了列编仪式。② 预计 2019 年越南与俄罗斯基本达成建造 4 艘装备俱乐部反舰导弹的闪电级导弹快艇，继续加强越南水面海上护卫和对舰攻击能力。③ 年内越南海军二区 125 旅北方级（舷号 HQ - 512）中型登陆舰完成了升级和配套维修，此外越南海军还将尽快把 771A 型④全部换装成国产运兵、抢滩能力更强，配备攻击直升机的登陆艇。⑤ 北

---

① ĐOÀN HÙNG MINH, Xây dựng nền công nghiệp quốc phòng tiên tiến, hiện đại và tự lực, tự cường - định hướng quan trọng trong Chiến lược Quốc phòng Việt Nam. Tạp chí Quốc phòng toàn dân, 21 - 03 - 2019, < http: //tapchiqptd. vn/vi/nghien - cuu - thuc - hien - nghi - quyet/ xay - dung - nen - cong - nghiep - quoc - phong - tien - tien - hien - dai - va - tu - luc - tu - cuong - dinh - huong - quan - /13435. html > .

② Tại sao Việt Nam cần tiếp Gepard của Nga?. Báo Đất Việt, 02 - 11 - 2018, < http: // baodatviet. vn/quoc - phong/quoc - phong - viet - nam/tai - sao - viet - nam - can - tiep - gepard - cua - nga - 3368399/ > .

③ Việt Nam có thể mua thêm vũ khí nào trong năm 2019?. Báo Đất Việt, 07 - 02 - 2019, < http: //baodatviet. vn/quoc - phong/quoc - phong - viet - nam/viet - nam - co - the - mua - them - vu - khi - nao - trong - nam - 2019 - 3374178/ > .

④ 771A 型舰艇共有 3 艘，舷号分别为 HQ - 511、HQ - 512、HQ - 513，771A 主要用于运输/医护——作者注。

⑤ Việt Nam nâng cấp thành công tàu đổ bộ Ba Lan. Báo Đất Việt, 14 - 08 - 2018, < http: // baodatviet. vn/quoc - phong/quoc - phong - viet - nam/viet - nam - nang - cap - thanh - cong - tau - do - bo - ba - lan - 3363686/ > .

方级中型登陆舰由波兰和俄罗斯于 1967 年联合设计生产。舰长 73 米，舷宽 9.02 米，吃水深 2.3 米，满载排水量 834 吨，船员 37 人，军官 4 人。可同时运载 6 辆老式 BMP-1 步兵战车，或 6 辆 BTR-60/BTR-80 装甲运兵车，或 5 辆 PT-76 重型装甲车和 100 名海军陆战队士兵及装备。配 30 毫米口径 AK-230 双管高速自动高炮两门，除防空外还可用于火力掩护和水上目标压制射击。3 月，越南海军四区司令部从美国海岸警卫队正式接收第六艘二手"铁鲨"快艇，并接受美方赠送的价值 2000 万美元的海警装备。① 这是越南海警和渔检力量装备现代化的重要一环。7 月，越南海军三区司令黎春清少将宣布，在原 302 海队②基础上成立第 32 海团，基地位于越南中部庆和省云峰湾，配备"CSB-8001"号舰。这也是继越南空军军官学院第 915 团和四海区第 955 海军陆战旅进行整合重组之后的第二个编制升级的部队。

2018 年越南海警部队装备现代化进展显著。越南海警网消息称，越南海警主要职能是海训、战值、海上巡逻、海上安保和搜救。第 32 海团成立之后，越南海军将重点对其进行现代化升级，包括配备在建的 DN-4000 舰，进行舰载机试飞，计划成立越南海警海上直升机航空兵部队。③ 7 月中旬，越南国防工业总局 Z189 造船厂 DN-2000 型"8001"号巡逻舰舰载直升机停机坪改造项目完成验收。该舰造价 6000 万美元，于 2013 年 10 月正式编入越南海警三区。这也是越南海警部队未来组建海上航空兵部队的前期实验工作。2016 年年底，DN-2000 型"8004"号舰已顺利完成 EC-155B1 型直升机着舰训练。除了对现役水面舰船升级，越南海警计划建造更多新舰船。2018 年 7 月 16 日，越南国防工业总局秋河造船厂承接 4 艘越南海警

---

① 《美国向越南移交六艘铁鲨巡逻艇》，《越南工贸报电子版》2018 年 3 月 29 日，< http://baocongthuong.com.vn/hoa-ky-chuye-n-giao-6-xuo-ng-tua-n-tra-metal-shark-cho-viet-nam.html >。

② 302 海队组建于 2014 年 8 月 7 日。

③ Cảnh sát biển Việt Nam có thêm Hải đoàn tàu tuần tra. Báo Đất Việt, 01-08-2018, < http://baodatviet.vn/quoc-phong/quoc-phong-viet-nam/canh-sat-bien-viet-nam-co-them-hai-doan-tau-tuan-tra-3362845/ >。

STU – 1606 拖船在岘港正式开工。①

2018 年 10 月，越南海军接受韩国援助的一艘二手浦项级第三代（Flight Ⅲ）"丽水"号（Yeosu，PCC – 765）反潜护卫舰，编号 HQ – 20。2016 年韩国赠送越南海军同级二手舰"金泉"号（Gimcheon，PCC – 761），越南编号 HQ – 18。"丽水"号由大宇公司建造，1986 年 11 月 30 日服役，2017 年 12 月 27 日退出现役后转作训练用途。舰长 88.3 米，宽 10 米，空载吃水深 2.9 米，满载排水量 1300 吨。最大航速 32 节，巡航速度 15 节，最大航程 4000 海里，额定艇员 95 人。主炮为两门"奥托·梅拉拉"76.2 毫米紧凑型舰炮，均采取前后配置。另外还装备两门 40 毫米双联装舰炮。未配备导弹，只装备 324 毫米口径 Mk32 轻型二套三联装鱼雷发射器。② "丽水"号列编后将大幅提升越南海军对水面舰艇和反潜的攻击力，为提升 HQ – 20 反潜能力，越南海军拟购入其配型鱼雷。③ 11 月，越南国防频道显示，为应对日益紧张的南海海上权益斗争，越南海军完成将单兵便携式防空系统（MANPADS）移装别佳Ⅲ级（Project 159AE Petya Ⅲ）反潜护卫舰，增强了其防空火力，这种防空系统可以装备越南国产的俄制萨姆 – 7 型导弹和针式导弹。④

（二）越南陆军装备现代化

2018 年，越南陆军装备最突出的变化是注重装备现代化。越南从俄罗斯采购的首批 32 辆 T – 90S/SK 主战坦克交付越南陆军，这批坦克采购合同数量总共 64 辆，装备两个坦克营，第二批 32 辆将在 2019 年年底前全部

① 越高官：《越南海警要确保海上主权及安全秩序》，《人民日报》（海外版）2018 年 8 月 18 日。
② Hàn Quốc công bố chuyển giao tàu hộ vệ cho Việt Nam. Báo Đất Việt, 07 – 10 – 2018, < http：//baodatviet. vn/quoc – phong/quoc – phong – viet – nam/han – quoc – cong – bo – chuyen – giao – tau – ho – ve – cho – viet – nam – 3366761/ > .
③ Việt Nam trang bị ngư lôi, tên lửa nào cho tàu Pohang?. Báo Đất Việt, 13 – 10 – 2018, < http：//baodatviet. vn/quoc – phong/quoc – phong – viet – nam/viet – nam – trang – bi – ngu – loi – ten – lua – nao – cho – tau – pohang – 3367166/ > .
④ Việt Nam biến Igla thành tên lửa phòng không trên hạm. Báo Đất Việt, 20 – 11 – 2018, < http：//baodatviet. vn/quoc – phong/quoc – phong – viet – nam/viet – nam – bien – igla – thanh – ten – lua – phong – khong – tren – ham – 3369517/ > .

交付。T－90S/SK 变体相对于原版做了许多改进，炮塔装备了新型自动装填系统，可以装填更长穿甲弹。[①] 按计划，越军将只用一小部分 T－90S/SK 于训练和提高战值，大部分入库以保证高技术参数。随着 T－90S/SK 进入陆军序列及 T－54/55 大规模升级的展开，越南陆军将把目前相当数量的 T－62 型坦克纳入步兵协同战术训练和实兵演习。[②] 分析人士认为，鉴于越南陆军规模庞大，装备 T－90 两个建制坦克营显然不足以实现陆军现代化，参照一贯的做法，越军在对 T－90 坦克进行试用证明其实战能力之后将会继续进行大规模采购，其型号可能是 T－90S 或 T－90 升级型 T－90M Proryv－3。俄媒认为要真正实现陆军正规化和现代化，越军除了对现役 T54/55 进行整体升级，至少需要装备 200 辆 T－90 型坦克。[③] 年内，越军借用以色列转移技术开始对陆军主战坦克 T－54/55 及 T－59 坦克进行流水线改良升级，升级从 T－54 型坦克着手，升级成功后的坦克命名为 T－54M。主要的改良包括因地制宜对 D－10T2S 型 100 毫米坦克主炮安装隔热包裹以适应越南炎热的天气，作战舱内加装感应爆炸装甲。除了坦克，陆军还开始对原美式 M113 装甲车进行装备升级增加防御能力，对其通信联络系统进行现代化升级，利用俄式武器替换美式武器，装备 SPG－9 枪榴弹发射器，配备国产 100 毫米口径火炮，装备 12.7 毫米 DShK 或 NSV 重机枪，或美式布朗宁。据越南国防频道播出的南方驻军训练中少数 M113 装甲车使用布朗宁机枪（M2 Browning）的画面，布朗宁重机重 38 千克，长 1656 毫米，射速 485～635 发/分钟，越战结束后越军接收相当数量的 M113 履带式装甲运兵车，目前仍装备越南陆军并

---

① Cải tiến vượt trội trên xe tăng T－90S/SK Việt Nam vừa nhận. Báo Đất Việt, 02－01－2019, ＜http：//baodatviet. vn/quoc－phong/quoc－phong－viet－nam/cai－tien－vuot－troi－tren－xe－tang－t－90ssk－viet－nam－vua－nhan－3372098/＞.

② T－62 từ niêm cất ra trực chiến sau khi T－90 về nước?. Báo Đất Việt, 12－11－2018, ＜http：//baodatviet. vn/quoc－phong/quoc－phong－viet－nam/t－62－tu－niem－cat－ra－truc－chien－sau－khi－t－90－ve－nuoc－3368993/＞.

③ Việt Nam có mua thêm T－90 sau khi nhận đợt đầu tiên?. Báo Đất Việt, 16－11－2018, ＜http：//baodatviet. vn/quoc－phong/quoc－phong－viet－nam/viet－nam－co－mua－them－t－90－sau－khi－nhan－dot－dau－tien－3367714/＞.

希望延长其服役年限。①

　　陆军轻武器仿制与改良方面。越南国防工业总局第 Z111 军工厂在对以色列造加利尔（Galil ACE31/32）突击步枪改进优化基础上，仿造两款 GK1 和 GK3 型突击步枪，越军拟对其进一步改进以替代陆军单兵武器 AK－47 步枪。目前除了越南陆军主战部队、精锐机械化步兵师或边防部队缉毒特种部队装备 AKM（AK－47 的改进型）攻击步枪，越军仍然大量装备 AK－47 冲锋枪。士兵训练时大量使用中国造 56 式步枪。由于产能和经费受限，GK1 量产之后短期内只能装备越军特种部队，无法全部替代 AK－47 和 AKM 步枪，相当长时期内陆军大规模装备 AK－47 步枪的改进型（AKM）仍是其主要目标。② 此外，结合加利尔步枪和 AKM 步枪优点，越军对加利尔步枪皮轨和枪管结构进行改型，仿造了混和改进枪支 STL－1B，称其作战性能超越加利尔步枪和 AKM 步枪。该型步枪现身 2018 年印度尼西亚防务展览并通过无偿援助形式正式出口老挝，参与老挝国庆阅兵式，从仿制到出口标志着越南国防工业的重要进步。③ 年内越军基于南非 Milkor MGL 仿造成功越南版 Milkor MGLMK1 榴弹发射器，其目标是逐步替代越军大量现役的越战期间美军遗留的 M79 型榴弹发射器。仿造版榴弹发射器口径 40 毫米，初速 76 米/秒，最大射速 120 发/分钟，最大有效射程≤150 米。④ 另据越南媒体消息，2018 年，越南特工部队士兵已配备以色列 IMI 集团公司生产的 Jericho－941 型曲角半自动手枪，空枪重量 1.092 千克，长

① Việt Nam trang bị súng Mỹ cho thiết giáp M113？. Báo Đất Việt, 28－10－2018, ＜http：//baodatviet. vn/quoc－phong/quoc－phong－viet－nam/viet－nam－trang－bi－sung－my－cho－thiet－giap－m113－3368123/＞.

② Súng trường AKM sắp được lấy hàng loạt khỏi kho dư trữ？. Báo Đất Việt, 27－11－2018, ＜http：//baodatviet. vn/quoc－phong/quoc－phong－viet－nam/sung－truong－akm－sap－duoc－lay－hang－loat－khoi－kho－du－tru－3369911/＞.

③ Việt Nam cung cấp súng trường Galil cho Lào. Báo Đất Việt, 15－01－2019, ＜http：//baodatviet. vn/quoc－phong/quoc－phong－viet－nam/viet－nam－cung－cap－sung－truong－galil－cho－lao－3372877/＞.

④ Tốc độ mất chống mặt của súng phóng lựu Việt Nam. Báo Đất Việt, ＜http：//baodatviet. vn/anh－nong/toc－do－mat－chong－mat－cua－sung－phong－luu－viet－nam－3369061/＞.

210 毫米，枪管长 115 毫米，弹匣容量 15 发，有效射程 50 米，子弹规格 9 毫米 × 19 毫米。[1]

（三）防空空军现代化进程

空军战斗机维护升级方面。根据《越南防空空军报》消息，越南后勤总局 A32 第六分厂在通过技改增加 Su－27 歼击机和 Su－30MK2 歼轰机使用寿命方面取得巨大进展。[2] 12 月，越南防空空军司令、中央军委委员、越共中央委员黎辉永中将对 372 师、375 师和 A32 工厂进行视察并对"Su－27 和 Su－30 MK2 大修和使用总年限"项目二期任务进行验收。A32 第六分厂通过对 4 架 Su－30MK2 战斗机燃油系统增加防爆泡沫延长使用寿命，自制液压机增强了战机座舱罩维护的机动性。自行成功维修和升级包括 S－300 地空导弹系统在内的 36D6 型雷达，研制并量产充气仿真模拟 S－300 防空导弹成套系统并装备越南防空空军。[3] 越南国防工业总局成功研制一款车载低空移动防空导弹系统，搭载在越野卡车上，将光电侦察系统与国产热成像瞄准仪实现对接，配备越南产俄式"针－1"（即萨姆－16）防空导弹，其能够打击直线距离 5.2 公里，高度 3.5 ~ 4 公里的空中目标。[4] 作战室设远程遥控系统提高了防空能力。[5] 12 月，越南第 18 兵团直升机总公司越北分公司

---

① Đặc công Việt Nam được trang bị súng bắn góc Israel. Báo Đất Việt, 20－12－2018, < http：//baodatviet. vn/quoc－phong/quoc－phong－viet－nam/dac－cong－viet－nam－duoc－trang－bi－sung－ban－goc－israel－3371359/ > .

② Việt Nam tự tăng niên hạn sử dụng cho Su－30MK2. Báo Đất Việt, 05－12－2018, < http：//baodatviet. vn/quoc－phong/quoc－phong－viet－nam/viet－nam－tu－tang－nien－han－su－dung－cho－su－30mk2－3370481/ > .

③ Việt Nam sản xuất hệ thống S－300 ngụy trang. Báo Đất Việt, 14－12－2018, < http：//baodatviet. vn/quoc－phong/quoc－phong－viet－nam/viet－nam－san－xuat－he－thong－s－300－nguy－trang－3371008/ > .

④ Tầm bắn tổ hợp phòng không tự hành made in Việt Nam. Báo Đất Việt, 15－01－2019, < http：//baodatviet. vn/quoc－phong/quoc－phong－viet－nam/tam－ban－to－hop－phong－khong－tu－hanh－made－in－viet－nam－3372813/ > .

⑤ Việt Nam triển lãm vũ khí hiện đại sản xuất trong nước. Báo Đất Việt, 12－01－2019, < http：//baodatviet. vn/quoc－phong/quoc－phong－viet－nam/viet－nam－trien－lam－vu－khi－hien－dai－san－xuat－trong－nuoc－3372707/ > .

接收两架最新型五座 Bell – 505Jet RangeX 直升机，2019 年 1 月正式编入越南第 18 兵团，这也是继俄罗斯、波兰和欧洲直升机型外，越南首次装备美制直升机，飞机单价 107 万美元，相比于欧洲 EC – 155B1 或俄制 Mi – 8/17 直升机，该机型还将用于搜救、旅游租赁等用途。①

2018 年越军在军用无人机方面取得了较大突破。越南军队电信集团（Viettel）研制一款名为 Shikra 的小型无人机，自重 26 千克，翼展 3.5 米。该公司正在计划仿美式"收割者"（MQ – 9）研制翼展 20 米、活动半径 150 公里、续航时间 20 个小时、载重 1400 千克左右的大型军用无人机。② 10 月，俄罗斯技术公司（Rostec）下属克里莫夫公司与越南直升机技术服务公司签署 TV3 – 117 和 VK – 2500 直升机发动机养护服务合作协议，主要项目是为俄罗斯出售给东南亚国家的直升机提供电机维修，发动机、零配件供给，用 VK – 2500 替代 TV3 – 117 发动机；为东南亚国家直升机发动机养护和 BP – 14/BP – 252 型数字盒养护进行人员培训。养护服务中心设在越南头顿市，设有发动机养护区、零件配件仓库、克里莫夫公司办事处，公司在完成一台发动机维修试点后将获得越南航空管理机构颁发的认证书。③ 中心将修复 VK – 2500、TV3 – 117 发动机。越南目前约有 100 架苏联和俄制 Mi – 8/17、Ka – 28、Ka – 32 或其他型号直升机（装备 TV3 – 117 涡轮发动机）。④ 预计 2019 年起越军将与俄罗斯签署多个大额国防装备采购合同以继续推进其防空空军现代化进程，采购清单包括：四代半 Su – 35S 侧卫歼击机、S –

---

① Việt Nam tiếp nhận trực thăng hạng nhẹ hiện đại. Báo Đất Việt, 05 – 12 – 2019, ＜http：//baodatviet. vn/quoc – phong/quoc – phong – viet – nam/viet – nam – tiep – nhan – truc – thang – hang – nhe – hien – dai – 3370415/＞.

② UAV Viettel chế tạo sánh ngang MQ – 9 Reaper của Mỹ?. Báo Đất Việt, 13 – 11 – 2018, ＜http：//baodatviet. vn/quoc – phong/quoc – phong – viet – nam/uav – viettel – che – tao – sanh – ngang – mq – 9 – reaper – cua – my – 3369050/＞.

③ Trực thăng Việt Nam có thể lắp động cơ tốt nhất VK – 2500PS – 03. Báo Đất Việt, 21 – 11 – 2018, ＜http：//baodatviet. vn/quoc – phong/quoc – phong – viet – nam/truc – thang – viet – nam – co – the – lap – dong – co – tot – nhat – vk – 2500ps – 03 – 3369570/＞.

④ Việt Nam tham gia chuỗi bảo đảm kỹ thuật trực thăng Nga. Báo Đất Việt, 28 – 10 – 2018, ＜http：//baodatviet. vn/quoc – phong/quoc – phong – viet – nam/viet – nam – tham – gia – chuoi – bao – dam – ky – thuat – truc – thang – nga – 3368096/＞.

400 Triumf 远程防空导弹系统。值得注意的是，2019 年 1 月俄罗斯媒体透露，越军有意采购 12 架俄五代战机 Su – 57 装备一个飞行团，合同总值约 20 亿美元，加上越军现役 Su – 30MK2 歼击轰炸机，越南空军将成为东南亚地区最强空军。世界军火贸易分析中心（TSAMTO）推测，越南在 2030 ~ 2035 年将订购 12 ~ 24 架 Su – 57 战机。① 出售给越南的 Su – 57 战机有可能装备"匕首"（Kh – 47M2）空射超音速导弹，能够攻击所有对空、对地和海上目标，机动性能强、隐形，造价低于同类五代机。② 近年来，越南空军开始逐步淘汰俄制安 – 26 型运输机，逐步补强越南空军运输机实力。继 2017 年购买 3 架轻型运输机 C295M 之后，2018 年越南空军又采购两架全新 NC – 212i 海上巡逻机，用于在南海地区进行海上巡逻任务。此外，2019 年越南空军有可能增购 3 架 C295W 的升级改版型。③

---

① Báo Nga: Việt Nam là khách hàng đầu tiên của Su – 57?. Báo Đất Việt, 06 – 01 – 2019，< http：//baodatviet. vn/quoc – phong/quoc – phong – viet – nam/bao – nga – viet – nam – la – khach – hang – dau – tien – cua – su – 57 – 3372340/ > .

② Tại sao Việt Nam cần máy bay chiến đấu Su – 57?. Báo Đất Việt, 13 – 01 – 2019，< http：//baodatviet. vn/quoc – phong/quoc – phong – viet – nam/tai – sao – viet – nam – can – may – bay – chien – dau – su – 57 – 3372767/ > .

③ Sau MiG – 21, Việt Nam chuẩn bị chia tay thêm một huyền thoại. Báo Đất Việt, 09 – 01 – 2019，< http：//baodatviet. vn/quoc – phong/quoc – phong – viet – nam/sau – mig – 21 – viet – nam – chuan – bi – chia – tay – them – mot – huyen – thoai – 3372526/ > .

B.4
科技、教育、文化、医疗卫生、体育

庞敏嘉　黄晓龙*

摘　要： 2018 年，越南政府注重发展科技、教育、文化、医疗卫生、体育等领域，提高对外交往工作和融入国际社会的效果，持续推动科、教、文、卫、体全面发展。

关键词： 越南　科技　教育　文化　医疗卫生　体育

一　科技

2018 年，越南在第四次工业革命中主动适应新趋势，大力推动创新，改善商业环境，营造便利环境以吸引投资和提高经济竞争力。同时，越南还颁布了多项优惠政策来推动科技发展。越南许多大型集团加强了对技术领域突破性创意的投资，构建了相当完整的创新创业生态系统。2018 年 7 月 10 日，世界知识产权组织（WIPO）、美国康奈尔大学和欧洲工商管理学院（INSEAD）共同发布的《2018 年全球创新指数报告（GII）》显示，越南在全球 126 个经济体中排名第 45 位，比 2017 年上升 2 位，科技产出指标也跻身 50 强。

2018 年，越南还加强信息安全保障工作，应用信息科技，实施数字转换、数字经济、电子商务、电子支付、电子政府。加强资源和环境管理，采

---

* 庞敏嘉，南宁师范大学国际教育学院外语教研室主任、讲师；黄晓龙，广西大学外国语学院教师。

取措施应对气候变化和自然灾害，加快实施预防和减轻自然灾害和应对气候变化的项目。

（一）应用研究领域

1.启动越南数字化知识体系

2018 年 1 月 1 日，越南数字化知识体系正式启动。该体系以"共享知识、鼓励创新、连接社会、致力于越南的未来"为目标，旨在建立覆盖各领域的综合知识体系，为社会公众在大数据、互联网、人工智能等基础上创新和发展先进技术创造全面的知识生态体系，加强科研工作和科技成果应用，进而促进国家发展。主要包括四大部分：开放数据（汇聚各类公开发布的信息）、知识体系（汇集与转化各类知识）、互动社交平台（答疑解惑及社交网络）、应用库（整合和运用各大数据库）。该体系是越南政府总理于 2017 年 5 月 18 日正式批准的"越南数字化知识体系发展提案"的实施结果，主要通过网站、手机应用、智能应用平台推动和开展，相关的信息、活动、开发结果以及参与方式将在网站 https：//itrithuc. vn 上更新。民众可通过 Viettel、Mobiphone 和 Vinaphone 等越南电信公司免费服务电话 1001 在越南数字化体系上提问。

2. 越南第二个电磁兼容实验室正式落成

2018 年 5 月 5 日，越南信息传媒部无线电频率管理局在胡志明市举行了十米法电磁兼容（EMC）实验室落成典礼。这是越南第二个电磁兼容实验室。此前，三米法电磁兼容实验室于 2011 年在河内投入运行。十米法电磁兼容实验室拥有总价值近 800 亿越南盾（约合 351 万美元）的现代、同步且满足国际标准的设备系统，该系统由德国罗德与施瓦茨公司（R&S）供应，满足电磁兼容实验环境的最高要求。十米法电磁兼容实验室和三米法电磁兼容实验室将在越南进口许多电子设备的背景下满足处理频率干扰、管理电磁兼容和无线电辐射安全等任务，满足各生产商和国际对研究与设计标准的要求。2018 年 5 月 25 日，越南通信管理局（MIC）发布了新通告（08/2018/TT-BTTTT），该通告主要公布了新版 EMC 标准（QCVN 118：

2018/BTTTT），并将于 2019 年 7 月 1 日生效，取代现行的 EMC 标准
（TCVN 7189：2009）。

3. 越南河内天文台运行

2018 年 6 月，越南科学技术翰林院下属的越南河内天文台和宇宙放映室试运行。河内天文台投资总额为 261 万美元。该天文台设在河内和乐高科技园区，距离河内市中心 30 公里，是目前越南北部最大的天文台，也是越南宇宙中心项目框架内的工程之一。河内天文台拥有一台直径 0.5 米的光学天文望远镜，配备一台专用的图像记录器和优质频谱分析仪等，主要用于寻找地球附近的天体；研究大气（厚度、云、雾）；测量星星的光谱线，以获得有关星星的类型、旋转速度和表面磁场强度等信息；测量主星的径向速度以搜索系外行星和欣赏流星雨、日食、月食等天文奇观。河内天文台设有 100 个座位的宇宙放映室，可向参观者提供有关天文的知识，使用直观画面解释宇宙中各物体的转动和有趣的天文现象。该宇宙放映室投入运行时参观者将有机会观看宇宙形成史的纪实片，参观越南最大的天文望远镜。目前，天文台正编制针对初高中学生的知识普及计划，让前来参观的学生能体验、了解天文和宇宙科学的有趣知识。这将让青年一代更加了解宇宙从而培养他们对该领域的兴趣。

4. 成功研制远洋捕捞海水雪花冰制冰机

2018 年 11 月，越南科技翰林院下属的高科技发展研究中心成功研制出远洋捕捞海水雪花冰制冰机。该设备旨在协助渔民提高水产品质量，服务于远洋捕捞中的保鲜环节。远洋捕捞海水雪花冰制冰机安装和使用极其简便，可自动调节冷藏保鲜时间和温度，还可显示制冰机运行时间、制冰量、燃料消耗量等。渔民们可以调节冻冰中的含水量，含水量为 25% ~ 95%。这是在越南国内进行研发、制造和试验的首个产品，被越南农业与农村发展部认定为水产业科技发展成果。

（二）发行2018年《越南创新黄皮书》

2018 年 8 月 30 日，越南祖国阵线中央委员会、越南科技部和越南科技

联合会在河内联合举行 2018 年《越南创新黄皮书》发行仪式。2018 年《越南创新黄皮书》主要介绍高科技农业、群众保健服务、基础设施开发、再生能源、适应气候变化、国防、安全等多领域的 73 项科技创新工程和科技措施，以及越南国家对科技创新活动的扶持政策。推广《越南创新黄皮书》，进而鼓励发展创新竞赛运动和推广科技进步应用，提升第四次工业革命科技水平，力争将越南建设成为现代化工业国家。目前，越南党和政府出台了多项关于深化科技改革创新推动高质量发展的政策，各省市和地方政府以及企事业单位等注重人力资源开发，落实好各项培训政策，加强科技人才培养，注重科技人才素质全面提高，加强国家与科学家、企业家、农业家之间的对接沟通，鼓励各企业、组织及个人参加科学技术研究、应用和转让，并为其创造良好的条件。

（三）制定可持续智慧城市发展规划

2018 年 8 月 6 日，越南总理阮春福批准了 2018～2025 年越南发展可持续智慧城市总体规划。该总体规划旨在发挥城市潜在优势，最大限度利用好人力资源及自然资源等，促进绿色增长和发展，提高生活质量及经济竞争力。该规划不仅为越南国内外投资者提供了较为明确的战略方向，还为投资者在未来投资建设相关项目提供了信心保证。根据规划，到 2020 年，政府应建立发展智慧城市的法律政策框架，包括应用 ICT 技术法律框架、发展以地理信息系统（GIS）为基础的城市空间数据基础设施以及建立国家城市数据库（第一阶段）等，并为部分城市发展及试点投资做好准备；到 2025年，越南旨在实施发展试点智慧城市的第一阶段，完成法律框架的立法工作，建立发展试点项目、城市管理、照明、交通、供水及排水、电力及电网、自然灾害预警系统以及通信设备基础设施等相关国家级优先标准。

越南 BRG 集团与日本住友集团已获准投资 42 亿美元在河内建设日新一内排智慧城市项目，该项目计划于 2018 年 10 月启动工程建设，分 5 期完成，拟于 2028 年竣工。Viettel 和 FPT 也为该发展积极做好准备。外国投资者也积极参与越南智慧城市未来的发展计划，ABB、沃尔沃巴士、Roxtel 和

Axis 等瑞典公司，日本、韩国、美国以及欧洲的企业都在研究越南的交通规划及智慧城市法律框架，以便做好投资决策，确定是以直接投资（独资）形式或与越南本地企业合作的形式来参与越南智慧城市建设。

（四）制定第四次工业革命发展战略

2018 年，越南政府全力打造并实施"2011～2020 年科技发展战略"。该战略把第四次工业革命放在首位，将重心转移到重视人工智能、工业自动化和互联网大数据等方向；越南企业利用电子商务和数字技术走向世界和加入全球价值链；越南立法机构建立适当的法律框架和投资政策，同时培训公务员队伍，以配合第四次工业革命的发展。然而，第四次工业革命也带来了许多挑战，要求越南政府和企业进行突破性创新，如为数字产业建立坚固的法律基础、发展信息基础设施、培训高素质人力资源、加大行政审批制度改革力度、提高竞争力等。

2018 年 7 月 13 日，越南科技部在首都河内举办了"智能制造发展前景和技术措施"专题研讨会，会议集中讨论越南数字化转型的主要趋势、关于推进高科技和智能技术在制造业中提高生产率的政策、分析和评估第四次工业革命的潜力与优势以及新技术的趋势等内容。经过讨论，与会代表确定了第四次工业革命为越南带来的机遇与挑战，并提出关于越南应对第四次工业革命的政策建议。

2018 年 9 月 11～13 日，越南河内国家会议中心举行了以"东盟 4.0：企业精神和第四次工业革命"为主题的 2018 年世界经济论坛东盟会议。东盟成员国高层领导、各国际组织负责人与企业家等 1000 余名代表共同就第四次工业革命相关问题，尤其是围绕"工业 4.0"为东盟国家带来的影响和机遇，激发企业和民众在第四次工业革命中的潜力和活力，以推进东盟共同体建设，促进东盟经济发展等问题进行了深入讨论。

（五）推进越南胡志明市科技园区的发展

2018 年，越南胡志明市积极采取措施，促进光中软件城和西贡高科技园发展。目前这两个园区不仅为技术公司提供有吸引力的土地租赁，也是各种科技创新产品的发祥地。光中软件城是越南最具代表性高技术中心，现拥有软件、数字内容、信息技术服务及创业企业 160 家，有 100 多家为国内企业，注册总资本超过 1.12 亿美元。2018 年的综合收入超过 4 亿美元，比2014 年增加 2.5 倍。其中出口近 3.5 亿美元，比 2017 年增长了 38.7%。业务上专注于软件开发、重视新产品的研发和制造，以服务于各种技术产业，如机械电子和通信。光中软件城已自主开发了电表远程数据采集系统、智能水务解决方案和智能照明系统等。

截至 2018 年，西贡高科技园已为近 150 个项目签发了投资证书。仅2018 年，科技园接待了 81 名投资者、投资咨询公司和国际投资促进组织，其中高科技制造业占 49.38%，研发机构占 25.92%，其余为服务行业或基础设施建设行业。该园区还成立了 5 个实验室，吸引了 16 名博士和硕士，而孵化中心成功支持了 25 个项目，所有项目都是越南当地项目。西贡高科技园现在把重点放在研发上，因为这是创新和创造力的源泉。目前科技园拥有 3D 打印技术、生物技术、新材料技术、自动化和机器人等先进技术，在工业 4.0 中产生了深远的影响。①

（六）大力发展可再生能源

为了进一步调整能源结构，加速越南本土新能源建设，越南工贸部于2017 年 9 月颁布了《No. 16/2017/TT-BCT 太阳能项目发展法案》，以鼓励其太阳能电站项目的投资及建设，该法案确定了太阳能项目最终版购电协议模板，并规定了光伏电力并入国家电网的价格为 9.35 美分/千瓦时。同时，为了进一步激励风电项目的发展并在 2020 年之前达到 800 兆瓦装机的风能目标，越南政府目前也正在积极审核原本 7.8 美分/千瓦时的风能上网电价，该电价有望进一步上调以吸引更多项目投资建设。越南与包括 G7 各国在内

---

① 资料来源：中华人民共和国商务部，http://www.mofcom.gov.cn/article/i/jyjl/j/201904/20190402857955.shtml。

的世界多国在可再生能源发展领域有着良好的合作关系，G7 若干成员国在越南展开多项可再生能源重要项目。譬如，由德国能源公司 EAB 新能源有限公司投资的颖角风电厂，其总功率 37.6 兆瓦，投资总额为 12720 亿越南盾；绥风风电厂应用德国技术（总功率 30 兆瓦）；富乐风电厂使用德国和丹麦的资金和技术（总功率 24 兆瓦）等。

目前，越南正在积极展开落实到 2030 年和到 2050 年可再生能源发展战略。积极鼓励各种社会资源投入发展可再生能源，大力推进和使用可再生能源，提高可再生能源在国家能源中的比重。越南可再生能源发展战略具体目标包括：兑现在巴黎联合国气候变化大会（COP 21）的承诺，于 2020 年将温室气体排放量下调 5%；于 2030 年减少使用 4000 万吨煤炭和 370 万吨石油产品；将可再生能源电力产量从 2015 年的 580 亿千瓦时提升到 2020 年的 1010 亿千瓦时和 2030 年的 1860 亿千瓦时；将具备使用太阳能设备的家庭户比例从 2015 年的 4.3% 提升到 2020 年的 12% 和 2030 年的 26%；于 2030 年力争生物学燃料生产量满足交通运输部门 13% 的燃料需求。为了达到上述目标，越南政府实施了多项有关土地、关税、价格、担保、鼓励公私合作等的优惠政策，其中包括鼓励发展太阳能的项目。目前，越南政府也正在考虑对风电价格进行调整，以吸引针对该领域的更大投资。

（七）重视发展青年和农业科技人才

1. 开通越南青年创新创意数据库官网

2018 年 6 月 11 日，越南胡志明共青团在首都河内举行了"越南青年创新创意数据库门户网站"开通仪式。用户可以通过门户网站"ytuongsangtao. net"或手机应用下载"青年创新"两种渠道使用上述数据库。该网站旨在为青年设计人才提供富有创意个性化与交流分享的平台，同时与各机关、单位、组织、企业及投资者连接，进一步扩大青年的人际社交网络，实现信息与机遇共享，促进合作共赢。该网站通过各项现行机制，邀请专家们对创意进行评估和扶持，鼓励青年朋友积极提出创意，努力发展把创意化为现实。

2. 举办"2018年国家创新创业日"活动

2018 年 11 月 29 日至 12 月 1 日，"2018 年国家创新创业日"活动在越南岘港市举行。该活动共设 250 间展位，吸引了近 5500 人次、250 家国内外投资商及投资基金代表、20 个国家（地区）参加，成功签署的投资合作合同金额达 786 万美元。在"2018 年国家创新创业日"活动中，越南国家创新创业竞赛吸引了 600 多家创业型企业参赛，总决赛共选出 10 家最佳创业型企业。为期三天的活动，主要围绕农业技术、教育技术、卫生技术、旅游与饮食技术、工业 4.0 技术、金融技术、创业资金与扶持政策等八大议题举行各场座谈会和研讨会。国内外管理者、投资者、创业成功的企业以及资深专家出席并参加讨论。

3. 举办首届"越南农民科学家"表彰大会

2018 年 12 月 11 日，越南农民协会中央委员会、越南农业与农村发展部、越南科技部和越南科学技术协会在越南河内中越友谊宫联合举办首届"越南农民科学家"表彰大会。此次大会旨在表彰在农业生产、新农村建设、创造发明和脱贫致富等方面做出重要贡献的优秀代表，以推动越南农业、农民和农村更快速可持续发展，力争实现农业繁荣、农民富裕、农村现代文明的目标。该活动组委会经过 4 个月的选拔和评比，从来自全国 49 个省市和各部委推举的 63 名候选人中，最终选出了 53 名为农业部门和人民生活做出巨大贡献的农民科学家并授予奖状。目前，国家与科研人员、企业、农民为现代农业的成功和可持续发展进行密切合作，越南很多高科技农业应用的模式取得了成功。如：在库伦（湄公河）三角洲，芹苴市和越南槟榔省正在应用智慧水利系统，稻虾轮作模式也在金瓯省、薄寮省、朔庄省和茶荣省推广应用。

4. 举办越南"2018年全国青年创新奖"活动

2018 年 12 月 16 日，越南胡志明共青团中央委员会在首都河内举办了"2018 年全国青年创新奖"颁奖仪式。该活动旨在表彰在学习、工作和生产劳动等方面创新产品和工程的个人和集体，从而激发越南青年的创新潜力和创造力，促进技术创新、科学研究、技术改进、生产合理化和科技应用等领域的发展。此次活动，组委会从 57 个省市在自动化、机械技术、农业技术、应用技术、国防安全、信息技术和环保技术等领域推荐的 255 个参选项目中，选出了 28 个优秀创新产品和工程。其中较为突出的有智能救生圈、洪水和山体滑坡预警系统等。

（八）参加各种科学竞赛活动

1. 亚太大学生机器人大赛

2018 年 8 月 26 日，亚洲—太平洋广播联盟（ABU）在越南宁平省举行第十七届亚太大学生机器人大赛，越南二号队（LH-GALAXY）获得冠军，这也是越南队第七次夺冠。此次竞赛共吸引来自中国、日本和印度等 18 个国家和地区的 19 支队伍参加。这是越南第三次承办该大赛，前两次分别为 2007 年和 2013 年。

2. 第十二届东盟技能大赛

2018 年 8 月 30 日至 9 月 4 日，泰国劳工部劳工技能发展厅在泰国曼谷举办主题为"东盟技能·创建未来"的第十二届东盟技能大赛。越南代表团参加了 24 项职业竞赛，以 7 金 7 银 6 铜位居奖牌榜第三，并获得了 16 项优秀职业资格证书。此次竞赛共吸引了来自 10 个东盟国家的 331 名选手参加。

3. 第十五届国际青少年科学奥林匹克竞赛

2018 年 12 月 2～10 日，博茨瓦纳教育部在首都哈博罗内举行第十五届国际青少年科学奥林匹克竞赛，越南代表团获得 4 枚金牌和 2 枚银牌。此次竞赛共吸引了来自全球 44 个国家和地区的 276 名学生参赛。

4. 第三十届国际信息学奥林匹克竞赛

2018 年 9 月 1～8 日，在日本筑波举行的第三十届国际信息学奥林匹克竞赛中，越南有 4 名选手参赛，获得 1 枚金牌、1 枚银牌和 2 枚铜牌。在世界 87 个参赛国家和地区中排名第 12 位，在亚洲地区位居第二。此次竞赛共吸引了来自 87 个国家和地区的 341 名信息学选手和 173 位团队领队参与。

5. 第十二届国际天文与天体物理奥林匹克竞赛

2018 年 11 月 3 ~ 11 日，第十二届国际天文与天体物理奥林匹克竞赛在中国首都北京举行。越南 5 名选手获得了 1 金 1 银 2 铜，在参赛的国家中排名第十，此次是越南第 3 次选派代表参赛。此次竞赛共吸引了来自 38 个国家和地区的 300 余名师生分为 46 支队伍展开竞赛。

（九）开展国际科技合作

1. 与德国的合作

2018 年 5 月 15 日，越南政府副总理范平明签发了 519/QD-TTg 号批文，批准由德国政府提供无偿援助的应用智慧电网发展可再生能源和高效利用能源项目。该项目旨在完善关于促进越南电力系统和智慧电网中可再生能源的发展，助力实现越南政府在国家电力发展规划（PDP）、绿色增长战略（GGS）和绿色增长行动计划（GGAP）中所提出的目标，致力于提高越南供电质量和电力系统的可靠性，促进越南电力行业及能源行业的可持续发展。该项目还促进越德两国的大学、研究院所及企业之间的合作和技术转让，以开发可再生能源并提高能源使用效率，同时为越德两国政策制定者、管理者和项目开发者建立合作和经验交流平台，双方技术合作的重点主要在科技产品研发、智慧住宅和智慧城市等领域。该项目实施期限为 4 年（2018 ~ 2022 年），总投资额 529.8 万欧元（德国政府无偿援助资金 500 万欧元，越南工商部自筹资金 29.8 万欧元）。

2. 与芬兰的合作

2018 年 10 月 16 日，越南科技部与芬兰就业与经济部在越南河内市共同签署了《关于越芬科技与创新合作备忘录》。该备忘录的主要内容集中在智慧城市发展及创新创业生态系统建设，面向清洁能源开发利用、高比例分布式可再生能源集成的能源互联系统关键技术研发，人工智能辅助医疗保健等方面。该备忘录的签订有助于注重深化在革新创新创业生态系统、双方企业寻找商机、建设创业创新中心、促进数字经济、电子商务和电子政务等领域的合作，为双方在基于互利共赢原则上共同参加技术转让、合作研究项目和实现研究结果贸易化提供机会。

3. 与泰国的合作

2018 年 12 月 26 日，越南政府批准了《关于越泰科技与创新合作协定》，由越南科技部、泰国科技部和两国有关机关协调配合开展，该协定为两国开展各项具体的科学技术合作计划创造了法律框架。合作计划主要集中于生物技术，电子与计算机技术，材料科学与纳米技术，粮食、水务与能源安全，农业科学，环境科学，协助创业企业，促进各种符合第四次工业革命趋势的技术发展等领域。

4. 与俄罗斯的合作

2018 年 9 月，越南科技部与俄罗斯国家原子能集团公司签署了《越俄核科学与技术中心项目信息宣传的合作备忘录》。合作活动包括向公众介绍关于原子能源知识和现代核电技术的相关信息，加大确保经济社会可持续发展过程中核能应用的宣传力度，制订现代核能技术以及原子能应用的信息宣传计划，加大同位素与辐射技术在制造业、农业、医疗、教育与培训方面的应用等。

5. 与印度的合作

2018 年 3 月 7 日，印度原子能部和越南外交部在印度首都新德里签署了《越印核能源技术合作备忘录》，该备忘录是越南国家主席陈大光访问印度期间签署的三份协议之一。这份备忘录要求印度原子能部的全球核能伙伴中心（GCNEP）和越南原子能研究所（VinAtom）合作。双方将在先进核能系统、核反应堆技术、核材料特性分析、辐射防护与核安全及放射性废物管理技术的基础和应用研究等方面进行合作。

（十）2019年展望

2019 年，越南政府将推动鼓励越南大型企业投资信息技术与科技领域，发挥大型企业引领越南科技企业发展的责任精神；重视开发 4G/5G 科技，大力推进人工智能的研究与应用等。此外，越南科技部将与世界各国加强科技创新领域的交流合作，联合培养从事科技研究与开发的高层次专业人才队伍；同相关部门共同制定政策，向科技企业、组织和科研人员提供咨询服务，增加科技企业数量，推动科技市场发展，进而提高越南企业融入国际的能力。

二　教育

2018 年，越南教育培训部进一步采取配套基本性全面革新教育培训措施，满足高素质人力资源培训要求，为国家工业化、现代化及融入国际服务。越南注重把教学与实践相联系，实现教育途径多样化。目前，越南教育培训部在河内、海阳、海防、南定和广宁等省市的 15 所初高中实行科学、技术、工程和数学教育（STEM）试点项目，使学生能够针对教学课程中学到的知识去探索和体验科学技术，积极鼓励科技创新。新的中小学教育课程有了根本变化，整合了小学和初中的内容，高中阶段的内容更加细化，加大中学教育中的就业指导和分科分班力度，提高教学机构管理机制及考核实施方法和质量。同时，越南教育部门积极营造良好的学习环境，坚决打击校园暴力，规范各级教育管理人员的职业标准，加强教师队伍的专业知识和道德素质的培养。

（一）各级教育发展基本情况

2017～2018 学年，越南有幼儿园 15241 所，共 15.89 万个班，在园幼儿459.86 万人，其中女学生 215.75 万人；教师 26.64 万人，其中女教师26.56 万人；平均每班有 28.94 个学生，师生比为 1∶17.3。越南有小学14937 所，共 27.99 万个班，在校生 804.18 万人，其中女学生 384.75 万人；教师 39.66 万人，其中女教师 30.98 万人；平均每班有 28.73 个学生，师生比为 1∶20.4。越南有初级中学 10939 所，共 15.36 万个班，在校生 537.33万人，其中女学生 261.70 万人；教师 30.61 万人，其中女教师 20.99 万人；平均每班有 34.98 个学生，师生比为 1∶17.6。越南有高级中学 2834 所，共65806 个班，在校生 250.86 万人，其中女学生 134.45 万人；教师 15.03 万人，其中女教师 9.59 万人；平均每班有 38.12 个学生，师生比为 1：16.7。越南公立高等院校有 170 所，在校生 143.95 万人，毕业生 28.20 万人，教师 5.92 万人；非公立高等院校有 65 所，在校生 26.75 万人，毕业生 3.86 万人，教师 1.58 万人。①

2018 年越南青年人口约为 2330 万，占全国人口的 24.6%，较 2017 年减少 0.6 个百分点。高中毕业的青年从 2012 年的 39.7% 增加到 2018 年的 46.2%，青年文盲率不断降低。目前，越南国内从城市到农村都形成了包括幼儿园学前教育到初等教育、中等教育、高等教育、师范教育、职业教育及成人教育在内的相对完善、统一且多样化的教育体系。

（二）高校师资队伍状况

2017~2018 学年，在越南普通高等院校 74991 名教师中，公立高等院校有教师 59232 人，非公立高等院校有教师 15759 人。其中，729 人有教授职称，4538 人有副教授职称；20198 人有博士学位，44634 人有硕士学位。②从整体看，越南各类学校的教师队伍和教学质量比较稳定。

2018 年，为适应社会经济发展的要求，国家大力加强教师队伍的建设，确保数量、结构合理以及质量达标，更加重视改革教师的教学方法及提高教师的道德素养，注重组织教师在专业和业务上的培训，重新制定教师招聘、教师薪资待遇补助等政策，以全面提高教师的水平及鼓励教师们踊跃参与教育工作。依据学科发展的需要，选拔和培养出一批学科领头人，并派他们出国留学、讲学和进行国际学术交流。

（三）教育教学活动

1. 促进对初、中等教育课程教材的改革

2018 年 6 月 19 日，越南政府总理签发了《关于促进对越南初、中等教

---

① 数据来源：越南教育培训部，http：//moet. gov. vn/Pages/home. aspx。
② 数据来源：越南教育培训部，http：//moet. gov. vn/Pages/home. aspx。

育课程教材改革的指示》。该指示主要精神体现在六个方面。①要求越南教育培训部对初、中等教育课程教材改革实施计划和执行情况进行核查及调整，并批准和颁发新课程体系，组织编写符合新时代的初、中等教育课程的新教材。②制定教师专业标准和初、中等学校校长专业标准，核查及评估教师和教育管理人员能力，将信息技术应用于全国教师、教育管理人员的教育培训工作中，制定师范教师专业标准。③要求越南各省、中央直辖市人民委员会指导教育行业根据教育培训部的计划，并在符合当地的具体情况和条件下展开实施初、中等教育培训课程教材改革。④各省市配置地方财政收入，并有效使用项目、提案的资金；调动其他合法资金，进一步开展实施新的初、中等教育课程教材改革；加大各地方初、中等教育课程教材改革的宣传报道力度；监督、检查和评估实施情况和结果。⑤要求越南通信传媒部指导各新闻媒体机构同教育培训部联合加强宣传报道工作，进而使初、中等教育课程教材改革得到社会广泛认可。越南计划投资部与越南教育培训部合作制定筹资方案，并将其呈递相关机构审批，进一步展开实施各项提案、计划和项目。⑥要求越南财政部、教育培训部和有关部门制定年度教育培训和职业培训经常性支出预算，根据新课程教材使用实施路线图和国家预算的平衡能力，做好教师、教育管理人员、基础设施的准备工作。

2. 召开越南大学生协会第十次全国代表大会

2018 年 12 月 9 ~ 11 日，越南大学生协会第十次全国代表大会在首都河内越苏文化劳动友谊宫召开，约 700 名海内外越南学生代表参加。此次大会的主要任务是评估越南大学生协会第九次全国代表大会（任期 2013 ~ 2018年）决议落实结果，为新任期的活动制定方向、部署任务及措施。会议选举产生了由 98 名委员组成的第十届越南大学生协会中央委员会，其中包括 1 名协会主席和 5 名副主席，任期为 2018 ~ 2023 年。第十届越南大学生协会中央委员会将继续推动"五好学生"运动，不断建设和扩大越南大学生协会的队伍，积极落实和保护学生权益，提高学生的物质和精神生活，团结海内外的越南学生，树立正确的思想政治观念，自觉维护祖国的安定、团结和统一。目前，越南大学生协会共有 28 个省级大学生协会、44 个中央部属高校校级协会、8 个海外越南大学生协会，共 240 万名会员。

（四）学生竞赛活动

1. 国际物理奥林匹克竞赛

2018 年 7 月 21～29 日，在葡萄牙首都里斯本举行的第 49 届国际物理奥林匹克竞赛中，越南 5 名参赛选手获得 2 枚金牌、2 枚银牌和 1 枚铜牌。此次竞赛共有来自 87 个国家和地区的 396 名选手参赛。

2. 国际生物奥林匹克竞赛

2018 年 7 月 15～22 日，在伊朗德黑兰市举行的第 29 届国际生物奥林匹克竞赛中，越南 4 名参赛选手获得 3 枚金牌和 1 枚银牌。此次竞赛共有来自 71 个国家和地区的 270 名选手参赛。

3. 国际化学奥林匹克竞赛

2018 年 7 月 19～29 日，在斯洛伐克首都布拉迪斯拉发和捷克首都布拉格举行的第 50 届国际化学奥林匹克竞赛中，越南 4 名参赛选手获得 1 枚金牌、2 枚银牌和 1 枚铜牌。此次竞赛共有来自 76 个国家和地区的 300 名选手参赛。

4. 国际数学奥林匹克竞赛

2018 年 7 月 4～14 日，在罗马尼亚克卢日—纳波卡市举行的第 59 届国际数学奥林匹克竞赛中，越南 6 名参赛选手获得 1 枚金牌、2 枚银牌和 3 枚铜牌。此次竞赛共有来自 107 个国家和地区的 594 名选手参赛。

5. 亚洲与太平洋地区信息学奥林匹克竞赛

2018 年 5 月 20～21 日，在俄罗斯举行的第 12 届亚洲与太平洋地区信息学奥林匹克竞赛中，越南 7 名参赛选手获得 1 枚金牌、4 枚银牌和 2 枚铜牌。此次竞赛共有来自 31 个国家和地区的 586 名选手参赛。

6. 亚洲物理奥林匹克竞赛

2018 年 5 月 5～13 日，在越南首都河内举行的第 19 届亚洲物理奥林匹克竞赛中，越南 8 名参赛选手获得 4 枚金牌、2 枚银牌和 2 枚铜牌。此次竞赛共有来自 25 个国家和地区的 185 名选手参赛。

（五）国际教育合作

1. 与日本的合作

2018 年 3 月 14 日，日本驻胡志明市总领事馆举行了日本政府向越南医疗、卫生和教育领域的五个项目提供基层人员安全无偿援助计划的签署仪式，总援助金为 40.36 万美元。上述项目主要是协助越南多农省、宁顺省、槟椥省和隆安省建设教室、卫生站和医疗中心，并提供所需的医疗设备。从 1995 年至 2016 年年底日本已向越南南部 26 个省市的 174 个项目提供了总值为 1387.8826 万美元的援助资金，上述资金来自日本的基层人员安全无偿援助计划（GGP Scheme），日本通过该计划向越南的非政府组织、社区组织、学校和医疗机构提供资金，以提高基层民众的生活水平。

2. 与英国的合作

2018 年 8 月 15 日，越南河内市教育与培训局和英国文化教育协会驻越南代表处共同签署了《教育合作备忘录》。该备忘录的内容包括：帮助越南河内市的英语教师提高语言水平、语言技能和改进教学方法，使其符合越南政府在国民教育体系中的外语教学提案中的外语发展战略和河内市人民委员会的优先事项；通过提高学校领导、教师和学生的能力，改善河内市各所学校的教与学的方式；对河内市教师和学生的英语水平进行分析与评价，意在提高他们的英语水平。该备忘录有效期为 2018 年 9 月 1 日至 2021 年 9 月 1 日。

3. 与俄罗斯的合作

2018 年 9 月 7 日，在越共中央总书记阮富仲访问俄罗斯期间，越南教育培训部部长冯春雅和俄罗斯教育科学部副部长玛丽娜·波洛夫斯卡娅共同出席两国各所大学各项合作协议的签署仪式。在此次仪式上，越俄两国的 40 所大学分别签署了多项教育合作框架和关于科教研究合作计划的文件共 23 份。其间，冯春雅还向俄罗斯国家能源大学为越南留学生培训工作做出贡献的教授和研究学者授予了越南教育培训部的"致力于教育事业"纪念章。11 月 30 日，俄罗斯圣彼得堡市举行第一届俄罗斯—越南青年论坛。本届论坛围绕越俄两国青年关注的电子政务、智慧城市、数字经济合作，社会发展中的数字文化等问题举行了系列研讨会，是越南胡志明市和俄罗斯圣彼得堡市青年开展交流活动的首个重要平台。

（六）2019年展望

2019 年，越南教育培训部将继续完善《〈高等教育法〉（修正案）实施细则》等相关法律法规。积极帮助各高校充分发挥主动创新能力、强化教育培训类型多元化，以满足国家人力资源需要。不断推进大学生创新平台，支持高校与企业在培训当中的协调联动，加强各高校同企业的合作，把培训工作与国内外劳务市场的需求紧密结合起来。

越南将加大外语教学力度，强化信息技术在学习和管理中的应用。鼓励将外语纳入学前教育课程和各种社会活动中，推进外语教学与其他学科教学相结合，推进外语教学中先进技术的应用。教育部门继续加大信息化管理力度，建立教育培训部与院校之间畅通的信息联通平台，打造整个教育部门共同数据库。

三　文化

2018 年，越南持续发扬和保护文化遗产价值，对越南各少数民族文化保护工作的有效推进弘扬了少数民族文化，增强了民族自豪感和提高了民族团结意识。目前，越南各少数民族的 80 余类传统庙会得到恢复，25 个少数民族的 30 多个村寨得到保护，传授人数极少的民族的非物质文化遗产培训班在多个省市开班，在越南 271 个非物质文化遗产中，属于少数民族的非物质文化遗产 134 个，越南 617 名优秀艺术家当中就有 276 名是少数民族。[①]

---

① 资料来源：越南文化体育旅游部，https：//bvhttdl.gov.vn/。

（一）历史文化保护和传承

1. 越南《皇华使程图》被列入《世界记忆遗产亚太地区名录》

2018 年 5 月 29～31 日，联合国教科文组织世界记忆工程亚太地区委员会第八次全体会议在韩国光州举行。越南河静省阮辉家族收藏的《皇华使程图》被列入联合国教科文组织的《世界记忆遗产亚太地区名录》。该书籍记载了 18 世纪中国和越南开展的外交活动，由越南罗山县莱石社①阮辉家族中第 10 代人阮辉莹②进行编辑、校订和注释。《皇华使程图》长 30cm、宽 20cm、厚 2cm，主要以图画形式记录 18 世纪越南使节团出使中国的所见所闻，其内容包括从中越边界镇南关到中国首都北京途中的风土人情、越南使节团与当地政府和人民的社交活动、中国的名胜古迹和越南使臣对当地的考察等。《皇华使程图》是展现 18 世纪亚太地区中越两国之间外交关系的珍贵史书，体现了亚太地区各国之间的互相交流，为维持世界和地区各民族的和平做出贡献。2018 年 10 月 16 日，越南河静省人民委员会在河静省干禄县春妙文化馆举行《皇华使程图》联合国教科文组织世界记忆文献遗产证书颁发仪式。

2. 越南高平山水地质公园列入联合国教科文组织世界地质公园网络名录

2018 年 4 月 12 日，在法国首都巴黎召开的联合国教科文组织执行委员会第 204 次会议正式通过了关于将越南高平山水地质公园列入联合国教科文组织世界地质公园网络名录的决议。越南高平山水地质公园位于越南北部，总面积 3275 平方公里，覆盖高平省 9 个县份，聚居着 9 个少数民族，人口总数为 25 万人。这是越南继同文岩石高原地质公园之后越南的第二处世界地质公园。

（二）隆重举办越南顺化文化节

2018 年 4 月 27 日至 5 月 2 日，越南文化体育旅游部、越南外交部、

---

① 今属越南河静省干禄县双禄社。
② 阮辉莹：1713～1789，号硕亭，越南后黎朝官员、诗人，中国清朝乾隆年间越南燕行使臣。

越南通信传媒部和越南承天 - 顺化省人民委员会在顺化联合举办题为"顺化：一个目的地五个遗产——文化遗产与融入发展"的文化节。该活动有助于推介被联合国教科文组织确认的五处世界文化遗产，包括顺化古都遗迹群（1993 年）、顺化宫廷雅乐（2003 年）、阮朝木版（2010 年）、阮朝朱版（2014 年）、顺化宫廷建筑上的诗文以及被确认为人类非物质文化遗产代表作的发牌唱曲、春曲。越南顺化文化节是越南规模最大的国际性文化节，每两年举办一次，已连续举办 10 届。本届文化节共有来自 19 个国家和地区的 24 个艺术团应邀参演，共有 1296 名国内外艺术家带来 38 个艺术节目。活动期间还举行了长袍表演、"响彻香江"艺术晚会、全国筹文曲联欢会、"文化色彩"等活动和一系列独特的庙会活动等。

（三）走进民族文化活动

1. 举办2018年越南西原锣钲文化节

2018 年 11 月 30 日至 12 月 2 日，越南文化体育旅游部和越南嘉莱省人民委员会在越南波莱古市联合举办"2018 年越南西原锣钲文化节"，旨在为越南西原地区少数民族同胞进行文化交流营造良好平台，从而进一步保护和弘扬西原锣钲①文化特色和价值。越南政府总理阮春福，越共中央政治局委员、中央宣教部部长武文赏，越共中央政治局委员、越南公安部部长苏林出席了开幕仪式。该活动向国内外观众呈现了越南嘉莱省的嘉莱族民歌、巴拿族史诗，多农省艺人的锣钲演奏、民间舞、摇篮曲演唱，林同省艺人的大团结舞、男女打招呼的舞蹈等。此外，越南西原地区五省配合举行街头锣钲表演艺术节，展现当地 11 个少数民族的传统礼仪和庙会；举行锣钲调音技艺表演、民间木雕艺术鉴赏、西原史诗表演；举办锣钲文化价值保护工作的研讨会；举办各族服装展和走秀等活动。以上

---

① 锣钲：锣钲表达了西原各族人民日常生活和生产劳动中的喜怒哀乐，通常出现在祭祀、婚嫁、迎新年、庆新稻、阉牛节、贺新居、送征人、庆战功等仪式上。表演的规模、节奏与韵律因民族、地区而异，又以仪式内容不同各异。

活动共吸引来自越南昆嵩、多乐、多农、林同等四省的近 1200 名艺人以及嘉莱省各县市的 19 个锣钲艺术团、国内外游客和当地居民参加。2005 年 11 月 25 日,越南西原锣钲文化被联合国教科文组织正式承认为人类非物质和口传文化杰作。

2. 举办2018年越南中部各少数民族文化节

2018 年 8 月 24～26 日,越南文化体育旅游部和越南广南省人民委员会在越南广南省三圻市联合举办题为"在国家实施革新、融入国际社会与可持续发展背景下保护与弘扬中部各民族文化特色"的 2018 年越南中部各少数民族文化节,旨在弘扬越南中部各少数民族优良的传统文化,提高各少数民族保护和弘扬其传统文化的意识。在开幕式上,13 支文艺代表团演示了广南省各少数民族的特色礼仪。泰族、布鲁—云乔族、占族、嘉莱族和戈都族等各族同胞再现了本民族的新米节、求雨节、感恩节等传统仪式,其中广南省南江县戈都族再现了"祭地立村"仪式。文化节期间还将举行群众文艺会演、少数民族传统服装秀、各少数民族特色文化产品展等活动。本次活动吸引了来自越南中部的广南、清化、义安、承天－顺化和平顺等 13 个省市的 500 多名演员、艺人和运动员参加体育、民歌、民间舞蹈等比赛。

3. 举办2018年越南北中南民歌弹唱会

2018 年 10 月 20～24 日,越南文化体育旅游部与越南广宁省人民委员会联合在广宁省举行 2018 年北中南民歌弹唱会,旨在通过各地的民歌、民间舞蹈和传统民族乐器介绍、推广越南非物质文化遗产,提高人民群众在国家发展和国际一体化事业中对民族文化价值保护与发挥的责任,协助越南文化体育旅游部制定新的发展战略。此次民歌弹唱会的主题为歌颂领袖胡志明、国家、家乡、团结、劳动生产事业等,全国 25 个省市编排了 130 个节目,共有 1000 名演员、艺术家和音乐家为观众献上了精彩的演出。其间,还弹唱了越南三地民歌,表演了民间舞蹈和传统民乐等。此外,还举行了题为"家乡海洋海岛—遗产环境"的国家旅游年宣传画展。

（四）宣传越南文化遗产

1. 举办首届越南国家级非物质文化遗产节

2018 年 9 月 20 ~ 23 日，越南文化体育旅游部和越南各民族文化旅游村管理委员会在越南宣光省联合举办"首届越南国家级非物质文化遗产节暨 2018 年越南宣城文化节"，旨在弘扬和传承全国各地的国家级非物质文化遗产，向国内外游客宣介越南风土人情和宣光省历史文化遗产，努力将宣城文化节打造成国家和地区旅游品牌，为促进旅游业发展做出贡献。此次活动是为展开落实越共第十一届中央委员会第九次会议关于《建设和发展满足国家可持续发展要求的越南文化及越南人形象》的决议。活动期间展现了越南承天－顺化省宫廷雅乐、多乐省西原锣钲、北宁省官贺、薄寮省才子弹唱、河静省威任民歌、河江省跳火仪式、南定省筹文曲、山罗省泰族舞蹈、广南省发牌唱曲、宣光省祀母信仰等全国各地遗产的独特之处。同时还举行了宣光省美食和旅游产品展、文化遗产展览会，吸引了来自中国、日本、韩国以及越南一些省市的艺术团参与表演。此外，组委会还举行了"保护与发展国家非物质文化遗产与旅游发展相结合"的座谈会。

2. 举办2018年越南文化遗产空间展

2018 年 11 月 23 ~ 25 日，越南文化体育旅游部与各省市有关单位在首都河内市越南文艺展览中心联合举办"2018 年越南文化遗产空间"展览，旨在弘扬和推介越南特色文化遗产及其价值。本次展览共设有"越南长袍""越南文化遗产行程""各地文化遗产"等多个展区。其中，"越南长袍"展区向参观者介绍越南传统服饰——长袍自问世以来的图片和实物及其他相关资料，展现了越南妇女在各个时期的雅致和魅力。该展区是 2018 年越南文化遗产空间展的亮点。"越南文化遗产行程"展区展示了由《越南遗产杂志》（*Vietnam Heritage*）组织的 2018 年越南遗产摄影比赛参赛者的 100 件作品。而各省市展区以"各地文化遗产"为主题突出每个地方的文化历史、名胜景区等遗产及其价值。此外，展览期间参观者了解了被联合国教科文组织列入非物质文化遗产名录的春曲、官贺民歌、顺化宫廷雅乐、才子弹唱及社会共同体文化交流。

（五）国际文化交流活动

1. 越南—英国

2018 年 11 月 9 ~ 11 日，英国驻越南大使馆与河内人民委员会在越南河内还剑湖步行街联合举办主题为"鼓舞我"的 2018 年英国文化节，旨在庆祝越英建交 45 周年和英国文化协会驻越南代表处成立 25 周年。此次英国文化节围绕着"创新"、"性别平等"和"与一次性塑料用品说不"三大主题，共设有英国文化、教育、科技、时尚、创新和贸易等领域的企业的 56 个展位。活动期间，组委会举行了一系列精彩的活动，诸如越南长袍展示、英国著名时尚服装品牌的户外服装秀、英语唱歌比赛、介绍英国科学创新成果的"知识角"、户外电影放映活动等。

2018 年 4 月，英国文化教育协会①通过 FAMLAB 基金会②为越南的戏剧、舞蹈、音乐、影视、文学和文化交流等领域的项目提供 10 万英镑赞助资金。该基金会依据越南音乐和电影遗产挖掘当代表演及实践价值，从而与观众互动并为该艺术形式打造新观众群体的项目进行赞助，在越南、英国或越英合作框架内从事艺术活动的个人、组织均可得到 FAMLAB 基金会的赞助，每个项目可获得 3000 ~ 10000 英镑的赞助资金。此外，该基金会还对音乐、电影收集和保存项目，特别是电影保存库的管理、发展和推广工作，以及服务于该领域推广、可行性发展工作的研究和印品出版项目进行赞助。这是英国文化教育协会在肯尼亚、哥伦比亚和越南等国家展开的"致力于平等性发展的文化遗产"项目框架内的活动。

2. 越南—法国

2018 年 4 月 12 日，越南驻法国大使馆与法国邮政（La Poste）联合发

---

① 英国文化教育协会是英国提供教育机会与促进文化交流的国际机构。
② FAMLAB 基金会是一项专为电影、音乐和文化提供保护和发展的基金会。

行纪念邮票一套两枚。其中，第一枚邮票印有越法建交 45 周年纪念标识。第二枚邮票印有越法建立战略伙伴关系 5 周年（2013～2018）的象征，即两国国旗相互缠绕的图案。这是越南驻法国大使馆与法国邮政联合发行的第四套邮票。此次发行的越法建交纪念邮票不仅具有艺术价值，而且具有历史价值，有助于让两国人民和众多国际友人更加了解越南与法国之间的合作关系。

2018 年 12 月 14～16 日，法国驻越南大使馆、法国农业与食品部和越南河内市政府在越南河内市联合举办"2018 年法国文化节"活动。这是庆祝越法建交 45 周年（1973～2018）和越法建立战略伙伴关系 5 周年（2013～2018）的一项活动。活动期间，越南河内市民和国内外游客可品尝到法国风味美食，欣赏由越南和法国演员表演的特色文艺节目，参观法国风土人情图片展，观看法国昂西国际动画电影节的电影，参加关于艺术、足球、街头音乐表演等的研讨会。

3. 越南—韩国

2018 年 9 月 2 日，越南驻韩国大使馆、韩国首尔市政府和旅韩越南人协会在韩国首尔市光化门广场联合举行"越南文化节"活动。该活动是由旅韩越南人协会举行的年度文化活动，旨在为旅韩越南人社群提供交流平台，同时向韩国人民和国际友人推广越南传统文化和风土人情。活动期间还开展了一系列活动，如越—韩达人秀、题为"我心目中的越南"的多元文化家庭儿童绘画比赛、民族音乐演奏、传统服饰展示等各项丰富多彩的活动。

2018 年 12 月 8～16 日，越南驻韩国大使馆和韩国国际交流基金会在韩国釜山市东盟文化馆举行"亲善越南"活动。在此次活动上，组委会举行了风筝制作、烹饪、电影放映、越南文化推介等活动。

4. 越南—日本

2018 年是越南与日本建交 45 周年，标志着两国在政治、经济、文化、教育培训、民间交流等各个领域中的合作关系和发展历程进入了一个重要的里程碑。2018 年 3 月 23～26 日，越南河内市人民委员会与日本驻越南大使馆在越南河内市李太祖广场联合举行 2018 年越日文化交流活动。本次活动展示了 50 棵樱花树和 1 万根樱花枝，在和平公园举行了 200 棵樱花树的移交与种植仪式，举办了河内与日本投资与旅游促进会、教育与医疗卫生交流会、日本和越南美食推介等活动。活动期间还举行了其他文化活动，如推介日本茶道、围棋、象棋，试穿和服，介绍日本旅游产品，提供日本留学相关信息，越南传统艺术表演等。

2018 年 5 月 19～20 日，越南驻日本大使馆、越南文化体育旅游部和越日文化节组委会在日本东京代代木公园联合举行 "2018 年越南文化节" 活动。此次文化节共设 110 间展位，分为 "传统美食"、"传统娱乐"、"音乐" 和 "旅游" 4 个展区，向国内外游客展示越南美味菜肴以及富有越南民族特色的艺术表演活动。该活动共吸引近 15 万人前来参观。

2018 年 9 月 8～9 日，越南驻日本大使馆和日本神奈川县政府在日本横滨市联合举行 2018 年日本神奈川县越南文化节，旨在促进越南与日本神奈川县在经贸、旅游和文化等领域的合作。本次活动共设立 100 间展位，分别向当地民众展示越南民族服饰、手工艺品和传统美食等，还可欣赏越南民间艺术和观看越南电影等。该活动共吸引了近 32 万人次前往参观。

2018 年 8 月 17～19 日，越南广南省会安市人民委员会与日本驻越南大使馆在越南会安市联合举行 "2018 年越南广南—日本文化日" 活动。活动期间，会安古镇举行了服装与手工艺品展示、日本书法教学、灯笼制作和日本传统舞蹈等多项文化交流活动，同时还举办了以文化、艺术、贸易投资、旅游、人力资源培训和劳务等领域为主题的专题活动。该活动共吸引了近 12 万人次前往参观。

此外，2018 年 4 月 6～8 日，日本爱知县举办越南文化节；7 月 14～15 日，越南胡志明市举行越南日本文化体验节；7 月 26～29 日，越南岘港市举行越日文化交流活动；8 月 22～23 日，越南平福省举行第三届越日青年交流活动；9 月 9 日，越南河内市举行越日音乐会；10 月 25 日，越南茶荣省举行第三届越日文化交流活动。

5. 越南—中国

2018 年 8 月 13～19 日，越南胡志明共青团和中国共青团在越南河内联合举办第 18 届"中越青年友好会见"活动。中国共青团中央书记处书记傅振邦、越南胡志明共青团中央书记处第一书记黎国锋和中越两国青年代表参加了开幕式。该活动是中越两国共青团为贯彻落实两国党和国家领导人关于进一步加强中越青年交流的指示精神而开展的，旨在继续为密切中越两国青年和人民合作关系发挥桥梁作用及做出积极贡献。这是两国自 2000 年以来轮流举办的活动，参加交流活动的中越两国青年代表来自学校、机关、企业等各行各业。本届"中越青年友好会见"活动分别在越南河内、宁平、岘港和胡志明市举行。

2018 年 12 月 5 日至 2019 年 1 月 6 日，中国广东革命历史博物馆与越南胡志明博物馆在广州起义纪念馆联合举办"胡志明主席在中国的足迹"展览。越南胡志明博物馆副馆长阮英俊、越南驻广州总领事邓世雄出席展览开幕式。本次展览分为"革命足迹，铸就友谊""数度访华，情谊笃深""九赴南粤，友谊长存"三大部分，通过 80 多张珍贵历史照片，展现了胡志明主席在革命生涯中奔走中华大地留下的奋斗足迹，再现了中国人民与胡志明主席之间、中越两国人民间的深厚情谊，增进了中越两国人民间的相互了解、加深了两国文化及信息交流。

2018 年 12 月 26 日，由中国广西广播电视台与越南通讯社《越南画报》联合主办、《荷花》杂志社承办的"2018 中国—越南印象"摄影展在越南河内开幕。中越两国的摄影家拍摄的 100 幅精美作品展现了两国人文历史、城市建设和自然风光。本次参展作品围绕"中越风土人情""中国广西与越南广宁印象""中越摄影合作"三大主题，主要由中国广西广播电视台、《荷花》杂志社与越南通讯社《越南画报》的摄影家和记者拍摄。观众透过摄影师的镜头，可以领略生机勃勃的改革开放和革新事业之美、如诗如画的生态之美、多姿多彩的人文之美，见证中越两国的生活变化、时代变迁、社会变革，感受中越两国人民同志加兄弟的深厚情谊。

（六）2019 年展望

2019 年，越南政府将继续加大宣传力度，提高各级各部门、地方乃至全社会对文化在经济社会发展中的地位和作用的认识和责任感，广泛动员新闻媒体宣传普及越南党和国家有关文化发展的主张、政策，打造国家文化品牌。改善文化产品和服务经营条件，提升新文化价值创作和生产能力，优化知识产权和相关权益的执行效率，推进国内外企业加强对文化创作、文化产品和服务生产的投入。

四　医疗卫生

近年来，越南卫生部门积极改善医疗服务质量和医疗服务态度，医疗系统日益完善。2018 年，越南卫星医院数量上升至 138 家，核心医院数量上升至 23 家；省级医院及中央医院并床比例分别降至 11.4% 和 16.7%；患者满意度达 80% ~ 90%（基于 100 万患者的线上调查结果）。在疾病防控方面，越南成功研发生产"三合一"季节性流感疫苗，继续扩大提供艾滋病暴露前预防性用药（PrEP）等。此外，越南多项医疗成果获得国际社会的肯定；医疗领域的国际合作及援助不断得到强化。

（一）2018 年医疗卫生领域主要工作与成绩

1. 医疗保险情况

截至 2018 年 5 月，越南医疗保险参保人数 8130 万人，与 2012 年相比增加 2100 万人。此外，越南卫生部统计，截至 2018 年底，越南全国医疗保险覆盖率达 87.5%，参保人员在 1.3 万家医疗机构就医，就医人次达 1.74 亿人，支付医保金约 94 万亿越南盾（约合 40 亿美元）。

2. 持续推动各项旨在提高医疗卫生服务质量的举措

（1）拟建设初级卫生保健财政机制，实现全民健康覆盖

2018 年 5 月 15 日，越南卫生部与世界卫生组织（WHO）在越南河内联合举办主题为"通过初级卫生保健财政机制实现全民健康覆盖"的医疗卫生合作伙伴小组（HPG）会议。初级卫生保健工作一直是越南医疗卫生部门乃至整个政治系统的优先工作。越南医疗卫生部门的工作目标是建设可持

续、公平与有效的财政机制，确保所有公民均能享受优质医疗卫生服务。会议中，与会代表集中讨论了越南初级卫生保健的现状、建设初级卫生保健财政机制的经验以及初级卫生保健财政机制未来的发展等问题。越南卫生部副部长范黎俊、越南卫生部计划与财政司副司长潘黎秋姮分别就建设初级卫生保健财政机制，实现全民健康覆盖所面临的挑战提出了应对措施。

（2）解决抗肿瘤援助药物基立克供应短缺的问题

为应对抗肿瘤援助药物基立克供应短缺的问题，2018 年 1 月 12 日，越南政府颁布关于批准从瑞士诺华公司（Novartis Pharma Service-AG）进口抗肿瘤援助药物基立克的第 5 号决议。根据该决议，中央血液学—输血医院、大水镬（Chợ Rẫy）医院、胡志明市肿瘤医院、胡志明市血液学—输血医院共四家医院可按原规定进口援助药物基立克，进口量分别为：247440 盒、1888 盒、1603 盒和 4804 盒。第五号决议的颁布，有效解决了抗肿瘤援助药物基立克供应短缺的难题。

（3）持续发展卫星医院的建设，实现增加民众基层就医机会

近 5 年来，越南政府投资数千亿越南盾用于实施建设卫星医院的提案，以便中央级医院向省级和县级医院进行技术输出。目前，23 所核心医院已经向基层卫星医院转交近 2000 台医疗卫生技术设备，需要由卫星医院转往上级医院就诊的病患比例已降低逾 85%。参与卫星医院建设的广宁省综合医院得到了越德友谊医院、白梅医院、中央老年医院提供的技术援助，原先在一级医院或中央级医院才能够实施的 1500 种手术现已能够在越南东北地区的卫星医院实施，广宁省需要转诊中央级医院的病患比例下降至 1% 以下。提高基层医院医疗质量、减轻首诊医院超负荷压力的措施逐步在越南全国各地展开，为居民看病治病创造便利条件，增加基层就医机会。

（4）在 26 个乡镇级基层医疗站中建立典范医疗模式

2018 年是越南按照"家庭医学"运作原理，在 26 个乡镇卫生医疗站建立典范医疗模式的第一年，被越南卫生部列为 2018 年越南九大医学进展之一。乡镇卫生医疗站按照"持续—全面—综合—协调—预防—家庭—社区"的"家庭医学"运作原理，能有效提高就医质量，减轻上级医院负荷。乡

镇卫生医疗站作为基层医疗的第一线，主要负责糖尿病、支气管哮喘等非传染性疾病和慢性疾病的诊疗和控制工作，预计在未来 10 年内能够基本实现覆盖全国的基层医疗网络。

3. 临床治疗方面取得的突破性成果

（1）成功进行世界首例单孔腔镜甲状腺切除术

2018 年 8 月 1 日，越南中央内分泌医院首次开展经腋窝入路单孔腔镜的甲状腺切除手术，这也是世界首例获得成功的该类手术。实施手术时，术者仅需在患者腋窝切开一个小孔，单孔器械抵达颈部后即可进行甲状腺肿块切除，不对其他部位造成影响。该项技术具有操作简单、安全且疗效高、具有审美特性等优点。自首次成功开展单孔腔镜甲状腺切除手术后，中央内分泌医院至今已成功为 16 名患者进行治疗，患者术后均未出现并发症。

（2）越南首例运用体外循环装置的手术获得成功

2018 年 8 月 16 日，中央肺科医院在 E 医院的配合下，采用体外循环装置实施了一例纵隔肿瘤切除术。接受该手术的患者平时常有咳嗽和呼吸困难的症状，在省级医院就诊时被确诊为罹患肺癌。随后中央肺科医院经检查发现，患者的纵隔肿瘤挤压支气管，导致支气管变形缩窄。由于患者的肿瘤所在位置复杂，术者需借助体外循环装置才能顺利进行手术。体外循环装置能够取代人体功能，可在心脏停止跳动的情况下保证肺正常运作。患者术后一周已完全康复，咳嗽症状减少，无呼吸困难、胸闷胸痛等症状。这也是越南首次将体外循环装置运用于开腔手术和肺部手术当中，为中央肺科医院以后的肺移植手术奠定了基础。

（3）成功进行跨域器官移植手术

2018 年，胡志明市大水镬医院联合 108 号军队中央医院和人体器官移植国家协调中心，并在其他非医疗单位的协助下，成功实施了多台跨域器官移植手术。2 月 25 日，一名河内军人在遭遇交通事故后，经抢救无效死亡，其家属自愿捐献该军人的多个器官。其中有 4 个器官将移植给非河内地区的患者，心脏和肾脏均要进行跨域移植。

2 月 26 日，胡志明市大水镬医院成功为一名 29 岁男性病人和一名 25

岁女性病人实施器官移植手术，患者术后康复良好。这是胡志明市大水镬医院实施的首例从北往南运送需移植器官的跨域器官移植手术，也是该医院第二次进行心脏移植手术。越南本次成功进行跨域器官移植手术体现了器官移植手术中的公开和透明，为越南人体器官移植国家协调中心成立后所取得的可喜结果。

（4）首例使用机器人进行的肾脏切除手术获得成功

胡志明市大水镬医院分别于2018年5月16日和6月20日成功使用机器人进行了肾脏切除手术，成为越南首个使用机器人进行该类手术的医疗机构。由于机器人辅助腹腔镜手术具有安全、切口小且美观、失血少、术后疼痛小、恢复快等优势，患者术中平均失血量仅为50ml，手术过程中无须输血，术后无并发症，术后两天即可出院。

4. 疾病防控方面

近年来，面对艾滋病的蔓延，越南举行了一系列相关的研讨会，制定了相应的防控措施和计划，如开展"2018～2020阶段抗击艾滋病全球基金"项目、力争使艾滋病病毒感染者的医疗保险参保率达到100%、继续扩大提供艾滋病暴露前预防性用药（PrEP）等。在防控季节性流感等传染性疾病方面，越南取得了多方面的进步，如成功研发生产"三合一"季节性流感疫苗、甲型H5N1禽流感疫苗等。

（1）艾滋病防控

2018年3月，越南政府总理批准通过"2018～2020阶段抗击艾滋病全球基金"项目，该项目由抗击艾滋病、结核病和疟疾全球基金资助，其目标为将越南境内的艾滋病感染率控制在0.3%、减少艾滋病对社会和经济发展的影响。越南将在胡志明市、河内、太原省等32个省市推行新的艾滋病检验方法及提供防控艾滋病蔓延的各项基本服务，其中包括向成人和儿童提供抗反转录病毒（ARV）的治疗药物、至2020年实现艾滋病患者的CD4细胞检测、为艾滋病患者提供医疗保险及加强医疗保险的宣传工作等各项措施。此外，对艾滋病多发省份的孕妇提供相关的医学检验服务。越南卫生部承诺将按照规定开展相关项目，有效提供官方开发援助（ODA），推进该项目达成联合国提出的 90—90—90 目标。

2018 年 5 月 29 日，由越南卫生部艾滋病防治局、美国国际发展局（USAID）及世界卫生组织和帕斯适宜卫生科技组织（PATH）联合举行的艾滋病暴露前预防性治疗的小结会议在越南胡志明市举行。经过一年的艾滋病暴露前预防性治疗服务提供项目的试点实施后，越南全国范围内艾滋病感染高危人群中已有 1200 人得以使用艾滋病暴露前预防性用药（PrEP）。该预防药品主要成分为 Tenofovir（替诺福韦）和 Emtricitabine（恩曲西他平），是新型的逆转录酶抑制剂，对人类免疫缺陷病毒（HIV）和乙型肝炎病毒（HBV）具有抑制活性的作用。如艾滋病感染高危人群能每天有效使用该艾滋病暴露前预防性用药，则能将艾滋病感染风险降低 92% ~ 99%。卫生部艾滋病防治局局长阮黄龙博士认为这是预防艾滋病病毒感染的有效措施之一，越南将继续扩大提供 PrEP 药品的数量。

2018 年 6 月 13 日，在主题为"确保艾滋病抗病毒治疗药物可持续融资，力争使艾滋病病毒感染者的医疗保险参保率达到 100%"的会议上，越南卫生部艾滋病防治局提出了"力争在 2020 年前使艾滋病病毒感染者的医疗保险参保率达到 100%"的目标。截至 2018 年 3 月底，越南全国 63 个省市的医疗保险覆盖率达到了 83.4%，共有 191 个艾滋病防治单位受益于医疗保险的应用抗反转录病毒药物治疗。艾滋病防治局财务部部长杨翠英表示，虽然艾滋病病毒感染者的医疗保险覆盖率快速增长，但仍缺乏稳定性和可持续性。目前，越南仍有 10% 的艾滋病病毒感染者由于不能提供个人有效证件，不具备参加医保的条件。

（2）力争消除越南境内艾滋病、乙肝、梅毒等传染性疾病的母婴传播

2018 年 5 月 22 日，越南卫生部母婴健康司与世界卫生组织就制订《力争消除艾滋病、乙肝、梅毒母婴传播国家行动计划（2018 ~ 2030）》在越南首都河内联合举行了讨论会议。制订该计划的目的是修改《艾滋病防治法》中与母婴传播预防工作有关的规定，将力争消除越南境内艾滋病、乙肝、梅毒母婴传播的措施列入《卫生—人口目标计划》，制订并引导实施预防艾滋病母婴传播工作方案等。该计划的主要措施为加强宣传教育工

作，提高对母婴传播疾病的筛查、诊断、保健、治疗等服务的质量及其可行性等。

（3）成功研发生产"三合一"季节性流感疫苗及甲型 H5N1 禽流感疫苗

2018 年 9 月 25 日，疫苗和医用生物制品研究院（IVAC）和帕斯适宜卫生科技组织（PATH）在芽庄市联合举行研讨会，宣布越南已成功研制出"三合一"季节性流感疫苗和甲型 H5N1 禽流感疫苗，预计将于明年投放市场。这两类流感疫苗的研制成功是越南自 2010 年开展的"提高越南流感疫苗发展能力"项目所取得的重要成果，也是 2018 年度越南医疗卫生领域的一项重要成就，能够帮助解决越南疫苗供应短缺的问题。"三合一"季节性流感疫苗由甲型 H1N1 流感病毒、甲型 H3N2 流感病毒和乙型流感病毒三种灭活病毒组成，是一种多联制剂。疫苗和医用生物制品研究院对这两种疫苗进行的临床试验已获得成功，可以在健康的成人身上产生良好的免疫反应，证明这两种疫苗都是安全的，且预防效果达到了国际标准。目前，"三合一"季节性流感疫苗正在申请投放越南市场，其售价预计将比由国外进口的疫苗低 2/3。

（4）首次在国家扩大疫苗接种计划中使用 ComBe Five 疫苗取代五联疫苗 Quinvaxem

2018 年 4 月 16 日下午，越南卫生部举办了媒体研讨会，讨论在 2018 年的国家扩大疫苗接种计划中新投入使用三种疫苗的相关问题。其中，五联疫苗 Quinvaxem 将被 ComBe Five 疫苗取代。预计越南现有的 Quinvaxem 疫苗将在 2018 年 5 月底使用完毕，而印度制造的 ComBe Five 疫苗已于 2018 年 5 月通过了越南卫生部的批准，并将于 2018 年 6～7 月开始在越南投入使用。韩国 Berna Biotech 疫苗生产商现已停止生产五联疫苗 Quinvaxem。ComBe Five 疫苗与 Quinvaxem 疫苗成分相似，能帮助婴幼儿抵抗白喉、破伤风、百日咳、乙型肝炎和 B 型流感嗜血杆菌等五种婴幼儿常见疾病。目前，ComBe Five 疫苗已通过世界卫生组织预认证并在世界上 43 个国家中得以广泛使用。

5. 卫生医疗领域所取得的成果获得国际肯定

（1）越南卫生部获得 2018 年全球控烟奖

2018 年 3 月 7 日，第 17 届世界烟草与健康大会在南非开普敦开幕，来自 100 多个国家的 2000 余名代表参加了此次大会。会议当天，彭博慈善基金会向越南卫生部等 6 个政府和非政府组织授予了 2018 年全球控烟奖，表彰其为全球控烟事业做出的杰出贡献。世界卫生组织非传染性疾病和伤害问题全球大使、纽约市原市长迈克尔·布隆伯格对获奖组织在制定烟草危害防控政策和实施监测烟草使用情况等方面取得的突出成就表示祝贺。

（2）越南成为落实世界卫生组织《终止结核病战略》的典范

2018 年 5 月 21～26 日，第 71 届世界卫生大会（WHA）在瑞士日内瓦举行。会议期间，世界卫生组织控制结核司司长特雷莎·卡萨艾娃（Tereza Kasaeva）对越南在结核病预防和治疗方面所取得的成就给予了高度评价。特雷莎·卡萨艾娃表示，越南是落实世界卫生组织《终止结核病战略》的典范，为在全球范围内落实《终止结核病战略》做出了巨大贡献。同时，越南也在落实 2017 年 11 月在俄罗斯召开的世界卫生组织终止结核病全球部长级会议上所达成的《终止结核病问题莫斯科宣言》的内容，这表明越南充分履行了对世界终止结核病事业做出的承诺。

世界卫生组织还高度评价了越南卫生部在终止结核病行动中的领导作用及越南终止结核病的计划，认为越南不仅做好了国内的结核病防治工作，还能够向各国分享防治结核病的经验。世界卫生组织希望越南政府和卫生部门进一步充分履行相关承诺，同时建议越南对国内终止结核病的计划加大投资力度，确保其可持续发展。

（3）内窥镜手术培训中心被亚洲内窥镜手术协会认定为亚洲最佳内窥镜手术培训中心之一

2018 年 12 月，越南胡志明市医药大学医院内窥镜手术培训中心被亚洲内窥镜手术协会认定为最佳内窥镜手术培训中心之一，该中心的基础设施、培训课程设置和教师队伍的业务水平都满足国际标准。该内窥镜手术培训中心成立于 2003 年，是越南首个内窥镜手术培训中心，迄今为止，已为 1600

多名国内和 700 多名国外内窥镜科医务人员提供了相关培训。

（4）越南研发生产的麻疹疫苗得到日本国际协力机构的肯定

为了表彰对发展中国家经济及社会发展事业做出贡献的个人和组织，日本国际协力机构（JICA）于 2018 年 12 月 13 日举行了 2018 年 JICA 主席奖颁奖仪式。越南国家银行直属国家印钞造币厂和越南卫生部直属疫苗与生物制品研究生产中心（POLYVAC）获得了奖项。越南卫生部直属疫苗与生物制品研究生产中心（POLYVAC）的建设项目是由日本国际协力机构（JICA）与越南卫生部联合开展的合作项目，项目期限为 20 年。在世界卫生组织的协助下，越南卫生部直属疫苗与生物制品研究生产中心（POLYVAC）已完成麻疹疫苗和麻疹—风疹联合疫苗的研发生产工作，并成功生产了达到世界卫生组织《生产质量管理规范》（GMP）标准的高品质疫苗。

6. 国际合作

（1）与世界卫生组织的合作

2018 年 1 月 24 日，2018～2019 财年越南与世界卫生组织的医疗合作计划于河内正式启动。该计划的长期目标为协助越南卫生部有效解决卫生体系的优先事项，确保能够落实《2016～2020 阶段的保健与提高人民身体健康水平战略及 2030 年的展望》和《在新情况下加强基层医疗卫生服务体系建设提案》（2016～2025 年）。

该计划旨在加强制度建设和人力资源建设，增加医疗卫生工作的资金投入，提供药品及医疗服务，减少家庭医疗卫生支出。同时，提高《国际卫生条例》的落实能力，做好突发公共卫生事件的应急准备工作，提高世界卫生组织援助的利用效率，有助于提高人民群众健康水平。此外，该计划还为减少艾滋病、结核病、疟疾等传染疾病的传播做出贡献。该项目的无偿援助资金总额为 2110.4 万美元，其中已有资金 1192.3 万美元，动用社会资本918.1 万美元，自筹资金为 65 亿越南盾（约合 30 万美元）。

（2）越南—中国两国首次配合开展边境地区人民诊疗活动

2018 年 11 月 19～21 日，越南与中国首次配合开展越中边境地区人民诊疗活动。这是 2018 年第五次越中边境国防友好交流计划的活动之一，两国军队医疗部门正在完善军事医学的相关合作协议，为促成中国人民解放军总医院（301 医院）与越南军队传统医学院之间的友好协作奠定基础，同时加强双方在医务人员培训、防治热带疾病、经验和学术交流等方面的合作。

（3）越南—日本在医疗卫生领域的合作

2018 年 2 月 2 日，日本驻胡志明市总领事馆与越南宁顺省人民委员会在潘郎—塔占市联合举行了捐赠仪式。日本驻胡志明市总领事馆向越南宁顺省生殖健康中心赠送总价值达 22 亿越南盾的医疗设备。自 2015 年 8 月以来，宁顺省生殖健康中心多次获得由日本政府无偿援助的医疗设备，这些医疗设备的投入使用提高了宁顺省的医疗服务质量。

2018 年 7 月 7 日，越南芳洲国际医院与日本医药公司 Kishokai 共同签署了《第一阶段全面医疗合作协议》。Kishokai 公司将协助芳洲国际医院对其医疗业务流程进行标准化处理，并使其符合日本的产科安全标准；提高芳洲国际医院的医疗保健服务质量；向芳洲国际医院转让应用于不孕不育和妇科恶性肿瘤筛查领域的最新技术；帮助芳洲国际医院提升运营质量和提高运行管理水平等。该合作项目将有助于进一步提高芳洲国际医院的医疗服务质量，使其成为一家现代化的越南产科医院。

（4）越南—丹麦预防非传染性疾病的合作

2018 年 4 月 10 日，越南河内医科大学与丹麦驻越南大使馆联合举行座谈会，就基层医疗卫生体系的重要性、增强防范非传染性疾病的意识以及越南与丹麦在卫生领域的合作进行了一系列讨论。丹麦卫生部部长 Ellen Trane Norby 表示，越南和丹麦正加快共同推进越南医疗卫生行业的改革，努力促使初级诊疗体系成为降低癌症、糖尿病、心脏病等慢性病发病概率的主力军。两国卫生部门签署了一系列医疗卫生领域的战略合作项目，包括加强初级医疗保健体系和社区疾病管理，制定慢性非传染性疾病早预防、早发现、早治疗的实施细则等。两国卫生部门已在越南太平省的 4 个县共计 30 个医疗卫生站试点开展了防范非传染性疾病的相关项目，加强乡镇卫生院的建设，实现慢性非传染性疾病的早预防、早发现、早治疗，以及推进对慢性非传染性疾病的管理。两国专家将制定以病人为中心的新举措，同时加强对慢性非传染性疾病的宣传与教育，倡导人们养成良好的生活习惯，积极实施健康管理计划等。

（5）越南—法国在医疗卫生领域的合作

2018年1月18日，越南卫生部和法国国家艾滋病与病毒性肝炎研究署（ANRS）在河内签署了关于加强艾滋病与病毒性肝炎研究领域的一系列合作的协议。法国国家艾滋病与病毒性肝炎研究署将在经验分享、技术转让、技术人员培养等方面向越南各艾滋病与病毒性肝炎研究所提供技术和资金支持，同时协助越南开展关于越南疾病特征的研究项目等。越南卫生部和法国国家艾滋病与病毒性肝炎研究署自2000年就已签署了艾滋病防治研究工作的合作协议。近年来，双方的合作成果为越南的医疗卫生工作做出了积极贡献。法国向越南转让的技术已经有效应用于相关的科研和临床诊治工作中；帮助越南提高医疗队伍的业务水平，为越南分子实验领域培养了多名专家，为许多越南医学硕士研究生、博士研究生提供了赴法培训的机会；为越南提供了相关的医疗科研设备；使越南医疗科研水平与国际接轨；帮助越南有效提高了艾滋病的治疗质量等。

2018年6月13～17日，受法国社会团结与卫生部部长阿涅斯·布赞的邀请，越南卫生部部长阮氏金进率越南卫生部代表团访问法国。在过去的25年里，两国在医疗卫生合作领域取得了巨大成就，法国卫生部门为3000多名越南住院医师提供了医疗培训，其中接受过培训的多名越南住院医师现已成为越南医疗行业的重点负责人。通过越南巴斯德研究所与法国巴斯德研究所的各项交流项目，两国在预防非典、H5N1、H1N1等传染性疾病和麻疹、登革热、手足口病等新发传染病方面的工作也有了明显的成效。

（6）越南—德国在医疗卫生领域的合作

2018年10月24日，德国Bad Schmiadeberg医院院长莱曼一行参观了越南175军医院，了解了该院的治疗活动、基础设施及创伤骨科和功能康复的发展方向，并承诺将与175军医院开展全面合作，应用德国的先进医疗技术，协助 175 军医院提升医疗业务和科研水平。双方将签署相关的医疗合作协议，着力提升今后 175 军医院的诊疗质量。

（二）医疗卫生领域存在的问题

2018 年，越南医疗卫生领域存在的问题表现在：一方面，由于疟疾防治工作存在不足，截至 2018 年第 14 周，越南全国感染疟疾人数达 1702 人，同比增长 7.45%（1584 人），另一方面，越南近年来投入疟疾防治工作的资金大幅下降；2018 年年初至 2018 年 6 月底，越南境内感染甲型 H1N1 流感、甲型 H3N2 流感和乙型流感的病例约为 20.8 万例，其中越南北部流感病例达 13.09 万例；性别不平等导致艾滋病的蔓延加速，并减弱了妇女和女童应对艾滋病的能力，且目前相关的国家艾滋病预防战略仍未提到这一点；各地方的可持续发展目标和卫生质量仍存在较大差距；医疗卫生队伍数量不足、质量不高，越南 62 个贫困县中约有医生缺口 598 个；截至 2018 年 12 月 20 日，河内市感染登革热人数达 4258 人，与 2017 年相比降低 88% 以上，但感染范围仍较广，全市 30 个郡县的 261 个乡镇均出现感染病例；健康饮食宣传工作尚未到位，越南人均含糖饮料消费量呈上升趋势，为越南肥胖率增长 70% 的原因所在，人均年含糖饮料摄入量从 2002 年的 6 公升上升至 2016 年的 44 公升；越南儿童营养不良发生率为 24.3%，处于较高水平，就全国范围而言，偏远山区和城镇地区的儿童营养不良发生率及肥胖率存在较大差异，越南目前大约有 13% 的 5 岁以下儿童缺乏维生素 A，儿童严重缺锌的发生率高达 70%。

（三）医疗卫生工作未来展望

越南计划在未来将包括糖尿病、心脏病、慢性呼吸病等在内的非传染性慢性疾病的防治工作交由各乡镇卫生所负责。各乡镇医务所将注重发展传统医学并将其视为自身优势，争取在十年后提高民众对越南基层医疗卫生体系的信任度。遵照越共第十二届中央委员会第六次会议上提出的第二大议题"在新形势下保护、照顾、提高人民健康水平"，越南卫生部门力争至 2025

年使 90% 以上的越南民众享受到健康管理服务，95% 的乡镇卫生院能进行非传染疾病防治管理；2030 年之前，使 95% 以上的越南民众能够享有健康管理服务，全部乡镇卫生院能进行非传染疾病防治管理。

五　体育

2018 年，越南体育代表团在第十八届亚洲运动会及其他国际性体育赛事中均有出色表现。在赛艇项目中，越南赛艇队为越南体育代表团收获了 2018 年亚运会首枚金牌，这也是越南赛艇队在历届亚运会中所获得的首枚金牌。在足球方面，越南取得的佳绩颇多，越南足球体育事业发展前景良好。

（一）概况

2018 年，越南体坛成果颇多。在第十八届亚洲运动会上，越南体育代表团以 4 枚金牌、16 枚银牌、18 枚铜牌的成绩位居奖牌榜第 16 位；在 2018 年第七届东南亚空手道锦标赛中，越南体育代表团获得了 29 金 24 银 36 铜共计 89 枚奖牌，位居奖牌榜榜首。

（二）发展现况

1. 越南体育代表团在各大国际赛事中获得的成果

2018 年 8 月 18 日至 9 月 2 日，第 18 届亚洲运动会在印度尼西亚首都雅加达举行。以越南体育总局副局长陈德奋为团长、由 523 名成员组成的越南体育代表团参加了本届运动会的 40 个比赛大项中的 32 个项目。本届亚运会越南体育代表团共获得 38 枚奖牌，其中包括 4 枚金牌、16 枚银牌、18 枚铜牌，位居奖牌榜第 16 位。

2018 年 2 月 8~12 日，亚洲自行车锦标赛女子公路赛在缅甸首都内比都市举行。本次自行车锦标赛总赛程为 106 公里，越南选手阮氏实以 3 小时 11 分 59 秒的成绩获得金牌。这是越南女子自行车运动员在亚洲自行车锦标赛上获得的首枚金牌。

2018 年 3 月 21 日，空手道 K1 锦标赛在荷兰鹿特丹落幕。越南空手道名将阮氏顽获得铜牌，这是阮氏顽在 K1 赛事中获得的第二枚铜牌。此前，阮氏顽曾于 2017 年 9 月在空手道 K1 锦标赛德国站的比赛中获得一枚铜牌。凭借在此次赛事中取得的成绩，阮氏顽拿下 425 个积分，并有望在即将公布的世界空手道女子 61 公斤级排名中上升 8 位。

2018 年 3 月 25 日，Grand Prix Crevoisier 2018 年公路自行车赛在瑞士落幕，越南选手阮氏实获得此次比赛的冠军。Grand Prix Crevoisier 2018 年公路自行车赛吸引了 44 名来自世界各国的女子运动员参赛。效力于 UCI 队的越南选手阮氏实在比赛中一直保持领先，最终以 1 小时 55 分 35 秒的成绩夺冠。

2018 年 4 月 12 日，新加坡田径公开赛落幕。由 4 名运动员组成的越南田径队在此次公开赛中共获得 6 枚奖牌，其中包括 5 枚金牌和 1 枚银牌。

2018 年 4 月 25 日，第七届东南亚空手道锦标赛在越南北宁省综合体育馆落下帷幕。越南代表团在本届东南亚空手道锦标赛中共获得 89 枚奖牌，其中包括 29 枚金牌、24 枚银牌、36 枚铜牌，位居奖牌榜首位。

2018 年 5 月 25 ~ 27 日，世界杯开伦（三球）台球锦标赛在越南胡志明市举行。世界杯开伦（三球）台球锦标赛是由世界开伦台球联盟（UMB）在德国、葡萄牙、希腊、法国、瑞典、日本、韩国等世界台球强国举行的正式大赛。本届台球锦标赛吸引了来自 17 个国家和地区的 149 名台球运动员参赛。世界排名第 18 位的越南台球运动员陈决战在总决赛上以 40：39 战胜了对手吴廷耐，获得冠军。这是越南台球选手首次在世界杯开伦（三球）台球锦标赛中获得冠军。

2018 年 10 月 6 ~ 13 日，第三届亚洲残疾人运动会在印度尼西亚首都雅加达举行。越南体育代表团共有 52 名运动员参加了本届运动会 18 个赛项中的 7 个赛项，其中包括游泳、田径、国际象棋、羽毛球、乒乓球和柔道等具有越南传统优势的项目。越南体育代表团共获得 40 枚奖牌，其中包括 8 枚金牌，8 枚银牌和 24 枚铜牌，位居奖牌榜第 12 位。

2. 足坛佳绩颇多

2018 年 1 月 27 日，U23 亚洲杯决赛在中国江苏省常州奥体中心举行。越南 U23 足球队对阵乌兹别克斯坦 U23 足球队，通过加时赛，越南 U23 足球队以 1：2 负乌兹别克斯坦 U23 足球队获得亚军。1 月 28 日，阮春福总理在越南首都河内会见了越南 U23 球队的队员，并授予该球队一级劳动勋章。越南足球取得良好成绩是因为国家对青年足球队员培训工作的重视和投入是前所未有的。无论是和阿森纳合作的足球学校，还是青训机构 PVF（越南足球天赋与发展基金），以及遍布越南的青训点、成体系的梯队建设，都在为越南足球队输送人才。

2018 年 8 月 7 日晚上，VinaPhone 杯 U23 国际足球锦标赛决赛在越南河内市美庭体育场举行。越南 U23 足球队以三战两胜一平积 7 分，获得本次锦标赛的冠军。

2018 年 8 月 12 日晚上，亚洲室内五人制足球俱乐部冠军联赛决赛在印度尼西亚举行。越南室内五人制足球太山南队获得亚军。

2018 年 12 月 15 日晚上，铃木杯东南亚足球锦标赛决赛第二回合在越南河内市美庭体育场举行。最终越南队以 3：2 的比分胜出，获得 2018 年铃木杯东南亚足球锦标赛的冠军。这是越南队第二次获得东南亚足球锦标赛的冠军。

2018 年 12 月 18 日，《青年报》国际 U21 足球锦标赛决赛在越南顺化市自由体育场举行。越南 U21 足球队获得冠军。

（三）体育事业的展望

1. 足球方面

越南足协、越南足联、越南体育总局制定了一系列旨在壮大越南足球队伍的举措及政策，联合国际足球联合会及亚洲足球联合会对越南足球运动员进行培训。具体表现为以下方面。2018 年 2 月 8 日，国际足球联合会（FIFA）主席詹尼·因凡蒂诺在河内与越南足联进行了工作会谈。国际足球联合会已将越南足联选为参与青年女足发展试点项目的足联之一。因凡蒂诺强调，将继续为国际足联全球项目（FIFA Global Project）提供金融、实验室、训练馆、教练、裁判等方面的支持；2018 年 3 月 19 日，亚洲足球联合会（AFC）主席萨尔曼在马来西亚吉隆坡与东南亚足球协会（AFF）各成员代表进行座谈。越南足协（VFF）常务副主席陈国俊、秘书长黎怀英代表越南足协出席本次座谈会。萨尔曼主席表示，亚洲足球联合会将继续协助包括越南在内的东南亚足球协会各成员发展青年足球。

为了实现足球体育事业的可持续发展，越南足协秘书长黎怀英表示，目前将集中于以下重点任务：加强对各支男女青训队、国家队的投资，聘请世界级教练员；越南青训工作将得到高度重视，主要工作目标为培养出色的候补球员；越南足球协会也将努力加强建设，确定先进且符合越南人体质的战术体系；将加强对球员尤其是青年球员的文化和道德教育，制定政策鼓励海外越南球员归国加入越南国家队。

2. 射击方面

2018 年，越南国家射击队获得韩国 Glostar 集团和 Optrontec Vina 公司提供的 10 万美元赞助。赞助费用于培训越南青年射击运动员、举行各赛事和补助优质射击运动员。韩国 Sun 医疗中心为越南国家射击运动员提供了医疗服务资助。

越南体育部门进行了根本性的策略改进，推进对高水平运动员的集中培训工作，促进高水平运动员向亚运会、奥运会等顶级国际赛事迈进。与此同时，越南体育部门还缩小了训练资金的投入范围，将训练资金集中投入在田径、游泳、射击、举重、体操等项目的训练中。随着越南社会经济的进一步发展，许多运动项目也要逐渐实现专业化。而原先的优势体育项目则要渐渐接近现代化的训练、竞技方式，着重提高重点投资的比赛项目成绩，实现在国际级比赛中取得较高成绩的目标。

B.5
外交

邓应文 *

摘 要： 2018 年，尽管世界与地区形势错综复杂，在中美贸易战升级、欧盟因为英国脱欧问题不得安宁、中东局势动荡不已的背景下，越南依然能主动、灵活地拓展合作伙伴关系，如拓展与非洲和南美洲一些国家的关系。另外，在巩固原有的合作伙伴关系的同时，越南积极努力与周边国家搞好关系。2018 年，越南的外交呈现灵活、创新以及多样化的势态。2018 年是越南外交取得丰硕成果的一年，越南积极、主动、更深入地融入国际社会。

关键词： 越南 外交 国际关系

一 越南领导人的出访和外国领导人的访越

2018 年 1 月 4 日，越南国家主席陈大光会见了来访的老挝最高人民法院院长坎潘·西提丹帕一行。1 月 5 日，越南政府副总理兼外交部部长范平明在越南河内会见了来访的英国外交部亚太事务国务大臣马克·菲尔德。1 月 8 日，越南人民军总参谋长潘文江会见了对越南进行工作访问的日本陆上自卫队（GSDF）参谋长山崎幸二。1 月 9 日，越南国会主席阮氏金银会见

---

* 邓应文，暨南大学国际关系学院/华侨华人研究院副教授。

了赴越履新前来礼节性拜会的美国新任驻越南大使丹尼尔·克里滕布林克；同日，范平明会见了前来礼节性拜会的古巴新任驻越南大使莱尼斯·托雷斯·里维拉；同日，越南国会副主席冯国显会见了由老挝国会经济、技术和环境委员会主任波鹏·西苏拉率领的对越南进行工作访问的老挝国会经济、技术和环境委员会代表团。1月22～25日，越南政府副总理王庭惠出席在瑞士达沃斯举行的第48届世界经济论坛年会，并于1月26～28日对葡萄牙进行正式访问，其间分别会见了葡萄牙议会议长爱德华多·费罗·罗德里格斯和葡萄牙劳动团结及社会保障部部长乔斯·安东尼奥·维埃拉·达·席尔瓦。1月22～23日，俄罗斯国防部部长谢尔盖·库茹盖托维奇·绍伊古大将对越南进行正式访问，越共中央总书记阮富仲和越南国家主席陈大光分别会见了谢尔盖·库茹盖托维奇·绍伊古大将。1月22日和23日，越南国家主席陈大光和越共中央总书记阮富仲会见了正在访越的蒙古国家大呼拉尔主席（议长）米耶贡布·恩赫包勒德。1月23～27日，由越共中央政治局委员、中央书记处书记、中央组织部部长范明政为团长的越南共产党代表团对中国进行了工作访问。1月24日，越南国家主席陈大光会见了新加坡驻越南大使凯瑟琳王和前来辞行拜会的埃及驻越南大使约瑟夫·卡迈勒·布特罗斯·汉纳。1月24～25日，美国国防部部长马蒂斯对越南进行了正式访问。1月26日，越共中央总书记阮富仲会见古巴新任驻越大使莱尼斯·托雷斯·里维拉。1月30日，越南政府副总理兼外交部部长范平明会见了正在越南出席第五次越日文化节的日本外务省副大臣中根一幸。2月23日，越南国防部副部长阮志咏上将会见了美国驻越南大使丹尼尔·克里滕布林克。2月26日，越南外交部副部长裴青山会见了阿塞拜疆第一副总统助理阿拉克巴罗夫。3月2日，越南国家主席陈大光和越南高级代表团对印度进行了国事访问，并于3月4日对孟加拉国进行国事访问。3月4～6日，越共中央委员、越南人民军总参谋长、国防部副部长潘文江一行对马来西亚进行了正式友好访问。3月8日，越南国会主席阮氏金银会见了缅甸联邦议会副议长艾达昂。3月9日，越南政府副总理兼外交部部长范平明同来访的韩国外长康京和进行了会谈。3月12～14日，越南政府总理阮春福对新西兰进行了正式访问。3 月 14~18 日，阮春福对澳大利亚进行正式访问并出席在悉尼举行的东盟—澳大利亚特别峰会，其间，阮春福会见了澳大利亚参议院议长斯科特·瑞安和众议院议长托尼·史密斯。3 月 13 日，越共中央政治局委员、中央书记处书记、中央经济部部长阮文平会见正在对越南进行工作访问的俄罗斯联邦共产党代表团。3 月 22~23 日，俄罗斯联邦外交部部长谢尔盖·拉夫罗夫对越南进行了正式访问。3 月 22~24 日，韩国总统文在寅对越南进行了国事访问。3 月 25~27 日，越共中央总书记阮富仲对法兰西共和国进行正式访问，并于 3 月 28~30 日对古巴共和国进行了国事访问。3 月 26 日，越南国会主席阮氏金银对荷兰进行正式访问。4 月 2 日，越南国家主席陈大光会见了对越南进行工作访问的蒙古国家安全委员会秘书长阿穆尔扎日格勒·钢苏和（Amarjargal Gansukh）。4 月 3 日，越南政府总理阮春福会见了在越南进行工作访问的瑞士环境、交通、能源及通信部部长多丽丝·洛伊特哈德。4 月 4 日，越南人民军副总参谋长范玉明上将会见了来访的缅甸防空军司令丁貌温中将；同日，越共中央政治局委员、中央军委副书记、越南国防部部长吴春历大将在俄罗斯首都莫斯科与俄罗斯国防部部长谢尔盖·库茹盖托维奇·绍伊古大将举行了工作会议。4 月 10 日，越南政府总理阮春福会见了丹麦卫生部部长；同日，日本首相安倍晋三会见了对日本进行正式访问的越南国防部部长吴春历。4 月 15~18 日，伊朗伊斯兰议会议长拉里贾尼率领伊朗伊斯兰议会高级代表团对越南进行了正式访问。4 月 19~20 日，缅甸国家顾问兼外长昂山素季对越南进行了正式访问。4 月 20 日，越南政府副总理兼外交部部长范平明会见了来访的中国广西壮族自治区主席陈武。4 月 23~27 日，斯里兰卡议会议长卡鲁·贾亚苏里亚率领斯里兰卡议会高层代表团对越南进行了正式访问。5 月 8 日，越南国防部副部长阮志咏会见了以色列国防部国际防务合作局局长迈克·本·巴鲁克率领的代表团。5 月 12~13 日，巴西联邦共和国外交部部长阿洛伊西奥·努内斯·费雷拉自对越南进行了正式访问。5 月 13~17 日，老挝人民军总参谋长、国防部副部长苏旺·伦奔米对越南进行了正式访问。5 月 14~16 日，越南国防部副部长阮志咏率团对欧盟总部进行了工作访问。5 月 23~26 日，澳大利亚总督彼得·科斯格罗夫对越南进行了国事访问。5月23~27日，越共中央政治局委员、中央书记处书记、中央宣教部部长武文赏率领越南共产党代表团对埃及进行了工作访问，并于5月27日至6月1日对希腊进行了工作访问。5月29日至6月2日，越南国家主席陈大光对日本进行了国事访问。6月3~5日，韩国国防部长官宋永武率韩国国防高级代表团对越南进行了正式访问。6月5日，越南政府总理阮春福会见了访问越南的捷克众议院副议长、捷克和摩拉维亚共产党主席沃伊杰赫·菲利普。6月13日，越南国家主席陈大光会见了访问越南的印度国防部部长尼尔玛拉·希塔拉曼。6月14~15日，卢森堡外交大臣阿瑟伯恩对越南进行正式访问。6月20~22日，越南司法部副部长陈进勇率领司法部代表团对瑞士进行了工作访问。6月30日，越南国防部副部长阮志咏会见了正在对越南进行工作访问的美国负责亚太事务的助理国防部部长兰德尔·施里弗。7月1~7日，越南政府副总理兼外交部部长范平明对希腊、保加利亚和罗马尼亚进行正式访问。7月17~20日，越南国会副主席杜伯巳大将率领越南国会高级代表团访问阿根廷，并于7月21~27日对美国进行了工作访问。7月22~26日，越共中央书记处书记、中央军委常务委员、越南人民军总政治局主任梁强上将率越南人民军高级政治干部代表团对中国进行了友好访问。7月30~31日，越南政府副总理兼外交部部长范平明对新加坡进行正式访问并出席第51届东盟外长会议。8月19~23日，越共中央政治局委员、中央书记处常务书记陈国旺对中国进行访问。8月23~29日，越南国家主席陈大光对埃塞俄比亚和埃及进行了国事访问。9月5~8日，越共中央总书记阮富仲对俄罗斯进行了正式访问，并于9月8~11日对匈牙利进行正式访问。9月15~20日，越南国防部部长吴春历率领越南高级军事代表团对法国进行正式访问。9月18~22日，越南人民军总政治局主任梁强上将率领越南人民军总政治局代表团对老挝和柬埔寨进行正式访问。9月20~22日，越南政府常务副总理张和平对波兰进行正式访问。9月24~30日，越共中央书记处书记、中央内政部部长潘庭濯率领越南共产党代表团访问日本。10月7~12日，越南国会主席阮氏金银率领越南国会高级代表团赴土耳其安塔利亚市出席第三届欧亚国家议长会议并对土耳其进行正式访问。10月8～10日，越共中央政治局委员、中央书记处常务书记陈国旺一行对老挝进行正式访问。10月9～10日，越南政府副总理兼外交部部长范平明对英国进行了正式访问。10月11～12日，越南政府总理阮春福率领越南高级代表团出席在印度尼西亚巴厘岛举行的世界银行与国际货币基金组织年会框架内的东盟领导人见面会，并对印度尼西亚进行工作访问。10月14日，越南政府总理阮春福和越南高级代表团对奥地利进行访问。10月16日，阮春福一行还对比利时和欧盟总部进行了访问，并出席第十二届亚欧首脑会议。10月24日，越南国防部部长吴春历率越南高级军事代表团赴北京出席第八届北京香山论坛。10月26～28日，越南政府副总理郑庭勇对法国进行工作访问。10月31日至11月2日，越南政府副总理郑庭勇率领越南政府代表团对挪威进行工作访问。11月2～9日，越南国防部部长吴春历率领越南高级军事代表团分别对澳大利亚和新西兰进行了正式访问。11月4～5日，越南政府总理阮春福赴中国上海出席首届中国国际进口博览会。11月11～14日，越共中央政治局委员、中央书记处书记、中央组织部部长范明政率领越南共产党高级代表团对芬兰进行了正式访问。11月22～25日，越共中央委员、越南人民军总参谋长、国防部副部长潘文江率领越南高级军事代表团对泰国进行了正式访问。11月25～28日，越南人民军总政治局主任梁强率领越南人民军高级政治干部代表团对古巴进行了正式访问。11月26～28日，越共中央政治局委员、中央民运部部长张氏梅率团对加拿大进行了工作访问。12月1～4日，越南国防部副部长阮志咏率领越南国防部高级代表团对俄罗斯进行了工作访问。12月2～6日，越南政府副总理郑庭勇对韩国进行了访问。12月2～7日，越南人民军总政治局副主任阮仲义率领的越南人民军高级政治干部代表团对中国进行工作访问。12月4～7日，越南国会主席阮氏金银率团对韩国进行正式访问。12月4～8日，越南海军司令范淮南率领的越南海军军种代表团对印度进行工作访问。12月18～19日，越南政府副总理兼外交部部长范平明对老挝进行正式访问。12月27日，越南国防部部长吴春历率领越南高级军事代表团对柬埔寨进行正式访问。

二 越南与东盟各国关系

（一）与老挝的关系

长期以来，越南与老挝保持着特殊的密切关系。在 2018 年地区形势动荡的背景下，这一关系得到了更充分的体现。2018 年，不仅双方领导人互访、多次见面，而且行政部门和地方之间的合作也相当频繁。如越南协助老挝成立行政院，两国法院密切配合等。1 月 3～6 日，老挝最高人民法院院长坎潘·西提丹帕率领老挝最高人民法院代表团对越南进行了工作访问。在会谈中，双方一致认为，两国法院，特别是省级法院应保持工作代表团互访活动以交换、分享经验，增进双边友好合作关系。越南还计划为老挝最高人民法院干部、审判员举行培训会。另外，双方协商，涉及两国的刑事案件，两国人民法院配合处理。由此可以看出越南与老挝在司法方面的密切合作程度。越南在不同的场合多次提出要巩固并深入务实地发展越老政治关系。如在柬埔寨举行的澜沧江－湄公河合作第二次领导人会议期间，越南政府总理阮春福在会见老挝总理通伦·西苏里时强调，将继续推动两国政治关系深入、务实地发展；配合展开具体、有效和同步的措施以促进经济合作，集中开展重点投资项目，加强经济对接和交通互联互通；配合解决存在的问题；加大对两国人民尤其是年青一代对越老特殊团结关系的宣传力度。同时，双方同意促进落实 2016～2020 年越老合作协定，以及发扬 2017 年越老友好团结年的成果精神。此外，7 月 3～7 日，应越南国家主席陈大光邀请，老挝人民革命党中央总书记、国家主席本扬·沃拉吉及老挝人民革命党和国家高级代表团访问越南。陈大光、越共中央总书记阮富仲、越南政府总理阮春福以及越南国会主席阮氏金银分别会见了本扬·沃拉吉。在各次会谈中，越南高层均强调越老的传统友谊、特殊团结和全面合作的重要性。

（二）与柬埔寨的关系

近年来，越南与柬埔寨双边仍保持着传统友谊和全面合作关系。2018年，双边的政治关系体现在安全合作方面，如1月下旬，越南公安部部长苏林率团访问柬埔寨时，双方高度评价越南公安部和柬埔寨内政部合作取得的高效成果，尤其是在打击有组织犯罪、跨国犯罪、毒品犯罪、拐卖人口犯罪、高科技犯罪方面的合作成果。此外，双方就解决边界问题也紧密合作。两国签署了柬老越发展三角区合作高级会议框架内越柬两国边界勘界立碑联合委员会主席会议的备忘录。

（三）与印度尼西亚的关系

2018年，越南和印度尼西亚关系值得关注的是两国防务、海上合作的问题以及解决遇险渔民的安全问题。1月18日，印度尼西亚地方代表理事会主席乌斯曼·沙普达访问越南时，越南国会主席阮氏金银建议双方加快签署联合巡逻协议，在两国海军之间设立热线电话，建立国防副部长级政策对话机制；重申越南愿与印度尼西亚分享经验，配合打击恐怖袭击，同印度尼西亚和其他国家一起阻止地区的恐怖袭击危机发生。双方就这次访问发表了关于越南与印度尼西亚加强战略伙伴关系的联合声明。两国签订了各项合作文件，其中包括2019~2023年越南与印度尼西亚战略伙伴关系行动计划，关于自愿参加打击非法、不报告和无管制捕捞和促进渔业管理的联合公报。

2018年9月11~12日，印度尼西亚总统佐科访问越南，在与越南领导人会晤时，双方都高度评价了近期两国在国防安全领域取得的合作成果，同意在海空、防务工作和防范打击犯罪等领域合作。越南与印度尼西亚在防务以及海上的合作成为2018年两国关系的一个亮点。

（四）与新加坡的关系

2018年，越南与新加坡各方面的关系均趋于活跃。总体来说，外交方面集中在两国如何利用好《全面与进步跨太平洋伙伴关系协定》（CPTPP）和第四次工业革命所带来的机会、提升两国关系层次、为两国人民带来实实在在的利益等方面，以及海上合作和军事防务合作方面。双方关系在军舰互访、反恐、网络安全等防务和安全领域的合作中取得了新的进展。越方希望进一步加强防务合作，注重海军、空军、搜寻救难、国防技术等领域的合作，增进情报信息互换，年轻军官交流和军舰互访；有效配合应对海盗、恐怖主义犯罪等共同安全挑战，确保海上安全；推进网络安全、出入境管理、打击高科技犯罪等领域的合作。4月25～27日，越南政府总理阮春福访问新加坡。双方发表了越新联合声明，签署了技术合作协议，可再生能源领域的合作备忘录，银行审查、检查、监督领域合作与信息交流的备忘录，投资发展液化天然气进口的项目以及关于标准和符合性评价领域的合作备忘录等合作文件。4月26日，新加坡海军军舰访问越南岘港。11月12日在新加坡召开第九次越南—新加坡副防长级政策对话等。

（五）与泰国的关系

重视军事防务合作、安全合作是2018年越泰两国外交中值得关注的一个侧面。7月19日，越南国防部副部长阮志咏会见访问越南的泰国皇家军队联军作战局局长巴林亚·坤纳希中将时，强调两国军队扩大自然灾害应急救援合作。8月6日，泰国国家安全委员会访问越南时，就继续推进两国政治安全、预防和打击犯罪工作经验等领域的合作展开了讨论。8月9日，泰国皇家海军水文局局长威奈·玛尼布拉格访问越南，越南人民军副总参谋长范玉明对越泰海军的良好合作关系，维持海上联合巡逻、热线电话等合作机制表示赞赏，同时双方都希望能早日签署两国海军水文合作的协议。11月16日，越南人民军总参谋长潘文江会见了到访的泰国皇家空军司令蔡亚普克·迪亚萨林。潘文江高度评价越南防空空军军种与泰国皇家空军的合作成效。可见，2018年越泰外交关系亮点在于两国海陆空军队的军事防务合作和安全合作方面。

（六）与菲律宾的关系

近年来，越南重视发展与菲律宾的关系。2015 年双边关系提升至战略伙伴关系，从此开启了两国各领域特别是防务合作领域关系的新时代。2018 年 8 月 9 日，越南国防部部长吴春历会见了赴越南河内出席第三次越菲国防政策对话和越菲防务合作联合工作组第四次会议的菲律宾国防部副部长陆纳。在会议上，两国商讨了促进在救护海上遇险渔民、后勤、国防工业等方面的合作，以及加强在飞行安全、航天医学、参加联合国维和行动等方面的经验交流。

（七）与缅甸的关系

2018 年，越缅关系发展十分密切。双方高层保持频繁接触。3 月 8 日，越南国会主席阮氏金银会见了到访的缅甸联邦议会副议长艾达昂。在会谈中，阮氏金银提到乐见越南国会与缅甸联邦议会的友好合作关系日益得到巩固和发展，艾达昂则高度评价越南所取得的成就。在两国国会合作方面，双方一致认为要大力推进高层和各级代表团互访以及国会议员和两国国会各委员会的交流。4 月 4 日，越南人民军副总参谋长范玉明会见了来访的缅甸防空军司令丁貌温。双方就促进防务合作深入、务实地发展进行了会谈。4 月 19~20 日，缅甸国家顾问兼外长昂山素季首次访问越南。这是昂山素季在 2017 年 8 月两国建立全面合作伙伴关系后首次以国务资政身份对越南进行正式访问。在昂山素季访问期间，越共中央总书记阮富仲、越南政府总理阮春福和越南国会主席阮氏金银分别会见昂山素季并举行会谈。其中，在与阮春福会谈时，双方一致同意，自 2017 年 8 月越共中央总书记阮富仲访问缅甸时两国将双方关系提升到全面合作关系，双边关系就进入了一个新的篇章。政治上得到了进一步的互信，防务安全、经贸和投资成为两国关系的亮点。关于新时期的双边关系，双方同意尽快通过越缅全面合作关系实施行动计划（2018~2023 年），为推动两国各领域的合作走向务实打下基础。

三 越南与各大国的关系

（一）与美国的关系

2018 年，越美除了迅速发展经贸投资以外，双方都努力以有效、务实的态度进一步深化两国全面伙伴关系。尤其在开展能源、教育、环境、应对气候变化、水资源等领域，越南十分重视与美国的合作。如 1 月 10 日，美国前国务卿约翰·克里前往越南出席越共中央经济部主办的越南经济论坛时，越南中央书记处书记、中央经济部部长阮文平强调，越南一直关注能源安全问题，将之视为能源业发展战略与政策的首要目标。越南一直希望大力开发、利用可再生能源电力，逐步提高可再生能源电力的产能，希望能与美国开展这些领域的合作。此外，军事防务合作也是 2018 年越美关系的一个亮点。1 月 24～25 日，美国国防部部长马蒂斯对越南进行正式访问。其间，越南国防部部长吴春历与马蒂斯举行了会谈。双方就共同关心的地区和国际问题交换意见，回顾了两国防务合作的进展。双方同意基于 2011 年签署的推进防务合作谅解备忘录、2015 年签署的国防关系联合愿景声明、2018～2020 年阶段行动计划和两国领导人达成的协议，加强两国防务合作。2 月 23 日，越南国防部副部长阮志咏会见美国驻越南大使丹尼尔·克里滕布林克。在会谈时，越方强调两国防务合作中的核心问题，提出双方应更加努力实现所达成的共识，同时寻求新的合作内容。美方则认为国防安全合作是美越双边关系中的亮点之一。美国愿与越南加强防务合作，尤其是克服战争遗留后果以增进互相信任和了解。3 月 5～9 日，由卡尔·文森号航空母舰（USS Carl Vinson）、尚普兰湖号巡洋舰（USS Lake Champlain）及韦恩·梅耶号导弹驱逐舰（The USS Wayne E. Meyer）组成的美国海军舰队对越南岘港市进行了访问。这是美航母第一次访问越南港口。

此外，美国多次邀请时任越南驻美国大使范光荣参观美国多所海军学校。如 2018 年 4 月 2 日范光荣赴加利福尼亚州造访蒙特雷海军学院并与学院以及各个系的领导进行座谈。范光荣还参观了位于科罗拉多州的美国空军学院，会见该院副院长大卫·哈里斯大校并与学院各系科领导、教授、学员座谈。在座谈中，范光荣表示希望两国继续推进全面伙伴关系合作，关注培训、提高国防安全能力与合作等方面。美国空军学院表示，学院已与越方讨论制订合适的合作计划。6月1日，在出席第17届香格里拉对话会期间，越南国防部部长吴春历会见了美国国防部部长马蒂斯。马蒂斯建议双方加强在国防工业领域的合作，并研究签署各项合作文件，为双方展开合作奠定基础。他还透露，美方正研究向越南移交训练飞机及符合双方能力和需求的其他设备。8月20日，越南人民军总参谋长、越南国防部副部长潘文江会见到越南出席第42届太平洋陆军管理研讨会的美国太平洋陆军司令部司令罗伯特·布朗。在会见中，潘文江高度评价越南和美国防务合作所取得的成果，特别是在克服战争遗留后果、搜救、灾害救援、海洋安全、联合国维和行动等方面的成果。

（二）与俄罗斯的关系

越南与俄罗斯一直是传统友谊关系，在政治上双方高度互信。两国是全面战略伙伴关系。其中防务合作与军事技术合作在两国关系中扮演着十分重要的角色。在2017年举行的两国第三次国防对话中，双方签署了《关于联合国维和行动的合作协议》，并保证在东盟防长扩大会议框架内保持密切配合。此外，双方以培训合作、军事技术合作、代表团互访为重点的2020年合作计划是两国防务高度合作的体现。2018年1月23日，越南国家主席陈大光在会见俄罗斯联邦国防部部长谢尔盖·库茹盖托维奇·绍伊古时就强调了防务合作和军事技术合作在两国关系中的作用。3月23日，陈大光在会见俄罗斯联邦外交部部长谢尔盖·拉夫罗夫时提出，希望双方继续维持在国防安全领域的务实与有效合作性，与俄罗斯进一步深化和平利用核能领域的合作，建议双方早日完善关于适用于发展全球卫星导航系统（GLONASS）政府间协定的谈判进程。4月4日，越南国防部部长吴春历在俄罗斯首都莫斯科与俄罗斯国防部部长绍伊古举行工作会议。其间，双方讨论了防务合作情况，对提高未来合作的效果所采取的措施达成一致，其中包括：加强各级别互访，促进海军培训，国防战略对话，高技术合作以及在地区国防安全的多边论坛上的相互支持。越俄双边还签署了 2018～2020 年双边防务合作发展计划。这是实现所签署的防务合作协议以及制定未来 3 年合作路线图的举措之一，旨在推动双边防务合作的深入务实发展。10 月 12 日，越南国防部副部长、越俄政府间军事合作委员会越南分会主席毕春长与俄罗斯联邦军事技术合作局副局长、俄罗斯分会主席弗拉基米尔·德罗若夫共同主持越俄政府间军事技术合作委员会第 19 次会议。6 月 14 日，越南国防部副部长毕春长在会见俄罗斯陆军副总司令谢尔盖·瓦西里耶维奇率领的俄罗斯国防部代表团时表示，近期越俄两国防务合作关系取得了突破性进展，日益走向深入、务实，两国在联合国维和行动领域的合作日益密切。

此外，值得一提的是，高层访问也给越俄两国关系增添了活力。2018 年 9 月 5～8 日，越共中央总书记阮富仲对俄罗斯进行访问，这为两国全面战略伙伴关系注入了新的动力和活力。在访问俄罗斯期间，阮富仲表示，越南一向重视并优先巩固及增强与俄罗斯联邦的全面战略伙伴关系，两国在石油领域的合作发展活跃，具备长久的政治经济战略性，合作空间很大。军事技术合作是双方具体重点性的合作领域。阮富仲强调，今后国防安全合作将继续在越俄全面战略伙伴关系中扮演重要角色。两国将在 2019 年和 2020 年分别庆祝《越俄友好关系基本原则条约》签署 25 周年和越俄建交 70 周年，配合成功举办俄罗斯"越南年"和越南"俄罗斯年"的各项活动。

（三）与中国的关系

2018 年，经贸合作仍然是中越关系的亮点之一。此外，党际方面的密切联系也值得关注。1 月 23～27 日，由越共中央政治局委员、中央书记处书记、中央组织部部长范明政为团长的越南共产党代表团访问中国。其间，中共中央政治局委员、中央书记处书记、组织部部长陈希与范明政一行举行了会谈。会谈中，双方互相通报了两党、两国的情况，对双边关系发展良好感到高兴，积极评价近期两党之间的合作成果，就今后加强党建、干部培训等领域合作的措施交换意见。1月25日，中共中央政治局常委、中央纪律检查委员会书记赵乐际会见越南共产党代表团一行，对中越两国关系的良好发展势头表示满意，强调中国党、政府和人民十分重视并希望与越南党、国家和人民按照"十六字方针"和"四好精神"不断巩固与发展两党、两国的关系。同一天，越南共产党代表团与北京市委领导举行座谈会，深入探讨基层党员干部队伍建设问题。

此外，中越双方积极就北部湾湾口外海域划界和海上低敏感领域的合作进行了探讨。3月15~16日，中越海上北部湾湾口外海域工作组第九轮磋商和中越海上共同开发磋商工作组第六轮磋商在越南岘港市举行。5月14~18日，中越海上低敏感领域合作专家工作组第十一轮磋商在越南河内举行。双方对中越海上低敏感领域合作专家工作组第十轮磋商以来各合作项目的执行情况进行了总结，并对红河三角洲与长江三角洲全新世沉积演化对比合作研究、北部湾海洋与海岛环境管理合作研究、渔业资源增殖放流与养护等项目所取得的合作成果给予了肯定的评价。双方还就海上搜寻救难领域的合作以及关于建立海上渔业活动突发事件联系热线的协议相关问题进行探讨，并取得了实质性进展。

越南重视与中国地方的合作，中国地方领导出访越南也是中越关系2018年的一大新点。5月27~28日，越共中央书记处书记、中央理论委员会主席、胡志明国家政治学院院长阮春胜为团长的越南共产党代表团访问广东省深圳市。阮春胜分别与中共中央政治局委员、广东省委书记李希，中共中央对外联络部部长宋涛会面。其间，代表团一行还出席了广东省发展成就推介会和题为"21世纪马克思主义和世界社会主义未来"的纪念马克思诞辰200周年专题国际研讨会。8月22日，越共中央政治局委员、中央书记处常务书记陈国旺率领越南共产党代表团访问陕西省。访问期间，陈国旺一行参观了延安和西安两个城市的新农村建设模式和各经济社会发展基地。8月31日，越南政府副总理兼外交部部长范平明在河内会见了到访的重庆市市长唐良智。范平明建议重庆市与越南各地方加强友好交流活动，分享有关经济社会发展的成功经验，协助越南升级改善边境地区基础设施，为越南主打商品进军中国市场提供便利，实现越中双边贸易平衡且可持续发展。

（四）与日本的关系

2017 年，越日两国高层保持频繁互访和接触，一年时间内两国高层共计互访五次，其中日本天皇明仁和皇后首次对越南进行国事访问，日本首相安倍晋三对越南进行了两次访问，日本国会众议院议长大岛理森对越南进行了正式访问，越南政府总理阮春福对日本也进行了正式访问。在阮春福访问日本期间，两国发表了进一步深化越日纵深战略伙伴关系的联合声明，这标志着两国关系谱写了一个新的篇章。在这一背景下，2018 年越日关系蓬勃发展，除了贸易、投资合作快速发展以外，防务合作也得到了进一步的加强。4 月 10 日，应日本防卫大臣小野寺五典的邀请，越南国防部部长吴春历访问日本。双方在会谈中都希望基于"自由开放的印度洋太平洋战略"加强合作。越南国防部与日本防卫省签署了《面向下一个十年的越日防务合作共同愿景声明》，为双方今后的防务合作指明了方向。双方将按照所签署的各项文件内容继续推进防务合作，加强各军种和兵种之间的交流合作，促进航空搜救、联合国维和、应对自然灾害、网络安全等领域的合作。此外，吴春历建议两国推进在人力培训、科研、高科技、军事医学等领域的合作。

2018 年，越南高层多次出访日本，保持了多方面的接触。5 月 29 日至 6 月 2 日，越南国家主席陈大光对日本进行了国事访问。在与日本首相安倍晋三举行会谈中，两位领导人对推动越日深广战略伙伴关系全面、务实和有效发展的大方向和措施达成高度共识；一致同意 2018 年是开启两国关系新阶段之年，这一年也是两国建交 45 周年的纪念年。陈大光主席强调，越南一贯将日本视为首要和长期伙伴，高度评价日本在多方面与越南进行合作和提供有效的帮助。安倍晋三强调将通过官方发展援助（ODA）继续向越南经济社会发展提供协助和促进优质基础设施项目的合作，承诺向提高越南职业技能培训能力项目增加援助 160 亿日元（约合 1.42 亿美元）。双方还一致同意加强防务安全的务实合作，开展两国国防部合作愿景宣言，促进在网络安全、国防设备和军医、参加联合国维和行动、处理战争遗留后果、提高海上执法能力等领域的合作，互相分享海洋政策的经验。双方开始启动刑事司法互助协定和被判刑人员移交协定的谈判，以早日签署《刑事司法互助协定》和《被判刑人员移交协定》。两国领导人再次重申加强在联合国、亚太经合组织、亚欧会议、东亚峰会、东盟与中日韩领导人会议、东盟－日本峰会、东盟地区论坛、东盟防长扩大会议、东盟海事论坛扩大会议等地区和国际论坛上的配合的承诺，进而为维护地区乃至世界和平、稳定、合作与发展做出积极的贡献。越日双方还就陈大光访问日本发表了联合声明。

此外，2018 年 10 月 8 ~ 10 日，越南政府总理阮春福一行赴日本出席第十届日本与湄公河流域国家峰会，并对日本进行访问。其间，得到了日本的隆重接待以及出席了各种会议会谈。

（五）与印度的关系

2018 年，越南与印度在政治、经济、军事等各方面合作密切，单是两国高层领导人的互访与签订的协定就能充分体现这一点。1 月 24 日，越南政府总理阮春福应印度总理纳伦德拉·莫迪的邀请，出访印度并出席了东盟与印度建立对话关系 25 周年峰会暨印度共和国日 69 周年纪念典礼。2018年主题为"价值共享、命运相连"的东盟与印度建立对话关系 25 周年峰会，是越南进一步加深越印关系的契机，同时也展示了越南在加强东盟与印度的关系中所发挥的协调作用。阮春福表示，越南作为 2015 ~ 2018 年东盟－印度对话伙伴关系协调国，越南愿意与印度保持密切配合，促进东盟与印度在各领域的合作。此外，阮春福还希望印度继续协助越南提高越南军官的英语水平，促进防务技术转让及提供防务信贷。莫迪对此表示赞同并建议双方积极开展所达成的信贷项目。阮春福感谢印度向越南提供官方发展援助（ODA）和优惠信贷及提供奖学金。莫迪表示，印度将通过越印经济技术合作（ITEC）、恒河－湄公河流域合作（MGC）、速效项目（QIPs）等合作项目提高越南各方面的能力，考虑增加越南大学生赴印度求学长期奖学金的名额以及协助越南推进职业培训机构建设等。3月2～4日，应印度总统科温德的邀请，越南国家主席陈大光对印度进行国事访问。此次访问表明越南高度重视与印度的关系，也是推进双边全面战略伙伴关系取得更深层次、更实质性发展的良机，尤其在促进加强政治互信，深化国防安全，扩大经济、投资、旅游合作和文化交流，更好地挖掘教育、科技领域的合作潜力方面。在访问期间，陈大光与科温德进行了会谈。科温德高度评价越南在东盟中的重要地位，感谢越南作为2015～2018年东盟与印度对话伙伴关系协调国为发展印度与东盟关系带来的成果。科温德还表示，同意双方继续在地区和国际舞台上互相支持，印度支持越南参加联合国安理会2020～2021年任期非常任理事国竞选，并感谢越南承诺支持印度参加联合国安理会2021～2022年任期非常任理事国竞选。此外，在会谈中双方还同意加强高级及各级代表团互访，加大党际、国家、政府、国会、地方的合作及民间交流力度。11月18～20日，印度总统科温德对越南进行国事访问。其间，科温德与越共中央总书记、国家主席阮富仲举行会谈时强调，越南是印度"向东行动政策"中的战略支柱之一，同时也是印度在东南亚地区的重要对话伙伴。会谈后，阮富仲与科温德共同出席了两国4项合作文件的签署仪式。该4项合作文件包括：胡志明国家政治学院与新德里贾瓦哈拉尔·尼赫鲁大学的合作备忘录，越南通信传媒部与印度通信部关于通信领域的合作备忘录，越南工商会与印度工业联合会的合作备忘录，越南印度企业家协会与越南外交部外事局的合作备忘录。

四　积极、主动、朝着深广方向融入
国际社会的越南外交

继2017年成功举办APEC会议之后，2018年越南的对外政治活动更加趋于活跃和多元化。除了国家领导人频繁出访展开外交攻势，邀请各国领导人和相关官员访问越南以外，越南积极参与国际和地区的各种重大会议以发出自己的声音，提高自己的国际地位与存在感。在这一年中，越南举办了三次世界和地区性的会议。一是亚太议会论坛（APPF）第 26 届年会。这次会议的主题是"面向和平、创新以及可持续的议会伙伴关系"。这是越南第二次承办该论坛。越南完善了本次会议框架内的一些决议草案，还为会议提出了"关于亚太议会伙伴关系新愿景的河内宣言"草案。二是以"发挥 25 年合作成效，建设可持续、一体化和繁荣的大湄公河次区域（GMS）"为主题的大湄公河次区域经济合作第六次领导人会议于 3 月 29～31 日在河内召开。在会议上，越南首次提出了举办 GMS 企业首脑论坛的倡议，旨在加强企业与政府间的对话，为地区和世界企业搭建桥梁。这次会议讨论并通过了联合宣言、《2018～2022 年河内行动计划》和《至 2022 年区域投资框架》。三是柬老越三国总理共同主持的第 10 届柬老越发展三角区合作峰会（CLV－10）同期在河内召开。会议通过了《2030 年前柬老越三国经济联系总体规划》，为促进三国的基础设施、体制、经济、民间交流等方面的合作确立了目标。2018 年是越南举办大型国际与地区性会议最多的一年。通过举办会议，越南提升了自己的国际地位和声誉以及能力。

此外，越南积极参加国际重要会议，并提出许多建设性的主张和建议以提升自己的国际地位和形象。2018 年 5 月 14～16 日，越南外交部副部长何金玉率团参加在泰国曼谷举行的联合国亚洲及太平洋经济社会委员会（ESCAP）第 74 届年会会议框架内、主题为"2030 年可持续发展议程背景下的不平等问题"的亚太经济社会部长级会议。在会议上，何金玉在题为《亚太地区解决不平等问题的相关政策》的演讲中呼吁，为了解决不平等问题，各国要基于国际法打造及确保和平、稳定的环境，并以高度的政治决心完善体制、政策，将可持续发展目标纳入国家的所有战略和计划。6 月 2 日，越南国防部部长吴春历出席了第 17 届香格里拉对话。吴春历在会议发言中提出，独立、自主和加强合作、遵守国际法是安全、和平与发展的基础。目前，包括领土争端、恐怖主义在内的传统和非传统安全挑战正日益突出，为了解决复杂的安全问题，各国要决定自己的命运，同时也需要国际社会，尤其是各大国的无私帮助。各国应通过磋商、信息交换、高层接触等树立互信，共同促进各国军队力量之间的活动。6月16日，越南政府总理阮春福率领高级代表团出席在泰国举行的第八届伊洛瓦底江－湄南河－湄公河经济合作战略峰会（ACMECS 8）。来自柬埔寨、老挝、缅甸、泰国和越南等国家的领导人出席此次峰会。阮春福表示应促进成员国的合作配合，在需要解决的问题上和次区域合作优先事项上建立同一声音；改进ACMECS运营机制，更多地关注通过ACMECS基金会、信托基金会进一步为ACMECS合作调动财务资源，应朝着精简、高效的方向优化活动机构；ACMECS合作应为东盟共同体建设进程做出贡献，并成为其不可或缺的一部分；ACMECS合作总体计划与2025年东盟共同体愿景、东盟互联互通总体计划等相结合。6月7日，越南政府总理阮春福和越南高级代表团参加了在加拿大举办的G7峰会扩大会议。海洋问题是这次会议的重点议题，主题为加拿大提出的建立一个国际"零塑料垃圾宪章"的倡议。阮春福对这一主题表示支持，同时还强调应对气候变化中的国际合作的重要作用，提出了成立七国集团与沿海国家的合作论坛的倡议，旨在共商应对气候变化、海平面上升、保护海洋生态环境等措施，加强经验交流合作和技术转移等。

五　2018年越南外交总结与2019年展望

2018年越南的外交取得了丰硕的成果。越南不仅在与传统的多国外交中进一步积累了更多的发展条件，而且增添了不同地区的外交新伙伴。越南在国际舞台不同的场合积极发声，树立起自己的对外良好形象，这是越南积极、主动深度融入国际社会的结果。在这一年中，越南正式成为《全面与进步跨太平洋伙伴关系协定》（CPTPP）缔造成员国之一，举办了题为"ASEAN 4.0：企业精神和第四次工业革命"的2018年世界经济论坛东盟会议、亚太议会论坛第26届年会（APPF－26）、大湄公河次区域经济合作第六次领导人会议（GMS－6）和第10届柬老越发展三角区合作峰会（CLV－10），首次当选为联合国国际贸易法委员会成员，首家野战医院参加联合国维和行动等。这些事件都充分体现了越南外交在2018年里取得的显著成果。

　2019 年的越南外交，相信会在上述成果基础上更上一层楼。然而，世界和地区形势多变，中美贸易战持续僵持不下，世界贸易保护主义的抬头等因素给越南带来的挑战和困难也会影响越南在 2019 年的外交走向与取得的成果大小。

经济专题报告

Economic Reports

B.6
农业

杨 超[*]

摘　要： 2018 年，越南农业、林业和水产业发展态势良好，增长率达到 3.76%，为 2012 年以来的最高增长水平。2018 年越南农产品出口总额约为 400.2 亿美元，农产品出口居世界第 15 位。展望 2019 年，越南政府继续鼓励农业投资，农业企业、合作社数量与质量不断得到提升，农产品出口前景较为乐观。

关键词： 越南　农业　林业　农产品出口

一　农业经济发展态势良好

2018 年，越南农业、林业和水产业发展态势良好，增长率达到 3.76%，

---

* 杨超，广西社会科学院东南亚研究所副研究员、博士。

为 2012 年以来的最高增长水平，对 GDP 贡献率为 8.7%。农林渔业的高增长表明农业内部结构调整效果显现，而更为重要的是，农产品价格平稳、出口市场扩大成为促进农业发展的主要动力。在农业、林业和水产业领域中，农业增长 2.89%，为 2012 年以来的最高增长水平，水产业增长 6.46%，林业增长 6.01%（见表 1）。

表 1　2018 年越南农林水产业增加值（按 2010 年不变价格）

单位：亿越南盾，%

	2017 年	2018 年初算	增幅
增加值	4824170	5005670	3.76
农业	3618090	3722660	2.89
林业	217750	230840	6.01
水产业	988330	1052170	6.46

资料来源：《2018 年经济社会情况》，越南统计总局。

二　农业、林业及水产业生产情况

（一）粮食产量提高

2018 年，气候条件对种植业播种和生长相对有利，种植业结构朝着积极的方向转变，高质量的水稻新品种正在逐步替代传统的水稻品种，采取较高经济价值的"越南良好农业操作规范"（VietGAP）标准生产模式，这些因素使农业稳定发展，取得了不错的成绩。

2018 年，越南水稻种植总面积约为 757 万公顷，比 2017 年减少 13.48 万公顷。每公顷单产 5.81 吨，同比增加 0.26 吨。尽管水稻种植面积减少，但单位面积产量高。2018 年稻谷产量约为 4398 万吨，比 2017 年增加 124 吨。具体生产情况见表 2。

表 2　一些主要作物面积、单产和产量

	2018 年初算			增幅（%）		
	全国	其中		全国	其中	
		北部	南部		北部	南部
一、谷类粮食总产量（万吨）	4888.84	1621.18	3267.66	2.2	0.9	2.8
其中：稻谷	4397.92	1352.86	3045.06	2.9	2.5	3.1
玉米	490.59	268.19	222.4	-4	-6.6	-0.6
（一）稻谷						
面积（万公顷）	757.04	240.59	516.45	-1.7	-2	-1.6
单产（吨/公顷）	5.81	5.62	5.9	4.7	4.5	4.8
产量（万吨）	4397.92	1352.86	3045.06	2.9	2.5	3.1
其中:1. 冬春稻						
面积（万公顷）	310.21	112.76	197.45	-0.5	-1.4	0.1
单产（吨/公顷）	6.64	6.41	6.77	6.6	2.9	8.7
产量（万吨）	2060.3	723.31	1336.99	6.1	1.5	8.8
2. 夏秋稻						
面积（万公顷）	205.29	17.41	187.88	-0.7	-1.6	-0.6
单产（吨/公顷）	5.46	4.83	5.52	0.6	2.5	0.4
产量（万吨）	1121.33	84.03	1037.3	-0.1	0.9	-0.1
3. 秋冬稻						
面积（万公顷）	73.21		73.21	-9.6		-9.6
单产（吨/公顷）	5.32		5.32	1.7		1.7
产量（万吨）	389.8		389.8	-8.1		-8.1
4. 晚稻						
面积（万公顷）	168.33	110.42	57.91	-1.6	-2.6	0.3
单产（吨/公顷）	4.91	4.94	4.85	7	6.9	6.8
产量（万吨）	826.49	545.52	280.97	5.1	4.1	7.1
（二）玉米						
面积（万公顷）	103.9	65.06	38.84	-5.5	-7.4	-2.1
单产（吨/公顷）	4.72	4.12	5.73	1.5	0.7	1.6
产量（万吨）	490.59	268.19	222.4	-4	-6.6	-0.6
二、薯类粮食						
（一）红薯						
面积（万公顷）	11.79	6.82	4.97	-3.2	-7	2.5
单产（吨/公顷）	11.61	7.66	17.02	4.5	1.9	3.1
产量（万吨）	136.86	52.27	84.59	1.2	-5.2	5.5

	2018 年初算			增幅（%）		
	全国	其中		全国	其中	
		北部	南部		北部	南部
（二）木薯						
面积（万公顷）	51.53	16.24	35.29	-3.2	-4.4	-2.7
单产（吨/公顷）	19.29	14.91	21.30	0.1	1.4	-0.6
产量（万吨）	993.99	242.15	751.84	-3.2	-3	-3.3

资料来源：《2018 年经济社会情况》，越南统计总局。

2018 年，越南全国冬春稻获得好收成，气候条件有利于水稻生长收割，单位面积产量高，生产投入低，因此种稻者的收入比近几年来都高。整个冬春稻种植面积为 310 万公顷，比 2017 年冬春季减少 1.5 万公顷，这源于农业生产结构转变及农田用途改变。冬春稻每公顷单产为 6.64 吨，同比增加 0.41 吨；总产量达 2060 万吨，同比增加 119 万吨。

夏秋稻种植面积为 205 万公顷，同比减少 0.7%，每公顷产量为 5.46 吨，增加 0.6%，总产量 1121 万吨，减少 0.1%。除了中部沿海区域在播种和收获时节酷热干旱使得产量减少外，几乎各区域的夏秋稻产量都比 2017 年有所增加。其中在九龙江平原，每公顷产量为 5.48 吨，每公顷增加 0.03 吨，总产量 880 万吨，比 2017 年增加 1.51 万吨。

2018 年，由于天气变化复杂，多雨洪涝，一些堤坝被淹没，一些地方无法种植秋冬稻，种植面积减少。九龙江平原的秋冬稻种植面积为 73.21 万公顷，比 2017 年减少 7.81 万公顷，每公顷产量为 5.32 吨，比 2017 年增加 0.09 吨，总产量为 390 万吨，比 2017 年减少 34.32 万吨。一些地方秋冬稻种植面积和产量大幅度减少。其中，隆安省种植面积减少 1.65 万公顷，产量减少 4.88 万吨；同塔省种植面积减少 1.61 万公顷，产量减少 8.98 万吨；安江省种植面积减少 1.07 万公顷，产量减少 6.06 万吨；后江省种植面积减少 1.21 万公顷，产量减少 6.02 万吨。

2018 年，越南晚稻种植面积为 168 万公顷，比 2017 年减少 2.81 万公顷，每公顷产量为 4.91 吨，比 2017 年增加 0.32 吨，总产量为 826 万吨，增加40.3万吨。其中，北方晚稻种植面积为110万公顷，因当地将部分水田用于其他用途，种植面积较2017年减少2.98万公顷，每公顷产量为4.94吨，总产量546万吨。一些地方晚稻产量与2017年相比有所增加：太平省增加9.12万吨，南定省增加5.12万吨，海阳省增加4.01万吨，河南省和宁平省均增加2.1万吨。南部省份晚稻种植面积57.91万公顷，每公顷产量为4.85吨，总产量281万吨。

杂粮作物和一年生作物的产量有增有减：玉米总产量491万吨，比2017年减少20.37万吨，播种面积减少6.05万公顷，每公顷单产增加0.07吨；红薯总产量达137万吨，增加1.58万吨，种植面积减少3900公顷；甘蔗总产量1783.65万吨，减少51.99万吨，种植面积减少1.2万公顷；木薯总产量994万吨，减少32.78万吨，种植面积减少1.73万公顷；花生总产量45.87万吨，减产900吨，种植面积减少9900公顷；大豆总产量8.08万吨，减少2.09万吨，种植面积减少1.53万公顷；各类蔬菜总产量1709万吨，增加62.25万吨，种植面积增加2.33万公顷；其他豆类总产量15.5万吨，减产8100吨，种植面积减少7100公顷。部分一年生经济作物具体生产情况见表3。

表3 2017～2018年部分一年生经济作物种植面积、单产和总产量

作物种类	2017年	2018年初算	增幅（%）
甘蔗			
面积（万公顷）	28.10	26.90	-4.3
单产（吨/公顷）	65.33	66.31	1.5
总产量（万吨）	1835.64	1783.65	-2.8
花生			
面积（万公顷）	19.56	18.57	-5.1
单产（吨/公顷）	2.35	2.47	5.1
总产量（万吨）	45.96	45.87	-0.2
大豆			
面积（万公顷）	6.84	5.31	-22.4
单产（吨/公顷）	1.49	1.52	2.0
总产量（万吨）	10.17	8.08	-20.6

作物种类	2017 年	2018 年初算	增幅（%）
芝麻			
面积（万公顷）	3.67	2.92	−20.4
单产（吨/公顷）	0.80	0.73	−8.7
总产量（万吨）	2.93	2.14	−27
烟叶			
面积（万公顷）	1.84	1.73	−6
单产（吨/公顷）	2.15	2.20	2.3
总产量（万吨）	3.96	3.81	−3.8

资料来源：《2018 年经济社会情况》，越南统计总局。

（二）多年生作物种植结构调整较大

2018 年，多年生作物种植面积约为 348.23 万公顷，比 2017 年增长 2.3%。其中经济作物种植面积 222.84 万公顷，增长 0.4%；果树种植面积 98.94 万公顷，增长 6.6%；油料作物种植面积 17.54 万公顷，增长 3.3%；香料作物、药物作物种植面积 5.39 万公顷，增长 7.2%；其他类多年生作物种植面积 3.52 万公顷，减少 0.7%。在经济作物中，橡胶种植面积 96.54 万公顷，减少 0.4%，产量为 114.19 万吨，增长 4.3%；胡椒种植面积 14.99 万公顷，增长 0.1%，产量达 25.54 万吨，增长 1.1%；咖啡豆种植面积 68.84 万公顷，增长 1.6%，产量 162.62 万吨，增长 3.1%；腰果种植面积 30.1 万公顷，增长 0.4%，产量 26.03 万吨，增长 20.6%；茶叶种植面积 12.37 万公顷，增长 0.6%（见表 4）。

表 4　2017～2018 年部分多年生经济作物种植面积、产量与增幅

作物种类	单位	2017 年	2018 年初算	增幅（%）
茶叶	面积（万公顷）	12.3	12.37	0.6
	鲜叶产量（万吨）	97.19	98.73	1.6
咖啡豆	面积（万公顷）	67.76	68.84	1.6
	产量（万吨）	157.72	162.62	3.1

作物种类	单位	2017 年	2018 年初算	增幅（%）
橡胶	面积（万公顷）	96.97	96.54	−0.4
	产量（万吨）	109.45	114.19	4.3
椰子	面积（万公顷）	16.97	17.52	3.1
	产量（万吨）	147.45	156.48	6.1
胡椒	面积（万公顷）	14.97	14.99	0.1
	产量（万吨）	25.26	25.54	1.1
腰果	面积（万公顷）	29.99	30.1	0.4
	产量（万吨）	21.58	26.03	20.6

资料来源：《2018 年经济社会情况》，越南统计总局。

2018 年，越南由于多种水果种植面积增加且有稳定的销售市场，产量相当高。橙子、橘子、柚子产量为 169.79 万吨，比 2017 年增长 10.9%；杜果产量为 78.85 万吨，增长 5.8%；火龙果产量为 107.42 万吨，增长 12.8%；菠萝产量为 67.4 万吨，增长 9.1%；龙眼产量为 54.14 万吨，增长 8.4%；荔枝产量为 38.06 万吨，增长 63.6%（主要是 2017 年歉收产量低）；红毛丹果产量为 33.87 万吨，增长 2.5%。

2018 年，越南水果种植面积为 96.94 万公顷，比 2017 年增加 4.8 万公顷。其中橙子、柚子和橘子等柑橘类果树种植面积最大。其次为杜果、火龙果和龙眼等的种植面积。因此各种水果产量均增加。为了缓解火龙果、杜果、榴莲、红毛丹和龙眼等五种水果收获季节的销售压力，需对五种果树进行分期种植。目前，越南平顺、前江和隆安三省火龙果种植面积为 4.7 万公顷。前江、槟椥、永隆等省红毛丹种植面积达 0.9 万公顷。相关部门建议地方尽量减少柑橘类果树种植面积的扩张，并在土壤条件不适宜种植柑橘类的地区种植其他高产树种。

（三）养殖业平稳发展

总体上，水牛、黄牛养殖较稳定，家禽养殖情况良好。猪养殖规模在年底几个月猪肉价格快速攀升的情况下持续快速恢复。截至 2018 年 12 月，越南全国水牛存栏量比 2017 年同期下降 2.8%，黄牛存栏量增长 2.7%，猪存栏量增长 3.2%，家禽存栏量增长 6.1%（2018 年 10 月 1 日家禽家畜存栏量见表 5）。

表 5　2018 年 10 月 1 日家禽家畜存栏量

单位：万头/只，%

种类	2017 年	2018 年初算	增幅
水牛	249.17	242.51	-2.7
黄牛	565.49	580.29	2.6
猪	2740.67	2814.79	2.7
家禽	38545.66	40897.04	6.1

资料来源：《2018 年经济社会情况》，越南统计总局。

2018 年肉类产量平稳增长，其中，水牛肉产量达 9.21 万吨，比 2017 年增长 4.7%；黄牛肉产量达 33.45 万吨，增长 4%；猪肉产量达 380 万吨，增长 2.2%；家禽肉类产量达 110 万吨，增长 6.4%；禽蛋产量相当高，约达 116 亿个，增长 9.5%；牛奶产量达 93.6 万吨，增长 6.2%。

截至 2018 年 12 月 26 日，越南全国未发现有猪蓝耳病疫情，广宁省还有家禽流感，北宁省、河内市还有口蹄疫疫情。

（四）林业生产木材产量增长幅度较大

2018 年气候对林业生产相对有利。全年越南全国集中造林面积约为 23.86 万公顷，比 2017 年减少 1.2%。全年分散植树 8580 万株，减少 0.3%。木材开采量 1281.8 万立方米，增长 9.6%。一些地方木材产量增长幅度较大：广治省增长 22.1%，义安省增长 19.4%；广南省增长 10.3%；富寿省增长 10.2%，广义省增长 9.9%。薪柴产量为 2370 万立方米，同比减少 1.2%（见表 6）。

据越南农业与农村发展部的报告，2018 年前 11 个月人工林木材产量在 1700 万立方米左右，完成 2018 年既定目标的 92%，同比增长 4%。

越南蓝皮书

表6 2018年越南林业生产情况

	2018年初算	增幅（%）
集中造林面积（万公顷）	23.86	-1.2
分散种植树木（万株）	8580	-0.3
木材开采产量（万立方米）	1281.8	9.6
薪柴产量（万立方米）	2370	-1.2

资料来源：《2018年经济社会情况》，越南统计总局。

2018年，受损森林面积约为1283.3公顷，比2017年减少17.8%。其中，森林火灾面积为739.1公顷，增长41.7%；被滥伐森林面积544.2公顷，下降47.6%。

（五）水产业生产全面增长

2018年，越南水产业在气候和销售市场方面有诸多有利条件，生产保持增长。全年水产总产量为775.65万吨，比2017年增长6.1%。其中，鱼类产量为560.28万吨，增长6.7%；虾产量96.61万吨，增长7%；其他水产类产量118.76万吨，增长2.5%。

2018年，越南水产养殖发展良好，尤其是咸水虾和查鱼。根据越南渔业局的数据，2018年咸淡水虾养殖总面积超过73.6万公顷，比2017年增加3%，其中饲养虎虾63.2万公顷，饲养白腿虾10.4万公顷。全年水产养殖产量约为415.38万吨，比2017年增长6.7%，其中鱼产量290.25万吨，增长6.9%；虾产量80.43万吨，增加8.1%。2018年，查鱼的销售价格可观，市场需求大，一些养殖户从半精细型养殖转向精细型养殖。每公斤查鱼价位在2.7万~3.3万越南盾。查鱼出口增长，尤其是向中国、美国、欧盟市场出口。2018年，查鱼养殖面积约为2.24万公顷，比2017年减少0.9%；产量约为141.8万吨，增长10.4%。咸水虾养殖面积71.27万公顷，增长1.4%。年内对虾产量约为27.43万吨，增长5.5%。白脚虾产量为49.23万吨，增长10%。

2018年，天气对海上捕捞渔业活动相对有利，渔业服务的发展也为渔民远海捕鱼创造条件。全年水产捕捞产量为 360.27 万吨，比 2017 年增长 5.3%，其中鱼类 270.03 万吨，增长 6.4%，虾 16.18 万吨，增长 1.8%。海洋捕捞产量为 339.26 万吨，增长 5.5%，其中鱼类 256 万吨，增长 6.8%，虾 14.64 万吨，增长 1.7%。2018 年越南水产业生产情况见表 7。

表7 2018 年越南水产业生产情况

单位：万吨，%

	2018 年初算	增幅
总产量	775.65	6.1
其中：1. 鱼	560.28	6.7
2. 虾	96.61	7.0
3. 其他	118.76	2.5
一、水产养殖	415.38	6.7
1. 鱼	290.25	6.9
2. 虾	80.43	8.1
3. 其他	44.7	2.9
二、水产捕捞	360.27	5.3
1. 鱼	270.03	6.4
2. 虾	16.18	1.8
3. 其他	74.06	2.3

资料来源：《2018 年经济社会情况》，越南统计总局。

（六）农业劳动力及劳动生产率

2018 年，越南全国 15 岁及以上劳动力约为 5540 万人，比 2017 年增加 56.62 万人。全国适龄劳动力为 4870 万人，比上年增加 54.98 万人。在各经济领域工作的 15 岁及以上劳动者约为 5430 万人，其中有 2070 万人在农林水产业领域工作，占 38.1%，同比减少 2.1 个百分点。

2018 年，越南农业劳动生产率有了较大的提高。按照现行价格计算，整个经济的劳动生产率约为每人 1.02 亿越南盾（相当于 4512 美元），比 2017 年增加 880 万越南盾（相当于 346 美元）。

三 农产品加工及进出口情况

（一）农产品加工发展较快

越南食品加工业被誉为"金矿"，发展潜力较大。越南农业与农村发展部加工局副局长武成都认为，丰富的农产品资源将是越南大力吸引外国企业前来投资食品加工的优势。目前，越南食品加工业正呈现猛增趋势，逐步向市场提供竞争力强的产品，逐步占领国内市场并加大对外出口力度。近年来，越南食品加工业增长保持稳定，年均增长率达10%。年均食品消费额占GDP的15%。越南目前正朝着提高主要农产品和水海产品加工比例，在生产加工过程中采用国际标准等方向优先吸引对食品加工业的投资，从而打造越南食品品牌和提高竞争力。

2018年，越南从事腰果出口的企业数量已超过450家。值得一提的是，越南腰果加工业发生重大转变，即从初加工转向精深加工，实现产品多样化和有机产品加工等，满足国内消费和对外出口的需求。越南腰果协会表示，若将深加工产品与腰果壳油等副产品合计起来，2018年越南腰果行业出口额处于较高水平，在38亿美元左右。

2018年越南一些主要农产品加工和农业生产资料生产情况见表8。

表8　2018年越南一些主要农产品加工和农业生产资料生产情况

	单位	2018年初算	增幅（%）
水产品加工	万吨	293.28	10.9
鲜奶	万升	151990	2.1
奶粉	万吨	13.8	11.8
白糖	万吨	159.39	15.2
家禽饲料	万吨	1418.68	1.0
水产饲料	万吨	611.18	17.3
尿素肥料	万吨	237.01	3.6
氮磷钾复合肥料	万吨	296.12	1.7

资料来源：《2018年经济社会情况》，越南统计总局。

（二）农产品出口突破400亿美元

2018 年，越南农产品出口总额约为 400.2 亿美元，比 2017 年增长 9.6%，贸易顺差为 87.2 亿美元，实现 2018 年农产品出口额 400 亿美元的目标。与 2017 年相比，越南对传统市场的主要农林水产品出口均大幅增加。越南在农产品出口方面排在世界第 15 位。越南农产品出口市场不断扩大。目前，越南农产品已出口到世界 180 多个国家和地区。

2018 年，越南水果出口额达 38 亿美元，创历史新高，比 2017 年增长 9.2%。荔枝、龙眼、橙子、杧果、红毛丹等的出口量均高于往年。然而，越南水果出口仍然依赖中国市场。中国是越南最大的果蔬进口国，拥有超过 73% 的市场份额。由于中国对水果进出口的管理日益严格，2018 年越南水果对华出口增长率低于前几年的水平。

2018 年，越南水产品出口额达 88.31 亿美元，同比增长 6.3%。其中，查鱼出口额达 22.6 亿美元，同比增长 26.4%，虾类出口额达 35.8 亿美元，同比下降 7.1%。

2018 年越南大米出口量和出口额初算值分别达 608.7 万吨和 30.54 亿美元，同比分别增长 5.7% 和 19.6%。越南农业与农村发展部农产品加工与市场发展局称，2018 年前 11 个月，越南大米出口量和出口额分别达 570 万吨和 29 亿美元，同比分别增长 5.6% 和 17.7%。中国继续成为越南最大的大米出口市场。2018 年前 10 个月，越南对中国大米出口量和出口额分别为 124 万吨和 6.36 亿美元，同比分别下降 39.1% 和 30%，所占市场份额 24.1%。前 10 个月，越南对印尼、中国香港、菲律宾、马来西亚等市场的大米出口额均大幅增长，分别增长 64.8 倍、1.6 倍、71.1%、58.5% 和 17.2%。值得一提的是，前 10 个月，越南大米出口平均价格为每吨 504 美元，同比增长 12.3%。

2018 年，越南腰果加工和出口量继续独居世界第一，分别为 165 万吨和 37.5 万吨，出口额达 33.77 亿美元。2019 年越南腰果仁出口量预计将保持在 35 万吨。越南农业与农村发展部的统计数据显示，2018 年越南腰果仁出口金额占全国农林水产品出口总额的 8.7%，位居第一。越南腰果协会表示，越南腰果已出口到世界上 90 个国家和地区，其中美国成为越南腰果第一大出口市场（占 32%），中国市场占 13%，欧盟和其他市场占 55%。越南腰果出口金额占全球腰果出口总额（约 57 亿美元）的 60% 以上，越南腰果加工和出口量继续独居世界第一。

2018 年，因出口国竞争日益激烈、供过于求等原因，全球经济树木产品价格下降。越南咖啡、腰果、橡胶等主要产品也受到跌价的影响。

此外，2018 年，越南橡胶出口量同比增长 14.5%，出口额却同比下降6.1%，为 21 亿美元。2018 年，越南茶叶出口量和出口额分别为 12.8 万吨和 2.19 亿美元，同比下降 8.4% 和 3.5%。

越南木材及木制品已成功进入 120 个国家和地区。其中，美国、日本、欧盟、中国和韩国是越南林产品的主要出口市场，约占越南林产品出口总额的 87.33%。此外，越南对马来西亚、法国和澳大利亚的木材及木制品出口额也大幅增长。2018 年，越南木材业林产品出口额约达 93.82 亿美元，占农业产业出口额的 23%，实现贸易顺差 71 亿美元。越南木材和林产品出口位居世界第五、亚洲第二和东南亚第一。越南木材和林产品市场已扩大到世界 120 个国家和地区。

2018 年越南一些主要农产品出口情况见表 9。

表 9　2018 年一些主要农产品出口情况

序号	商品名称	2018 年初算		增幅（%）	
		出口量（万吨）	出口额（亿美元）	出口量	出口额
1	水产品		88.31		6.3
2	果蔬产品		38.22		9.2
3	腰果	37.5	33.77	6.2	-3.9
4	咖啡	188.2	35.43	20.1	1.2
5	茶叶	12.8	2.19	-8.4	-3.5
6	胡椒	23.2	7.57	8.1	-32.2
7	大米	608.7	30.54	4.6	16.0

序号	商品名称	2018年初算		增幅（%）	
		出口量（万吨）	出口额（亿美元）	出口量	出口额
8	木薯及木薯制品	244.7	9.72	−37.5	−5.8
9	橡胶	158.2	21.12	14.5	−6.1
10	木材及制品		88.55		15.0

资料来源：《2018年经济社会情况》，越南统计总局。

（三）农产品进口

2018年，越南保持了一定量的农产品和农业生产资料进口。一些主要农产品和农业生产资料进口情况见表10。

表10　2018年越南一些主要农产品和农业生产资料进口情况

序号	商品名称	2018年初算		增幅（%）	
		出口量（万吨）	出口额（亿美元）	进口量	进口额
1	水产品		17.17		19.2
2	牛奶及奶制品		9.63		2.5
3	果蔬		17.38		12.3
4	小麦	484.1	11.65	3.8	17.1
5	动植物油		7.39		−2.9
6	家畜饲料		38.91		20.5
7	肥料	412.2	11.68	−12.8	−6.8
8	杀虫剂		9.56		−2.3
9	橡胶	61.7	11.21	10.9	2.5
10	木材及制品		23.29		6.8
11	棉花	158.0	30.36	22.0	28.5

资料来源：《2018年经济社会情况》，越南统计总局。

四　越南农业面临的问题与挑战

（一）食品加工业投资不足

尽管食品加工业被确定为越南服务出口的主要工业之一，但目前该产业仍存在许多不足。越南工贸部贸易促进局局长裴辉山表示，越南对外出口大量农产品和食品，但主要是初加工的产品，精加工和深加工产品不多。因此，越南工贸部和计划投资部正推动投资和贸易促进工作，呼吁实力强、具有先进技术和广阔市场网络的投资者对越南食品加工业进行投资。

从企业角度来看，要推动食品加工业可持续发展，需对农业生产进行有序投资，确保农产品质量，满足食品卫生安全的要求。若想实现这一点，需要各家投资者和企业对从生产到收获后加工等环节加强对接。投资者应起带头作用，向小型企业提供援助。此外，企业与农民需保持密切合作，研究投资生产市场需要的产品。食品加工企业还需将技术应用于生产、产品追溯，以对从农场到餐桌的食品供应链进行监管等。

（二）农水产品出口中国存在诸多挑战需要加以改进

多年来，中国是越南主要农产品的巨大出口市场之一，占越南出口市场份额的 40% ~ 70%。然而，越南农业与农村发展部副部长陈青南表示，60% ~ 70% 的越南农产品是边境出口，出口额下降潜在风险较大，缺乏可持续性。2018 年以来，中国农产品进口政策发生许多变化，中国正在加强进口管理。中国同意越南农产品，特别是水果通过正贸方式出口中国。越南农业与农村发展部农产品加工与市场开发局代局长阮国瓒表示，中国市场已对越南水果等农产品提出一系列规定和严格的质量要求。目前，对中国市场出口的越南水果需要满足中方关于食品原料安全、植物检验检疫、向中国海关登记地名和种植区编号等的规定。进口单位需申报产品来源地，产品需要满足包装、卫生条件等的要求。

对于水果出口产业，越南目前有 8 种允许出口到中国的新鲜水果，包括：火龙果、西瓜、荔枝、龙眼、香蕉、杧果、波罗蜜和红毛丹。越方正在建议中国海关总局继续对越南榴梿、柚子、百香果、甘薯、椰子、番荔枝、莲雾和山竹等水果按优先顺序开放市场。

为了帮助企业有效开发中国市场，越南有关部门正同中方有关部门积极展开谈判和补充正贸出口方式。据越南农业与农村发展部下属农产品加工与市场开发局预测，2019 年，越南食品必须满足中国市场要求，企业及农民应严格遵守生产程序，实现可持续发展，致力于提高产品质量。中国和越南的共同观点是优先正贸出口。这有助于改善市场准入环境，提高企业生产能力及农民市场适应能力。此外，中国电子商务正处于蓬勃发展时期，越南企业可充分利用这一销售渠道，同时提高企业在中国市场的专业性。

从 2013 年至今，中国已成为越南水产品最大的出口市场，较其他市场增长稳定。2018 年，越南水产品对中国出口额达 12 亿美元，其中水路正贸出口占 70%，公路边贸出口占 30%。预计 2019 年，因中国进口税下降和环境及成本问题，中国减少水产养殖产量，越南国内尤其是南部各省市水产企业有机会通过正贸方式增加对中国出口。然而，因为中国加大边贸和食品安全的检查力度，出口到中国的越南水产品将面临困难和挑战。为了推动越南水产品对中国出口，需集中正贸出口，减少边贸出口。

越南查鱼协会副主席武雄勇认为，目前中国对进口水产品质量的要求较为严格。对中国出口的越南查鱼需满足最佳水产养殖规范（BAP）、全球良好农业操作认证（Global GAP）和 ASC 等标准。为了占领中国市场，水产企业需改善产品质量和满足中国市场的进口要求。越南优质产品企业协会副主席阮林园表示，对中国市场出口的水产生产和加工企业需遵守中国对企业信息、产品信息等的强制性要求。

（三）有机农产品和高科技农业市场有待发展

目前越南有机农产品生产销售企业约 100 家，有机农产品主要对外出口。

越南农业与农村发展部农产品加工与市场开发局代局长阮国瓒 2018 年年底在河江省举行的有机农产品发展促进论坛上发言时表示，2018 年部分农产品首次进军较为严格的市场，为了开拓这些市场，越南农产品需满足"绿色安全"度的要求，其中有机农产品做出巨大贡献。阮国瓒同时透露，目前全国有机农产品生产和销售企业和合作社数量约 100 家，其表明越南有机农产品质量良好，已越过各国较为严格的技术壁垒。然而，目前越南有机农产品种植面积和产量仍较低。目前，世界上有机农业耕种面积达 4500 万公顷，但越南有机农业耕种面积只有 7.7 万公顷。

阮国瓒表示，目前农业生产发展支持政策较多，如越南政府关于有机农业的第 109 号决定。目前，正向专家和各地方征求对该决定实施细则的意见，力争在 2019 年第一季度完善和颁布。此外，政府还要求需在 2019 年完善有机农业生产提案。未来，该局将进行大范围调查，为制定该提案打下基础。他同时认为各地方自投资和推广品牌初期应制订具体有机农业发展计划。

越南有机农业协会主席何福谧表示，近年来，不仅农民组、小组和合作社参加有机农业生产，多家企业也已加入有机农产品生产和销售。许多越南公司正对外出口有机农产品。越南已形成一定规模的有机农产品生产销售模式，如在河江和老街省占地面积 1000 公顷的有机茶叶生产公司 Ecolink 公司，在金瓯省占地面积 250 公顷的有机鱼和有机稻米生产远富公司，有机蔬菜生产的大叻 Organic 公司等。然而，何福谧认为，目前越南大多数有机农产品均对外出口，因美国、欧盟、日本和澳大利亚等国愿以高价购买有机食品，而越南消费者都认为有机农产品的价格较为昂贵，他们对有机农产品的了解不多，因此这种产品的国内市场没有形成。

高科技农业生产需要巨额资金和长期投资，但由于市场不确定和基础设施薄弱，风险很高。越南农业、林业和渔业面临的共同问题是生产量仍然很小而且分散，且高科技引进不足。

越南农业与农村发展银行（Agribank）从 2016 年 11 月 1 日起为绿色农业发展，尤其是高科技农业发展项目提供总额为 50 万亿越南盾的优惠贷款，贷款利率比农业农村普通贷款下降 0.5% ~ 1.5%。越南农业与农村发展银行提供的优惠贷款已帮助许多大规模的高科技农业项目成功投入运营，其中值得一提的是芹苴市的万亩田，北宁、老街、河南、同奈等省的养殖项目，前江、隆安等省的农业机械设备制造项目，坚江、宁顺、平顺等省的虾苗养殖项目等。

目前，很多应用农业高科技的模式取得了成功。在湄公河三角洲，芹苴市和槟椰省正在应用智慧水利系统，稻虾轮作模式也在金瓯省、薄寮省、朔庄省和茶荣省推广应用。芹苴大学的副教授乐安团认为现代农业的成功和可持续发展需要国家、科学家、企业和农民的密切合作。他强调农业生产需要多个行业的集成创新，包括机械和自动化、气象和水文、生物技术、化学、农产品加工和储运、金融、工商管理和信息技术。

（四）需要加强与欧美等国协调政策以促进农产品出口

在政策方面，越南和欧盟正逐步完善有关法律手续以早日签署《森林执法、治理与贸易自愿伙伴关系协议》（FLEGT VPA）。越南林业总局代表透露，2018 年 10 月 19 日签署的《森林执法、治理与贸易自愿伙伴关系协定》将有助于扩大越南出口市场，改善森林管理相关体制，为推动越南出口木材加工业可持续发展添砖加瓦。

该协定同时还对越南经济、社会和环境产生积极影响，有利于提高越南木材和木制品在美国、日本、澳大利亚等非欧盟国家市场上的声望和形象，扩大越南木材和木制品对外出口，进而为实现越南 2020 年木材和木制品出口额达 120 亿~130 亿美元的目标做出贡献。

在渔业方面，2017 年 10 月 23 日，欧盟委员会向越南发出"黄牌"警告，因越南未能在打击非法、未报告和无管制（IUU）捕鱼方面取得足够进展。

越南农业与农村发展部部长已发出指示，指导沿海地区加强措施，制止非法、未报告和无管制（IUU）捕捞活动。沿海地方当局和有关机构必须进一步加强对渔船通过港口的运输监测、船舶捕捞和捕捞行程的监测，以及符合规定的海产品验证和认证。必须对违反反 IUU 捕捞法规的人员处以严厉的罚款。地方当局必须在其管理的水域进行巡逻，以便及时发现和制止 IUU 捕捞，并防止当地船只在外国水域非法捕鱼。同时还指示加强沟通工作，在渔港和渔业区域之间普及反 IUU 捕捞规则。如果不能阻止当地渔民在国外水域进行非法海产品开采，各级地方行政部门负责人将受到处罚。欧委会官员将于 2019 年 1 月返回越南进行评估，再考虑是否取消越南海鲜的"黄牌"。

此外,越南水产加工与出口协会(VASEP)向越南农业与农村发展部提出推动越南虾类养殖和出口可持续发展的部分措施。具体为,越南水产加工与出口协会提议政府采取措施加强在海防港的印度和厄瓜多尔虾类产品"暂进再出"活动的监管工作,旨在最大限度避免商业欺诈行为的发生。此举同时还有助于促进越南虾类出口稳定增长。越南水产加工与出口协会还提议政府继续促进高层政治交涉,使美国尽快消除贸易壁垒,尤其是解除对越南虾类产品征收的反倾销税。

(五)CPTPP 给越南农业带来机遇和挑战

《全面与进步跨太平洋伙伴关系协定》(CPTPP)已正式生效,为越南多个领域和行业带来许多机遇,其中包括农业。国内外投资已开始大量流入农业,农业部门也面临来自进口商品的激烈竞争。越南农业与农村发展部农产品加工与市场开发局副局长陈文功表示,通过 CPTPP 协定,越南将有机会扩大出口市场并打入世界最大市场。此外,该协定还为越南农林产品创造参与全球供应链的机会。

越南木业是从 CPTPP 受益最多的产业之一,尤其是在关税方面。由于越南木制家具进入加拿大、墨西哥和秘鲁的进口税一直很高,CPTPP 将使越南木业受益于优惠税,有助于降低越南木制品的成本并提高其竞争力。越南木材和林产品协会副主席阮宗权表示,除木制家具外,木材加工设备的税收也将降至零,这增加了木材加工商的兴趣。

其他农产品将要面临激烈的市场竞争。越南猪肉和鸡肉可能处于不利的竞争地位,但越南能够把这些产品的进口税减免延后很长一段时间,因为有多种家禽产品延迟时间超过 10 年。这一时期可以通过投资改善这些部门和进行结构调整以适应全球竞争。

然而,越南热带农水产品出口活动也有许多优势,如原材料丰富、生产量较高、廉价劳动力等。为了充分利用 CPTPP 所带来的机遇并减轻其消极影响,越南农业与农村发展部将努力提高各企业以及农林水产品的竞争力，加快农业产业结构调整，提高产品附加值并降低对进口原材料的依赖。

五 越南农业展望

由于市场开放和出口思路改变等原因，越南农产品出口前景较为乐观。2019 年，越南提出农产品出口总额达到 420 亿美元至 430 亿美元的目标，并提出水产品和木制品出口额达 100 亿美元的目标。越南政府总理阮春福在越南农业与农村发展部举行的 2019 年工作部署会议上发表讲话时提出了未来十年越南要进入世界上农业最发达的 15 个国家名单，其中农产品加工领域跻身世界前十名的目标。为了实现上述目标，越南农业与农村发展部将积极开展贸易促进活动，扩大出口市场，充分利用各项自由贸易协定带来的机遇等。2019 年，大米、胡椒、水产品、木材制品等农产品的出口预计迎来许多机遇。

越南农产品加工与市场开发局代理局长阮国瓒表示，《越南与欧盟自由贸易协定》于 2019 年正式生效，越南对欧盟出口的水产品将会享受零关税。这是越南水产业的巨大优势。在下一阶段，韩国和东盟市场对水产品的需求量将大幅增加。因此，2019 年越南水产品出口额将猛增，有望达到 100 亿美元。2019 年越南水产业发展目标是：产值同比增长 4.25%，产量 790 万吨，出口 100 亿美元。

据到 2025 年越南国家虾产业发展行动计划所提出的目标，虾类产品出口额达 100 亿美元，其中半咸水虾类产品出口额为 84 亿美元，养殖面积达 75 万公顷，淡水长臂大虾养殖面积 5 万公顷。虾类产量达 15.3 万吨，其中半咸水虾产量 110 万吨，淡水长臂大虾和龙虾产量分别为 5 万吨和 300 吨。根据越南农业与农村发展部渔业局的数据，越南设定了 2019 年虾类出口收入 40 亿~41 亿美元的目标，高于 2018 年的 36 亿美元。该局表示，该行业预计 2019 年虾产量将达到 78 万吨，其中包括 30 万吨虎虾和 48 万吨白腿虾。然而，越南虾产品仍然面临各种障碍，如反倾销税和从印度进口虾的低价格。与此同时，主要市场加强了质量控制和食品安全监管，包括美国、欧盟和韩国市场。同时，越南虾的价格仍然高于其他国家，因为该行业必须依赖进口食品和药品进行虾类生产。越南农业与农村发展部还建议各地方对虾类产品的质量和食品安全进行严格监管，建设和更新国内外市场数据库，向各家企业和生产者提供市场信息，提出严格监管虾类产品边贸活动，逐步转为正贸。

越南计划把朱莱（Chu Lai）打造成为国家优质的农林加工中心，在广南省建立了 450 公顷的朱莱农林工业园，建设时间为 2019～2022 年，总成本超过 8.1 万亿越南盾（约合 3.52 亿美元）。一旦投入运营，预计将吸引国内外投资者创建价值生产链，为当地增加更多收入，并为两万名工人创造就业机会。

越南农业与农村发展部种植局表示，2019 年力争实现果树种植面积达100 万公顷，果蔬出口额近 42 亿美元等目标。由于世界市场出现供过于求的情况，2019 年越南茶叶出口活动仍面临许多困难。

自 2018 年 12 月以来，随着国际石油价格的复苏，越南橡胶价格略有增长。然而，行内专家预测，由于缺乏重要支持因素，2019 年橡胶价格难以恢复。

B.7

工业

龙遍红[*]

摘　要：　2018 年，越南工业生产继续保持高速增长、工业生产的增长模式日趋优化、国内外市场产品销售状况良好、库存处于合理安全区间、企业经营及投资稳定增长。由于外向型经济的特点，在当今贸易保护主义抬头、贸易摩擦不断升级的情况下，对国际市场需求的过度依赖增加了 2019 年越南工业发展的不确定性。

关键词：　越南　工业发展　加工制造业

2018 年，面对世界形势复杂多变、全球经济复苏但形势不稳，贸易保护主义抬头、贸易摩擦不断升级，科技快速发展、第四次工业革命对社会经济影响愈加明显的情形，越南政府加强对经济工作的引领和指导，在工贸部、地方各级政府及企业界的共同努力下，越南工业生产继续保持高速增长、国内外市场产品销售状况良好、库存处于合理安全区间、企业经营及投资稳定增长。外向型的越南经济特别是越南工业，对对外贸易增长的影响举足轻重。面对全球经济一体化的逆流，加快产业结构调整及转型升级、妥善应对出口压力、积极解决企业去库存等问题，将是越南工业在 2019 年实现稳定增长的关键。

---

* 龙遍红，广西东南亚研究会译审。

一 2018年越南工业运行基本情况

（一）工业生产指数

2018年，越南工业生产继续保持高速增长。工业全行业生产指数（IIP）增长率达到10.2%，超额完成年初制定的增长9%的目标（第一季度增长12.7%，第二季度增长8.2%，第三季度增长10.7%，第四季度增长9.4%）。同时，工业生产的增长模式不断得到优化。越南按照逐步降低经济增长中对自然资源开采依赖性的方向调整产业增长结构模式成效显现。加工制造业作为推动工业整体增长的主要动力继续在工业整体增长中扮演关键角色，全年增长12.3%（第一季度增长15.7%，第二季度增长9.6%，第三季度增长13.1%，第四季度增长11.1%），为工业增长率贡献9.5个百分点；发电及配送电保证了生产和生活用电，增长10%，为工业增长率贡献0.9个百分点；供水、垃圾及污水处理增长6.3%，为工业增长率贡献0.1个百分点。只有采矿业为负增长，下降了2%（主要原因是原油开采减产11.3%）（见表1）。

表1 2016~2018年工业生产指数对比一览

单位：%

	2016年	2017年	2018年
工业全行业	107.4	111.3	110.2
采矿业	93.2	95.9	98.0
加工制造业	111.3	114.7	112.3
发电及配送电	111.5	108.9	110.0
供水、垃圾及污水处理	108.0	107.1	106.3

资料来源：《2018年越南经济社会情况》，越南统计总局。

根据工业产品的实际用途划分，2018年，中间产品（用于下一生产过程）的生产指数比上一年增长9%，终端产品生产指数增长11%（其中生产资料增长 6.5%，居民消费品增长 13.3%）。

根据工业门类划分，2018 年，部分二级工业门类的生产指数高于上一年，为工业整体增长做出了主要贡献。主要包括：焦煤生产、精炼石油产品增长 65.5%，金属生产增长 25.1%，药品、化学药物、药材生产增长 20%，机动车生产增长 16.8%，纸张及纸制品生产增长 14%，床、柜、桌、椅等家具生产增长 13.7%，纺织品增长 12.7%，金属预构件（机械设备除外）生产增长 11.8%，电子产品、计算机及光学产品生产增长 11.3%。部分低增长或负增长的工业门类包括：橡胶及塑料制品生产增长 3.3%，垃圾收集、处理、销毁增长 3.1%，机器设备维修、保养及安装增长 2.8%，金属矿开采增长 1.6%，原油及天然气开采下降 5.4%（其中原油开采下降 11.3%，天然气开采增长 1.1%）（见表 2）。

表 2　2018 年越南二级工业门类生产指数一览

单位：%

行业代码	行业名称	2018 年与2017 年同比
0	全国工业	110.2
A	采矿业	98.0
5	焦煤、褐煤开采	109.1
510	焦煤开采收藏	109.1
6	原油及天然气开采	94.6
610	原油开采	88.7
620	天然气开采	101.1
7	金属矿开采	101.6
710	铁矿开采	97.7
722	不含铁的金属矿开采	106.1
8	其他矿产开采	98.8
810	石、砂、鹅卵石、黏土开采	98.8
9	矿产开采辅助服务	105.5
910	矿产开采辅助服务	105.5
B	加工制造业	112.3

行业代码	行业名称	2018 年与2017 年同比
10	食品加工	108.5
1020	加工、储藏水产品及水产品加工制品	110.6
1030	果蔬加工及储藏	111.9
1050	牛奶加工及奶制品	105.4
1061	碾磨及初级粉末生产	108.8
1079	其他未归类的食品生产	110.9
1080	家畜、家禽及水产饲料生产	106.0
11	饮品生产	107.9
1103	啤酒及麦芽发酵啤酒生产	106.6
1104	不含酒精饮料、矿泉水生产	110.2
12	烟草业生产	108.9
1200	香烟生产	108.9
13	纺织业	112.7
1311	纱线生产	113.3
1312	织梭织布料生产	116.9
1322	缝纫成品(服装除外)	102.6
14	服装生产	111.1
1410	服装缝制(皮草服装除外)	111.1
15	皮革及相关制品生产	110.8
1520	鞋子生产	110.8
16	木材加工及木、竹制品(床、柜、桌、椅除外);稻草等编织材料制品	104.6
1610	木材锯断、开边、刨制及储藏	110.9
1621	胶合板、木片、木板及其他木材薄板生产	91.9
17	纸张及纸制品生产	114.0
1702	皱纹纸、皱纹纸板、纸或纸板制作的外包装	108.2
1709	未归类的其他纸、纸板制品	123.7
18	印刷、复印制品	107.4
1811	印刷	104.2
1812	印刷服务	113.7

行业代码	行业名称	2018 年与 2017 年同比
19	焦煤生产、精炼石油产品	165.5
1910	焦煤生产	205.0
1920	精炼石油生产	164.4
20	化工原料及化工产品生产	108.2
2012	含氮化肥及化学混合物生产	103.1
2013	塑料及合成橡胶原料生产	111.6
2022	各种品质的油漆、油墨生产	109.3
2023	化妆品、肥皂,洗涤、清洁、卫生用品	108.3
2029	未归类的其他化学物品生产	113.5
21	药品、化学药物、药材生产	120.0
2100	药品、化学药物、药材生产	120.0
22	橡胶及塑料制品生产	103.3
2220	塑料制品生产	103.3
23	非金属矿制品生产	110.9
2392	黏土建材生产	107.6
2394	水泥、石灰、石膏生产	110.8
2395	混凝土及其他水泥、石膏制品	119.3
24	金属生产	125.1
2410	铁、钢、生铁生产	125.1
25	金属预构件(机械设备除外)生产	111.8
2511	金属预构件生产	107.6
2592	机器加工;金属处理及镀层	122.5
2599	其他未归类的金属生产	113.0
26	电子产品、计算机及光学产品生产	111.3
2610	电子产品零件生产	115.9
2630	通信设备生产	110.1
2640	民用电子产品生产	114.6
27	电力设备生产	106.7
2710	马达、发电机、变压器、电力配送控制设备	94.0

行业代码	行业名称	2018 年与 2017 年同比
2720	电池生产	118.8
2732	电缆、电线及其他电子产品生产	110.0
2750	民用电器生产	106.8
28	其他未归类的机械设备生产	104.0
2813	泵、压缩机、水龙头、阀门等	112.6
2816	各种抬高、降低、装卸设备生产	106.2
2817	办公用机器设备生产(计算机及计算机相关产品除外)	93.3
2819	其他通用机器生产	96.3
2826	纺织业、服装业、制革所需机器生产	128.0
2829	其他专用机器生产	107.1
29	机动车生产	116.8
2910	机动车生产	121.7
2930	机动车零配件及发动机生产	111.6
30	其他交通工具生产	104.7
3091	摩托车生产	104.7
31	床、柜、桌、椅生产	113.7
3100	床、柜、桌、椅生产	113.7
32	其他加工制造业	112.4
3240	玩具生产	112.2
3250	医疗、牙科、整容及康复设备、工具生产	122.7
3290	未归类的其他产品生产	107.0
33	机械设备维修、保养及安装	102.8
3312	机械设备维修	121.3
3315	交通工具(汽车、摩托车及其他机动车除外)维修保养	93.7
3320	工业机械设备安装	100.2
C	发电及配送电,燃气、热水、蒸汽及空调生产	110.0
35	发电及配送电,燃气、热水、蒸汽及空调生产	110.0
3510	发电、输送电及配送电	110.0
D	供水;垃圾、污水管理及处理	106.3

行业代码	行业名称	2018 年与 2017 年同比
36	自来水生产、处理及供应	107.6
3600	自来水生产、处理及供应	107.6
37	排水及污水处理	109.7
3700	排水及污水处理	109.7
38	垃圾收集、处理、销毁；废物再利用	103.1
3811	收集无毒害垃圾	109.5
3830	废物再利用	84.0

资料来源：《根据行业统计的 2018 年 12 月工业生产指数》，越南统计总局。

根据行政区域划分，2018 年，几乎所有省、直辖市的工业生产指数都比上一年有所增长。其中，河静省得益于台塑集团河静钢铁厂的生产以 89% 的增长率高居榜首；清化省因宜山炼油有限公司在 2018 年开始投产取得了 34.9% 的增长率，位居第二。唯一出现负增长的是巴地－头顿省，因原油开采继续减产，与 2017 年相比，工业生产指数减少 0.5%。另外，一些主要工业省、直辖市的工业生产指数与 2017 年相比，增长情况如下：海防市增长 25.2%、永福省增长 15.2%、太原省增长 12.1%、海阳省增长 10.2%、平阳省增长 9.8%、同奈省增长 9%、广宁省增长 8.9%、芹苴市增长 8.1%、北宁省及胡志明市均增长 8%、河内市增长 7.5%、岘港市增长 6.7%、广南省增长 4.7%。

（二）主要工业行业产出情况

越南国家统计总局《2018 年越南经济社会情况》的数据显示，2018 年，产量高于 2017 年的主要工业产品有：汽油、油料，增长 51.2%，铁、粗钢增长 43.8%，液化气（LPG）增长 29.8%，电视机增长 24%，铝土矿增长 23.3%，合成或人造纤维布料增长 18.9%，水产饲料增长 17.3%，天然纤维布料增长 16.2%。部分产量出现低增长或负增长的工业产品有：鲜奶增长 2.1%、氮磷钾复合肥增长 1.7%、天然气增长 1.1%、家畜饲料

增长1%、手机减少1%（其中智能手机减少1.3%）、原油减少11.3%
（见表3）。

表3　2018年越南主要工业产品产量一览

序号	品名	计量单位	2018年产量	2018年与2017年相比（%）
1	煤炭（净煤）	万吨	4178.25	109.1
2	原油	万吨	1203	88.7
3	天然气	亿立方米	99.967	101.1
4	液化气	万吨	98.8	129.8
5	汽油、油料	万吨	943.4	151.2
6	铝土矿	万吨	130.97	123.3
7	海产品加工类	万吨	293.28	110.9
8	鲜奶	亿升	15.199	102.1
9	奶粉	万吨	13.8	111.8
10	白糖	万吨	159.39	115.2
11	味精	万吨	30.41	103.6
12	家畜饲料	万吨	1418.68	101.0
13	水产饲料	万吨	611.18	117.3
14	啤酒	亿升	46.764	107.0
15	卷烟	亿包	62.231	108.9
16	天然纤维布料	亿平方米	5.729	116.2
17	合成或人造纤维布料	亿平方米	10.791	118.9
18	成衣	亿件	48.252	112.1
19	皮鞋、皮拖鞋	亿双	2.822	108.6
20	尿素	万吨	237.01	103.6
21	氮磷钾复合肥	万吨	296.12	101.7
22	化工油漆	万吨	87.38	107.8
23	水泥	万吨	9020	109.1

续表

序号	品名	计量单位	2018 年产量	2018 年与2017 年相比（%）
24	铁、粗钢	万吨	1772.34	143.8
25	轧钢	万吨	583.72	106.8
26	条钢、角钢	万吨	640.36	107.8
27	手机	亿部	2.087	99.0
28	电话零配件	万亿越南盾	446.4	108.3
29	电视机	万台	1323.27	124.0
30	汽车	万辆	25.99	114.1
31	摩托车	万辆	360.28	103.7
32	发电	亿千瓦时	2093	109.8
33	自来水	亿立方米	31.103	107.6

资料来源：《2018 年越南经济社会情况》，越南统计总局。

越南工贸部《2018 年 12 月及全年工业生产及贸易情况、2019 年发展方向及落实措施报告》的数据显示，越南 2018 年工业生产的具体情况如下。

1. 原油及天然气开采

油气勘探工作继续按计划实施。在白猫东 - 1X 油井（09 - 1VSP 区块）及土星南 - 1X 油井（05 - 3/11，Rosneft 区块）勘探发现新的油气田，将 2018 年油气储量提升至 1200 万吨（全年计划为 1000 万吨至 1500 万吨）。

2018 年油气开采总量为 2401 万吨，超出年度计划 118 万吨，相当于超出年度计划 5.1%。其中，原油开采 1401 万吨，超出 77.6 万吨，相当于超出年度计划 6%（其中国内预计全年开采 1203 万吨，超额完成年度计划的 6.3%，超出计划 71.6 万吨；国外开采 198 万吨，超额完成年度计划的 3.1%，超出计划 6 万吨）。

天然气开采提前 15 天完成年度计划（96 亿立方米），预计全年开采量接近 100 亿立方米，超额完成年度计划的 4.1%（超出计划 4 亿立方米）。

2. 煤炭生产

2018 年，煤矿生产顺利，由于热电厂及客户的需求均高于年初预期，煤炭开采量、供应国内客户及出口的销量均高于年初计划及 2017 年同期。

2018 年，净煤产量预计达 4178 万吨，同比增长 9.12%。

3. 其他矿产开采

2018 年，矿产开采与加工总体而言仍处境艰难，增长速度缓慢，其他矿产开采本年度生产指数同比减少 1.2%。

唯一的亮点为铝土矿，其开采、销售均保持高位增长。预计 2018 年铝土矿的开采达 130.97 万吨，同比增长 23.33%。总体而言，2018 年，新赛和仁基两个铝土矿厂的生产和销售均很顺利，其产品以高价在国内销售或出口国外，推动了采矿业的增长。这两家工厂在投产 10 年后生产效果显著，改变了西原地区的旧面貌，投资获得了收益，为经济总体增长做出了贡献。2018 年 12 月 16 日，仁基铝土矿厂本年度第 65 万吨产品出产，标志着其生产能力达到项目设计标准即 65 万吨/年，超过厂家保证的生产能力（63 万吨/年），越南的铝土矿生产产量有了进一步的保障。

4. 纺织行业生产

2018 年，纺织品产销两旺。纺织品出口金额预计达 304.5 亿美元，同比增长 16.6%；布匹及其他技术面料出口增长 16.8%；纺织、鞋类生产的原辅料增长 11.4%。

纺织行业部分产品生产出现高增长率：天然纤维布料预计达 5.729 亿平方米，同比增长 16.16%；合成纤维及人造纤维布料预计达 10.791 亿平方米，同比增长 18.94%；成衣预计达 48.252 亿件，同比增长 12.7%。

纺织行业企业主动寻找市场和客户，确保维持日常生产所需的足够订单。同时，各企业也加大在设备、现代工艺和人才培养等方面的投资，以提高劳动生产率和产品质量。尽管《全面与进步跨太平洋伙伴关系协定》（CPTPP）和《越南—欧盟自由贸易协定》（EVFTA）尚未正式生效，但足以吸引相关厂家扩大生产，纺织品出口从年初就一直在出口产品中保持着较高的增长速度。

5. 鞋类生产

鞋类生产在 2018 年维持稳定的发展速度，全年生产鞋子预计达 2.822 亿双，同比增长 8.57%。

与纺织品行业一样，CPTPP 及 EVFTA 为越南鞋类发展带来商机，特别是在吸引投资以及向欧盟各国及 CPTPP 缔约国的出口等方面。2018 年鞋类出口总金额预计达 163 亿美元，同比增长 11%。

6. 饮品生产

2018 年，饮料生产基本稳定，生产指数维持在较好增长区间，同比增长 7%，高于 2017 年 6% 的增长率。

2018 年，各类啤酒生产达 46.76 亿万升，同比增长 7%。

7. 香烟

2018 年，烟生产达 62.231 亿包，同比增长 8.89%。香烟消费市场有向中级产品发展的趋势，行业竞争越来越激烈。在高档产品的配送和销售上，历经 2017 年的快速增长后，国际品牌商品发展遭遇局限而出现放缓趋势。卷烟出口因各国加强了对香烟销售市场的管理而遭遇许多困难。

8. 钢铁业

2018 年的生产数据显示，铁及粗钢生产同比增长 43.8%，轧钢生产同比增长 6.83%，条钢及角钢生产同比增长 7.78%。

2018 年钢铁业发展顺利，其主要原因是国内经济持续稳定，多个基建、建筑、不动产项目在年内开工，特别是政府从年初就开始关注解决公共投资资金问题，为 2018 年该行业的增长创造了良好条件。同时，多家企业投产或扩大产能，如台塑集团河静钢铁厂 2 号高炉（年产量 350 万吨）在 2018 年 5 月中旬点火投产后产能翻倍，达到 700 万~800 万吨/年；2018 年 8 月，和发集团年产 60 万吨轧钢项目投产；荷花集团年产 35 万吨冷轧钢板、镀锌/冷镀钢板、涂彩钢板生产流水线投产等。

目前越南钢铁业仍因其他国家采取贸易保护措施而在出口市场上遭遇困境。仅 2018 年 12 月，越南钢铁业就面临 10 起贸易保护仲裁诉讼，涉及的国家和组织包括印度、马来西亚、加拿大、美国、欧盟、土耳其、欧亚经济联盟及泰国。

9. 化工原料及肥料

2018 年，尿素产量达 237.01 万吨，同比增长 3.59%；氮磷钾复合肥产量约 296.12 万吨，同比增长 1.74%。

10. 发电与配送电

2018 年，发电与配送电的生产指数增长 10%（高于 2017 年 9.3% 的增长率）。预计全年发电量为 2092.9 亿千瓦时，同比增长 9.82%。

（三）加工制造业产品销售情况

2018 年，加工制造业产品销售指数比 2017 年增长 12.4%（2017 年增长 10.2%）。其中，销售指数较高的行业包括：焦煤、精炼石油生产增长 60.6%，机动车生产增长 27%，金属制品增长 19%，纸张及纸制品生产增长 16.6%，药品、化学药物及药材生产增长 16.1%。销售增长幅度较小的行业包括：机电设备生产增长 5.7%，化工原料及化工制品生产增长 5.6%，木材加工及木、竹制品（床、柜、桌、椅除外）生产增长 3.5%，橡胶、塑料制品生产增长 2.7%（见表 4）。

表 4　2018 年越南加工制造业主要产品销售指数一览

	2018 年与 2017 年相比（%）
加工制造全行业	112.4
食品生产加工	108.1
饮料生产	111.0
香烟生产	106.9
纺织生产	109.9
服装生产	109.3
皮革及相关制品生产	107.8
木材加工及木、竹制品（床、柜、桌、椅除外）；稻草等编织材料制品生产	103.5
纸张及纸制品生产	116.6
印刷、复制印品	107.6
焦煤、精炼石油生产	160.6

	2018 年与 2017 年相比(%)
化工原料及化工制品生产	105.6
药品、化学药物及药材生产	116.1
橡胶、塑料制品生产	102.7
其他非金属矿产制品生产	112.4
金属制品	119.0
金属预构件(机械设备除外)	106.1
电子产品、计算机及光学产品	112.1
机电设备生产	105.7
未归类的机械设备生产	103.4
机动车生产	127.0
其他交通运输工具	101.7
床、柜、桌、椅等家具生产	110.9
其他加工制造产品生产	102.3

资料来源:《2018 年越南经济社会情况》,越南统计总局。

1. 工业产品出口情况

加工制造业产品继续在出口增长中占据重要位置,占出口总金额的 82.8%,为 2026.7 亿美元,增长 16.2%。加工制造业出口金额增长速度继续高于出口增长总体速度。2012 ~ 2018 年,这是连续第 7 年加工制造业的出口增长速度高于所有产业的出口增长速度。

出口金额超过 10 亿美元的工业产品:水泥熟料及水泥 12.5 亿美元,增长 76.3%;化工原料 18.9 亿美元,增长 49%;其他常用金属产品 23 亿美元,增长 27.6%;钢铁制品 30.2 亿美元,增长 31.6%;各类钢铁材料 45.6 亿美元,增长 44.8%;照相机、摄影机及其零配件 52.3 亿美元,增长 37.5%。

出口金额超过 100 亿美元的工业产品:电话及零配件 500 亿美元,增长 10.5%;纺织品 304.5 亿美元,增长 16.6%;电子产品、计算机及零配件 294.5 亿美元,增长 13.4%;机械设备及其他辅助工具达 165 亿美元,增长 28%;鞋子达 163 亿美元,增长 11%。

燃料、矿产出口 47.6 亿美元，减少 0.9%，主要原因是原油出口锐减，数量减少了 39.5%、金额减少 21.2%。其他产品的出口情况：煤炭增长 13.1%，汽油、油料增长 35.8%，其他矿产品增长 6.7%。

从出口商品结构看，工业商品的高出口率不再像 2017 年那样依靠移动电话的一枝独秀，纺织服装、鞋子、钢铁、化工、水泥等其他商品 2018 年出口均取得不俗成绩。

从工业出口商品的生产企业性质看，主要出口商品依然出产自外国直接投资领域，其中外商直接投资产品在该类产品出口所占份额为：电话及零配件占 99.7%；电子产品、计算机及零配件占 95.6%；纺织品占 59.9%（见表 5）。

表 5　2018 年越南主要工业出口商品一览

	2018 年初算		2018 年与 2017 年相比（%）	
	数量（万吨）	价值（亿美元）	数量比率	价值比率
总价值		2447.23		113.8
内资企业		692.00		115.9
外资企业		1755.23		112.9
原油		22.74		78.8
其他商品		1732.49		113.6
工业主要出口商品				
煤炭	239.8	3.25	107.6	113.1
原油	411.7	22.74	60.5	78.8
汽油、油料	301.3	19.64	107.8	135.8
化工原料		18.91		149
化工制品		10.91		123
塑料制品		30.40		119.3
橡胶	158.2	21.12	114.5	93.9
箱、包、帽、伞		33.90		103.2
藤、竹、芦苇织品，毯子		3.47		127.5

	2018 年初算		2018 年与 2017 年相比（％）	
	数量（万吨）	价值（亿美元）	数量比率	价值比率
木材及木制品		88.55		115.0
纺织品		304.47		116.6
鞋子		162.97		111.0
陶瓷制品		5.09		109.7
宝石、贵重金属及制品		6.34		114.2
钢铁	628.2	45.58	133.5	144.8
电子产品、计算机及零配件		294.46		113.4
电话及零配件		500.03		110.5
机械设备及其他辅助工具		165.28		128
电线及电缆		17.03		121.1
交通运输工具及零配件		79.85		113.8

资料来源：《2018 年越南经济社会情况》，越南统计总局。

2. 工业产品国内销售情况

2018 年，越南国内市场继续维持稳定，商品供应充足，价格基本稳定，没有出现缺货、价格大涨大跌的情况。全国商品零售流通及消费营业额达439.57 万亿越南盾，同比增长 11.7%。

2018 年，越南零售营业额维持两位数的增长，与商品出口、投资一起成为确保实现经济增长总体目标的主要支柱。零售业营业额为 330.62 万亿越南盾，占国内市场贸易总额的 75.21%，同比增长 12.4%。其中粮食、食品类增长 12.6%，纺织服装增长 12.1%，家具、家庭用具、日用品增长12.3%，文化、教育用品增长 10.5%，交通工具增长 11.1%。

（四）工业产品库存指数

截至 2018 年 12 月 31 日，工业产品库存指数同比增长 14.1%（2017 年同期增长率为 9.5%）。其中，一些库存指数增长低于平均值或负增长的工业门类有：床、柜、桌、椅等家具生产库存增长 2.8%；印刷、复制印品库存增长 1.4%；其他非金属类矿产制品库存减少 0.5%；木材加工及木、竹制品（床、柜、桌、椅除外）库存减少 5.4%；机动车生产库存减少 11.7%；因通信设备行业产品大幅减产，电子产品、计算机及光学产品生产库存减少 19.2%。部分库存率高于平均值的工业门类包括：焦煤、精炼石油生产库存增长 477.7%，药品、化学药物及药材增长 224.3%，其他交通运输工具增长 83.8%，机电设备增长 78.5%，皮革及相关制品增长 51.4%，金属制品增长 43.0%（见表6）。

2018 年，工业的平均库存比例为 64.4%，为近年来最低。部分库存比例较高的工业门类包括：纺织行业 237.7%，木材加工及木、竹制品（床、柜、桌、椅除外）106.7%，食品生产与加工 73.6%，机动车生产 73.1%，化工原料及化工制品 71.8%。

表6　2018 年越南加工制造业库存指数

单位：%

	2018 年 12 月 31 日与 2017 年 12 月 31 日比（初算）
加工制造全行业	114.1
食品生产加工	111.5
饮料生产	119.1
香烟生产	110.2
纺织生产	115.2
服装生产	119.4
皮革及相关制品生产	151.4
木材加工及木、竹制品（床、柜、桌、椅除外）；稻草等编织材料制品生产	94.6
纸张及纸制品生产	134.6
印刷、复制印品	101.4
焦煤、精炼石油生产	577.7
化工原料及化工制品生产	128.6

	2018 年 12 月 31 日与 2017 年 12 月 31 日比（初算）
药品、化学药物及药材生产	324.3
橡胶、塑料制品生产	137.4
其他非金属矿产制品生产	99.5
金属制品	143.0
金属预构件（机械设备除外）	133.0
电子产品、计算机及光学产品	80.8
机电设备生产	178.5
未归类的机械设备生产	93.4
机动车生产	88.3
其他交通运输工具	183.8
床、柜、桌、椅生产	102.8
其他加工制造产品生产	102.3

资料来源：《2018 年越南经济社会情况》，越南统计总局。

（五）工业产品的价格指数

1. 消费价格指数

2018 年，越南平均消费价格指数比上一年上涨 3.54%，低于国会提出的目标。其中，部分工业产品的消费价格指数上涨情况为：成衣及饮品、香烟上涨 1.42%，燃气上涨 6.93%，汽油、原油上涨 15.25%。

2. 出厂价格指数

2018 年，工业产品出厂价格指数比 2017 年增长 3.09%。其中，采矿业生产指数增长 12.68%，加工制造业增长 2.24%，发电及配送电、燃气、热水、蒸汽和空调增长 4.48%，供水、垃圾及污水处理增长 2.1%。

3. 进出口价格指数

2018 年，出口商品价格指数比上一年增长 0.9%，其中工业产品增长 0.24%。部分出口工业产品价格指数如下：钢铁增长 11.38%，电子产品、计算机及零配件增长 3.79%，橡胶下降 7.19%，电话及移动设备下降 4.58%。

2018 年，进出口商品贸易汇率比上一年下降 0.9%。其中，汽油贸易汇率增长 12.96%，电子产品、计算机及零配件贸易汇率增长 7.3%，化学物品贸易汇率下降 5.42%，橡胶贸易汇率下降 3.37%。

总体而言，2018 年工业产品各项价格指数保持平稳态势。

（六）工业吸纳就业率

截至 2018 年 12 月 1 日，越南工业企业就业劳动力人数同比增长 2.6%（2017 年同比增长 5.1%）。以企业性质划分：国有企业就业劳动力数量减少 0.7%，非国有企业就业劳动力人数同比增长 2.2%，外国直接投资企业就业劳动力数量增长 3.3%。以从业行业划分，采矿业就业人数同比增长 0.7%，加工制造业就业人数增长 2.8%，发电及配送电行业就业人数与 2017 年持平，供水、垃圾及污水处理行业就业人数增长 0.4%（见表 7）。

表 7 工业各门类从业人员一览

单位：%

	2018 年 12 月 1 日与 2018 年 11 月 1 日相比	2018 年 12 月 1 日与 2017 年 12 月 1 日相比
工业全行业	101.2	102.6
采矿业	100.9	100.7
焦煤及褐煤开采	101.2	102.6
原油及天然气开采	99.9	94.9
金属矿开采	99.9	95.6
其他矿产开采	100.3	97.6
矿产开采辅助服务	100.5	95.4
加工制造业	101.3	102.8
食品加工	101.1	100.5
饮料生产	100.5	101.4
烟草生产	100.0	100.2

	2018 年 12 月 1 日 与 2018 年 11 月 1 日相比	2018 年 12 月 1 日 与 2017 年 12 月 1 日相比
纺织	101.2	106.4
服装生产	101.8	106.6
皮革及相关制品生产	101.4	104.1
木材加工及木、竹制品(床、柜、桌、椅除外);稻草等编织材料制品生产	101.5	106.5
纸张及纸制品生产	100.6	102.7
印刷、复制印品	100.6	106.3
焦煤、精炼石油生产	100.3	100.0
化工原料及化工制品生产	100.8	100.0
药品、化学药物及药材生产	100.5	98.2
橡胶、塑料制品生产	101.4	108.7
其他非金属类矿产制品生产	100.2	98.5
金属制品	100.7	99.5
金属预构件(机械设备除外)	101.0	98.3
电子产品、计算机及光学产品	101.0	95.1
机电设备生产	100.5	104.3
未归类的机械设备生产	101.6	104.8
机动车生产	100.4	103.8
其他运输工具生产	101.7	104.1
床、柜、桌、椅等家具生产	103.0	100.2
发电及配送电	100.3	100.0
供水、垃圾及污水处理	100.1	100.4
水源开采、净化处理及供应	100.2	100.5
排水及污水处理	100.1	99.7
垃圾收集、处理、销毁及废物再利用	100.1	99.7
治理污染及处理其他淘汰物品	100.0	100.0

资料来源:《2018 年越南经济社会情况》,越南统计总局。

截至 2018 年 12 月 1 日,部分具有较大工业生产规模的省、直辖市的工业企业劳动力人数与 2017 年同期相比,海防市增长 9%,同奈省增长 4.4%,海阳省增长 3.8%,广宁省增长 3.3%,巴地-头顿省增长 2.9%,河内市增长 2.2%,平阳省增长 1.8%,芹苴市及广南省均增长 1.2%,胡志明市增长 1%，太原省增长 0.6%，永福省减少 3.1%，北宁省减少 7.3%，岘港市减少 15.6%。

（七）工业企业经营情况

2018 年，越南全国新登记注册企业 13.1275 万家，注册资金 1478.1 万亿越南盾，与 2017 年相比，新注册企业数及注册资金分别增长 3.5% 和 14.1%。其中，批发零售业、汽车及摩托车修理新注册企业 46400 家（占新注册企业总数的 35%），同比增长 2.1%；加工制造业新注册企业 16200 家（占新注册企业总数的 12.3%），同比增长 0.1%。

2018 年歇业的企业 90651 家，同比增长 49.7%，其中包括申报有期限歇业企业 27126 家（增长 25.1%），申报无期限歇业或等待破产企业 63525 家（增长 63.4%）。其中，批发零售业、汽车及摩托车修理企业 10700 家申报有期限歇业（占总数的 39.4%，同比增长 24.1%），22400 家企业申报无期限歇业或等待破产（占总数的 35.3%，同比增长 38.3%）；加工制造业企业 3300 家申报有期限歇业（占总数的 12.2%，同比增长 18.5%），7900 家申报无期限歇业或等待破产（占总数的 12.4%，同比增长 77.4%）。

2018 年完成办理破产相关手续的企业 16314 家，同比增长 34.7%，其中批发零售业、汽车及摩托车修理企业 6100 家，同比增长 32.3%；加工制造业企业 2200 家，同比增长 39.6%。

二 对2018年越南工业运行总体评价

（一）生产

1. 取得的成果

2018 年，越南工业大幅增长得益于较高增长的加工制造业，这也从侧面进一步说明，加工制造业是推动工业全行业乃至整个经济增长的主要动力。工业全行业销售状况良好、库存量处于近几年来的最低水平。国内市场满足了社会需求，包括日用品及生活必需品。在电子、纺织、钢铁、汽车等行业的带动下，生产持续增长（2018 年各月的 PMI 指数均在 50 点以上）。

在工业内部产业结构调整中，呈现加工制造业比例加大、采矿业比例下降的变化趋势，与产业结构调整的方向相符。加工制造业在 GDP 中的比重从 2015 年以来一直处于上升趋势，而采矿业则从 2016 年以来呈现了负增长。加工制造业在 GDP 中的比重从 2011～2015 年的平均年占比 14.6%，上升到 2016 年的 16.2%、2017 年的 17.4%、2018 年的 18.3%（预计）；采矿业则从 2011～2015 年的平均年占比 8.8%，降至 2016 年的 7.6%、2017 年的 6.6%、2018 年的 6%。

与 2017 年相比，加工制造业各工业门类在 2018 年的生产增长更为合理，特别是铁及粗钢、液化气、汽油、铝土矿、布料、水产品养殖饲料等门类均出现了增长，而移动电话同比减少 0.1%。这也表明，国内企业生产的产品为工业生产的增长发挥了积极作用，加工制造业的增长对外商直接投资（FDI）企业的依赖性呈现减弱趋势。

2018 年工业生产指数继续保持稳定水平（增长 10.2%，高于政府年初制定的 9% 的目标），其中加工制造业、发电及配送电继续保持可观的增长率是确保工业全行业完成计划增长总目标的稳定动力源泉。

采矿业生产减少 2%，与 2017 年度相比，减产比率降低（2017 年同比减少 6.5%）。其中，减产领域仅限于原油及天然气开采，减产 9.3%，而原油及天然气的减产是根据 2018 年年初制订的计划有序减产。实际上，原油及天然气的开采量均超额完成了 2018 年年初制订的计划。

加工制造业的生产尽管在年末出现放缓迹象，但全年仍然保持了 12.3% 的增长率，继续彰显其作为推动经济整体增长主要引擎的地位。

发电与配送电生产指数增长 10%，高于 2017 年 9.3% 的增长指数，较好地保障了生产经营及居民生活所需。

加工制造业的销售保持增长势头，2018 年加工制造业的销售指数增长 12.4%。多个门类产品销售取得了两位数的增长：饮料，造纸及纸制品，焦煤、原油及精炼石油，药品、化学药物及药材，除机械设备之外的金属预构件，机动车等工业门类成为推动国内生产增长的动力。

工业产品库存继续维持在低于 2017 年的水平。加工制造业在 2018 年 12 月 30 日的库存指数增长 8.3%（上一年度同期增长 14.1%）。这是库存的合理空间，符合产业生产、销售的需求，而且是按计划为下一个销售季节准备的库存。

2. 存在的不足

第一，某些工业领域的产业结构调整不够稳定。纺织、鞋类、电子产品等部分产业产品的附加值有所增长，但依然增长缓慢，工业产品的竞争力有待提高。工业生产在全球产业链及价值链中的参与度仍不够高。

第二，加工制造业在工业年度总增长的比重低于 2017 年（2017 年贡献 3.7 个百分点，2018 年只贡献了 2.1 个百分点），主要原因是移动电话产量减少。

第三，与 2017 年的情况相反，用于下一生产过程的中间产品的生产指数低于终端产品，进口的加工出口所需的生产资料商品和必需品占到 2018 年进口总金额的 90%，反映出越南国内工业生产的中间产品依然过于依赖进口，其国内辅助工业尚未完全实现所提出的目标。

第四，同行业内的企业或跨行业的产业、行业融合与合作程度还有待提高，尚未按照专业化合作的方向打造符合市场机制的跨行业发展联合体。大多数企业实行的是自我封闭式投资，鲜有考虑与其他具有实力的企业进行合作，通过深挖行业内部潜力来提高生产经营效益。这无形中增加了生产成本，同时对全行业的生产力造成浪费，并导致行业内不必要的竞争。

（二）销售

1. 出口

（1）取得的成果

一是产品出口规模继续扩大。截至 2018 年年底，越南共有 29 类商品出口金额超 10 亿美元，其中工业生产的商品有 9 类；有 8 类商品出口金额超过 50 亿美元，其中工业产品有 2 类；5 类商品出口金额超过 100 亿美元，全部为工业产品，而且这 5 类产品的出口额达到 1427 亿美元，占越南全年出口总额的 58.3%。

二是开拓出口市场成效显著。越南商品的出口几乎遍及世界所有市场，许多出口商品在欧洲、日本、美国等有高质量要求的市场逐渐占有一席之地，具备了竞争能力。总体而言，在所有与越南签署了自由贸易协定的市场中，出口增长均高于协议签署之前。进出口市场的开拓不仅是在原有传统市场，还在一些新的、有潜力的市场。除了非洲，所有其他区域的出口金额均呈增长趋势，特别是在与越南签署了 FTA 协议的市场，如东盟各国、韩国、澳大利亚、新西兰等地，出口均出现了高增长。而且，越南对外贸易取得的顺差主要是针对一些对进口商品有严苛要求的发达国家和地区，如美国（2017 年顺差 322.4 亿美元，2018 年顺差 347 亿美元）、欧洲（2017 年顺差 261.4 亿美元，2018 年顺差 287 亿美元）。

三是内资企业的出口较快增长。几年前，外资企业的出口增长率高于国内企业。近年来，内资企业的出口增长率则高于外资企业的出口增长率。2018 年，国内企业出口金额 692 亿美元，增长 15.9%，高于全国总出口增长率以及外资企业（原油生产企业除外）出口增长率（13.6%）。

四是对外贸易顺差增长喜人。通过推动出口、调整国内生产结构、控制好进口环节等紧密结合的措施，2018 年贸易杠杆取得了创纪录的顺差，2018 年顺差是 2017 年同期的 3 倍。由此为国际收支平衡及稳定其他宏观经济指标做出了积极贡献。

（2）存在的不足

原料、燃料，特别是出口加工原料的进口比例大，体现了产业中较大的加工性质及对外部供给市场的严重依赖性。因此，当世界市场价格变动加剧时，自然会引发国内生产成本增加、出口商品竞争力降低，从而使经济发展遭遇困境。

尽管越南积极、主动地有效处理贸易摩擦，应对贸易保护主义，破除进口市场的贸易壁垒，但仍将不可避免地面对世界形势复杂变幻、难以预料，各发达国家加强贸易管制、保护国内生产趋势日盛的局势。

2. 国内销售

（1）取得的成效

2018 年，国内市场继续保持稳定，商品供应充足，价格基本稳定，没有出现缺货、价格暴涨暴跌的情形。全国商品零售业营业额预计达 330.62 万亿越南盾，同比增长 12.4%。其中粮食、食品类增长 12.6%，纺织服装增长 12.1%，家庭用具、日用品增长 12.3%，文化、教育用品增长 10.5%，交通工具增长 11.1%。

国内商业活动呈现稳定增长态势，零售业总营业额维持着两位数的增长，与出口和投资一起形成了保证实现全国经济增长总体目标的主要支柱。

（2）存在的不足

商品供求虽有保障，但因在商品供应链（生产商、分配方、运输方、消费者之间）环节合作不足导致缺乏稳定性，因此市场极易因消费者的心理作用而带来局部影响。当市场突然出现供需变动时，职能部门难以采取有效措施调节、稳定市场。

当前世界政治经济形势出现了许多新变化，特别是各大国之间的关系，以及这些国家之间对经贸合作的观点时有变化，从而影响到世界市场商品的供求及价格。世界市场上原料的初始价格及必需品价格出现诸多异动，不同于往年的规律，由此影响到越南国内许多必需品特别是燃料能量类商品的价格变动。因人力、基础硬件设施、统计资料的同步性等原因，信息发布及预报工作还不到位，因而难以开展市场总体评估以制定提出对市场难以预料的变化的应对措施。

三　2019年越南工业发展展望

（一）政府导向

为了实现 2019 年国内生产总值的增长目标，越南工贸部提出了以下四点具体任务。

工业生产指数（IIP）增长 9%～10%。

进出口贸易平衡杠杆：2019 年，计划出口 2650 亿美元，同比增长 8%～10%；进口约 2680 亿美元，同比增长约 11.7%。预计贸易逆差约 30 亿美元。逆差与出口金额的比例继续维持在 2% 以内。

零售及服务业总营业额增长 11.5%～12%。

电力平衡：2019 年电力需求预计比 2018 年增长 10.4%，2019 年发电及购买量约 2325 亿千瓦时。

计划完成的主要指标如下。

1. 工业

工业生产继续在工业生产领域深入落实产业结构调整，逐步打造国家品牌和在地区乃至全球有竞争力的产品，更深入地融入全球价值链。按照增加制造行业比重，减少加工、组装行业比重的方向，加紧进行工业行业转产。对影响到每个行业、每种产品的机制、政策严加控制。要逐步为企业解套，以便提高竞争力、建立起针对进口商品的技术壁垒，扶持国内企业、加大国产化比例。加强对行业投资的监督，努力按照计划进程开展生产，为 2019 年的工业总体增长做出贡献。推动工艺革新，改进生产流程，主动参与并充分利用第四次工业革命的成果提高劳动生产力，打造优势的新科技行业。计划工业生产指数（IIP）比 2018 年增长 9%～10%。

2. 进出口

（1）出口

2019 年的出口有诸多有利因素：投资经营环境极大改善，在政府的坚定决心及相关部委的努力下，在行政事务改革、简化投资手续方面取得很大进步，扶持企业创业有创新，企业通过改革、创新促进生产，为出口增加货源；在进出口方面实行旨在为企业节约经费与时间的改革等。《全面与进步跨太平洋伙伴关系协定》（CPTPP）在 2019 年正式生效，越南—欧盟自由贸易协定预计也将在 2019 年生效，这些都对外国直接投资产生新的吸引力，有助于帮助越南增加新的生产力。受到乐观心理，稳定的货币、汇率、利率政策的影响，预计国内投资仍将继续回升，与外国投资一起形成新的生产力。

但是，越南 2019 年的出口也面临一些困难与挑战，如世界经济发展依然存在许多不稳定因素，预计增长速度并不快；一些大的经济体如美国、欧盟的经济贸易政策也许会有快速变动从而带来诸多影响；地缘政治紧张、多个经济体的货币政策紧缩早于预计时间出现折射出各国面对世界经济增长预期的谨慎乐观；全球的供给持续增长；贸易保护主义日益抬头，在美国对各国进口商品加征关税之后更为明显；中美贸易摩擦没有减弱信号；一些国家为了保护本国生产而不惜随时违反 WTO 的有关规定。

（2）进口

据预测，出口持续增长，由此带来进口需求增加，特别是国内高度依赖于国外的原材料、机械设备、零配件进口需求增加。因此，这类商品（必需进口类商品）的进口将会继续出现高增长。

据估计，在 2019 年及接下来的年份，随着各项自由贸易协定如 CPTPP 和越南—欧盟自由贸易协定的实施，国内企业和外资企业将会在越南掀起新一轮投资热潮，以利用这两个大市场带来的机会。因此，项目所需的工艺、机器及设备，以及生产所需原料的进口将出现增长。这也可能会使贸易平衡杠杆出现反转，从顺差变为逆差。

宜山炼油厂投产和榕橘炼油厂加强生产能力，将能够满足国内市场消费的大部分需求，汽油进口将会减少。但是，2019 年及随后年份的原油进口将出现增长，以保障宜山炼油厂生产（宜山炼油厂生产所用原油全部依赖进口），同时补充榕橘炼油厂生产所需国内开采不足的部分原油。

据此，越南工贸部预计 2019 年越南出口金额约为 2650 亿美元，同比增长 8% ~ 10%；进口金额约为 2680 亿美元，增长约 11.7%。预计贸易逆差约 30 亿美元。逆差金额与出口金额比例依然维持在 2% 以内。

3. 国内销售

2019 年，国内市场有如下利好因素。

一是经济情况向好。2018 年越南经济继续较好增长，为 2019 年的消费购买力打下了基础。预计 2019 年世界经济将持续增长，在此背景下，越南政府为经济发展制定的目标是：稳定宏观经济，控制通货膨胀，努力将国内生产总值提高 6.6% ~6.8%。该目标体现了政府保增长的决心，给老百姓带来对经济稳定的信心和期望，从而为零售业总营业额的稳定增长奠定基础。

二是政策支持鼓励。越南中央政府与相关部委及地方政府推出多项政策、项目扶持发展商品零售批发市场，制定促销措施，鼓励消费。

三是消费能力增强。近年来，越南人均收入连续增长（2014 年增长 8.7%，2015 年增长 5.3%，2016 年增长 6.3%，2017 年增长 7.7%），人民生活得到改善，个人消费支出特别是旅游、休闲养生的支出日益增多。

四是持续的人口红利。越南总人口超过 9600 万人，其中消费力最强的 15 ~64 岁人口占总人口的 69.3%。如此大的消费市场容量，无疑让 2019 年越南国内市场发展释放出积极信号。

受上述有利因素的影响，预计 2019 年零售业和服务业总营业额将增长 11.5% ~12%。

（二）业界预期

越南统计总局在《2018 年越南经济社会情况》中公布的对加工制造业企业 2018 年第四季度生产经营趋势调查结果显示：44.7% 的企业认为第四季度的生产经营状况好于第三季度，16.9% 的企业认为遇到困难，38.4% 的企业认为生产经营情况稳定。对 2019 年第一季度生产经营情况与 2018 年第四季度对比，47.3% 的企业预计情况会好转，14.9% 的企业认为处境将会更加困难，37.8% 的企业认为生产经营情况将保持稳定。其中，外资企业最为乐观，88.3% 的企业认为，与 2018 年第四季度相比，2019 年第一季度生产经营情况会保持稳定或者更好；该比例在国有企业及非国有内资企业中分别为 83.2%、84%。

对于影响 2018 年第四季度企业生产经营的主要因素，58.7% 的企业认为是国内产品竞争力强，44% 的企业认为是国内市场需求疲软，32.9% 的企业认为是遇到财政困难，29.8% 的企业认为是无法按要求雇用到雇员，

27.7%的企业认为是贷款利率过高，22.2%的企业认为是进口商品的竞争力强（注：原文描述如此，比例似有不合理之处，仅供参考）。

关于工业生产产量，47.9%的企业认为2018第四季度的产量高于第三季度，16.6%的企业认为产量下降，35.5%的企业认为产量持平。47.6%的企业预计2019年第一季度的产量将会高于2018年第四季度，14.5%的企业预计产量减少，37.9%的企业预计产量持平。89.8%的企业预计，与2018年下半年工业产量相比，2019年上半年产量将会增加或持平，10.2%的企业预计产量会下降。

关于生产订单，40.9%的企业在2018年第四季度获得的订单多于第三季度，16.9%的企业订单减少，42.2%的企业订单持平。与2018年第四季度相比，43.5%的企业预计2019年第一季度获得的订单将会增加，14.5%的企业预计订单减少，42%的企业预计订单维持稳定。90.8%的企业预计，与2018年下半年相比，2019年上半年获得的新订单将会增加或维持稳定，只有9.2%的企业预计新订单会减少。

关于出口商品订单，34.1%的企业表示在2018年第四季度获得的出口订单多于第三季度，16.8%的企业表示出口订单减少，49.1%的企业表示出口订单持平。与2018年第四季度相比，36.3%的企业预计2019年第一季度获得的出口订单将会增加，14.8%的企业预计出口订单减少，48.9%的企业预计出口订单维持稳定。与2018年下半年相比，90.4%的企业预计2019年上半年获得的新订单将会增加或维持稳定，9.6%的企业预计新订单会减少。

总体而言，越南政府和业界对2019年工业实现9%～10%的增长均持比较乐观积极的态度。

B . 8

海洋经济

覃丽芳[*]

摘　要：　2018 年，越南的海洋渔业、海洋旅游业、海洋交通运输业保持较快发展势头；海洋油气业完成了年初提出的生产任务，但原油减产，天然气仅保持平稳发展，宜山炼油厂建成投产；海洋船舶业延续严重亏损状态，实际生产结果远未达计划目标；海洋交通运输业发展较好，但在国际贸易运输中的份额仍不高。越南出台了"2030 年越南海洋经济发展战略及 2045年远景目标"，为其今后海洋经济发展指明了方向。

关键词：　越南　海洋经济　经济发展

2007 年 2 月 9 日，越南出台了"2020 年越南海洋发展战略"，提出建设靠海致富的海洋强国。据 2018 年 6 月 15 日刊登于《共产主义》杂志网站的一篇文章，越南计划投资部国家经济社会信息与预测中心对越南海洋经济发展总体评价认为，越南沿海地区及海洋经济的规模占越南全国 GDP 的 47% ~48%，其中"纯海"经济占全国 GDP 的 20% ~22%。越南的海洋经济产业中，高达 98% 的是在海上产生的，主要包括油气开采、海产品养殖和捕捞、海洋运输及海洋旅游。与上述产业相关的海洋产业，如油气提炼加工、海产品加工、造船、涉海信息通信等处于初步发展阶段，约占海洋经济的 2%，占全国 GDP 的 0.4%。[①] 虽然越南海洋经济发展还

＊　覃丽芳，中山大学国际关系学院副教授。

①　Bích Nguyên，Phát triển kinh tế biển Việt Nam：Cần phát huy tiềm năng và lợi thế so sánh，http：//www. tapchicongsan. org. vn/Home/kinh-te/2018/51219/Phat – trien – kinh – te – bien – Viet – Nam – Can – phat – huy – tiem – nang. aspx，2018 – 6 – 15.

存在不少欠缺，比如，沿海及海岛基础设施配套不够完善，以传统海洋产业为主，高端海洋产业发展滞后，但从总体上看，提出海洋发展战略 10 余年来，越南对海洋的重视程度越来越高，从法律建设到海洋产业发展都取得了巨大的成就，在当前越南经济进入加速发展的黄金期，海洋经济也将得到更快的发展。

一　海洋渔业

越南的海洋渔业从业人员多，具有"占领海洋"的性质。越南的海洋渔业发展越来越重视远海捕捞和海洋渔业养殖。近年来，越南大功率渔船激增，尽管海上渔业纠纷大幅增加，但同时也为渔业增产做出了重要贡献。

（一）海洋渔业保持增产增值

在现代造船业不断发展提供远海捕鱼设备和技术保障的硬件支持下，越南海洋渔业产量长期保持快速发展势头。据越南统计总局发布的初步统计数据，2018 年，越南全国水产业产量为 775.65 万吨，其中，渔业养殖产量为 415.38 万吨，水产捕捞产量为 360.27 万吨。[①] 根据联合国粮食与农业组织（FAO）2018 年发布的数据，多年来越南的水产养殖产量居世界第四，仅次于中国、印度、印度尼西亚；海洋渔业的多种产品产量居世界前列。2016 年，越南海洋及近海养殖有鳍鱼产量鲜重 30.35 万吨，居世界第六；海洋甲壳类动物养殖产量（不包含内陆养殖的海洋对虾品种）鲜重 69.44 万吨，居世界第二；海洋软体动物养殖产量鲜重 22.54 万吨，居世界第五。[②] 越南海洋渔业的成绩源于多种因素，包括：越南海岸线长，沿海民众有渔业捕捞的传统习惯；不断推进海洋养殖业发展，使海洋渔业产量不断增加；大功率渔船增加，远海捕捞持续发展，远海捕捞服务及渔业保存技术发展，使越南从远海区捕获鱼的能力持续增强。

---

① Tình hình kinh tế – xã hội năm 2018. https：//www. gso. gov. vn/default. aspx？tabid＝621&ItemID＝19037，2018－12－28.

② 联合国粮食与农业组织：《2018 年世界渔业和水产业养殖状况》，第 28 页。

海洋渔业产值和出口额保持较高速度增长。据越南水产总局的数据，2018 年，越南水产品产值约 227.46 万亿越南盾，同比增长 6.5%。仅捕捞水产品产值约为 87.441 万亿越南盾，同比增长 5.4%。2018 年，越南的水产品出口额达 90.1 亿美元，同比增长 8.5%，其中，海产品出口 29.8 亿美元，同比增长 8.2%，占水产品出口额的 33%。[①]

从纵向看，越南海洋捕捞量及其在水产业中的比重均保持上升趋势。据越南统计总局的数据，1990～2017 年，越南水产捕捞总产量和海洋渔业捕捞产量持续增长，没有负增长的年份。越南的淡水渔业养殖产量在 2001 年最高，为 24.36 万吨，此后出现小幅下降，至今基本保持在年产量略低于 20 万吨的水平。20 世纪 90 年代以来，越南现代造船业发展使越南大功率渔船数量及总功率不断增加，远海捕捞能力不断得到提升，海洋渔业捕捞量持续增加支撑着越南水产捕捞量持续增加。1996～2017 年，越南海洋捕捞产量在水产捕捞量中的占比也在持续增加，由 82.84% 增长至 94.16%（见图 1）。

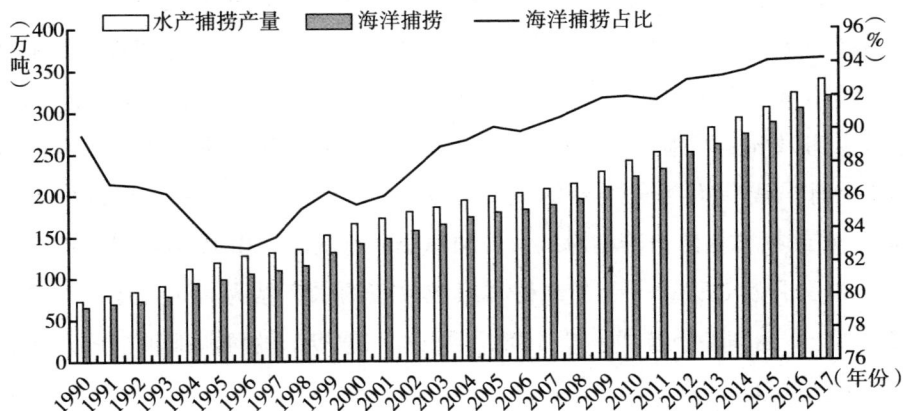

图 1　1990～2017 年越南水产渔业捕捞产量变化情况

注：2017 年为初步统计数据。

资料来源：越南统计总局，http：//www.gso.gov.vn/default.aspx？tabid＝717。

---

① Văn Nguyên, Sản lượng khai thác vụ cá Bắc đạt gần 1, 6 triệu tấn, https：//nongnghiep.vn/san‐luong‐khai‐thac‐vu‐ca‐bac‐dat‐gan‐16‐trieu‐tan‐post239403.html, 2019‐3‐31.

（二）海洋渔业面临环境污染和资源衰减的挑战

近年来，越南工业加快发展，海洋污染不断加剧。越南河内国家大学副教授、原越南海洋与海岛总局副局长阮朱茵表示，据初步统计，越南沿海28个省、直辖市每年向海洋丢弃的固体垃圾约为1403万吨，相当于每天丢弃3.85万吨。在越南声称的海域，近10年共发生超过10起油污事故，这个数据还不包括局部污染的小事故。越南在其声称海域内开采了约340口油气井，除了排放油水混合物外，相关活动还产生约5600吨固体垃圾，其中20%~30%的是有害废弃物且未得到有效处置。海域污染导致渔业资源减少16%，海域生态系统受到破坏。红树林以每年1.5万公顷的速度减少，80%的珊瑚处于危险状态，其中50%的处于高危状态，沿海地区的海藻也面临同样境况。在越南声称的海域，有约100种海产品处于不同级别的濒危状态，超过100种海产品被列入越南濒危物种名录。

随着越南海洋捕捞强度加大，越南的海洋资源衰竭现象越来越严重。越南最新的水产资源调查研究发现，越南所有海域不同种类的海产资源严重衰减。2018年，在西南季风季节，越南渔民作业的海域浅海小型鱼类比2012年减少约20%，深海渔业资源的数量和质量继续下降，捕获杂鱼所占比重不断上升。浅层大型鱼类资源变动较大，但总体上也呈现不断减少的趋势。[1] 在红树林自然散养的海虾每公顷每季收获的产量由1980年的200公斤降为80公斤；过去，一公顷红树林海域收获的水产品为800公斤，现在仅为1/20。[2] 越南捕鱼技术不断提高，但没有采取有效的资源保护措施，导致渔业资源被过度开采。

---

[1] Vũ Việt Hà, http：//www. rimf. org. vn/bantin/chitiet/hoi – nghi – tong – ket – khai – thac – ca – vu – nam – 2018 – va – trien – khai – ke – hoach – khai – thac – ca – vu – bac – nam – 2018 – 2019，2018 – 12 – 14.

[2] Thái Bình, Việt Nam đứng thứ 4 thế giới về ô nhiễm rác thải biển, https：//vietnamnet. vn/vn/thoi – su/moi – truong/viet – nam – dung – thu – 4 – the – gioi – ve – o – nhiem – rac – thai – bien – 536762. html，2019 – 6 – 1.

（三）越南渔船在他国海域非法捕捞（IUU）被亮黄牌

欧盟委员会连续两年对越南渔业非法捕捞（IUU）行为亮"黄牌"，并警告如果情况不能改善将提升警告级别至"红牌"。近两年，欧盟委员会连续对越南亮"黄牌"，原因是越南渔民频繁非法捕捞，而政府对此纵容或管理不力。据越南水产总局的统计数据，2018 年，越南共发生 85 起 1162 名渔民越界非法捕捞事件，涉事渔船 137 艘，比 2017 年增加 28 起 46 艘渔船 379 人，主要集中在泰国、马来西亚、菲律宾、柬埔寨、印度尼西亚和文莱。被扣押的渔船主要来自坚江、巴地－头顿、平定、槟椥、金瓯、薄寮、平顺等省份。① 从文字表达的意思看，越南官方统计的数据中应该没有包括在南海共同声索区作业被周边国家扣押渔船的事件。2014 年 10 月至 2018 年 8 月，印度尼西亚声称处理了 488 艘非法渔船，通常是使用炸药炸沉。2018 年 8 月 20 日，印度尼西亚处理了 125 艘非法捕捞渔船，其中绝大部分是外国船只，炸沉的渔船中，有 86 艘来自越南，20 艘来自马来西亚，14 艘来自菲律宾。② 越南非法越界渔船数量多，手法隐蔽多端。比如，越南非法进入印度尼西亚的渔船为了躲避检查，修改船舷号，悬挂印度尼西亚国旗进行伪装。

越南对欧盟委员会的意见非常重视，召开了专门会议研究整改措施。2019 年 4 月 23 日，越南农业与农村发展部召开"克服欧盟委员会黄牌警告紧急办法实施会议"，就欧盟委员会提出对越南严重的渔业非法捕捞情况进行监管展开探讨。越南农业与农村发展部部长阮春强在会议上表示，可以将欧盟委员会的"黄牌"看作越南水产业进一步改善渔业管理体制的机会，从而将水产业建设为可持续发展、有责任担当的产业。阮春强认

---

① Triển khai các giải pháp cấp bách khắc phục cảnh báo "thẻ vàng" của EC, https://www. mard. gov. vn/Pages/trien－khai－cac－giai－phap－cap－bach－khac－phuc－canh－bao－the－vang－cua－ec. aspx, 2019－4－24.

② 姚凌：《一天 125 艘，印尼又开始炸毁非法渔船》，海外网，http：//nanhai. haiwainet. cn/n/2018/0823/c3542185－31381370. html, 2018 年 8 月 23 日。

为，今后的重点任务是继续对越南政府"732 号公文"、"45 号指示"、《水产法》及其他法律文件的实施情况进行严肃、有效的监督，集中推进这些文件和法律中有关应对非法捕捞（IUU）的相关条文的实施。越南水产总局应尽快完善水产领域行政处罚相关规定并呈政府总理颁行。注重加强对法律规定执行情况的巡查、检查和监察；及时发现并阻止渔船和渔民在他国海域的违法倾向和违法行为。越南政府对欧盟委员会海事和渔业总署（DG-Mare）检查团的内容制订详细计划，对欧盟委员会有关反非法捕捞（IUU）的劝告实施情况进行检查。对各地执行防范非法捕捞相关措施的实施情况进行检查和敦促，分享各地经验，配合海上执法机关工作，对相关事件做到及时通报，掌握情况，迅速处置。[1] 越南实施欧盟委员会意见的原因包括两个。第一，越南越界非法捕捞的频次大幅增加，如果情况得不到有效改善，欧盟可能会将警告级别提升至"红牌"。欧盟是越南水产品出口的第二大市场，仅次于美国，2018 年越南对欧盟出口水产品14.36 亿美元，越南不希望失去水产品在欧盟市场的份额，这是直接原因。第二，越南不希望渔业问题对越南—欧盟自由贸易协定产生严重负面影响。越南希望通过越南—欧盟自由贸易协定加强对欧盟的经贸联系，减少对少数国际市场的依赖。美国频频对各国提高关税，越南是美国的第五大贸易逆差国，贸易逆差的额度仍在不断扩大，存在被美国关税制裁的风险。不过，从越南会议透露的信息推测，越南对非法捕捞的管控行为应该是指在越南承认的违规领海范围内，并不包括在南海声索重叠区的渔业活动。

（四）起草海洋养殖发展战略

2018 年 6 月 1 日，越南农业与农村发展部下发通知，就"越南海洋

---

① Hương Trà, Hội nghị Triển khai các giải pháp cấp bách khắc phục cảnh báo thẻ vàng của Ủy ban Châu Âu, https：//tongcucthuysan. gov. vn/vi－vn/tin－t% E1% BB% A9c/－tin－v% E1% BA% AFn/doc－tin/012803/2019－04－24/hoi－nghi－trien－khai－cac－giai－phap－cap－bach－khac－phuc－canh－bao－the－vang－cua－uy－ban－chau－au，2019－4－24.

养殖 2030 年发展目标及 2050 年远景规划"草案征求意见。根据该草案，越南海洋养殖业的目标是，到 2020 年海洋养殖产量达 81 万吨，出口额达 5 亿~7 亿美元；到 2030 年海洋养殖面积达 30 万公顷，产量达 175 万吨，出口额达 40 亿~60 亿美元。争取到 2050 年将越南建设成东盟和亚洲地区产业化海洋养殖领先的国家，海产品出口量和出口值排名前五的国家；海洋养殖产量达 300 万吨/年，出口贸易额达 100 亿美元。[①] 越南将下一阶段渔业产量增长更多寄希望于海洋养殖业，符合当前该国海洋渔业发展的现状。由于海洋渔业资源减产严重，越南通过扩大在南海区域的渔业活动来增加渔业产量已经没有太大发展空间。海洋渔业存在过度捕捞、资源枯竭的情况，正因如此，越南渔船故意越界捕捞事件不断发生。通过引进先进养殖技术促进海洋养殖业发展成为当前越南增加海洋渔业产量的必然选择。

二 海洋油气业

海洋油气业在越南国民经济中起着重要作用。当前，油气业提供了越南约 35% 的电量，70% 的化肥及 64% 的液化气。[②] 除经济上的作用外，越南还将海上油气开发作为巩固海疆的重要手段。

（一）超额完成主要生产指标，但原油产量负增长势头不变

受国际原油价格回升影响，越南国家油气集团经济效益大幅增长。2018 年，国际原油全年平均价格回升至约 70 美元/桶，越南国家油气集团的主要

① Văn Thọ, Đưa Việt Nam trở thành quốc gia hàng đầu trong phát triển lĩnh vực nuôi biển, https://tongcucthuysan. gov. vn/vi – vn/nu% C3% B4i – tr% E1% BB% 93ng – th% E1% BB% A7y – s% E1% BA% A3n/ – nu% C3% B4i – th% E1% BB% A7y – s% E1% BA% A3n/doc – tin/ 011305/2018 – 09 – 06/dua – viet – nam – tro – thanh – quoc – gia – hang – dau – trong – phat – trien – linh – vuc – nuoi – bien, 2018 – 9 – 6.
② Thủ tướng dự Hội nghị tổng kết của ngành Dầu khí Việt Nam, http://nangluongvietnam. vn/ news/vn/dau – khi – viet – nam/thu – tuong – du – hoi – nghi – tong – ket – cua – nganh – dau – khi – viet – nam. html, 2019 – 1 – 12.

经济指标也随之大幅增长。2018 年越南国家油气集团实现营业收入 626.8 万亿越南盾，同比增长 25.9%；上缴国家财政 121.3 万亿越南盾，同比增长 24.3%。① 近几年，越南国内常有声音抱怨低迷的油价给越南油气勘探开发工作带来负面影响，尤其是使深海油气开采进展缓慢，导致越南新增油气开采动力不足。越南所指的深海油气勘探开发主要是指在我南海九段线内的油气相关活动，也就是说，如果国际油价大涨，则越南油气企业就有足够的经济动力联合域外油气企业在我南海九段线内进一步加大油气勘探开发活动的力度。

2018 年，越南略超计划完成原油和天然气生产任务，但原油产量仍然负增长，天然气产量略高于 2017 年。在原油方面，越南产量最高的年份是 2004 年，为 2005.1 万吨；2005~2008 年产量逐年下降；2009~2015 年产量在徘徊中小幅上升；2016 年以来原油产量又出现较大幅度负增长。2018 年越南原油产量 1397 万吨，同比减少 10%，完成年产计划的 105.6%，其中，海外油气项目产量为 198 万吨，完成计划任务的 103.1%。越南天然气开采比石油晚，2015 年产量达到峰值后进入平稳发展期（见图 2）。2018 年越南天然气产量为 100 亿立方米，同比增长 1.46%，完成计划任务的 104.3%。② 越南在制定油气产量年度目标时已考虑油气资源进入枯竭期的现状，虽然原油和天然气的产量都略有超额完成生产任务，但石油仍然处于负增长状态，天然气则基本维持在一个稳定状态。

炼油、氮肥等油气下游产业取得较好成绩。2018 年越南榕橘炼油厂生产成品油 700 万吨，总营业额 112 万亿越南盾，上缴财政收入 11 万亿越南

---

① Thủ tướng dự Hội nghị tổng kết của ngành Dầu khí Việt Nam, http：//nangluongvietnam. vn/news/vn/dau – khi – viet – nam/thu – tuong – du – hoi – nghi – tong – ket – cua – nganh – dau – khi – viet – nam. html, 2019 – 1 – 12.

② 2018 年数据来自 Thủ tướng dự Hội nghị tổng kết của ngành Dầu khí Việt Nam, http：//nangluongvietnam. vn/news/vn/dau – khi – viet – nam/thu – tuong – du – hoi – nghi – tong – ket – cua – nganh – dau – khi – viet – nam. html, 2019 年 1 月 12 日。增长率数据结合越南统计总局公布的 2017 年初步统计数据计算。

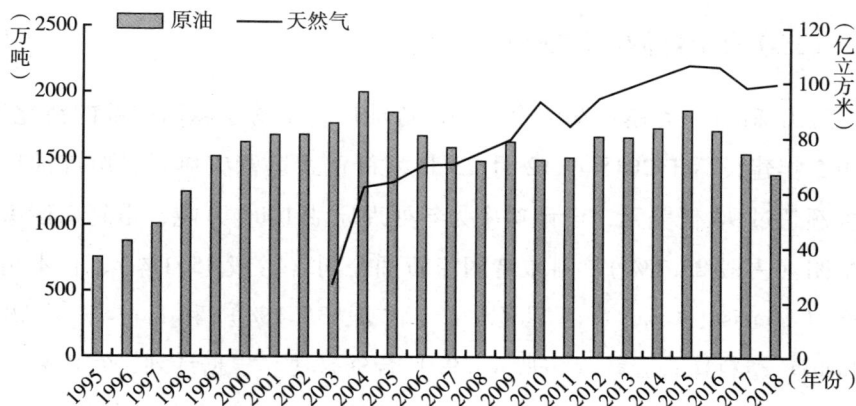

图 2　1995～2018 年越南石油和天然气变化

注：2017 年的数据为初步统计数据。

资料来源：1995～2017 年各年数据来自越南统计总局，2018 年数据来自越南国家油气集团。

盾，实现税前利润 3.8 万亿越南盾。[①] 2018 年越南氮肥产量为 163 万吨，完成计划任务的 105.7%。截至 2018 年 7 月 19 日，越南国家油气集团累计生产氮肥 1600 万吨。[②] 氮肥是炼油业的衍生产业，2009 年榕橘炼油厂投产后，越南就逐步减少了对进口氮肥的依赖，并逐步实现氮肥出口。榕橘炼油厂是越南国家油气集团内的营收和创税大户，实际产量一般略高于设计产能。

2019 年越南国家油气集团的生产计划仍然保持减产预期，原油和天然气计划产量略低于 2018 年，其他主要生产和经济指标预期保持增长，各项主要生产指标为：开采原油 1237 万吨，天然气 96.9 亿立方米，发电 216 千瓦时，氮肥 157.5 万吨，成品油 1135 万吨，总营业额 612.2 万亿越南盾。[③]

① Lọc dầu Dung Quất：Tạo đà tăng trưởng trong năm 2019，https：//congthuong.vn/loc - dau - dung - quat - tao - da - tang - truong - trong - nam - 2019 - 118681. html，2019 - 4 - 22.

② Thủ tướng dự Hội nghị tổng kết của ngành Dầu khí Việt Nam，http：//nangluongvietnam.vn/news/vn/dau - khi - viet - nam/thu - tuong - du - hoi - nghi - tong - ket - cua - nganh - dau - khi - viet - nam. html，2019 - 1 - 12.

③ Kế hoạch 2019，http：//pvn. vn/Pages/default. aspx.

（二）宜山炼油厂建成投产

宜山炼油厂①是越南第二个投产的炼油厂，坐落于越南中部的清化省，经历 5 年建设后于 2018 年 12 月 23 日举行正式运营庆典。宜山炼油厂总投资额超过 90 亿美元，设计功率为年处理原油 1000 万吨，由越南国家油气集团（占股 25.1%）、科威特国家石油公司（占股 35.1%）、日本出光兴产（Idemisu Kosan）石油公司（占股 35.1%）和日本三井物产（Mitsui）塑料株式会社（占股 4.7%）合资兴建。根据计划，宜山炼油厂第一阶段日处理原油 20 万桶，接近榕橘炼油厂产能的两倍，预计 2019 年宜山炼油厂产量达设计产能的 80%。宜山炼油厂和榕橘炼油厂能满足越南国内成品油需求的 80%~90%。据清化省人民委员会介绍，2018 年 5~6 月，宜山炼油厂已成功试产 10 种成品油，包括液化天然气，92 号汽油，95 号汽油、柴油、煤油等。炼油厂正式投产时已累计炼制 500 万吨原油，上缴财政 8 万亿越南盾。② 根据协议，科威特将为宜山炼油厂提供原油长达 70 年。此外，越南政府承诺为宜山炼油厂提供担保，日本、韩国的银行为宜山炼油厂提供贷款。越南在建榕橘炼油厂时一直牢牢把握控股权，导致项目历时 30 多年，多次失败，多次易主。越南国家油气集团在宜山炼油厂仅占 1/4 的股权，占股最高的两个股东（科威特国家石油公司和日本出光兴产石油公司）股权相等，日本两家企业参与投资，日资累计占股比例最高。

（三）越南油气业发展面临的困境

当前，越南油气业发展面临的最大困境是油气资源枯竭。2005 年后，

---

① 宜山炼油厂全称是宜山炼制油有限责任公司，越文名称 Công ty trách nhiệm hữu hạn Lọc hóa dầu Nghi Sơn，英文名称缩写 NSRP。

② Lê Hoàng, Tổ hợp Lọc hoá dầu lớn nhất Việt Nam vận hành thương mại, https://vnexpress.net/kinh-doanh/to-hop-loc-hoa-dau-lon-nhat-viet-nam-van-hanh-thuong-mai-3858423.html, 2018-12-23.

白虎（Bach Ho）、龙（Rong）、白犀角（Te Giac Trang）等越南大型油田大幅减产。近年来，越南开发较早的大型油田已进入开采末期，以平均每年15%～30%的速度减产。至今，越南国内60%的原油产自白虎油田，越通社2018年1月报道，越苏石油公司总经理徐诚义在越南国家油气集团2017年度工作总结会议上表示，白虎油田最多只能再开采4～5年。[①] 2015年以来，越南的天然气产量保持在较稳定的水平，但越南国家油气集团制定的2019年度天然气开采量目标较上一年有小幅下降。刊登在越南油气总公司（PVOIL）网站的一篇文章称，虽然在开采的主要油气田减产严重，但数据显示，越南的原油枯竭率为38%，天然气枯竭率仅为16%，油气勘探开采仍然有较大潜力。[②] 近些年，全球产业链深刻调整，劳动密集型制造业加快向越南转移，使其国内电力需求每年增长10%～12%，能源缺口不断加大。越南加大在国内外进行能源布局和油气勘探开发的力度，其新增投产油田数量在1981～2005年的每个5年周期内都不超过3个，2006～2010年新增14个，2011～2015年新增36个[③]，新增油气田达到前所未有的速度。然而，新增油田产油量均不大，数量大幅增加无法弥补大型油田减产带来的产能下降。

（四）推进油气业重组改革

越南国家油气集团推进股份化改革。按照越南政府要求，越南国家油气集团制定了2017～2025年重组方案。至2019年初，越南政府尚未正式批准重组方案，但相关改革已在推进。越南国家油气集团的重组方案之一是将一部分子公司股份化。至今，越南电力总公司（PVPower）、

---

① 〔越南〕良朋：《衰竭：来自越南最大油田的警报》，越通社，2018年1月14日，http：//vietnamnet. vn/vn/kinh-doanh/dau-tu/dau-mo-can-kiet-noi-lo-tu-mo-dau-lon-nhat-viet-nam-423286. html。

② Đức Thành, Ngành dầu khí tích cực đảm bảo gia tăng trữ lượng năm 2019, https：//www. pvoil. com. vn/truyen-thong/tin-lien-quan/nganh-dau-khi-tich-cuc-dam-bao-gia-tang-tru-luong-nam-2019, 2019-2-22.

③ 〔越南〕黎越忠、范文质：《越南油气工业总观》，《油气》2016年第4期，第59页。

越南油气总公司（PVOIL）、平山炼油股份公司（BSR）已上市，预计2020年后将推进越南油气勘探开采总公司（PVEP）上市。企业上市后，将减少对财政资金和外资的依赖，充分利用民间资金发展油气业。

越南国家油气集团呼吁政府尊重油气业的特殊性，减少财政部门从越南国家油气集团索取资金，给予企业更多的自主权。越南国家油气集团建议财政部建立专门机制，将税前利润的30%作为油气搜寻勘探风险补偿资金；将国内油气项目（越苏石油除外）营业收入的17%用于建立搜寻勘探基金。除越南国家油气集团执行特殊任务及越苏联营石油公司每年的全部利润外，允许越南国家油气集团从油气产品分成合同项目东道国油气利润中自留至少32%，并考虑重新调整越南国家油气集团利润的相关规定。① 油气对越南财政的贡献率一度高达30%，随着制造业、旅游业等不断发展，越南政府的财政收入越来越多元化，但至今，越南国家油气集团上缴资金仍占财政收入的10%。在油气资源枯竭、国际油价低迷的情况下，越南国家油气集团提议国家调整税收，将更多资金留给企业，使企业有更大的资金自主权。越南制造业迅速发展为财政收入提供了不竭的来源，预计越南政府将会批准减少从油气企业索取资金的建议。

越南国家油气集团建议对满足一定条件的油气项目予以特别照顾政策。在重组方案中，越南国家油气集团建议越南工贸部及各级部门制定特殊政策，吸引外商投资越南国内油气项目，对于在深水、远海、敏感区域的项目，以及小型油气田、油气边界和油水边界的项目等予以优先照顾。② 如果方案的这一内容获准通过，意味着越南政府对在我南海九段线内的油气投资活动将采取更多鼓励措施，或将进一步加剧南海冲突。

---

① Phương án tái cơ cấu toàn diện của PVN，http：//nangluongvietnam. vn/news/vn/dau－khi－viet－nam/phuong－an－tai－co－cau－toan－dien－cua－pvn. html，2018－4－17.

② Phương án tái cơ cấu toàn diện của PVN，http：//nangluongvietnam. vn/news/vn/dau－khi－viet－nam/phuong－an－tai－co－cau－toan－dien－cua－pvn. html，2018－4－17.

建议越南政府赋予越南国家油气集团更大的自主权。越南油气研究院副院长阮洪明建议简化勘探开发项目的投资流程和手续，尤其是对需要快速决定的项目；建议制定油气活动的法律体系，给予越南国家油气集团更高的自主权；进一步明确企业和个人的责任，个人评价不能仅看一个项目、一个决定，而应从较长的时期综合考虑。阮洪明发表这篇文章的时间与越南国家油气集团向越南政府递交的油气业改革方案的时间一致，并且文章中的建议与网上看到的越南国家油气集团向国家提交的方案有较多重合的内容，但笔者不了解递交越南政府的方案中是否包括企业在决定勘探开发项目上有更高自主权方面的内容。

三　海洋旅游业

根据越南旅游总局公布的数据，2018 年，越南累计接待国际游客15497791 人次，同比增长 14.4%[1]；旅游收入 620 万亿越南盾，同比增长21.4%。[2] 2010 年至今，越南的旅游收入年均增长超过 20%。海洋旅游在越南旅游业发展中的贡献也越来越大。

（一）海洋旅游基础设施不断完善

从总体上看，越南海洋旅游业发展基础设施仍然有较大欠缺，但近年来已得到较大的改善。越南海岸线长 3260 公里，港口条件较好，但多年来没有专门的邮轮码头，大型邮轮难以停靠。越南港口的配套设施也不够完善，比如卫生间数量严重不足，游客靠岸后需排长队如厕，影响旅游体验。经济持续增长为越南加强基础设施建设提供了强有力的支持。为了促进海洋旅游业发展，下龙、岘港相继修建专门的邮轮码头。2018 年 11 月 27 日，越南

---

[1]　根据越南总局网站（http：//vietnamtourism. gov. vn）"统计数据—国际旅游人数"中 2017年和 2018 年的数据整理。

[2]　Tổng thu từ khách du lịch giai đoạn 2000 - 2018, http：//vietnamtourism. gov. vn/index. php/items/13462，2019 - 1 - 24.

的第一个油轮专用港——鸿基国际旅游客运港正式启用，第一艘五星级油轮抵港，邮轮载重吨达 22.5 万吨，可载 8460 人。① 该邮轮码头可同时容纳两艘五星级大型邮轮停靠，大大提升了下龙湾游客接待能力。西贡旅游有限公司芽庄分公司副经理潘廷草认为："港口规模是接待游客的优势。获得适度投资的基础设施是世界权威旅游公司来考察并将其选为目的地的重要因素。越南中部沿海各省有近 10 个港口能满足最高标准的旅游公司的要求。因此，抵达越南港口的世界豪华邮轮数量越来越多。"② 越南可接待五星级邮轮的国际港口包括承天－顺化省的云脚（Chân Mây）港、庆和省金兰港、巴地－头顿省盖梅港、岘港市仙沙港等。为了促进海洋旅游业发展，越南不断增加开往海洋旅游目的地的直达航线，并简化入境旅游手续。中国南方航空、东方航空、重庆航空等航空公司开通了中国直达越南胡志明市、岘港、芽庄、富国岛等越南海洋旅游城市的直达航班。越南为了促进富国岛旅游业发展，从 2014 年 3 月 10 日起，对外国游客入境富国岛予以 30 天免签政策。基础设施改善是越南海洋旅游业发展的基础和保障，促进了越南海洋旅游业的繁荣。

（二）海洋旅游在旅游业中的比重增加

据越南旅游总局的统计数据，2017 年越南国际旅游收入达 316 万亿越南盾，同比增长 31.1%。国际旅游收入占越南旅游营业总额比值连年增加，从 2015 年的 55.5% 提升至 2016 年的 57.8% 和 2017 年的 58.4%。与越南的内陆地区相比，越南海洋旅游更具吸引力，65%～70% 的赴越旅游国际游客和 50%～60% 的越南国内游客选择沿海和海岛为旅游目的地。2007～2017年，赴越南沿海省份旅游的国际游客人数增长了 2 倍，国内游客增长了 2.8

---

① Bảo Duy, Vận hội mới cho ngành du lịch tàu biển Việt Nam, https：//congthuong. vn/van－hoi－moi－cho－nganh－du－lich－tau－bien－viet－nam－115696. html，2019－2－12.

② Khương Nha, Việt Nam đứng thứ 4 châu Á về số du thuyền ghé thăm, https：//vnexpress. net/du－lich/viet－nam－dung－thu－4－chau－a－ve－so－du－thuyen－ghe－tham－3829198. html，2018－10－26.

倍。2017 年，越南海洋旅游景点接待国际游客人数 870 万人次、越南国内游客 5100 万人次。海洋旅游营业总额达 360 万亿越南盾，与 10 年前同期相比增长了 7 倍。[①] 为了加强海洋旅游的吸引力，越南在国内外加大旅游宣传力度，大力推进旅游产品开发，如开发划船、拖曳伞、帆板、赛船、沙滩足球、沙滩排球等海上或沙滩体育项目，芽庄、岘港还推出滑翔伞、热气球等特色项目，下龙湾开通直升机旅游服务。别具海洋特色的旅游项目增强了游客的体验感。

（三）邮轮旅游业提速发展

越南大力发展海洋旅游基础设施，尤其重视邮轮旅游业的发展。通过邮轮入境越南的游客呈快速增长趋势，据国际邮轮协会的统计数据，2012 ～ 2016 年，选择通过邮轮到越南度假的人数增长了 126%，2017 年越南邮轮到访量居亚洲第七（404 艘次）[②]，2018 年预计接待 493 艘次到访邮轮，同比增长约 20%，升至亚洲第四，仅次于日本、中国和泰国。[③] 2018 年，预计越南接待邮轮数量最多的海港依次为：承天 - 顺化省的云脚港 159 艘次，巴地 - 头顿省的富美港 139 艘次，广宁省盖磷港 139 艘次，庆和省的芽庄港 72 艘次。[④] 越南著名滨海城市芽庄所在的庆和省近几年接待邮轮到访的成绩突出，2015 年，庆和省接待 49 艘国际邮轮 5.3 万人次，2016 年增加到 54

---

① 杨玉叶、阮秋妲：《越南海洋海岛旅游——经济发展新引擎》，https：//zh. vietnamplus. vn/% E8% B6% 8A% E5% 8D% 97% E6% B5% 7% E6% B4% 8B% E6% B5% 7% E5% B2% 9B% E6% 97% 85% E6% B8% 8% E7% BB% 8F% E6% B5% 8E% E5% 8F% 91% E5% B1% 95% E6% 96% B0% E5% BC% 95% E6% 93% 8E/89419. vnp，2018 年 12 月 8 日。

② Người Việt Nam đi du lịch bằng tàu biển ngày càng nhiều，http：//vietnamtourism. gov. vn/ index. php/items/25697，2018 - 1 - 10。

③ 《越南是世界豪华游轮的新市场》，https：//cn. nhandan. com. vn/tourism/item/5866301 - % E8% B6% 8A% E5% 8D% 97% E6% 98% AF% E4% B8% 96% E7% 95% 8C% E8% B1% AA% E5% 8D% 8E% E9% 82% AE% E8% BD% AE% E7% 9A% 84% E6% 96% B0% E5% B8% 82% E5% 9C% BA. html，2018 年 2 月 17 日。

④ Khương Nha，Việt Nam đứng thứ 4 châu Á về số du thuyền ghé thăm，https：//vnexpress. net/ du - lich/viet - nam - dung - thu - 4 - chau - a - ve - so - du - thuyen - ghe - tham - 3829198. html，2018 - 10 - 26。

艘邮轮 9.38 万人次，2017 年为 72 艘邮轮 12 万人次。[①] 越南邮轮旅游业提速发展的原因包括：沿海旅游基础设施改善，为大型邮轮停靠创造了良好条件；亚洲经济整体崛起，为旅游业发展提供庞大的消费群体；越南深化革新开放，不断加强与世界各国的联系，广泛传播越南旅游形象，使越南旅游业获得国际游客青睐。

根据越南统计总局的数据，2018 年，越南通过海上入境（邮轮旅游）的游客累计 215306 人次，同比下降 16.8%，邮轮游客占国际游客的 1.4%。从数据纵向对比看，通过海上入境越南的国际游客人数最多的年份是 2002 年，共 30.91 万人次；占比最高的是 2001 年，通过海上入境的游客占国际游客的 12.2%。2011 年，通过海上入境越南的游客跌至 4.64 万人次，2012 年开始重新回到快速增长轨道上。[②] 预计今后几年，越南的邮轮旅游业将会继续处在总体上升的发展通道上。

四　海洋船舶业

当前，越南最大的造船企业是越南船舶工业总公司（SBIC），旗下 8 个子公司，其前身是越南船舶工业集团（Vinashin）。Vinashin 于 1996 年成立，在政府的大力扶持下 2007 年曾取得造船业新接订单世界第五的成绩。2008 年世界金融危机后，Vinashin 出现严重债务危机，于 2013 年被重组为越南船舶工业总公司。Vinashin 鼎盛时期员工超过 8 万人，总资产接近 50 亿美元，旗下近 20 个造船厂遍布越南全境。越南对 Vinashin 旗下的 234 个子公司进行重组，其中，对 69 个企业进行股份化、出售、转让、移交或合并处理，对 165 个企业进行出售、解体或破产处理。改组时将非核心业务剥除，仅保留 3 个直属机构和 8 家造船业子公司。[③] 改组后，该造船企业将名称改

① Lê Xuân，Làm gì để đón đầu khách du lịch tàu biển?，http：//vietnamtourism. gov. vn/index. php/items/25704，2018 – 1 – 19.
② 覃丽芳：《越南海洋经济发展研究》，厦门大学出版社，2015，第 198～199 页。
③ 覃丽芳：《越南海洋经济发展研究》，厦门大学出版社，2015，第 161～162 页、第 167 页。

为越南船舶工业总公司，并将英文名缩写改为 SBIC。越南还通过信贷手段发展大功率渔船，升级国内运输船，希望以国内需求助力该企业渡过难关。不过，越南的海洋船舶业发展却不尽如人意。2018 年，越南新接造船订单按载重吨计算排第九位[①]，其中占比最大的是油轮，其次为干散货轮。[②] 越南在世界造船业的地位出现较大幅度下滑，Vinashin 债务危机的严重后果积重难返。

（一）越南造船业仍然处于大幅亏损状态

越南最大的造船企业 SBIC 仍然无法摆脱亏损和债务缠身的状态。Vinashin 改组为 SBIC 后，2013～2016 年，企业产值和营业收入连续增长，但至今仍然未能扭转大幅亏损状态。2017 年 SBIC 亏损额为税前 3.7 万亿越南盾，预计 2018 年亏损 2.884 万亿越南盾。[③]

Vinashin 债务危机后，越南造船业的声誉受到严重损害，改组后的 SBIC 仍然难以摆脱债务危机带来的沉重负担。前几年，越南造船业的发展在很大程度上得益于越南政府推进国内渔船和运输船升级换代，但这项红利经过多年发展已没有太大发展空间。当前，贸易保护主义政策使国际贸易受到严重冲击，也使造船业订单需求减少。中国船舶工业协会发布的数据显示，国际航运市场低位震荡，在短暂回暖后，全球新船订单量同比大幅下降，2019 年 1～5 月，世界造船业新接订单量同比下降 27%。[④] 在此大背景下，越南的造船业仍将继续面临挑战。

---

① 2018 年世界造船业新接订单吨位前十位的经济体分别为：中国、韩国、日本、菲律宾、意大利、德国、法国、芬兰、日本和巴西。

② UNCTAD. REVIEW OF MARITIME TRANSPORT 2018，P. 29.

③ Tổng công ty Công nghiệp tàu thủy VN lỗ gần 2.900 tỉ đồng năm 2018. https：//vov. vn/kinh － te/doanh － nghiep/tong － cong － ty － cong － nghiep － tau － thuy － vn － se － lo － gan － 2900 － ti － dong － nam － 2018 － 797806. vov，2018 － 8 － 8.

④ 《2019 年 1～5 月份世界造船三大指标》，http：//www. cansi. org. cn/ifor/shownews. php？lang = cn&id = 12443，2019 年 6 月 19 日。《2018 年 1～5 月份世界造船三大指标》，http：//www. cansi. org. cn/ifor/shownews. php？lang = cn&id = 10108，2019 － 6 － 15.

（二）大功率渔船发展成绩显著

在越南政府的大力扶持下，越南大功率渔船的数量和总功率发展都很快。从 2015 年起，越南统计大功率渔船启用新的标准。根据新的统计标准，2010 年越南 90 马力以上的渔船数量为 19251 艘，总功率 414.54 万马力；2017 年 90 马力以上的渔船数量为 32878 艘，总功率 1233.90 万马力（见图 3）。越南大功率渔船平均功率从 2010 年的 215 马力增长到 2017 年的 375 马力。截至 2017 年 5 月 31 日，越南共有 666 艘 400 马力以上的铁壳或复合材料渔船下水，其中包括 620 余艘捕捞船和 40 余艘服务远海捕捞的后期服务船。[①] 大功率渔船发展为渔民远海捕捞提供了必要的设备。

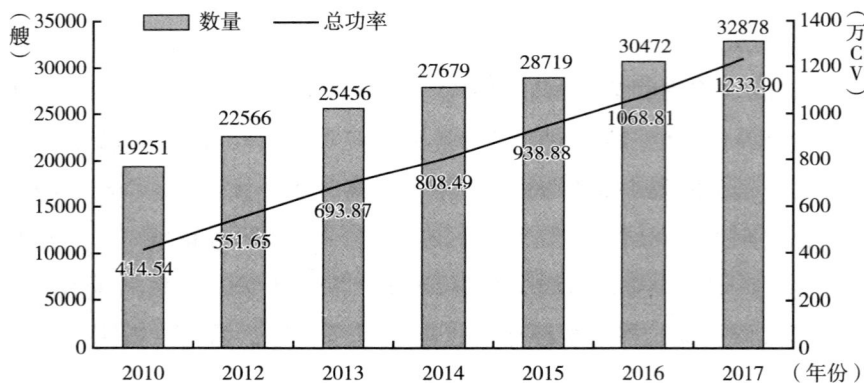

图 3　2010～2017 年 90 马力以上的渔船数量和总功率变化情况

注：2017 年为初步统计数据。

资料来源：越南统计总局，http：//www.gso.gov.vn/default.aspx？tabid＝717。

（三）继续推进军用舰艇修建

越南造船业由民用领域逐步转向军用领域，除本国海军、海警使用外，

[①] Lan Anh, Từ đánh bắt xa bờ mơ về tàu vỏ thép vượt trùng dương. https：//tuoitre.vn/tu－danh－bat－xa－bo－mo－ve－tau－vo－thep－vuot－trung－duong－1335774.htm，2017－6－24.

还向国外出口。Vinashin 破产重组后，越南调整了造船业发展目标，从追求造船业的世界排名，转为更好地为本国各类目的用船服务，比如建造大功率渔船、海军海警用船等。为了更好地发展军用船舶，越南引入荷兰、俄罗斯等国造船业，出让优质船企股份吸引外企与越方联营。荷兰达门集团（Damen）通过与越南国内造船企业合作及提供技术指导，帮助越南生产本国用及出口的军警用船。达门集团与禁江造船厂联营，承接了澳大利亚皇家海军的 RGS8316 和 RGS9316 两艘大型潜艇救援舰、MV Sycamore 多功能训练船等技术先进的军用船舶。达门集团除了与禁江造船厂联营生产舰船外，还与越南国防部合作，指导国防部下属造船厂生产军用船，包括秋江造船厂、189 船厂等。2017 年，越南完成 21 艘军用船的建造，完成 75 船次的军用船修缮。① 2018 年 6 月 7 日，越南国防部副部长黎詹上将在河内会见荷兰达门造船集团总裁 René Berkvens，对达门集团与越南国防部的合作予以充分肯定。René Berkvens 表示，达门集团与越南国防部造船企业之间建立了良好的关系，并希望扩大与越南国防部在国防工业领域的合作，给越南海警建造多功能巡逻舰、工程舰和远洋船。② 为了达成与达门集团在军用舰船方面的合作，越南将盈利能力最强的禁江造船厂股份出让给达门集团，换取技术合作和技术转让。在达门集团的帮助下，越南的普通军用舰船本土化程度越来越高。

越南建造的军用船包括由俄罗斯向越南转让技术的莫利亚－M（Molniya-M）型"闪电"级导弹攻击舰、DN－2000 大型多功能巡逻舰、SPa4207 小型巡逻舰、小型拖船、后勤舰艇等。2018 年越南参加了澳大利亚阿德莱德国际陆军装备展览会及印度尼西亚防务展，向世界展示越

---

① Thành tựu đóng tàu quân sự Việt Nam trong năm 2017, https：//vn. sputniknews. com/vietnam/201802204867337 – thanh – tuu – dong – tau – quan – su – viet – nam – trong – nam – 2017/, 2018 – 2 – 20.

② 《越南与荷兰加强造船领域的合作》，http：//cn. nhandan. com. vn/friendshipbridge/item/6153201 – % E8% B6% 8A% E5% 8D% 97% E4% B8% 8E% E8% 8D% B7% E5% 85% 80% E5% 8A% A0% E5% BC% BA% E9% 80% A0% E8% 88% B9% E9% A2% 86% E5% 9F% 9F% E7% 9A% 84% E5% 90% 88% E4% BD% 9C. html，2018 – 6 – 8。

南在军用设备建造方面的成就。2018 年 11 月，越南首次参加在雅加达举办的印度尼西亚防务展（Indodefence 2018），参展产品包括：陆军武器弹药、战船及军事服务船、高技术电子设备。据越方报道，参展的战船及军事服务船为越南拥有完全自主知识产权并经过越军使用检验。① 越南派出参加印度尼西亚防务展的单位包括越南国防工业总局、军队电信工业集团（Viettel）和国防物资总公司。越南计划将莫利亚－M（Molniya-M）型"闪电"级导弹攻击舰出口到东盟国家，但这涉及俄罗斯设计方的知识产权，河内方面认为，如能获得订单，产权问题将能通过经济利益解决。越南在造船业发展思路上已从单纯建造商业用船转变为生产军用船，既能为本国海军服务，也希望通过出口促进军用船舶建造的良性循环。

五　海洋交通运输业

越南制造业发展不仅促进了外贸进出口发展和海运货物量增长，也促进了海上交通运输业的发展。在造船业危机下，越南政府大力扶持航运企业改造升级商用船，在一定程度上加强了本国商运船队的竞争力。越南政府长期以来致力于提升本国商运船队在国际贸易运输中的市场份额，但实际结果与计划目标仍然相差甚远。

（一）越南海运船队得到进一步发展

越南原籍国注册船籍船队数量和载重吨增长明显。根据联合国贸发会议统计数据，2007 年越南第一次跨入"拥有最大船队的 35 个国家和地区"行

---

① Việt Nam giới thiệu tàu chiến, sản phẩm phục vụ đóng tàu quân sự tại triển lãm quốc tế về quốc phòng, https：//www.vietnamplus.vn/viet－nam－lan－dau－tham－gia－trien－lam－quoc－phong－tai－indonesia/533693.vnp, 2018－11－06.

列①，此后，除 2008 年外，越南一直在该榜单上，并且排名有所上升。按载重吨计算，2007 年越南原籍国注册船籍载重吨世界排名居 32 位，2018 年列第 30 位。2007 年，越南共有 1000 载重吨以上的海运船 352 艘，其中本国船籍 322 艘，外国船籍 30 艘，本国船籍船舶占比 91.5%；按载重吨计算，合计 304.5 万载重吨，其中本国船籍 254.2 万载重吨，外国船籍 50.2 万载重吨，本国船籍占比 83.5%。2018 年，越南 1000 载重吨以上的海运船无论数量还是载重吨均有大幅提高，共有 1000 载重吨以上的海运船 991 艘，其中本国船籍 875 艘，外国船籍 116 艘，本国船籍船舶占比 88.3%；按载重吨计算，合计 992.1 万载重吨，其中本国船籍 746.4 万载重吨，外国船籍 175.6 万载重吨，本国船籍占比 81.0%（详见表 1）。从纵向对比看，2018 年，越南原籍国注册船籍船队的船舶数量较 2007 年增长了 181.5%，载重吨增长了 202.8%。2007 年，世界 1000 载重吨以上的注册船舶为 34822 艘，载重吨位 97855.7 万载重吨②，2018 年为 50732 艘 191001.2 万载重吨，船舶数量和载重吨分别增长 45.7% 和 95.2%。由此可见，虽然越南原籍国注册船籍船队世界排名上升幅度不大，但海运船舶数量和载重吨数量增长远远高于世界平均水平。

表 1　2007 年与 2018 年越南船队所有权情况比较

年份	船舶数量（艘）				载重吨（万载重吨）				载重吨世界排名
	本国船籍	外国船籍	合计	本国船籍占比（%）	本国船籍	外国船籍	合计	本国船籍占比（%）	
2007	322	30	352	91.5	254.2	50.2	304.5	83.5	32
2018	875	116	991	88.3	746.4	175.6	922.1	81.0	30

注：统计数据为截至当年 1 月 1 日，1000 总吨及以上的动力型远洋船舶。

资料来源：UNCTAD, Review of Maritime Transport 2007, p.32; UNCTAD, Review of Maritime Transport 2018, p.30.

---

① 覃丽芳：《越南海洋经济发展研究》，厦门大学出版社，2015，第 177 页。

② UNCTAD, Review of Maritime Transport 2007, p.32.

越南海运船队向专业化方向发展。据越南交通运输部的统计数据，截至2018 年 12 月，越南海运船队共有海船 1593 艘，总容积为 480 万总吨（GT），总载重量为 780 万载重吨（DWT）。越南海运船队用于货物运输的海船共 1128 艘，其中，杂货船 819 艘，占货运海船的 72.6%；散货船 99艘，占货运海船的 8.8%；油轮 150 艘，占货运海船的 13.3%；液化气运输船 16 艘，占货运海船的 1.4%；集装箱船 41 艘，占货运海船的 3.6%。越南的集装箱运输起步晚但发展较快，2013 年越南仅有集装箱船 19 艘，2018年增至 41 艘。随着经济发展对油气需求量的持续增长，越南的石油和液化气运输船数量增长也很快，2018 年较上一年增长 13.5%。[①] 从总体上看，越南海运船队载重吨位小，杂货船、散货船所占比重过高且过剩，液化气、散装水泥、熟料运输等专用运输船供应不足。此外，越南尚未形成区域性的国际中转港口，国际海运船队仍然以支线运输为主，远距离的国际运输需要到中国、新加坡等周边国家和地区中转。

（二）越南港口基础设施建设不断完善

从总体上看，越南港口与铁路、高速公路的对接非常欠缺，但越南正在逐步改进这一状况。目前，越南仅有海防的盖麟港与铁路连接；越南高速公路起步较晚，于 2010 年 2 月开通第一条全长 39.8 公里的高速路[②]，高速公路建设整体进展远远落后于计划，至今主要集中解决河内和胡志明市两大城市环城及与周边重要城市的连接，高速公路与港口的连接仍然欠缺。随着越南经济实力不断增强，港口货物吞吐量持续快速增长，越南也越来越重视陆港交通对接，完善港口基础设施建设。越南正在大力改造升级现有航道，加大集装箱码头建设力度，并在清化省宜山建设新的综合性国际港。在不断加大基础设施投资的背景下，越南不断加强港口与工业区之间的道路交通建设。为了加强吸引外商直接投资，越南重要海港

---

① TRỊNH XUÂN, Vận tải biển một năm tăng trưởng án tượng, http：//www. tapchigiaothong. vn/van - tai - bien - mot - nam - tang - truong - an - tuong - d71167. html, 2019 - 2 - 4.

② 覃丽芳：《越南的 FDI：发展与趋势》，《东南亚研究》2012 年第 5 期，第 12 页。

的基础设施建设不断向纵深发展，装卸货系统越来越现代化，并在管理上朝国际标准迈进。

（三）越南海洋交通运输业存在的问题

海运相关专业招生大幅缩减。据越南《劳动者报》网站报道，越南海事大学副校长范春阳表示，该校海洋船舶专业 2018 年仅能招收到 41 名学生，而 2009 年为 400 人。越南日越运输股份有限公司副经理陈忠国认为，越南航海业每年至少需要新增 500 名海员。[1] 越南年轻人不愿意选择与出海相关的专业的原因包括：海上作业环境艰苦，需要远离家庭，长时间在海上漂泊。越南制造业提供的就业机会越来越多，甚至出现一定程度的"用工荒"现象，年轻人在陆地上找工作机会多，收入也越来越高。这些年，世界范围内的海运和造船业都处在不景气的状态，越南也不例外。越南北方海运服务股份公司的高管透露，自 2012 年以来，该公司经常拖欠海员工资。[2] 越南本来属于劳动力输出国，但本国海运业却出现劳动力不足的状况，工资低、劳动环境艰苦、长时间离家在海上漂泊等原因本来已经使得该行业缺乏对从业者的吸引力，拖欠工资更加剧了年轻人对海运业的离心力，使海运业早于制造业出现"用工荒"问题，预计这一问题在短期内难以解决。

越南海运船队在进出口贸易中所占份额仍然很低。越南在海洋运输业发展目标中提出，将本国商运船队在进出口产品运输中所占份额提高至27%~30%[3]，但现实与发展目标相差甚远，越南商运船队承担的进出口货物运输按载重吨计算仅占10%。[4] 越南一直努力提高本国商运船队在进出口贸易运

[1] TRỌNG ĐỨC, Vận tải biển Việt Nam lo "thiếu" nhân lực, https：//nld. com. vn/thoi－su/van－tai－bien－viet－nam－lo－thieu－nhan－luc－20190120222613879. htm, 2019－1－12.

[2] Nam Khánh, Vận tải biển vẫn "người cười, kẻ khóc", https：//www. baogiaothong. vn/van－tai－bien－van－nguoi－cuoi－ke－khoc－d247434. html, 2018－3－14.

[3] 覃丽芳：《越南海洋经济发展研究》，厦门大学出版社，2015，第188页。

[4] Nam Khánh, Nhiều cơ chế ưu đãi nâng thị phần đội tàu biển Việt Nam, http：//www. vr. org. vn/tin－tuc－su－kien/Pages/ListNews. aspx？ItemID＝5636&OriginalUrl＝vn/tin－tuc－su－kien/duong－thuy/nhieu－co－che－uu－dai－nang－thi－phan－doi－tau－bien－viet－nam－5636. html，2019－1－29.

输中的比重，但经过 10 多年的努力，仅仅提高 2% 的市场份额。越南商运船队在国际贸易运输中市场份额低的原因包括：第一，越南在国际贸易中，作为购买方多选用到岸价的形式，作为出售方多采用离岸价的形式交易，运输多由外国贸易伙伴决定；第二，越南国内商运船队的船吨位小，因资金不足又经常处于维修不到位的状态，既不能远航，又不敢接对运输条件要求高的货物；第三，越南外汇管理手续繁杂，电子支付尚未普及，在支付手段上无法与其他国家船队竞争；第四，越南的商运船队规模较小，管理经营不足，缺乏与客户长期稳定的合作。

六　越南制定2030年海洋经济可持续发展战略①

2018 年 10 月 22 日，越南共产党第十二届中央委员会第八次全体会议通过第 36 – NQ/TW 号关于"2030 年越南海洋经济发展战略及 2045 年远景目标"的决议，制定了越南海洋经济发展 2030 年总体目标和具体目标，并提出 2045 年的远景发展规划，为今后越南海洋经济发展指明了方向。

（一）越南海洋经济发展的总体目标

越南海洋经济发展 2030 年总体目标是：将越南建设成海洋强国；达到海洋经济可持续发展的各项指标；形成海洋生态文化；主动适应气候变化和海平面升高；防止海洋环境污染和海洋环境退化趋势，防止海岸线被侵蚀和海水侵蚀状况；恢复和保存重要海洋生态体系。新的现代先进科学技术成为直接促进海洋经济可持续发展的因素。

---

① 本节内容摘译整理自：NGHỊ QUYẾT HỘI NGHỊ LẦN THỨ TÁM BAN CHẤP HÀNH TRUNG ƯƠNG ĐẢNG KHOÁ XII về Chiến lược phát triển bền vững kinh tế biển Việt Nam đến năm 2030, tầm nhìn đến năm 2045, https://www.nhandan.com.vn/chinhtri/item/38021702 – nghi – quyet – hoi – nghi – lan – thu – tam – ban – chap – hanh – t – u – dang – khoa – xii – ve – chien – luoc – phat – trien – ben – vung – kinh – te – bien – viet – nam – den – nam – 2030 – tam – nhin – den – nam – 2045. html, 2018 – 10 – 24。

（二）越南海洋经济发展的具体目标

越南 2030 年海洋经济发展的具体目标如下。

综合指标：海洋和大洋管理指标按国际标准执行，达到中等偏上国家的管理水平。几乎所有与海洋、海岛相关的经济社会发展活动均按照符合海洋生态系统的综合管理原则进行。

海洋经济方面：纯海经济产业占越南全国 GDP 的 10%①，沿海 28 个省、直辖市 GDP 占越南全国总量的 65% ~ 70%。按照国际标准发展海洋经济产业，开发海洋资源时遵循海洋生态系统可恢复的原则进行。

越南海洋经济发展 2045 年远景目标为：越南成为可持续发展、兴盛、和平、安全的海洋强国；海洋经济在国家经济中发挥重要作用，对越南建设社会主义定向的现代化工业国家做出重要贡献；主动、负责地参加解决有关海洋的国际和区域问题。

（三）越南海洋经济发展战略的五大主张

在新的海洋经济发展战略中，越南提出五大主张。第一，发展海洋经济和沿海经济。第二，在和谐地发挥自然优势、维持生存和发展之间的基础上开发不同海域。第三，保护海洋环境，保持海洋生物可持续发展及多样性；主动应对海洋气候变化、海平面升高，预防自然灾害。第四，提高人民生活水平，发展海洋文化，建设联系密切的友善型海洋社会。第五，保障国防安全，加强对外关系及国际合作。

（四）越南海洋经济和沿海经济发展的具体主张

越南在新的海洋经济发展战略中提出，2030 年前，按次序优先发展以

① 注，越南 2018 年出台的"海洋经济可持续发展战略"中提出 2030 年"纯海"经济占 GDP 的 10% 的目标，但《共产主义》杂志网站 2018 年 6 月 15 日刊文称，越南计划投资部国家经济社会信息与预测中心对越南海洋经济发展总体评价认为，当前"纯海"经济占全国 GDP 的 20% ~22%。这两个数据是矛盾的。由此可见，越南对于海洋经济概念的界定还处于较为混乱的状态。

下海洋经济产业，成功发展并取得突破性进展：海洋旅游及服务业、航海经济、油气及其他海洋矿产开发、海产品养殖和捕捞、沿海工业、可再生能源及新的海洋经济产业。

在海洋经济产业具体发展主张方面值得注意的是，越南不再将海洋造船业单列，而并入沿海工业中。沿海工业包括造船、炼油、能源、机器制造、加工制造业、配套产业等。此外，越南还提出同步发展并逐步形成沿海经济区、工业区和生态都市区的规划。

七　小结与预测

2018 年越南发展形势较好的海洋经济产业包括海洋渔业、海洋旅游业、海洋交通运输业，而海洋油气业和海洋船舶业遇到的困难较多。2018 年年底，越南出台了新的"海洋经济可持续发展战略"，对海洋经济发展目标、路径进一步明晰化，专门提到发展沿海工业，对海洋经济产业链做了延伸，注重沿海经济区、沿海工业区在海洋经济发展中的作用。制造业不断发展使越南财政降低了对海洋产业的依存度，越南党和政府对海洋经济的重视程度却进一步加强了，因为海洋经济是未来经济发展的重要方向，并且对保护海疆有重要作用。制造业发展也使得越南政府有更好的经济实力做好海洋经济产业发展的配套服务工作，更好地促进海洋经济产业发展。预计在 2019 年，越南的海洋渔业、海洋旅游业将会继续延续高速发展的势头。在海洋渔业方面，越南政府已开始研究建立海洋渔业保护区及禁渔的相关制度安排，海洋渔业保护及海洋环境保护将进一步受到关注。在海洋油气业发展方面，越南仍将加大力度抓深海油气开发及海外油气开发。在海洋船舶业方面，越南政府对该产业的期望值已有所降低，扶持大功率渔船、军用舰船、大功率商运船建造仍是重点发展方向，但经营状况不佳的局面预计仍将延续多年。在海洋交通运输业方面，越南将继续加强港口基础设施建设，通过政策扶持帮助本国商运船队抢占市场份额。总的来说，2019 年越南的海洋经济优势产业仍将保持良好发展势头，面临困难的产业逆转的可能性不大，但仍将在政府扶持、企业努力下继续发展。

B.9
财政金融

王志刚*

摘　要： 2018 年，越南经济增长再上新的台阶，同时贸易盈余也创出新高。宏观经济克服了美元连续加息等不利因素的影响，保持了基本稳定，表明越南经济整体实力有了明显提升，抵御国际经济和金融风险的能力得到进一步增强。与此同时，越南的资本市场也保持了基本的稳定。越证指数在创出新的历史高点后回落，重新在 1000 点下方运行。但市场的调整并没有影响越南富豪们财富的积累。首富范日旺在巩固其经济地位的同时，其影响力也向多个产业辐射。

关键词： 越南　财政　金融　证券市场

2018 年，越南经济增长再上一个台阶，GDP 增长率达到 7.08%，创下十年来的新高。对外贸易成为经济增长的重要引擎，贸易盈余也创出新高。在宏观调控方面，通货膨胀控制在既定的目标区间内，越南盾兑美元的汇率也仅有小幅的贬值。在国际经济环境动荡、美元连续加息等不利因素的影响下，越南能够保持宏观经济的基本稳定和经济的连续增长，表明越南经济的整体实力明显提升，抵御国际经济风险的能力增强。

在良好的宏观经济基本面的支撑下，越南的资本市场也保持了基本

---

* 王志刚，广西东南亚研究会经济学博士。

稳定。在证券市场上，越证指数突破了 2007 年的历史高点后创下了 1204.33 点的新高。之后，市场回落，越证指数重新在 1000 点下方运行。

在证券市场调整的背景下，银行与地产表现突出，成为稳定市场的主力。从富豪榜上来看，银行和地产也是造富的主力，证券市场的调整并没有影响越南富豪们财富的积累。

Vincom 零售和 Vinhomes 地产的上市进一步巩固了首富范日旺的地位，范日旺的造车计划以及一系列的相关动作，也将其影响力向多个产业辐射，成为 2018 年的年度企业家风云人物。

一 宏观经济与国家财政

（一）经济增长：创十年新高

2018 年，越南经济增长在 2017 年的基础上再创新高，GDP 增长率达到了 7.08%（见图 1），这一增速在亚洲国家中仅次于印度排在第二。

在全球经济不景气的大背景下，越南经济仍能保持较高速的增长实属不易。从内因上看，这是越南自 2008 年金融危机以来经历较长时间阵痛，积极调整经济结构的结果。从外因上看，虽然美联储的加息不利于新兴市场经济体，但中美之间的贸易摩擦意外地使越南获利，加速了劳动密集型产业向越南以及东南亚其他国家的转移。

自 1986 年革新开放以来，越南经济增长渐入佳境，进入最好的时期。联合国测算，2018 年越南人口为 9687 万人，接近 1 亿人，是世界上人口排名第 14 位的国家。目前，越南人口的平均年龄为 32 岁，15 ~ 64 岁年龄段的人口占总人口的 67%。在今后相当长的时间内，越南的发展仍可以享受到人口红利。在未来几年内，越南经济仍可保持 6% ~ 7% 的增长速度。

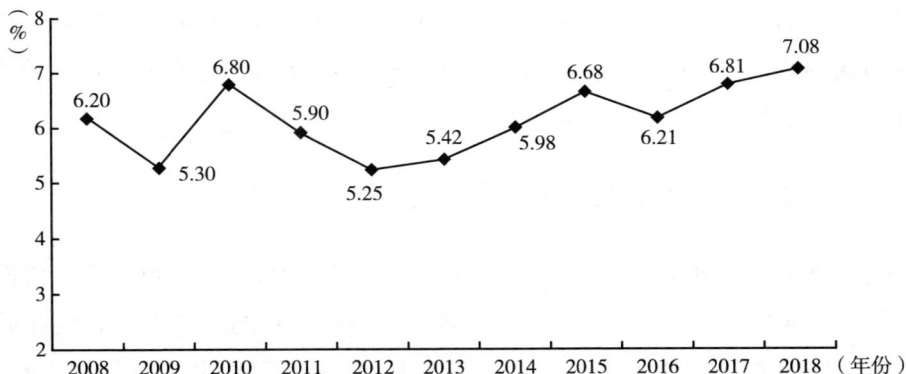

图1　2008～2018年越南各年度GDP增长率

（二）外商直接投资（FDI）和进出口

2018年，越南的外商直接投资协议资金为255.7亿美元，同比下降13.9%。外商直接投资协议资金的下降主要是2017年基数过高造成的。2018年越南的外商直接投资中，仅有两个超10亿美元的项目。一个是由日本投资建设的东英智慧城市项目，投资额41.4亿美元。另一个是韩国投资12亿美元的聚丙烯项目。2018年，到位的外商直接投资为191亿美元，同比增长9.1%。

从越南引进的外商直接投资的结构看，制造业吸引的资金为141.6亿美元，占比55.4%；地产业为59.4亿美元，占23.2%；其他行业为54.7亿美元，占21.4%。

从吸引外资的地区来看，越南河内以50.4亿美元居前，巴地－头顿省以18亿美元夺得第二位，平阳省吸引12.2亿美元，为第三位。从资金来源来看，日本在2018年成为越南最大的FDI投资国，韩国和新加坡分别列第二位和第三位。

2018年，越南的进出口贸易总额为4779.2亿美元，同比增长13%。贸易项目取得创纪录72.1亿美元的盈余，相比于2017年的29.1亿美元有大幅的增长。贸易盈余大幅增长来自两个方面，一是外资企业在出口贸易中扮演着重要的角色，特别是三星公司的手机系列 S8、S9、Note 8 和 Note 9 经由越南制造，出货量大增。二是传统的优势项目如纺织、水产养殖业，受益于中美贸易摩擦，出口也有大幅的增长。

（三）通货膨胀、利率和汇率

2018 年，受油价下跌的影响，越南的消费者物价指数（CPI）全年增长 3.54%（2017 年为 3.53%）。曾经困扰越南经济多年的通货膨胀顽疾在最近几年中均能够控制在 5% 以内，为宏观经济的稳定做出了重要的贡献。2019 年，越南的通货膨胀面临上行的压力。一是油价最近几年一直运行在低位，上升的可能性增大，有可能推动物价的上行。二是越南经济一直运行在高位，也给物价调控带来压力。

为了配合美国总统特朗普提出的"美国优先"的战略，美联储推行强势美元政策。2018 年，美联储共进行了四次加息。受此影响，美元指数 2018 年全年上升了 5.6%，美元资本逐渐回流美国，新兴市场货币承压。2008 年，越南盾正是在美元的连续升息之下出现大幅的贬值，引发了剧烈的经济动荡。虽然 2018 年越南经济的基本面与十年前相比不可同日而语，但新兴市场的动荡对于越南 2018 年宏观经济政策来说仍旧是一个重大的挑战，特别是在汇率政策方面，稳定越南盾汇率是其宏观经济稳定的关键所在。

2018 年，越南盾兑美元的汇率最终贬值 2.1%，对于越南央行来说，这是一个不错的成绩。如图 2 所示，在主要的货币中，越南盾的贬值幅度是最小的。

预计 2019 年，如果美联储仍维持其加息的路径，在越南经济持续增长的条件下，越南盾兑美元的汇率有能力维持在 23800 ~ 24100 的区间内，即贬值幅度为 1.7% ~ 2.9%。

由于越南央行批准了在与中国接壤的北部 7 个省份与人民币的有限度兑换业务，因此，2019 年人民币对越南盾的影响势必增加，这也是越南央行 2019 年的汇率政策中必须考虑到的一个因素。

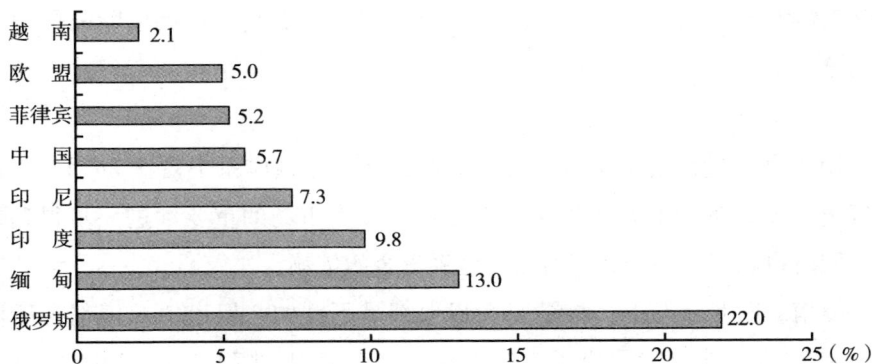

图2 2018年越南盾和其他一些国家货币兑美元的汇率变动

二 金融市场与金融机构

（一）金融市场整体状况

1. 银行体系

2018年，越南的银行存款同比增长15%，其中本币存款占总存款的90.1%，外币存款占9.9%，成为支持实体经济重要的资金来源。由于国际收支中资本项目处于盈余状态，因此国内的外币供给充足。外币存款在2018年同比增长17%，明显高于2017年外币存款的增长（2.1%）。

受益于整个经济的增长，2018年，越南的银行体系税后净利润增长40%（2017年为52.3%）。从盈利能力上看，2018年，银行系统整体的资产回报率（ROA）为0.9%，净资产回报率为13.6%，均好于2017年[①]。银行的经营状况进一步好转。

越南银行业将在2020年全面推行新巴塞尔协议（Basel II）。银行体系的资本充足率（CAR）达到11.1%，一级资本与总资产的比例达到了8.8%

---

① 2017年，银行体系的总资产回报率和净资产回报率分别为0.73%和11.22%。

（2017 年为 7.8%）。银行体系的资本充足率有所提高，抵御风险的能力进一步增强。

2. 资本市场

2018 年，越南的资本市场融资比重在整个金融体系中占比为 14%，比 2017 年（10.2%）提高了近 4 个百分比，资本市场的重要性进一步得到提升，同时也减轻了整个经济对银行体系资金的依赖。

越南的股票市场上，尽管三大指数都是下跌的，但市值规模都有所增长。到 2018 年末，股票市场市值与 GDP 的比值达到 70.2%（2016 年这一比值为 43.2%），提前完成越南政府提出的在 2020 年市值与 GDP 的比值达到 70% 的目标。

尽管越南证券市场的几大指数负增长，但境外投资者对越南股票市场仍然保持着净投资。2018 年，境外投资者总计净买入 19 亿美元股票。截至 2018 年末，境外投资者在越南股票上的投资组合总市值为 353 亿美元，比 2017 年增长 8.9%。

由于越南的股票市场整体处于调整之中，股票市场的融资行为相比 2017 年冷清许多。2018 年，股票市场的融资规模为 40 万亿越南盾，同比下降了 67%，下降幅度明显，特别是越南国有股的减持并没有完成既定的目标。

在债券市场上，越南政府债的规模达到 GDP 的 27%，与 2017 年持平。国外投资者 2018 年对越南政府债的净投资为负。由于美联储升息，越南盾的利率与美元的利率之间的利差收窄，因此国外投资者净抛售越南政府债。在企业债方面，截至 2018 年年底，企业债余额与 GDP 比值为 7%，在资本市场的比重还较小。这一规模，在东盟国家中，仅高于印尼（2.9%）和菲律宾（6.5%）。因此，企业债作为融资的手段，仍有待大力发展。

2018 年，越南保险系统的保费收入同比增长 25.8%，银行渠道的保费收入增长是主要的贡献。保险系统的总资产同比增长 19.4%。其中，人寿保险的资产主要是投资于政府债券，占其总资产的 74%，而非人寿保险的资产主要以存款的形式存放在银行体系中。

（二）股票市场

1. 越证指数：历史新高后的回调

2018 年是国际资本市场惨淡的一年。据德国银行的报告，以美元调整后计价，2018 年累计负回报的资产占比已经高达 93%[1]。这是自 1901 年有记录以来的最高比例，超过了 1920 年的 84%。在此背景下，尽管越南经济仍旧表现优异，但越南股市却不仅仅反映经济发展的成果。2018 年，越证指数的收益为 -9.3%。但是，2018 年越证指数超越了 2007 年的历史最高点纪录[2]，创下了 1204.33 点的历史新高点（2018 年 4 月 9 日），是值得纪念的一个数据。2008~2018 年越证指数各年的增长率见图 3。

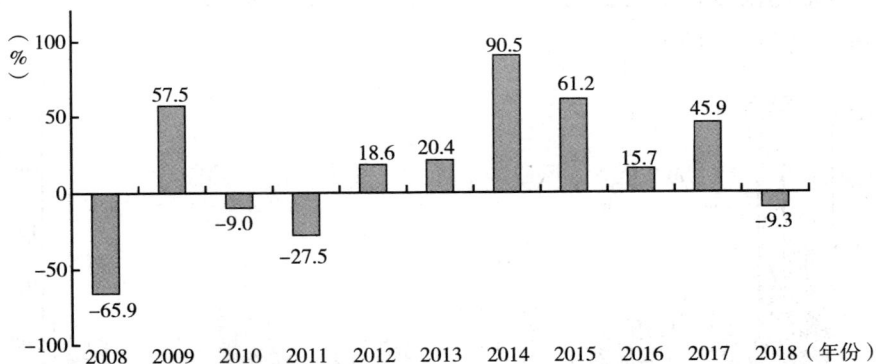

图 3　2008~2018 年越证指数各年的增长率

2018 年越南股市的演变过程大致可以分为三个阶段。

第一阶段：从 2018 年 1 月 2 日（交易第一天）至 4 月 10 日，越证指数延续 2017 年的强劲走势，至 4 月 10 日，越证指数累计上涨 21.73%。境外资金在这一阶段净买入达 8.7 万亿越南盾。河内与胡志明市两市证券日交易

---

[1] 引自新浪财经：https://finance.sina.com.cn/stock/usstock/c/2018 - 12 - 22/doc - ihmutuee1529013.shtml。

[2] 2007 年 3 月 12 日的 1170.67 点是越证指数曾经的历史最高点位。

量达到 8.6 万亿越南盾，市场十分活跃。

第二阶段：从 4 月 12 日到 7 月 11 日，市场在创出新高后掉头向下，越证指数跌破 1000 点，累计跌幅为 23.85%。市场深度的调整主要受两方面原因的影响：一是美联储年内第二次加息，美元回流导致新兴市场国家的经济波动加大；二是中美贸易摩擦升级，美国宣称对中国商品追加 25% 的惩罚性关税。两市的日交易量为 6.98 万亿越南盾。不过，境外资金在这一阶段的净买入达 24.2 万亿越南盾，主要是因为 Vinhomes 地产的上市受到外资的追捧。

第三阶段：从 7 月 12 日至 12 月 28 日（2018 年最后一个交易日），在经历了年中的调整后，指数进入横盘整理阶段。两市日交易量下降到 4.8 万亿越南盾，市场表现得十分谨慎。境外资金的买入只有 6.8 万亿越南盾（见图 4、图 5）。

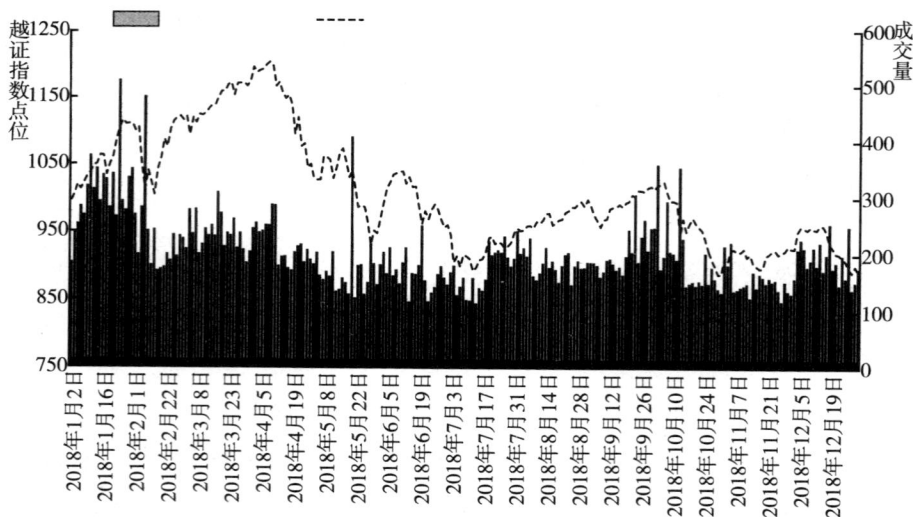

图 4　2018 年胡志明市证券交易所越证指数（VN-Index）全年走势

资料来源：数据来源于胡志明证券交易所官网，http://www.hsx.vn/。

尽管越南股市在冲上千点大关后又重新运行在千点之下，但相对于全球股市来说，仍然是一个不错的成绩。放眼全球股市，只有蒙古、印尼、巴基

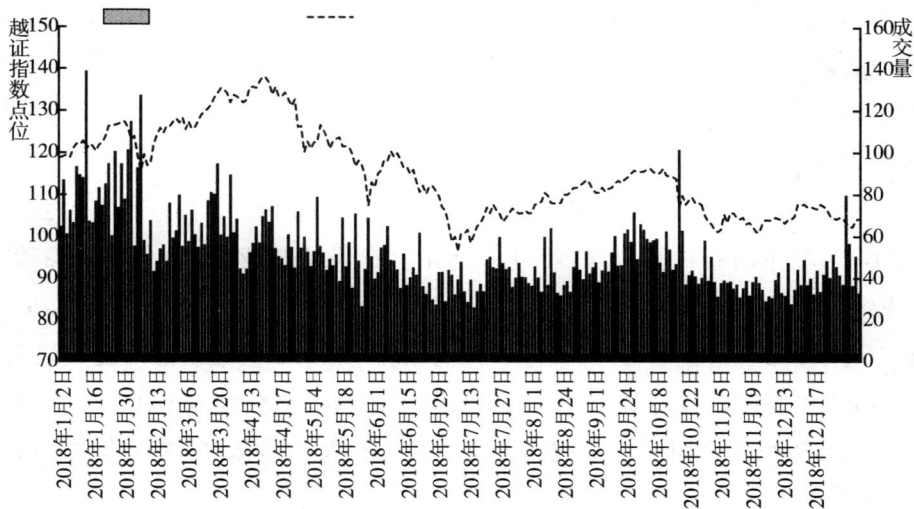

图5　2018年河内证券交易所河内证券指数（HNX-Index）全年走势

资料来源：数据来源于河内证券交易所官网，http：//www.hnx.vn/。

斯坦、澳大利亚、中国台湾、新西兰和印度为数不多的几个国家和地区的股市表现强于越南。在后市展望上，预计2019年，越证指数将会运行在800～1200点。

2. 行业与个股情况

从行业上看，越南的银行、地产和公用事业是为数不多的取得了正收益的行业。而油气炼化和大宗商品行业的表现较差。银行股与经济基本面的联系更为紧密。2018年，银行系统的利润同比增长40%，利润的增长对银行股的股价形成了支撑。在地产方面，Vinhomes地产的上市成为越南股市迄今为止最大的首次公开募股（IPO）项目。Vingroup集团股价的逆市上涨，与以上行业的表现，都表明越南的地产业正处在一个发展的黄金期。

尽管中美贸易战给世界经济和贸易蒙上了一层阴影，并对各国资本市场造成了冲击。贸易战对越南却并非都是负面的，特别是越南的出口加工贸易产业，如水产养殖和纺织业，可以说是中美贸易战最大的受益者。在水产行业中，九龙安江水产进出口公司（ACL，涨幅270%）、南越水产公司

（ANV，涨幅158%）和永环水产（VHC，涨幅79%）等水产养殖股都有不错的涨幅。永环水产虽然是三家中涨幅最小的，但市值是最大的。该公司董事长张氏丽卿持有42.8%的公司股权，凭借永环水产的表现，首度跻身财富榜20强。

在新股的发行方面，国有企业中有平山炼油（BSR）、油气电力总公司（POW）和越南石油总公司（OIL）上市。在民营企业方面，地产、零售和银行业无疑是外资关注的重点，一批在越南国内有名的企业如Vinhomes地产（VHM）、FRT零售（FRT）、技商银行（TCB）、胡志明市发展银行（HDB）和先锋银行（TPB）上市。新股中的Yeah1公司（YEG）是首家上市的在线视频公司，它也成为外资追捧的对象，进入2018年外资净买入的前五位。

3. 境外投资者行为

2018年，境外投资者在三个市场（胡志明市交易所、河内交易所及河内的UPCOM市场）上总计净买入44.1万亿越南盾（约合18.9亿美元）的各类股票，继2017年净买入创新高后，2018年境外投资者的净买入又创出新高。从图6可以看出，自2007年以来，除2016年净买入为负以外，其他年份外资一直是"买买买"。

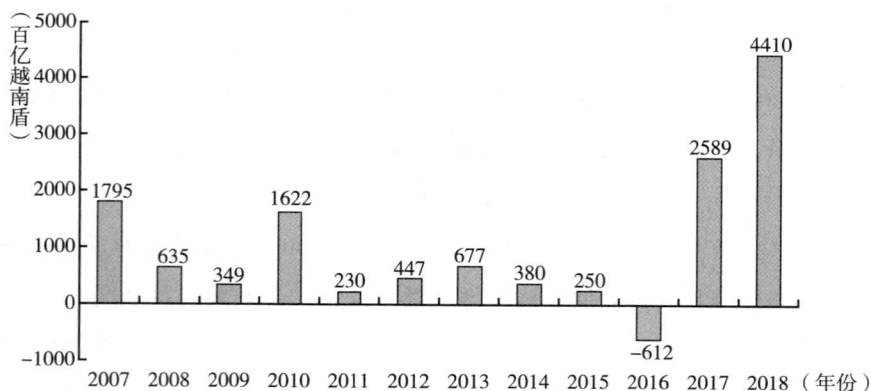

图6 境外投资者过去十二年间（2007～2018）在越南股市的净买入金额

在操作风格上，境外投资者偏好大盘蓝筹股，因此代表大盘蓝筹股的 VN-30 成分股一直是外资重点买入的对象。2018 年 IPO 的 VinHomes 地产上市后受到资金的追捧，而外资仅在这一只股票上净买入就达到了近 26 万亿越南盾，占了境外投资者 2018 年净买入额的 1/2 有强。Vinhomes 地产这类权重股在上市之初往往外资买入比重较大，有两方面的原因。一是风格上外资更偏好大盘蓝筹股，另一个重要的原因是像 2017 年的盛旺银行（VP Bank）一样，Vinhomes 地产预计会被纳入 VN-30 指数中，因此一些被动管理的基金只能被动买入争取必要的"筹码"。另一只 VN-30 成分股 MaSan（MSN）在 10 月份被境外投资者净买入 10 万亿越南盾，而此月份中境外投资者净买入总量为 9 万亿越南盾（在其他股票上是净卖出的）。

在 UPCOM 市场上，外资净买入 2.64 万亿越南盾，主要集中在农用动力机械总公司（VEA）、Viettel 邮政（VTP）、油气电力总公司（POW）、纺织总公司（Vinatax）等几家大公司。

2018 年越南股市中外资净买入和净卖出金额居前五位的股票见表 1。

表 1　2018 年越南股市中外资净买入和净卖出金额居前五位的股票

单位：万亿越南盾

净买入额前五的公司	买入量	净卖出额前五的公司	卖出量
胡志明市证券交易所（HOSE）			
Vinhomes 地产（VHM）	25.98	Vingroup 集团（VIC）	9.9
MaSan 集团（MSN）	13.3	越捷航空（VJC）	2.5
Vincom 零售（VRE）	3.83	和发集团（HPG）	1.9
Yeah1 集团（YEG）	2.58	越南乳业集团（VNM）	1.6
胡志明市发展银行（HDB）	2.4	越南外商银行（VCB）	0.46
河内证券交易所（HNX）			
西贡银行（SHB）	0.35	Viglacera 总公司（VGC）	1.06
油气服务总公司（PVS）	0.27	进出口与建设总公司（VCG）	0.87
西贡河内证券（SHS）	0.16	岘港投资发展公司（NDN）	0.13
C.E.O 集团（CEO）	0.10	亚洲商业银行（ACB）	0.12
Netland 地产（NRC）	0.04	IB 证券公司（VIX）	0.10

三 金融市场

（一）银行和地产重要事件

1. MaSan 系资本和技商银行的上市

如果说盛旺银行（VP Bank）的上市是 2017 年银行业 IPO 中最重要的一单的话，那么 2018 年则是技商银行（Techcombank）了。与盛旺银行一样，成立于 20 世纪 90 年代初的技商银行是一家私人银行，正好成立于越南银行体系从计划经济的单级体制向二级体制过渡的时期，这是技商银行上市受到人们关注的一个重要原因。

技商银行上市受到人们关注的另一个重要原因是它属于 MaSan 系资本。MaSan 在越南可谓无人不晓，它生产的 Chinsu 牌调味品是越南餐桌上必备的调味品。MaSan 的创始人阮登光也一直是富豪榜上前五位中的常客。公开的资料显示，Masan 集团持有技商银行 15% 的股权，是持股数量最大的单个股东。阮登光个人还持有 0.27% 的股价，并担任公司的副董事长。

不过，由于在上市前技商银行的股价就已经被炒高，在 2018 年 6 月 4 日上市的首个交易日中，其股价即下跌 20%。尽管如此，从其资产规模来看，技商银行仍然是越南最大的股份制商业银行。

除技商银行外，胡志明市发展银行（HDB）和先锋银行也在 2018 年进行了 IPO，使得越南的上市银行达到了 16 家[①]。

截至 2018 年年底，VN-30 成分股中有四家银行，分别是越南工商银行、外商银行（Vietcombank）、西贡商信银行（Sacombank）和盛旺银行（VP Bank）。盛旺银行（VP Bank）在 2017 年上市不久后成为 VN-30 成分股。以技商银行的各项指标来看，2019 年很有可能会被纳入 VN-30 指数之中。

---

① 可参考《越南国情报告（2017）》"财政金融"部分关于银行业的相关资料。

另外，2018 年利润靠前的六家上市银行的税后利润与盈利能力如表 2 所示。

表 2　2018 年利润靠前的六家上市银行的税后利润与盈利能力

交易代码	名称	税后利润（越南盾）	ROE(%)
VCB	越南外商银行（Vietcombank）	15.86 万亿	24.6
TCB	技商银行（Techcombank）	8.47 万亿	18.6
VPB	盛旺银行（VP Bank）	6.69 万亿	19.7
BID	越南投资发展银行（BIDV）	7.55 万亿	14.9
MBB	军队银行	6.6 万亿	20.6
STB	西贡商信银行（Sacombank）	2.24 万亿	9.1

2. 地产业：Landmark 81 封顶和 Vinhomes 地产的 IPO

对于越南整个地产业来说，2018 年最重大的事件莫过于 Landmark 81 的建成。Landmark 81 大楼位于胡志明市的平盛郡，楼高 461.3 米。Landmark 81 大楼建成后成为越南乃至东南亚地区的第一高楼。Landmark 81 大楼建成后，胡志明市的 Bitexco 金融中心塔（263 米）只能屈居第二位了，河内的 Landmark 72 成为越南的第三高楼。

Landmark 81 由 Vinhomes 地产承建。Vinhomes 地产是越南首富范日旺旗下的商业地产开发商。继 Vincom 零售（VRE）在 2017 年上市后，Vinhomes 地产也于 2018 年上市。至此，范日旺已有三家上市公司，分别是 Vingroup 集团、Vincom 零售和 Vinhomes 地产，三家公司的市值占到胡志明市证券交易所股票市值的 20% 强。

Vinhomes 地产于 2018 年 5 月 16 日在胡志明市交易所挂牌交易，上市首日即上涨 20%，报收于 110500 越南盾。这一价格不仅使得 Vinhomes 地产上市当日市值即超过 10 亿美元，其市值还直逼其母公司 Vingroup 集团，成为越南股市上市值第二大的公司。资料显示，Vingroup 集团持有 Vinhomes 地产近 70% 的股票，成为这次 IPO 最大的赢家。这次 IPO 也成为越南迄今为止最大规模的 IPO。

Vingroup 集团在 2018 年逆市上涨，以及 Vinhomes 地产上市后受到资本市场的追捧，表明越南经济已经进入一个地产业繁荣的周期之中。市场对地产的追捧也改变了越南股市的市值版图。Vingroup 集团和 Vinhomes 成为市值前两位的公司，而曾经的市值第一位的越南乳业集团（Vinamilk），只能屈居市值的第三位了①。

（二）2018年越南财富榜二十强点评

1. 财富榜二十强情况

2018 年越南财富榜上的首富依然是范日旺。自 2013 年范日旺首度登上福布斯富豪榜，成为该年度福布斯认定的越南首富以来，除 2016 年一度被陈文决夺取首富的位置外，范日旺一直都稳稳地坐在越南富豪榜的第一把交椅上。2017 年 11 月，范日旺旗下的 Vincom 零售（Vincom Retail）上市后很快就成为市值破 10 亿美元的上市公司，巩固了范日旺首富的位置。2018 年，Vinhomes 地产的上市以及旗舰公司 Vingroup 集团在 2018 年的优异表现（逆市上涨近 50%），进一步拉开了作为首富的范日旺与其身后富豪的距离。从 2018 年的富豪榜榜单上看，他的个人财富是其后 17 人财富的总和。

富豪榜的榜眼仍然是越捷航空的阮氏芳草，她也是越南的女首富。从市值上看，越捷航空达到了 30 亿美元，是仅次于新加坡航空的东南亚规模第二大的航空公司。更令人吃惊的是，越捷航空在 2018 年与空中客车公司签订了一项购买 50 架 A321neo 飞机的大合同，价值达到了 65 亿美元，是其公司市值的两倍。2018 年，越捷航空的市值虽然没有明显增加，但是胡志明市发展银行（HD Bank）的上市为阮氏芳草增加了另一项多元化的资产。从公开资产上看，阮氏芳草持有该银行 3.67% 的股价并担任公司的董事会副主席。

富豪榜的探花是技商银行董事长胡雄英。作为越南富豪榜上的新人，技商银行的上市让胡雄英一举冲入三甲之列，顺带将其妻子（阮氏清水）和

---

① 2017 年越南股市市值第一位的公司是越南乳业集团（Vinamilk），2018 年，Vingroup 集团超越越南乳业集团，成为市值第一大的公司。目前，Vingroup 集团市值约为 1100 亿元人民币，Vinhomes 市值为 800 亿元人民币，越南乳业集团市值 600 亿元人民币。

儿子（胡英明）也带入富豪榜二十强。

富豪榜的第四位阮登光则是越南富豪榜上的常客。阮登光是 MaSan 集团的董事长，他被福布斯杂志称为"鱼露富豪"，其 Chinsu 牌鱼露是越南人餐桌上必备的调味品。

2018 年越南富豪榜上最失意者莫过于 FLC Faros 的董事长陈文决。由于陈文决控制的公司股价大跌，其财富缩水最为严重，排名也跌落至第六位。

2018 年越南证券市场表现不佳，但越南富豪们并没有停止其财富增长的脚步。特别是位居富豪榜前列的富豪们，表现出强者恒强的特征。2018年，进入越南富豪榜前十的门槛，已经提升到 8 万亿越南盾（约合人民币24 亿元），而 2017 年的门槛是 5 万亿越南盾。

2. 越南富豪的一些特征

从越南富豪的一些特征也可以看出越南经济发展的部分特点。以其财富的主要来源来看，共涉及 11 家上市公司①。从行业来看，前二十位的越南富豪中，地产业贡献最多，共有 7 名富豪来自地产业，包括首富范日旺。其次是银行业，共有 4 人上榜，且都来自同一家上市银行——越南技商银行。传统的零售业和食品业也各有 1 人上榜。值得注意的是，排名第 16 位的张氏丽卿来自越南的优势产业水产业，是头一次进入富豪榜的前 20 强。

从公司造富能力来看，Vingroup 集团无疑是第一位的，不仅首富范日旺出自这家公司，公司的副董事长范秋香和范翠妲也都进入前十位。越南技商银行则在前 20 强中贡献了 4 人，是贡献人数最多的公司。贡献两人的公司有 Masan 集团、Novaland、移动世界和和发集团四家。

从职务上来看，进入前十位的富豪多是公司的董事长，是公司的主要创始人。但由于公司多为私人企业，故在持股上多沾亲带故的。在越南富豪榜的前 20 强中，夫妻双双进入的就有四对，分别是范日旺与范秋香、陈廷龙与武氏贤、阮登光与阮黄燕以及胡雄英与阮氏清水夫妇。父子关系两对，分

---

① 表 3 中仅列出富豪们财富来源的主要上市公司，比如范日旺控制的上市公司除 Vingroup 集团外，还有 VinRetail 和 VinHomes，并没有列入此表中。

别是胡雄英与胡英明以及裴诚仁与裴高日君。Vingroup 集团的两位副董事长范秋香和范翠姮则是姊妹关系。

首富范日旺出生于 1968 年。如果算他成为首富时的年龄的话，范日旺在 45 岁左右就成为越南首富。从年龄上看，富豪们多出生于 1970 年前后。这一年龄段的人们，出生时适逢战乱年代的尾声。许多人的第一桶金就是在 20 世纪 90 年代越南的革新开放之初积累的。进入 2000 年后，许多人进入地产业，其财富值激增。这点与中国的第一代富豪颇有相似之处。不过，互联网经济使得中国的"马云"们后来居上，取代了以地产为代表的第一代富豪在榜首的位置。目前来看，越南的富豪们还没有来自新经济领域的。2018 年身价（以证券市场市值计）排在前二十位的富豪如表 3 所示。

表 3 2018 年身价（以证券市场市值计）排在前二十位的富豪

排名	姓名	公司及职务	行业	身价（美元）
1	范日旺（Phạm Nhật Vượng）	Vingroup 集团，董事长	地产，综合	77 亿
2	阮氏芳草（Nguyễn Thị Phương Thảo）	越捷航空，副董事长、总经理	航空	11 亿
3	胡雄英（Hồ Hùng Anh）	越南技商银行（Techcombank），董事长	银行	8.8 亿
4	阮登光（Nguyễn Đăng Quang）	Masan 集团，董事长	食品	8.6 亿
5	陈廷龙（Trần Đình Long）	和发集团，董事长	钢铁	7.1 亿
6	陈文决（Trần Văn Quyết）	FLC 集团，董事长	地产	6.8 亿
7	范秋香（Phạm Thu Hương）	Vingroup 集团，副董事长	地产，综合	6.3 亿
8	裴诚仁（Bùi Thành Nhơn）	Novaland，董事长	地产	5.3 亿
9	范翠姮（Phạm Thúy Hằng）	Vingroup 集团，副董事长	地产，综合	4.2 亿
10	胡春能（Hồ Xuân Năng）	Vicostone，董事长	地产	3.5 亿
11	阮德才（Nguyễn Đức Tài）	移动世界，董事长	零售	2.3 亿
12	阮氏清水（Nguyễn Thị Thanh Thủy）	越南技商银行，股东	银行	2.2 亿
13	阮氏清心（Nguyễn Thị Thanh Tâm）	越南技商银行，股东	银行	2.1 亿

排名	姓名	公司及职务	行业	身价（美元）
14	武氏贤（Vũ Thị Hiền）	和发集团，股东	钢铁	2.0 亿
15	阮文达（Nguyễn Văn Đạt）	发达地产，董事长	地产	1.8 亿
16	张氏丽卿（Trương Thị Lệ Khanh）	永环集团（Vĩnh Hoàn），董事长	水产养殖	1.7 亿
17	胡英明（Hồ Anh Minh）	越南技商银行，股东	银行	1.6 亿
18	陈黎君（Trần Lê Quân）	移动世界，股东	零售	1.5 亿
19	阮黄燕（Nguyễn Hoàng Yến）	Masan 集团，董事会成员	食品	1.4 亿
20	裴高日君（Bùi Cao Nhật Quân）	Novaland	地产	1.1 亿

（三）企业家年度风云人物：范日旺

2018 年越南的年度企业家无疑是首富范日旺，不仅因为其这一年度财富增长，首富的位置变得更加难以撼动，更是因为他领导的 Vingroup 集团在 2018 年跨界推出的一系列项目，从衣、食、住、行方面，全面地影响着越南人的生活。

地产作为 Vingroup 集团的主业，2018 年的大动作频频。东南亚第一高楼 Landmark 81 建成，成为胡志明市的新地标；Vinhomes 地产的上市使其成为最大规模的 IPO。此外，自 2017 年提出公寓式住房的 Vincity 项目后，Vincity 在 2018 年在越南多个城市全面铺开。

在零售业上，VinMart + 便利店在 2018 年末同时开张 117 家新店，使得 VinMart + 在全国的连锁店达到了 1700 家。

越南作为人口近亿、世界人口排名第 14 的国家，随着经济的发展，越南的汽车市场是任何车企无法忽略的。尽管在越南广南省朱莱经济开放区的长海汽车（Thaco）已经有制造马自达整车的能力，却不是越南的自主品牌。不过，越南人离自主的汽车品牌的梦想也并不遥远了。在 2018 年巴黎国际车展上，Vingroup 集团旗下的 Vinfast 展示了其设计的三款汽车，预计整车在 2019 年就可以在越南上路。与此同时，范日旺还没有忘记为平民百姓设计一款电动摩托车 Vinfast Klara。这款轻便的电动车已经在摩托车王国与本田摩托并驾齐驱了。

除此之外，Vingroup 集团还在一系列高科技领域施展拳脚。在移动支付方面，Vingroup 集团成立了 VinID。依托其在地产、零售的业态生态体系，VinID 很有可能后来居上，成为越南移动支付强有力的竞争者。在智能手机方面，Vingroup 发布了 Vsmart 手机。Vingroup 集团还发布了 VinUni 大学项目，进入高等教育领域。与马云创办的顶级研究型大学湖畔大学不同，VinUni 是教学研究并举，并希望成为越南的一流私立大学。

2018 年 8 月，Vingroup 集团发布了未来十年的战略规划，希望能从一家地产商转型为一家科技型和服务型的公司。越南经济的发展成就了范日旺这样的越南富豪。预计未来十年内，地产业在越南将迎来黄金时代。但在知识经济来临之际，范日旺不仅希望能变得更富有，也在努力迎接知识经济的到来，将 Vingroup 集团打造成一家更值得尊敬的公司，而不仅仅是一家地产公司。

B.10
交通通信

秦晓洁[*]

摘 要： 2018年，越南交通运输体制改革进一步深入，交通运输专业法律不断健全，交通运输及物流得到发展，交通基础设施建设多个重点项目特别是航空港建设方面取得较大进展。越南邮政持续发展，首次用国家邮政编码作为自动开发和分选技术应用的基础，通信市场得到进一步整顿。越南通过了《网络安全法》，电子政务和电子商务得到进一步推进。

关键词： 2018年 越南 交通 通信和信息

一 交通运输

（一）2018年概况

1. 交通基础设施基本情况

在公路方面，越南公路总长570448公里，其中，国道24136公里，高速公路816公里，省道25741公里，其余为农村道路。[①]

在铁路方面，越南国家铁路网络有7条干线，总长近3160公里，每一千平方公里铁路网络有7.9公里干线。其中，正线2646公里，站线和岔线514公里。铁轨类型主要有米轨、准轨和混合轨，其中，84%为米轨，6%

---

* 秦晓洁，广西师范大学翻译。

① 《2018越南物流报告》2018年第四季度，〔越南〕工商出版社出版，第33页。

为准轨，9%为混合轨。为提高安全性和提速，越南对部分铁路车站和线路进行了升级。目前，越南有车站、铁路运输服务货仓和运输方式中转站约2055110平方米；站台、堆场面积约1377621平方米。主要有河内站、甲八站、宁平站、清化站、岘港站和西贡站等现代化的大站，有海防站10号仓、河内站行李仓、甲八站散货仓等现代化的大货仓。

在海运方面，越南现有在用海港45个，码头265个，港口设计年吞吐总量5亿~5.5亿吨。45个在用海港中，有2个1A港（国际港口）、12个1A级海港（区域性枢纽海港）、18个2级海港（地方综合性海港）和13个3级海港（外海油气港）。

在内河航运方面，越南有大小河流2360条，总长41900公里，平均密度为0.27公里/平方公里。越南正在进行管理和开发的内河长度为17253公里，中央管理的内河航线总长7071.8公里，占41%。

在航空方面，越南现有在用航空港22个，其中云屯航空港是2018年才投入使用的，也是首个由地方政府募集投资资金的机场。越南航空港中有9个为国际航空港，13个为国内航空港。2018年2月23日，越南政府总理批准了236/QD-TTg号决定：2030年，越南将开发28个机场，其中，15个为国内机场，同时在内排、岘港、金兰、新山一、龙城等重点口岸设13个国际机场。预计到2020年，航空港的客运总量达到1.31亿旅客/年，货物总量达220万吨/年。在运输量上向东盟第四位的目标进军的同时，进一步加强航空队伍和航空港系统的建设。

2. 交通基础设施投资建设成效显著

越南继续加强对交通基础设施的建设。据越南交通运输部对外公布的数据，2018年，越南对交通领域的投资放款金额约达337850亿越南盾，资金到位率为92.99%。其中，财政计划外资金到位率达100%，约100000亿越南盾；国家财政和政府公债放款金额为237850亿越南盾，资金到位率为90.3%。① 虽然国家采取一系列措施推动放款，但受到各种因素的影响，越南

① 《（越南交通运输部）2018年工作总结及2019工作任务新闻稿》，http：//mt.（转下页）

未按期完成年度交通基础设施建设投资计划，但在坚持推行方针政策，大力鼓励社会资本参与交通基础设施建设，筹集资金发展交通基础设施建设方面成果显著：2018 年 12 月 25 日，越南首个由地方政府募集资金修建的机场——广宁省云屯国际航空港顺利完工，迎来首趟航班。该项目由越南阳光集团（Sun Group）投资兴建，于 2015 年正式动工，投资总额约为 77000 亿越南盾。在采取 BOT 方式（建设—运营—转让模式）建设交通基础设施方面，越南也取得重大进展：2018 年 10 月 10 日，和乐—和平高速公路和文郎大桥项目顺利通车。和乐—和平高速公路项目的投资方为富美集团股份公司，于 2016 年 8 月 1 日动工兴建，总投资金额 27000 亿越南盾，项目建成后由开发商收费 27 年；文郎大桥原名越池—巴维大桥，总投资金额为 14600 亿越南盾。

2018 年，越南加强对工程施工质量和进度的管理。2018 年及时完成并投入使用 27 个交通基础设施建设项目，新启动 16 个项目。通过谈判磋商的方式，停止了 13 个对现有路段进行改造升级的 BOT 项目。在项目决算管理方面，投资者和项目管理委员会立项并提交了 39 个国家财政拨款项目决算，总金额达 268120 亿越南盾，达全年计划的 85%；立项并提交了 7 个 BOT 项目；相关部门审查批准 82 个项目，批准金额达 541510 亿越南盾，达全年计划的 101%。2018 年，越南通过了 62 个已竣工并投入使用的 BOT、BT 项目（建设—转让模式）的决算。

2018 年 9 月 1 日，越南广宁省下龙市至海防市高速公路和白藤桥项目顺利通车。下龙—海防高速公路是首条经越南政府总理批准，由地方政府通过 PPP（政府和社会资本合作）模式和使用省预算内资金修建的高速公路。全长 24.6 公里，宽 25 米，分为四车道，通车最高速度为 100 公里/时，投资资金 64160 亿越南盾。下龙—海防高速公路通车，将下龙市与河内之间的距离从从前的 180 公里减少到 130 公里，车程从 3.5 小时降至 1.5 小时；下龙到海防路程由 75 公里减少至 25 公里。白藤桥修建项目是以 BOT 模式投

（接上页注①）gov. vn/vn/tin – tuc/58548/thong – cao – bao – chi – ve – hoi – nghi – tong – ket – cong – tac – nam – 2018 – va – trien – khai – ke – hoach – nam – 2019 – cua – bo – gtvt. aspx.

资的项目，从桥引到桥身全长 5.4 公里都是采用目前最复杂、最先进的技术，由越南人投资、设计并组织施工，总投资额约 76610 亿越南盾。广宁省下龙—海防高速公路和白藤桥项目建成通车对于加强河内—海防—广宁北部重点经济区的互联互通有重要意义。

2018 年 9 月 2 日，岘港—广义高速公路通车。作为越南南北高速公路的先导段，岘港—广义高速公路是越南中部重要交通基础设施项目，由越南高速公路发展与投资公司（VEC）承建。项目于 2013 年动工，途经岘港市（7.9 公里）、广南省（91.2 公里）和广义省（40.1 公里），全线长 139.204 公里，其中高速路段长 131.5 公里，与 1A 号国道连接的路段长 7.7 公里，投资金额为 340000 亿越南盾。岘港—广义高速公路通车完善了南北高速公路，把沿途的工业区、休闲度假区连接起来，对越南中部和西原地区的发展有特殊的意义。与此同时，岘港—广义高速公路的通车还将起到交通分流作用，通过东西经济走廊将越南—老挝—柬埔寨经济三角区的国际运输与越南中部海港连接起来。

在铁路运输方面，虽然越南每年的投入只占交通领域投入的 6%～7%，但在制定战略、政策和具体计划做好基础设施建设上下了很大功夫。目前在越南国家铁路上运营的 872 列 M 货运集装箱由运输股份公司管理并开发，安园铁路物流中心、东英站、凶神站（GA SONG THAN）等地的货运集装箱装卸专用设备也是通过社会化方式筹集资金。2018 年，越南提出铁路投资建立服务于物流运行的信息信号系统的主张，将除了嘉林—海防及北部地区的几条线路外的几乎所有的铁路线上的信号传输均改为光缆，使用传输速度为 622Kbps 的 SDH STM - 4 传导设备。

2018 年 9 月 20 日，中越两国"一带一路"交通基础设施建设合作大型项目河内轻轨吉灵—河东线试运行。该项目由中国中铁六局承建，总投资额 8.68 亿美元，全线长 13.5 公里。河内轻轨吉灵—河东线试运行是全线正式进行商业运营的重要里程碑。通过试运行阶段的不断调整和完善且完成各项验收后，轻轨将逐步过渡到正式的商业运营阶段。吉灵—河东线轻轨的投入使用，将为河内市民提供便捷、舒适的出行选择，极大地缓解河内市区交通压力。

2018 年，越南海运继续得到发展，越南不断投资升级海港，靠泊能力日益提高。几乎所有的综合性海港和区域枢纽均能接纳载重在 30000～50000 或以上载重吨的船舶，国际港口盖梅港口更是能接纳 160000～194000 载重吨的船舶。北部的沥县港的两个新码头于 2018 年 5 月启动。沥县国际港的启动在越南海港系统中有着特别的意义。近年来，越南北部重点省份、城市、工业区和经济区对海港运输卸载货物的需求越来越大，而沥县国际港的启动将满足这个需求，有助于河内—海防—广宁三角区的经济发展，使得越南北部地区乃至越南全国货物进出口不需要到新加坡、中国香港中转即可直接进入欧洲、美洲，大幅度减少运输方面的支出，增加进出口商品的竞争力。老挝东北部地区的货物也可通过这里过东西走廊和到中国南方。

2018 年 5 月，GEMADEP 集团和红星集团南亭武深水港项目一期投入运营。据越南官方媒体报道，南亭武深水港面积 65 公顷，岸线 1500 米，总投资 6 万亿越南盾（约合 2.63 亿美元），可停泊载重 4 万吨的船舶，3 个月试运行期内南亭武深水港一期集装箱吞吐量为 2.5 万标准箱（TEU），码头作业效率为 50 个循环/时。

2018 年 5 月，海防国际集装箱港口（HICT）也投入使用。海防国际集装箱港口由西贡新港总公司、日本商船三井公司（MITSUI）、中国台湾万海航运公司和日本伊藤忠商事公司（ITOCHU）联营，于 2016 年 5 月开工建设，总投资 3.21 亿美元，位于海防市吉海县吉海镇，是越南北部重点经济区首个深水港，面积 44.9 公顷，可靠泊载重 1.4 万标准集装箱船和 16 万载重吨的货船，预计集装箱吞吐能力为 110 万标准箱/年。该港投入使用将降低企业海运和物流成本，提高越南商品的竞争力，助推越南北部深水港和物流体系建设。

2018 年，越南在航运方面也有突破。9 月底，越南交通运输部公布了新山一国际航空港扩建的详细规划。根据调整后的方案，从 2020 年至 2030 年，越南将在原有基础上对新山一机场 T1 和 T2 航站楼进行改造，将 T1 和 T2 航站楼的旅客年吞吐量增加到 3000 万人次，并在机场南面新建年吞吐量 2000 万人次的 T3 航站楼。扩建后的新山一机场，面积将从原来的 545 公顷增加到 791 公顷。12 月 25 日，越南广宁省云屯国际航空港完工。这是越南首个由地方政府募集投资资金的机场。预计至 2020 年，云屯国际航空港将设有 4E 级机场和二级军用机场，跑道长 3.6 公里、宽 45 米，至少 6 个停机位，旅客年吞吐量可达 250 万人次，能够接待波音 777 及空中客车 A350 等客机。到 2030 年，旅客年吞吐量可达 500 万人次，设 12 个停机位，占地面积将逾 326 公顷。

除了在公路、铁路、航运等方面卓有成效外，越南还非常重视对交通基础设施的维护和保养。2018 年，越南进一步完善公路警报系统，对 139 处事故高发区、76 个隐患和 107 个临时点进行处理。此外，越南还加强中央与地方政府的配合，对公路、铁路安全走廊进行管理。2018 年，越南共征收道路使用费 80350 亿越南盾，超额完成 2018 年计划的 16%，超收金额达10850 亿越南盾。

3. 交通运输及物流发展

整体来看，2018 年越南运输服务质量得到了进一步改善，运输量继续迅猛增长。运输重组采取的配套措施取得了积极的效果，各种运输方式连接起来，海上和内河运输货物周转量获得了增长，陆路交通、交通拥堵和交通事故方面的压力得到缓解。2018 年，越南运输产量约达 16.34 亿吨，比 2017 年增长了10%；旅客量达到 46.41 亿人次，增长了 10.7%；货物周转量约达 3060 亿吨公里，增长了 7.6%；旅客周转量约达 2070 亿人公里，增长了 10.9%。

根据越南政府总理 2014 年 3 月 4 日 318/QD-TTg 号决定中提到的到2020 年运输服务发展战略和 2030 年发展方向，越南要对国内运输市场进行重组，减少公路运输市场份额，提高铁路运输和内河运输特别是在主要运输走廊的市场份额。到 2020 年，省市间公路运输的市场份额约为 54.4%，铁路约为 4.3%，内河运输市场份额约为 32.4%。

2018 年，越南公路运输市场份额在各类交通运输中所占比重过高，约为 75%。仅 1~9 月，公路运输货物达 9.347 亿吨，同比增长 617 亿吨公里，增长 12.1%。

海运方面，根据越南航海局的总结报告，2018 年上半年，悬挂越南国旗的集装箱船已经有 38 艘。在内地海运中，北南线上 70% 的货物运输是通过海运，主要通过越南船舶公司的集装箱船运输；其余 30% 的货物主要是对运输速度要求高的冷冻品、海产品、水果和贵重物品，通过公路运输。越南进出口货物中，通过海运方式运输的比例约占90%。

2018年，连接越南广南省朱莱经济开放区与中国、日本和韩国的联合海运线路得以通航，为这一区域与国际的接轨创造了机会，降低了长海、马自达等汽车公司的汽车零配件的运输成本。此外，这一线路的开辟，为朱莱经济开放区和中部—西原区域的投资者在圻河港（CANG KY HA）进出口货物创造了条件，为世界各大海港与越南的商品流通创造了机会。此外，由现代、SITC船务公司开展的韩国平泽港、中国南方省份与越南海防、胡志明市的联合通航业为冷冻品、汽车工业用品、高科技产品和加工业产品的运输提供了便利。

在铁路方面，为发展越南国内物流，越南铁路总公司与西贡新港公司签订合作协议，在现有的凶神站、安园站、东英站等货运站共同投资建设并运营货场、装卸设备。今后，共同投资建设经营还将扩大到其他的铁路货运站，发展冷藏集装箱运输将成为2019年越南铁路总公司和西贡新港公司优先合作的领域。

越南铁路总公司还与中国铁路的物流运输公司及越南国家航运公司（VINALINES）下属物流股份公司、长海一公司、海防铁路服务公司、海安铁路服务公司、越中国际商贸运输有限责任公司等股份公司配合，在国际联运方面进行合作，为客户提供仓到仓服务。

越南与中国、哈萨克斯坦、俄罗斯在铁路方面开展合作，计划开通集装箱班列。开通后的集装箱班列，平均运行时间为14～16天，而海运需45～50天，大大缩短了物流运输的时间，为亚欧之间的铁路运输带来优势。

越南内河运输是仅次于海运的第二大运输方式。在越南北部，水路运输都是与沿海地区结合在一起的海运，主要通过海防—广宁再到河内，或海防—广宁再到宁平，但并不是很方便。而越南南部的水路交通则不同，发展得非常好。每年运输量占区域运输总量的65%～70%，货物周转量占总量的70%～75%，南部内河运输依靠的两条主要河流是同奈河和九龙江，通过这两条河流和它们的支流形成了高密度的运输网。但在装卸货物、港口和码头的管理方面，越南内河运输还有很大的提升空间，目前还难以与多方式联运相结合。

根据越南内河运输管理局的信息，参与内河运输的经济成分复杂，私人和家庭式内河运输所占比重高达95%以上。目前，越南全国从事内河运输的企业有1547家，企业和合作社运输还不成熟，竞争力不强，大部分内河运输企业人数在50人以下。

越南物流报告数据显示，2018年1～8月，越南内河运输达1.895亿吨，运输量增长了7.3%，货物周转量为400亿吨公里，增长了7.4%，占市场份额的17.7%。

在航运方面，越南航空运输约占越南进出口价值的25%，国际航空货物运输主要是面向亚洲太平洋地区、欧盟和北美。中国是越南航空货物运输的最大使用国，占市场份额的26%；韩国是第二大使用国，占20%；美国排第三，占9%。

在越南的航空港中，只有4个航空港有专用的货物航站，其余航站均通过旅客航站来处理航空货物，目前只有内排和新山一两大航空港具有航空物流服务中心。在北方的内排航空港，NCTS物流中心、ACVS物流和ALS物流分别以48%、17%、35%的市场份额承担了大部分的进出口物流业务，业务所涉及的货物种类也非常丰富。在南方的新山一航空港，新山一货物服务有限责任公司（TCS）和西贡货物服务股份公司（SCSC）以67%和33%的份额占据了市场，共同开发着新山一航空港。此外，DHL、联邦快递、KERRY EXPERSS等许多国外快递公司都在新山一机场有专门的站点。由于这些公司运输的一般都是文件，以重量计算，运量非常有限。但随着电子商务的发展，快递在航空运输总量的比重一定会有所增长。

越南物流报告数据显示，2018年1～8月，越南航空货运量达23.54万吨，增长了22.1%，货物周转量为6.208亿吨公里，增长了19.5%。国内航运市场呈逐年增长的趋势。2011～2017年年均增长率达10%，航运的货物主要为水产、水果、纺织原料和活体动物。在越南的国际航空货运市场上，来自26个国家和地区的64家航空公司共同参与运输，其中有24家世界或区域内的大型航空公司在从事航线开发，运输货物。国外的航空公司与越南本土的越南国家航空公司、越捷航空公司、捷星太平洋航空公司已在河内、胡志明市、岘港、芽庄、海防和富国等地共同开发了140多条国际航线。

根据国际航空运输协会预测：2015～2035年，越南市场的航空旅客人数的增长速度位居世界第五位，复合年均增长率达到6.7%，高于世界增长水平（3.9%）和亚太地区增长水平（4.6%）。[①]

2018年，越南还诞生了一家新的航空公司——越竹航空公司（BAMBOO AIRWAYS）。至此，越南航空市场成员已增至五家：越南国家航空公司、越捷航空公司、捷星太平洋航空公司、越南航空飞行服务公司和越竹航空公司。越竹航空公司由越南地产巨头FLC集团投资，2017年成立后，就迅速招募飞行员和空服人员并与空中客车和波音公司签订购机协议，于2018年11月取得飞行许可。与越南其他航空公司不同，越竹航空公司将低成本与传统或全服务的航空公司相结合，根据每个细分市场的需求，特别是根据FLC度假山庄所在的区域来开辟开发国际、国内航线。

4. 继续加强交通运输体制建设与管理

2018年，越南在交通运输体制建设与完善方面取得成效，相关部门起草了交通运输方面的专业法律法规，如《公路交通法》《水路交通法》《越南航海法》，从规划上对法律条款进行修改补充。2018年，共形成了15个法律规范文本和4个提案，颁布了60个通知和审批了4个提案。

2018年，越南交通运输行政改革工作和行政手续简化工作取得成效，精简机构和人员，有效开展越南单一窗口机制和东盟单一窗口机制。2018年，越南颁布《（交通运输部）机关单位领导和管理干部职称考评细则》；根据越共中央十二届六中全会决议制订计划和设计项目；颁布《交通运输部项目管理委员会组织和运行规定》；制定并落实方案，降低运营门槛和条件；对货物产品名录进行核查和缩减；将交通运输部的75项行政手续参与到越南单一窗口机制和东盟单一窗口机制，100%达到2018年越南单一窗口

---

① 《2018越南物流报告》2018年第四季度，〔越南〕工商出版社，第60页。

机制和东盟单一窗口机制建设要求，同时还颁布并推广 1.0 版本的交通运输部电子政务系统。

2018 年，越南继续对交通运输国有企业进行重组改革，有步骤地推行国有企业股份化，提高运营成效，已按规定将交通部下属 5 个国有企业代表机关的责任和权力移交给国有资产管理委员会。

在管理方面，2018 年，越南重视对交通基础设施的投资放款；采取积极措施，加强对项目质量和进程的管理；针对 BOT 项目存在的问题，开展了严格而又慎重的检查，有针对性地解决问题；加强对 BOT 项目营业收入的管理，增强 BOT 项目营业收入的公开性与透明性，同时推出不停车电子收费系统。在交通事故的预防和控制方面，越南继续加强交通安全宣传。尽管如此，2018 年，越南投资放款比例未能按计划完成，2018 年国家财政和政府公债放款仅达到原计划的 90%。一些项目的投资建设和开发管理工作做得不到位，个别项目刚投入使用即发生损毁，如岘港—广义高速公路。在交通安全方面，越南交通情况复杂，与 2017 年相比，交通事故发生率、死亡人数和受伤人数 3 项指标均有所下降，但交通事故死亡人数还是过多，为8428 人，未完成死亡人数减少 5%～10% 的既定目标；发生了多起重大交通事故，特别是越捷航空发生的事故影响到了航空安全；大规模交通拥堵与2017 年相比也有所增加；BOT 项目的管理开发特别是公路 BOT 项目还很复杂，隐藏着很多问题，亟待解决。

（二）2019年计划目标[1]

2019 年，越南将集中发展交通基础结构配套设施，对交通运输领域业务进行结构重组，提高运输能力，减少物流费用。具体将集中完成以下任务。

注重体制的建设和完善工作，特别是机制、政策、专业法律法规等方面的工作。按进度、高质量地完成 7 个专业法律法规和 6 个政府工作项目提案

---

[1]《郑庭勇副总理在交通运输部2018年工作总结和开展2019工作任务中的总结报告》，http://vanban. chinhphu. vn/portal/chinhphu/hethongvanban?class_ id = z&_ page = 1& mode = detail & document_ id = 196294。

的起草，提请政府颁发 27 个通知和提案。

集中检查、提升改造交通基础设施并制定新的规划。对公路、铁路、航空、海港、内河航运 5 个领域的工作进行合理规划，特别注意多种运输方式的连接，注重经济区、工业区和经济中心与海港的连接，注重区域交通与国家交通网络的连接。

在做好规划的基础上，有计划地落实各项规划。注意项目实施的阶段性，使之与投资计划相结合，明确资金结构（国家财政、企业投资、FDI 贷款等），避免盲目跟风投资，做好 2021～2030 年阶段交通基础设施投资的计划工作。

加快投资准备工作的进程，使之与提高项目投资建设质量相结合，保证投资、保证进度、保证质量，保证安全、保证效果。重点做好以下项目的投资工作：北南高速东线；中良—芹苴、和平—木州、谅山—高平、同登—茶岭等高速线路；各地区特别是西北与内排—老街高速的连接线路；龙城航空港、新山—航空港的建设；对现有铁路进行改造升级；吸引社会资源投资海港；发展内河航运项目；完善对都市铁路项目投资标准的调整，加强投资建设管理工作的效果和有效性。

继续发展农村交通，使之与新农村的建设相结合，建立合理机制吸引资金资源。

注重交通安全工作，减少交通事故，提高工程质量，避免浪费和各种弊端，加强对交通事故的控制和对运输的管理，治理超载等。

及时处理并妥善解决 BOT 项目存在的问题，进一步推进不停车电子收费系统。

继续推进交通运输行业企事业单位的机构重组。

二　通信和信息

（一）通信

1. 邮政

2018 年，越南注重邮政业务的质量与安全，邮政行业联络通畅，运营正常。在健全邮政行业机制和规定方面，2018 年，越南首次将国家邮政编码作为自动开发和分选技术应用的基础。此外，越南还对服务方式进行改革、颁布了质量评价标准，特别是对重要服务对象的机要服务标准提出了更高要求，服务标准变得更为具体。如：收件人为政治局委员、中央书记处的，则寄件到收件全程不超过 1.5 天，跨省收寄件到省/市中心的时间不超过 3.5 天；市内机要件（KT1）收寄，不超过 3 小时。另外，相关部门还建议颁布《参与党和国家机关机要业务邮寄人员选用标准和规定》，以规范管理做好服务。

2018 年，越南有 400 家公司活跃于邮政市场，总营业额达 30 万亿越南盾（约 14 亿美元），同比增长 25%。

2. 通信

2018 年，越南已将光缆铺至 63 个省市的农村，移动网络信号普及率达人口的 99.7%（其中，3G、4G 普及率达人口的 98%）①，形成了与世界联网的局面，为数字服务融入社会和人们的生活打下了基础。

2018 年，越南发放了 38217 个频率运营许可证，其中 26866 个电子许可证（占 70.3%）和 11351 个纸质许可证，发放了 1031 个海船无线电报务员证。

2018 年，越南共发生 183 起无线电干扰，处理了 174 起。无线电干扰数比 2017 年增长约 25%，其中，移动网干扰 126 起，占 71%，造成 524 个站点被干扰，被干扰站点数量比 2017 年减少。干扰源主要为 DEC6.0 电话和手机信号放大接收器。

2018 年，越南在通信业推行保号转网业务。自 2018 年 11 月 16 日起，军队电信集团（Viettel）、维纳风移动通信公司（Vinaphone）、移动通信公司（MobiFone）开始对预付费的用户推出保号转网业务。据悉，自 2019 年 1 月 1 日起，Vinaphone、MobiFone 和越南移动通信服务公司（Vietnamobile）将同时对所有客户推行保号转网业务。保号转网既有利于消费者，也有利于优化通信市场结构，给通信市场、通信企业及移动用户带来更多便利，也符

---

① 《越南信息传媒领域进行 2018 年工作总结并开展 2019 工作任务》，http://mic.gov.vn/Pages/TinTuc/138476/khoi - Vien - thong - tong - Ket - cong - tac - nam - 2018 - va - trien - khai - nhiem - vu - nam - 2019.html。

合国家管理机关的管理目标。保号转网业务的推出，提高了通信企业的市场竞争力，为越南通信企业在日益饱和的通信市场吸引用户开辟了新的渠道。

2018 年，越南对通信行业的集中整顿和管理进一步加强，对未进行信息登记的通信用户采取强制手段：2018 年 4 月 24 日前未对个人信息进行补登记的用户将被停机，终止合同。这一规定的出台，导致大量用户蜂拥至营业厅，各营业点须昼夜加班加点办理个人信息补登记手续。

2018 年 11 月 12 日，越南富寿省人民法院对涉及金额达万亿越南盾的特大非法网络赌博案的 92 名犯罪嫌疑人进行审判，更充分地体现了越南对通信行业集中整顿管理的坚决态度。这起特大非法网络赌博案在越南涉及面甚广，牵扯出众多职能部门，其中包括原越南公安部的领导。案件的判决影响深远，对高科技领域的个人经营活动起到警示震慑作用，提醒运营商注意遵纪守法。

网络赌博案之后，越南政府禁止使用预付费卡进行充值业务结算。据越南网络数字经济相关的企业和在线游戏经营企业透露，此禁令一出，企业营业额下降幅度为 50% ~ 60%，有的甚至下滑了 90%。对此，越南相关部门建议政府允许使用通信预付费卡充值，确保合法的数字经济的发展，强调通信预付费卡既非结算方式，也非结算的中间方。

3. 互联网

2018 年越南继续做好对越南国家互联网域名 ".vn" 的管理以及对 ".vn" 域名的注册和使用，在部分机构试推行电子注册。2018 年，".vn" 域名的持续使用数量居东盟各国之首，国家域名注册使用数量位列亚太地区十强。截至 2018 年 12 月 31 日，在使用的 ".vn" 域名达到 465890 个，较之 2017 年，同比增长 8.23%。其中，2018 年新注册的域名达 143621 个。

2018 年，越南互联网协议第六版（IPv6）的转换达到 25.85%，位居世界第十三位，亚太地区第六位（仅次于印度、美国、马来西亚、中国台湾、日本），在东盟地区位居第二，IPv6 的使用人数达到 1400 万人。2018 年，VNIX 系统不断采用新技术并得到升级，在与其他国际系统的连接方面，保持着高质量和很强的稳定性、安全性和防御性，为企业互联网内容提供商参与连接提供支持。

（二）信息

1. 信息安全

2018 年 6 月 12 日，越南国会通过了《网络安全法》并于 2019 年 1 月 1 日起生效。在通过《网络安全法》之前的讨论会上，许多国会代表均表示须避免与《信息安全法》内容交叉重合。对此，越南公安部强调：《网络安全法》中关于在越南设立办事处和进行数据存档的相关规定符合国际惯例。《网络安全法》旨在确保国家安全方面重要信息系统的安全，预防和处理违反网络安全行为，确保网络安全活动的开展，以及明确相关单位、组织和个人的责任。

2018 年，由 170 个网络信息安全机构组成的国家信息安全专职机构体系得以形成和完善。越南为 56 个从事网络安全领域活动的企业颁发了许可证，在网络安全领域加强国际合作，努力把越南建设成东盟地区网络安全中心。

2. 电子政务与电子商务

建立电子政务是越南推进"便利、行动、诚信"政府的行政改革的重要组成部分。为推进电子政务的发展，2018 年，越南成立了国家电子政务委员会。国家电子政务委员会由越南政府总理阮春福任主席，政府副总理武德儋担任副主席，政府办公厅主任梅进勇任书记，同时还将四家主要的 IT 公司纳入了电子政务委员会，提出了尽快建立越南电子政务架构（2.0 版）的要求，要求相关部门加快国家数据库的建立进度，建立人口、保险、金融、土地数据库，其中，优先建立人口数据库。

为推进电子商务发展，2018 年，越南有关部门草拟了《电子交易法》细则，建议使用数字化签名和开展数字化签名认证业务，通过文本方式对电子交易做出定义和明确的界定。

B.11
对外贸易

聂槟　尚锋*

摘　要： 2018 年，越南对外贸易成绩突出，融入国际进程不断推进；出口保持高速增长，出口市场继续扩大，出口商品结构持续改善；进口得到有效控制，进口商品结构以服务生产和满足需求为导向；外贸依存度持续攀升达到 198%，对外贸易面临挑战。本报告对 2018 年越南对外贸易的总体情况进行回顾，分析 2018 年越南对外贸易结构及与主要贸易伙伴的双边经贸关系，并对 2019 年越南对外贸易前景进行展望。

关键词： 越南　对外贸易　外贸依存度　主要贸易伙伴

2018 年，世界经济发展放缓，贸易保护主义抬头，中美贸易摩擦加剧，全球贸易局势趋紧，增速低于预期。在这样一种风云诡谲的大背景下，越南经济却保持高速增长势头，全年 GDP 增幅达到 7.08%，超额完成越南国会提出的 6.7% 的既定目标，并创下 11 年来的新高；通货膨胀控制良好，平均居民消费价格指数（CPI）比 2017 年增长 3.54%，低于国会确定的控制目标；各领域均实现增长，其中工业生产保持高增长势头，增幅 11.4%，加工制造业增长迅猛，达到 13.7%，社会消费品零售总额增长 12.7%。在国内经济形势的积极推动下，越南对外贸易成绩显著，全年货物贸易进出口总额达到

---

* 聂槟，对外经济贸易大学外语学院副教授，越南河内国家大学语言学博士，中国社会科学院研究生院法学博士；尚锋，对外经济贸易大学外语学院讲师，北京大学文学硕士。

4801.7 亿美元，比 2017 年增长 12.2%；其中出口额达 2434.8 亿美元，增幅 13.2%，超过进口增幅，帮助越南实现 67.9 亿美元的贸易顺差，创历史新高。

一 对外贸易持续增长，贸易顺差创历史新高

（一）对外贸易成绩突出，融入国际不断推进

2018 年，越南在对外经济贸易领域取得了突出成绩，对外开放格局不断扩大，融入国际程度进一步加深：进出口贸易总额和贸易顺差额均创历史新高，出口商品结构持续改善，出口规模和市场继续扩大，进口得到有效控制；利用外资平稳增长，全年共吸引 112 个国家和地区对越南投资；越南国会表决批准《全面与进步跨太平洋伙伴关系协定》（CPTPP）；推进《越南—欧盟自由贸易协定》（EVFTA）；成功举办 2018 年世界经济论坛东盟会议，吸引了包括东盟多国元首在内的 1000 多名代表参会，也为越南带来了众多商机。

在进出口贸易方面，2018 年，越南与世界上 240 个国家和地区展开货物贸易往来，全年货物贸易进出口总额为 4801.7 亿美元，同比增长 12.2%。其中，出口总额达 2434.8 亿美元，同比增长 13.2%，进口总额 2366.9 亿美元，同比增长 11.1%，实现顺差 67.9 亿美元，创历史新高，为实现 GDP 增幅、稳定宏观经济、稳定汇率、控制通货膨胀和改善贸易平衡做出了重要贡献。对各大洲的进出口均实现增长，其中，亚洲市场增长 11.9%，美洲市场增长 14.6%，欧洲市场增长 10.5%，大洋洲市场增长 19.1%，非洲市场增长 3.9%。亚洲市场仍为越南最大的进出口市场，占越南进出口总额的 66.9%。对 9 个最大贸易伙伴（按单个国家或地区统计）的进出口贸易额占越南进出口贸易总额的 68.8%，包括：中国 1067.1 亿美元，占比 22.2%；韩国 657 亿美元，占比 13.7%；美国 602.8 亿美元，占比 12.6%；日本 378.5 亿美元，占比 7.9%；泰国 175.1 亿美元，占比 3.6%；马来西亚 115 亿美元，占比 2.4%；德国 106.9 亿美元，占比 2.2%；印度 106 亿美元，占比 2.2%；中国香港 94.6 亿美元，占比 2%。

在吸引外资方面，2018 年越南新批外资项目协议金额和已投外资项目增资金额与 2017 年相比均有所下降，但外资收购股权协议金额大幅上升，三项合计 354.6 亿美元，与 2017 年基本持平。具体来看，截至 12 月 20 日，2018 年越南新批外资项目 3046 个，协议金额近 180 亿美元，同比下降 15.5%；1169 个已投外资项目增资 75.9 亿美元，同比下降 9.7%；外资收购股权 6496 起，协议金额 98.9 亿美元，同比增长 59.8%。全年实际到位外资总额约 191 亿美元，同比增长 9.1%。全年共有 112 个国家和地区对越投资，投资额排名前三的依然是日本、韩国和新加坡。其中，日本以 85.9 亿美元继续保持越南最大投资来源地的地位，占越南吸引外资总额的 24.2%。之后依次是韩国 72 亿美元，占比 20.3%；新加坡 50.7 亿美元，占比 14.2%。外资企业投资于越南 18 个经济领域。其中，加工制造业继续成为最受外国投资商青睐的投资领域，引资额 165.8 亿美元，占越南吸引外资总额的 46.7%；第二是房地产业，引资额 66 亿美元，占比 18.6%；第三是批发零售业，引资额 36.7 亿美元，占比 10.3%。2018 年是越南吸引外资的第 30 年。截至 2018 年年底，共有 126 个国家和地区对越投资，投资项目共 27353 个，注册资金达 3401 亿美元。

需要指出的是，尽管 2018 年越南经济高速增长，对外贸易成绩突出，但在世界各国营商环境和国家竞争力排名中却均呈下滑趋势：世界银行（WB）发布的《2019 年营商环境报告》显示，越南在全球 190 个经济体中排名第 69 位，较 2017 年下降 1 位；世界经济论坛（WEF）发布的《2018 年全球竞争力报告》显示，越南总体得分为 58.1 分，较 2017 年上升 0.2 分，排名却有所下滑，在全球最具竞争力的 140 个国家和地区中排名第 77 位。

（二）出口保持高速增长，出口市场继续扩大，出口商品结构持续改善

2018 年，越南货物贸易出口总额达到 2434.8 亿美元，比上年增加 283.6 亿美元，增幅 13.2%，远超越南国会提出的 7%～8% 的目标，为 GDP 增长、解决就业和农产品销售做出了贡献，也使越南成为世界出口增

速最快的国家之一。出口的一大亮点是，2018 年，越南内资企业发生积极变化，出口额大幅上升，达到 698 亿美元，同比增长 16.9%，超过外国直接投资企业 11.8% 的出口增幅（包括原油出口），这表明越南国内企业在自身竞争力、企业管理能力、融入国际能力等各方面均有所改善。

从出口市场来看，2018 年，越南的出口市场继续保持并得以扩大，对与越南签署自由贸易协定的各市场的出口均实现增长，对各重点市场的出口不断扩大市场份额，对中国、东盟、日本、韩国等多个市场的出口实现两位数增长。对各大洲的出口均实现增长，其中，对亚洲市场的出口规模和出口增量最大，对大洋洲市场的出口增速最高。具体来看，亚洲市场出口额1302.8 亿美元，同比增长 15.5%，占越南出口总额的 53.5%；美洲市场出口额 569.2 亿美元，同比增长 11%，占比 23.4%；欧洲市场出口额 447.7亿美元，同比增长 9.4%，占比 18.4%；大洋洲市场出口额 45 亿美元，同比增长 19.5%，占比 1.85%；非洲市场出口额 22.6 亿美元，同比增长7.1%，占比 0.93%。

从出口商品结构来看，2018 年，越南各出口商品规模扩大，出口商品结构持续得到改善，工业产品出口占比继续上升，农产品和水产品、燃料和矿产的出口占比则有所下降。多种商品的出口实现增长，29 种商品出口额超过 10 亿美元，9 种商品出口额超过 50 亿美元，5 种商品出口额超过 100亿美元。出口额大的商品包括电话及零件，纺织品服装，计算机、电子产品及零件，机械、设备、工具及零配件，鞋类，木材和木制品等。值得注意的是，2018 年，越南大米、果蔬、纺织品服装等主力出口商品有效扩大市场，增长势头良好，帮助越南出口总额实现大幅稳定增长，减少了对电话及零件的出口增长依赖。

（三）进口得到有效控制，进口商品结构以服务生产和满足需求为导向

2018 年，越南对进口商品的控制成效显著，需要限制进口的商品增势放缓，服务于国内生产、消费的必需品以及服务于加工、出口的商品进口则

保持增长。需要进口的商品占比接近 90%，不鼓励进口的商品占比在 7% 以下。全年货物贸易进口总额为 2366.9 亿美元，同比增长 11.1%，低于出口增幅。外国直接投资企业仍然在越南进口中扮演了重要角色，进口额达到 1416.8 亿美元，同比增长 10.8%。

从进口市场来看，2018 年越南对各大洲市场的进口均实现增长，其中对美洲市场、欧洲市场和大洋洲市场的进口增幅均在 15% 以上，帮助越南进一步推动进口市场的多元化。但主要进口市场仍然集中在亚洲地区，对亚洲市场的进口规模和进口增量最大。具体来看，亚洲市场进口额 1884 亿美元，同比增长 9.4%，占越南进口总额的 79.6%；美洲市场进口额 199.7 亿美元，同比增长 25.7%，占比 8.4%；欧洲市场进口额 172.7 亿美元，同比增长 18.1%，占比 7.3%；大洋洲市场进口额 43 亿美元，同比增长 16.1%，占比 1.82%；非洲市场进口额 13.9 亿美元，同比增长 1.7%，占比 0.59%。

从进口商品结构来看，2018 年越南加大进口服务于国内生产、消费的必需品以及服务于加工、出口的商品，同时控制不鼓励进口的商品，体现了以服务生产和满足需求为导向。36 种商品进口额超过 10 亿美元，占进口总额的 90.4%，4 种商品进口额超过 100 亿美元。在需要进口的商品中，许多服务于国内制造、加工和组装的商品进口均同比增长，其中计算机、电子产品及零件增长 11.7%，布匹增长 12.39%，钢材增长 9%，塑料原料增长 23.9%，成品油增长 8.1%。进口额大的商品包括计算机、电子产品及零件，机械、设备、工具及零配件，布匹和纺织皮革原辅料，电话及零件，塑料原料和塑料制品，化工原料和化工制品，钢材，成品油等。

（四）外贸依存度持续攀升，对外贸易面临挑战

越南自革新开放以来一直实行出口导向型发展战略，这一战略在推动越南经济实现较快较好增长的同时，也导致其对外依赖程度高，外贸依存度居高不下。在 2011~2015 年发展阶段，外贸依存度分别为 182.5%、177.2%、155.19%、162.1%、169.6%，远高于全球平均水平。而近两年，越南更是成为新崛起的"世界工厂"，成为"东南亚的新制造和工业中心"，企业数

量不断增加，引入了大量的制造业，但国内产业配套不足，需要大量进口零件，组装成品出口。因此，进入 2016 ~ 2020 年发展阶段，越南外贸依存度节节攀升，2016 年达到 171.4%，2017 年高达 190.3%。2018 年，越南全国新注册企业 13.13 万家，同比增长 3.5%，注册资本总额为 1478.1 万亿越南盾（约 642 亿美元），同比增长 14.1%，此外还有 3.4 万家企业重新投入运营，同比增长 28.6%。全年货物贸易进出口总额实现 12.2% 的增幅，超过 GDP 增幅，外贸依存度也创出了新高，达到 198%，上涨 7.7 个百分点。其中出口依存度为 100.4%，上涨 4.6 个百分点；进口依存度为 97.6%，上涨 3.1 个百分点（见表 1）。

表 1　2014 ~ 2018 年越南货物贸易出口、进口及外贸依存度变化

单位：%

项目	2014 年	2015 年	2016 年	2017 年	2018 年
出口依存度	81.6	83.9	86.3	95.8	100.4
进口依存度	80.5	85.7	85.1	94.5	97.6
外贸依存度	162.1	169.6	171.4	190.3	198

资料来源：2014 ~ 2017 年数据来源于《越南国情报告（2018）》。2018 年数据由笔者根据越方数据制作而成，其中 GDP 指数以 2425 亿美元为准。

高企的外贸依存度是一把双刃剑，它既表明对外贸易在越南国民经济中占据重要地位，成为越南经济增长的发动机，同时也表明越南经济发展对外贸的依赖程度大，增大国内产业的竞争压力，加剧经济波动性，给越南的经济发展带来隐忧。如何利用好这柄双刃剑，是越南对外贸易发展面临的一大问题。同时，越南对外贸易还面临以下诸多挑战：部分农产品和水产品市场多元化程度不足，过于依赖亚洲市场；农产品和水产品在进入对质量和食品卫生要求高的市场时遇到很多困难；出口过于依赖电子产品，过于依赖外国直接投资企业；生产规模小、分散，未能满足国际市场大规模、高标准的商品生产要求；全球贸易形势复杂难料，发达国家不断采取种种限制贸易、保护国内生产的举措，越南对外贸易仍需积极应对贸易争端、贸易保护主义和贸易壁垒。

二 2018年越南对外贸易结构分析

（一）出口商品结构

2018 年，越南各出口商品规模扩大，出口商品结构持续得到改善。工业产品出口实现大幅增长，以 15.7% 的增幅连续第七年高于越南货物贸易出口增幅，继续在越南对外贸易活动中发挥支柱作用。工业产品出口占出口总额的 82.8%，比 2017 年上升 1.5 个百分点；农产品和水产品出口额增长 5.15 亿美元，占出口总额的 10.9%，同比下降 1.2 个百分点；燃料和矿产的出口占出口总额的 1.9%，同比下降 0.3 个百分点。多种商品的出口实现增长，29 种商品出口额超过 10 亿美元，包括工业产品 21 种，农产品和水产品 6 种，燃料和矿产 2 种。9 种商品出口额超过 50 亿美元，5 种商品出口额超过 100 亿美元。

1. 工业产品

2018 年，越南工业产品出口额为 2017 亿美元，同比增长 15.7%，低于 2017 年的 22.7% 的增幅，但高于越南货物贸易出口 13.2% 的总体增幅。工业产品出口额占越南货物贸易出口总额的 82.8%，比 2017 年上升 1.5 个百分点，这标志着越南出口商品结构继续得以改善。几乎各种工业产品的出口均实现增长，增幅最高的是塑料原料（88.4%），最低的是箱包、帽子和雨伞（3.33%）。在 32 种加工工业产品中，有 28 种实现两位数增长，占 2018 年越南货物贸易出口总额的 74%，只有玻璃和玻璃制品的出口比 2017 年下降 3.3%。13 种工业产品出口增幅在 20% 以上，而钢材、水泥熟料和水泥、塑料原料、钢铁制品、摄影器材及零配件等商品的出口增幅更是超过 30%。共有 21 种工业产品出口额超过 10 亿美元。主要出口市场包括美国、欧盟、中国、东盟、日本、韩国等。

（1）电话及零件

全年出口额 490.8 亿美元，同比增长 8.4%，占 2018 年越南货物贸易出口总额的 20.15%。主要出口市场包括欧盟、中国、美国、韩国、阿联酋、东盟等。出口欧盟 131. 15 亿美元，增长 11. 35%，占越南该类商品出口总额的 26. 72%；出口中国 93. 75 亿美元，增长 31. 1%，占比 19. 1%；出口美国 54. 1 亿美元，增长 46. 1%，占比 11. 03%；出口韩国 45. 04 亿美元，增长 13. 4%，占比 9. 18%；出口阿联酋 38. 94 亿美元，与 2017 年持平，占比 7. 93%；出口东盟 29 亿美元，下降 7. 3%，占比 5. 91%。

（2）纺织品服装

全年出口额 304. 9 亿美元，同比增长 16. 7%，占 2018 年越南货物贸易出口总额的 12. 52%。主要出口市场包括美国、欧盟、日本、韩国、中国等。出口美国 137 亿美元，增长 11. 6%，占越南该类商品出口总额的 44. 9%；出口欧盟 40. 98 亿美元，增长 9. 9%，占比 13. 44%；出口日本 38. 1 亿美元，增长 22. 6%，占比 12. 5%；出口韩国 33 亿美元，增长 24. 9%，占比 10. 82%；出口中国 15. 4 亿美元，增长 39. 6%，占比 5. 05%。

（3）计算机、电子产品及零件

全年出口额 293. 2 亿美元，同比增长 12. 9%，占 2018 年越南货物贸易出口总额的 12. 04%。主要出口市场包括中国、欧盟、美国、韩国等。出口中国 83. 6 亿美元，增长 21. 91%，占越南该类商品出口总额的 28. 52%；出口欧盟 49. 9 亿美元，增长 21. 67%，占比 17%；出口美国 28. 6 亿美元，下降 16. 7%，占比 9. 76%；出口韩国 25. 02 亿美元，增长 36. 8%，占比 8. 53%。

（4）机械、设备、工具及零配件

全年出口额 165. 5 亿美元，同比增长 28. 16%，占 2018 年越南货物贸易出口总额的 6. 8%。主要出口市场包括美国、欧盟、日本、印度等。出口美国 34. 1 亿美元，增长 40. 3%，占越南该类商品出口总额的 20. 58%；出口欧盟 20. 5 亿美元，增长 21. 1%，占比 12. 39%；出口日本 18. 4 亿美元，增长 7. 11%，占比 11. 11%；出口印度 17 亿美元，剧增 427. 1%，占比 10. 27%。

（5）鞋类

全年出口额 162 亿美元，同比增长 10. 6%，占 2018 年越南货物贸易出口总额的 6.65%。主要出口市场包括美国、欧盟、中国、日本、韩国、加拿大等。出口美国 58.2 亿美元，增长 13.91%，占越南该类商品出口总额的 35.8%；出口欧盟 46.5 亿美元，增长 17.9%，占比 28.7%；出口中国 14.9 亿美元，增长 30.82%；出口日本 8.53 亿美元，增长 13.55%；出口韩国 4.94 亿美元，增长 22.7%；出口加拿大 3.2 亿美元，增长 13.01%。

（6）木材和木制品

全年出口额 89.09 亿美元，同比增长 15.7%，占 2018 年越南货物贸易出口总额的 3.6%。主要出口市场包括美国、日本、中国、韩国、欧盟等。出口美国 38.97 亿美元，增长 19.3%，占越南该类商品出口总额的 43.74%；出口日本 11.47 亿美元，增长 12.2%，占比 12.87%；出口中国 10.72 亿美元，增长 0.44%，占比 12.03%；出口韩国 9.37 亿美元，增长 40.9%，占比 10.52%；出口欧盟 7.7 亿美元，增长 3.65%，占比 8.64%。

（7）钢材

全年出口量 627 万吨，同比增长 33.1%；出口额 45.5 亿美元，同比增长 44.5%。主要出口市场包括东盟、美国、欧盟等。出口东盟 23 亿美元，增长 39.8%，占越南钢材出口总额的 51.1%；出口美国 7.716 亿美元，增长 81.4%，占比 17.1%；出口欧盟 3.609 亿美元，增长 15.9%，占比 8%。

（8）箱包、帽子和雨伞

全年出口额 33.9 亿美元，同比增长 3.33%。主要出口市场包括美国、欧盟、日本、中国等。出口美国 13.2 亿美元，下降 1.18%，占越南该类商品出口总额的 38.93%；出口欧盟 9.3 亿美元，增长 13.82%，占比 22.55%；出口日本 3.79 亿美元，增长 7.06%；出口中国 1.64 亿美元，增长 11.1%。

2. 农产品和水产品

2018 年，尽管世界农产品和水产品贸易复杂多变，各大经济体外交、经济关系趋紧，贸易保护主义抬头，但越南农产品和水产品出口仍然实现增长，大部分农产品和水产品都得以及时销售出去，满足了国内消费和对外出口的需求。农产品和水产品出口额比 2017 年增长 5.15 亿美元，其中 9 种主要商品出口额达到 266 亿美元，同比增长 2%。农产品和水产品出口额占越南出口总额的 10.9%，同比下降 1.2 个百分点。6 种商品的出口额超过 10 亿美元，比 2017 年减少 2 种（木薯和木薯制品、胡椒）。4 种主力产品的出口额实现增长，分别是：水产品 88 亿美元，增长 5.8%；果蔬 38.1 亿美元，增长 8.8%；咖啡 35.4 亿美元，增长 1.1%；大米 30.6 亿美元，增长 16.3%。5 种重要商品的出口额下降，分别是：腰果 33.7 亿美元，下降 4.2%；橡胶 20.9 亿美元，下降 7%；木薯和木薯制品 9.58 亿美元，下降 7.1%；胡椒 7.59 亿美元，下降 32.1%；茶叶 2.178 亿美元，下降 4.1%。农产品和水产品的主要出口市场包括中国、欧盟、美国、东盟、日本、韩国等。

（1）水产品

全年出口额 88 亿美元，同比增长 5.8%。出口到世界上 160 个市场，前十大市场依次为美国、欧盟、日本、中国、韩国、东盟、加拿大、澳大利亚、墨西哥、俄罗斯，出口额占越南水产品出口总额的 90%。美国为第一大市场，出口美国 16.3 亿美元，增长 15.7%；出口欧盟 14.4 亿美元，增长 1%；出口日本 13.9 亿美元，增长 6.4%。

（2）果蔬

全年出口额 38.1 亿美元，同比增长 8.8%。主要出口市场包括中国、日本、欧盟、美国等。中国仍为第一大市场，出口额 27.8 亿美元，增长 5.1%，占越南果蔬出口总额的 73.1%。对柬埔寨、澳大利亚、法国、德国、美国等市场的出口增幅巨大，其中出口柬埔寨增长 155.7%，出口澳大利亚增长 45.6%，出口法国增长 44%，出口德国增长 41.8%，出口美国增长 37.1%。

（3）咖啡

全年出口量 188 万吨，同比增长 19.9%；出口额 35.4 亿美元，同比增长 1.1%。德国仍为第一大市场，出口额 4.59 亿美元，下降 3.7%；美国为第二大市场，出口额 3.402 亿美元，下降 16.3%。对印度尼西亚、南非、希腊等市场的咖啡出口大幅上升，其中出口印度尼西亚剧增 280%，出口南非增长 109%，出口希腊增长 96.4%。

（4）大米

2018 年，大米出口成为越南农产品和水产品出口的一个亮点，对多个市场的出口均实现高增长。全年出口量 612 万吨，同比增长 5.1%；出口额 30.6 亿美元，同比增长 16.3%。主要出口市场包括中国、菲律宾、印度尼西亚、马来西亚、加纳、伊拉克、科特迪瓦、中国香港等。中国仍是最大出口市场，出口额 6.83 亿美元，下降 33.4%；菲律宾为第二大市场，出口额近 4.6 亿美元，增长 106.5%；印度尼西亚为第三大市场，出口额 3.63 亿美元，剧增 6064.2%。

（5）腰果

自 2006 年以来，越南一直是世界最大的腰果出口国。2018 年出口额 33.7 亿美元，同比下降 4.2%。主要出口市场包括美国、中国、荷兰、英国、澳大利亚、德国、加拿大等。出口美国 12.11 亿美元，下降 0.74%；出口中国 4.521 亿美元，下降 3.6%；出口荷兰 4.135 亿美元，下降 23.7%；出口英国 1.288 亿美元；出口澳大利亚 1.101 亿美元；出口德国 1.085 亿美元；出口加拿大 1.079 亿美元。

（6）橡胶

全年出口量 156 万吨，同比增长 13.3%；出口额 20.9 亿美元，同比下降 7%。出口到世界上约 70 个市场，占全球市场份额近 12%，是世界第三大橡胶出口国。主要出口市场包括中国、印度、马来西亚、韩国、美国等。中国仍为第一大市场，出口额超过 13.7 亿美元，下降 5%，占越南橡胶出口总额的 65.5%；出口印度 1.454 亿美元，增长 60.5%，占比 7%；出口马来西亚 0.762 亿美元，下降 36%，占比 3.6%。

（7）木薯和木薯制品

全年出口量 243 万吨，同比下降 38%；出口额 9.58 亿美元，同比下降 7.1%。主要出口市场包括中国、韩国、马来西亚、中国台湾、菲律宾、日本等。中国仍为最大市场，出口中国 215 万吨，下降 38.2%，出口额 8.443 亿美元，下降 7.3%；出口韩国 0.263 亿美元，增长 23%；出口马来西亚 0.155 亿美元，下降 6.6%；出口中国台湾 0.135 亿美元，增长 13.4%；出口菲律宾 0.13 亿美元,下降 15%;出口日本 0.0506 亿美元,下降 67.6%。

(8)胡椒

越南现为世界最大胡椒出口国,占全球胡椒出口总量的 55%~60%。2018 年出口量 23.3 万吨,同比增长 8.3%;出口额 7.59 亿美元,同比下降 32.1%。主要出口市场包括美国、印度、巴基斯坦、德国、阿联酋等。由于 2018 年越南胡椒出口平均价格比 2017 年下跌 37.3%,因此对各主要市场的出口额均大幅下降。出口美国 1.53 亿美元,下降 30.8%;出口印度 0.626 亿美元,下降 20.7%;出口巴基斯坦 0.316 亿美元;出口德国 0.297 亿美元;出口阿联酋 0.284 亿美元。

(9)茶叶

全年出口量 12.73 万吨,同比下降 8.6%;出口额 2.178 亿美元,同比下降 4.1%。主要出口市场包括巴基斯坦、中国台湾、俄罗斯、中国等。巴基斯坦为第一大市场,出口量 3.821 万吨,出口额 0.8163 亿美元,增长 18.8%,占越南茶叶出口总额的 37.5%;中国台湾为第二大市场,出口量 1.857 万吨,出口额 0.2875 亿美元,增长 5.4%。对德国、中国、菲律宾等市场的茶叶出口大幅上升,其中出口德国增长 39.1%,出口中国增长 37.4%,出口菲律宾增长 24.4%。

3. 燃料和矿产

2018 年,越南燃料和矿产的出口额约 47.3 亿美元,比 2017 年增长 8%;占越南出口总额的 1.9%,同比下降 0.3 个百分点。原油、成品油等两种商品出口额超过 20 亿美元。成品油出口量和出口额大增,煤炭、矿石和其他矿产的出口额也实现增长,但原油出口量和出口额均大幅下降。

(1)原油

全年出口量 396 万吨,同比下降 41.8%;出口额 21.9 亿美元,同比下降 24.1%。主要出口市场包括中国、泰国、澳大利亚、日本、新加坡等。出口中国 5.94 亿美元,下降 41%;出口泰国 5.42 亿美元,增长 15.8%;出口澳大利亚 4.51 亿美元,增长 72.3%;出口日本 1.945 亿美元,下降 42.3%;出口新加坡 1.118 亿美元,下降 48.3%。

（2）成品油

全年出口量311万吨，同比增长55.5%；出口额20.23亿美元，同比增长102.3%。主要出口市场包括柬埔寨、中国、老挝、韩国等。出口柬埔寨71.3万吨，出口额4.837亿美元；出口中国47.4万吨，出口额3.316亿美元；出口老挝14.4万吨，出口额近1亿美元；出口韩国10.9万吨，出口额0.834亿美元。

（3）煤炭

全年出口量239.5万吨，同比增长7.5%；出口额3.22亿美元，同比增长12%。出口市场多集中在亚洲地区，主要出口市场包括日本、韩国、泰国、印度尼西亚、马来西亚等。出口日本91.4万吨，下降4%，出口额1.22亿美元，增长3%；出口韩国41.9万吨，增长99%，出口额0.53亿美元，增长146%；出口泰国20.5万吨，增长37%，出口额0.24亿美元，增长60%；出口印度尼西亚19.4万吨，增长58%，出口额0.25亿美元，增长75%；出口马来西亚11.1万吨，下降39%，出口额0.13亿美元，下降66%。

（4）矿石和其他矿产

全年出口量289万吨，同比下降40%；出口额1.96亿美元，同比增长7%。主要出口市场包括中国、中国台湾、日本、韩国、马来西亚、印度尼西亚等。中国为第一大市场，占越南该类商品出口量的71%和出口额的39%。出口中国200万吨，下降47%，出口额0.76亿美元，下降15%；出口中国台湾8.9万吨，下降34%，出口额0.06亿美元，增长19%；出口日本4.3万吨，增长50%，出口额0.16亿美元，增长55%；出口韩国2.9万吨，下降26%，出口额0.14亿美元，增长90%；出口马来西亚2.3万吨，增长58%，出口额0.047亿美元，增长44%；出口印度尼西亚2.2万吨，下降44%，出口额0.027亿美元，下降35%。

（二）出口市场结构

2018年，越南的出口市场继续保持并得以扩大。对各大洲的出口均实现增长，其中，对大洋洲市场的出口增幅最大，达到19.5%，之后依次为亚洲15.5%、美洲11%、欧洲9.4%、非洲7.1%。从市场份额来看，亚洲进一步扩大了在越南出口市场中所占份额，达到53.5%，比2017年增长0.8%；美洲占比23.4%，欧洲占比18.4%，大洋洲占比1.85%，非洲占比0.93%。

对亚洲出口1302.8亿美元，同比增长175亿美元，增幅15.5%，占越南出口总额的53.5%。对东北亚、东南亚和南亚的出口增幅均超过10%，但对西亚的出口有所下降。对东北亚出口额894亿美元，同比增长15.8%。对该区域5个具体市场的出口均实现较大幅度增长，包括：中国412.7亿美元，增长16.56%；日本188.5亿美元，增长11.8%；韩国182亿美元，增长22.8%；中国香港79.6亿美元，增长4.9%；中国台湾31.5亿美元，增长22.5%。主力出口产品包括：电话及零件，计算机、电子产品及零件，纺织品服装，机械、设备、工具及零配件，摄影器材及零配件，水产品，木材和木制品，鞋类等。对东南亚（东盟）出口额248亿美元，同比增长13.9%。除马来西亚、缅甸和文莱外，对该区域其他具体市场的出口均实现增长。主力市场包括泰国、马来西亚、柬埔寨、印度尼西亚、菲律宾和新加坡。具体来看，泰国54.9亿美元，增长14.3%；马来西亚40.5亿美元，下降3.9%；柬埔寨37.4亿美元，增长35%；印度尼西亚35.3亿美元，增长23.5%；菲律宾34.7亿美元，增长22.2%；新加坡31.4亿美元，增长5.1%；缅甸7亿美元，下降0.1%；老挝5.9亿美元，增长14.3%；文莱0.2亿美元，下降14.4%。主力出口产品包括：电话及零件，钢材，计算机、电子产品及零件，运输工具及零配件，纺织品服装，大米等。对西亚出口额82亿美元，同比下降3.3%。对阿联酋、以色列、科威特等市场的出口实现增长，对沙特阿拉伯、土耳其等市场的出口却大幅下降。具体来看，阿联酋52亿美元，增长3.5%；土耳其14亿美元，下降25.8%；以色列7.776亿美元，增长9.2%；沙特阿拉伯3.324亿美元，下降23%。对南亚出口额79亿美元，同比增长48%。对印度的出口大幅增长，对孟加拉国、巴基斯坦、斯里兰卡等市场的出口却有所下降。具体来看，印度65亿美元，增长

74.1%；孟加拉国 7.534 亿美元，下降 13.3%；巴基斯坦 4.129 亿美元，下降 16.8%；斯里兰卡 2.043 亿美元，下降 9.2%。

对美洲出口 569.2 亿美元，同比增长 56.2 亿美元，增幅 11%，占越南出口总额的 23.4%。对北美各国的出口实现大幅增长，但对拉美各具体市场的出口则普遍下跌。从具体市场来看，出口美国 475.3 亿美元，同比增长 14.3%，占越南出口总额的 19.5%。美国继续成为越南第一大出口市场，同时也是越南最大的贸易顺差国。其他一些主要市场包括：加拿大 30.14 亿美元，增长 11%；墨西哥 22.4 亿美元，下降 4.2%；巴西 20.58 亿美元，增长 0.8%；智利 7.82 亿美元，下降 21.8%；阿根廷 4.01 亿美元，下降 16.7%；秘鲁 2.5 亿美元，下降 24.4%。主力出口产品包括：纺织品服装，鞋类，电话及零件，木材和木制品，机械、设备、工具及零配件等。

对欧洲出口 447.7 亿美元，同比增长 37.7 亿美元，增幅 9.4%，占越南出口总额的 18.4%。其中，对欧盟出口 417.9 亿美元，同比增长 9.5%；对欧亚经济联盟（EAEU，包括俄罗斯、白俄罗斯、哈萨克斯坦、吉尔吉斯斯坦、亚美尼亚）出口 27 亿美元，同比增长 12%；对欧洲自由贸易联盟（EFTA，包括瑞士、挪威、冰岛、列支敦士登）出口 2.86 亿美元，同比下降 19.86%。主要出口市场包括：荷兰 70.8 亿美元，德国 68.7 亿美元，英国 57.8 亿美元，奥地利 40.1 亿美元，法国 37.6 亿美元，意大利 29 亿美元，西班牙 26.3 亿美元，俄罗斯 24.5 亿美元，比利时 24.1 亿美元。主力出口产品包括：电话及零件，计算机、电子产品及零件，鞋类，纺织品服装，机械、设备、工具及零配件，水产品，咖啡等。

对大洋洲出口 45 亿美元，同比增长 7 亿美元，增幅 19.5%，占越南出口市场的 1.85%。对各具体市场的出口均实现增长，包括：澳大利亚 40 亿美元，增长 20.9%；新西兰 5.04 亿美元，增长 9.9%。主力出口产品包括：电话及零件，原油，机械、设备、工具及零配件，计算机、电子产品及零件，鞋类，纺织品服装，水产品等。

对非洲出口 22.6 亿美元，同比增长 1.6 亿美元，增幅 7.1%，占越南出口市场的 0.93%。对埃及、加纳、摩洛哥、科特迪瓦、尼日利亚、坦桑尼亚、肯尼亚和多哥等市场的出口实现良好增长，而对南非、阿尔及利亚、塞内加尔等少数市场的出口则出现下跌。南非仍然是越南在非洲最大的出口市场，出口额7.242亿美元，下降3.6%。其他一些主要出口市场包括：埃及4.39亿美元，增长36.7%；加纳2.783亿美元，增长4.3%；摩洛哥2亿美元，增长28.7%；阿尔及利亚1.931亿美元，下降31.2%；科特迪瓦1.824亿美元，增长44.6%；尼日利亚1.155亿美元，增长81%；坦桑尼亚0.506亿美元，增长74.1%。主力出口产品为农产品和水产品，包括：大米、茶、咖啡、胡椒、水产品等。同时，越来越多价值高的工业产品出口到非洲市场，包括：手机，计算机、电子产品及零件，纺织品服装，鞋类，机械设备，建筑材料，化肥等。

（三）进口商品结构

2018年，越南进口商品以服务生产和满足需求为导向，多种服务于国内制造、加工和组装的商品进口同比增长，包括计算机、电子产品及零件，布匹，钢材，塑料原料，成品油等。服务于生产、加工出口的商品和必需品的进口占进口总额的近90%，不鼓励进口的商品占进口总额的不到7%。共有36种商品的进口额超过10亿美元，占进口总额的90.4%。4种商品的进口额超过100亿美元，分别是：计算机、电子产品及零件422亿美元，增长11.7%；机械、设备、工具及零配件337.3亿美元，下降0.5%；电话及零件158.7亿美元，下降3.5%；布匹127.7亿美元，增长12.39%。

1.工业产品

（1）计算机、电子产品及零件

全年进口额422亿美元，同比增长11.7%。主要进口市场包括韩国、中国、日本等。自韩国进口172.6亿美元，增长12.6%，占越南该类商品进口总额的41%；自中国进口78.3亿美元，增长10.6%；自日本进口40.6亿美元，增长27.2%。

（2）机械、设备、工具及零配件

全年进口额337.3亿美元，同比下降0.5%。主要进口市场包括中国、韩国、日本等。自中国进口 120.2 亿美元，增长 10.2%；自韩国进口 61.7 亿美元，下降 29%；自日本进口 44.3 亿美元，增长 2.7%。

（3）电话及零件

全年进口额 158.7 亿美元，同比下降 3.5%。中国和韩国仍为前两大进口市场，占越南该类商品进口总额的 93.2%。自中国进口 85.8 亿美元，下降 1.9%；自韩国进口 62 亿美元，增长 0.4%。

（4）布匹

全年进口额 127.7 亿美元，同比增长 12.39%。主要进口市场包括中国、韩国、中国台湾等。自中国进口 71 亿美元，增长 16.81%，占越南该类商品进口总额的 58.02%；自韩国进口 21.6 亿美元，增长 5.6%，占比 16.92%；自中国台湾进口 16.1 亿美元，增长 2.8%。

（5）钢材

全年进口量 1353 万吨，同比下降 9.8%；进口额 98.9 亿美元，同比增长 9%。主要进口市场包括中国、日本、韩国等。自中国进口 627 万吨，下降 10.2%，进口额 45 亿美元，增长 9.6%；自日本进口 223 万吨，下降 2%，进口额 15.9 亿美元，增长 12.7%；自韩国进口 170 万吨，下降 0.5%，进口额 14.1 亿美元，增长 15.4%。

（6）塑料原料

全年进口量 490 万吨，同比增长 13.8%；进口额 90.7 亿美元，同比增长 23.9%。主要进口市场包括东盟、阿联酋、韩国等。自东盟进口 119 万吨，增长 22.4%，进口额 18 亿美元，增长 34.1%；自阿联酋进口 102 万吨，增长 6.7%，进口额 12.9 亿美元，增长 17.2%；自韩国进口 95.4 万吨，增长 7%，进口额 16.7 亿美元，增长 16.9%。

（7）塑料制品

全年进口额 58.9 亿美元，同比增长 9.6%。主要进口市场包括中国、韩国、日本等。自中国进口 20.6 亿美元，增长 9.3%，占越南该类商品进口总额的 35%；自韩国进口 18 亿美元，增长 11.1%；自日本进口 8.59 亿美元，增长 8.1%。

（8）纺织、皮革原辅料

全年进口额57.1亿美元，同比增长5.35%。主要进口市场包括中国、韩国、中国台湾等。自中国进口21.97亿美元，增长7.2%；自韩国进口7.71亿美元，增长2.4%；自中国台湾进口4.43亿美元，下降8.3%。

2. 农产品和水产品

（1）家畜饲料和原料

全年进口额39.1亿美元，同比增长21.2%。主要进口市场包括阿根廷、美国、巴西等。自阿根廷进口12.8亿美元，下降14.4%，占越南该类商品进口总额的32.6%；自美国进口6.815亿美元，增长142.9%，占比17.4%；自巴西进口4.72亿美元，增长234.8%，占比12.1%。

（2）玉米

全年进口量1018万吨，同比增长31.8%；进口额21.2亿美元，同比增长40.9%。主要进口市场包括阿根廷、巴西等。自阿根廷进口497万吨，增长23.7%，进口额10.1亿美元，增长32%；自巴西进口242万吨，下降1.9%，进口额4.965亿美元，增长6.9%。

（3）果蔬

全年进口额17.5亿美元，同比增长12.7%。主要进口市场包括泰国、中国等。自泰国进口6.81亿美元，下降20.6%，占越南该类商品进口总额的39%；自中国进口4.299亿美元，增长45.9%，占比24.6%。

（4）水产品

全年进口额17.2亿美元，同比增长19.6%。主要进口市场包括印度、挪威、中国、日本、中国台湾等。自印度进口3.446亿美元，下降3.6%；自挪威进口1.786亿美元，增长46%；自中国进口1.24亿美元，增长10.2%；自日本进口1.08亿美元；自中国台湾进口1.05亿美元。

（5）小麦

全年进口量488万吨，同比增长4.7%；进口额11.8亿美元，同比增长18.3%。主要进口市场包括俄罗斯、澳大利亚、加拿大、美国等。自俄罗斯进口287.6万吨，进口额6.48亿美元；自澳大利亚进口97.5万吨，进口额

2.66 亿美元；自加拿大进口 32 万吨，进口额 0.876 亿美元；自美国进口 32.1 万吨，进口额 0.853 亿美元。

（6）大豆

全年进口量 182 万吨，同比增长 10.8%；进口额 7.74 亿美元，同比增长 9.3%。主要进口市场包括美国、巴西、加拿大等。自美国进口 133 万吨，增长 72.8%，进口额 5.467 亿美元，增长 65.2%；自巴西进口 32.4 万吨，下降 47.3%，进口额 1.441 亿美元，下降 43.2%；自加拿大进口 12.7 万吨，下降 34.6%，进口额 0.604 亿美元，下降 33.9%。

3. 燃料和矿产

（1）成品油

全年进口量 1143 万吨，同比下降 11.4%；进口额 76.4 亿美元，同比增长 8.1%。主要进口市场包括马来西亚、韩国、新加坡等。自马来西亚进口 328 万吨，增长 22.4%，进口额 20.5 亿美元，增长 59.2%；自韩国进口 242 万吨，下降 21.4%，进口额 17.9 亿美元，下降 7.5%；自新加坡进口 240 万吨，下降 44.2%，进口额 15.3 亿美元，下降 29.1%。

（2）煤炭

全年进口量 2285.7 万吨，同比增长 56%；进口额 25.55 亿美元，同比增长 66%。主要进口市场包括澳大利亚、印度尼西亚、中国、俄罗斯等。自澳大利亚进口 611 万吨，增长 62%，进口额 8.5 亿美元，增长 77%；自印度尼西亚进口 1116.5 万吨，增长 82%，进口额 7.89 亿美元，增长 94%；自中国进口 95.7 万吨，下降 7%，进口额 3.12 亿美元，增长 37%；自俄罗斯进口 284.7 万吨，增长 18%，进口额 2.91 亿美元，增长 19%。

（四）进口市场结构

2018 年，越南进口市场进一步呈现多元化趋势。对各大洲的进口均实现增长，其中，对美洲市场的进口增幅最大，达到 25.7%，之后依次为欧洲 18.1%、大洋洲 16.1%、亚洲 9.4%、非洲 1.7%。从市场份额来看，主要进口市场仍然集中在亚洲地区，亚洲市场进口额占越南进口总额的

79.6%，美洲市场占8.4%，欧洲市场占7.3%，大洋洲市场占1.82%，非洲市场占0.59%。

从亚洲进口1884亿美元，同比增长176亿美元，增幅9.4%，占越南进口总额的79.6%。对亚洲各区域市场的进口均实现增长。自东北亚进口约1467亿美元，同比增长7.1%。对该区域4个具体市场的进口实现增长：中国654.4亿美元，增长11.68%；韩国475亿美元，增长1.1%；日本190亿美元，增长12%；中国台湾132亿美元，增长3.9%。但对中国香港的进口出现下跌：进口额15亿美元，下降7.7%。主力进口产品包括：计算机、电子产品及零件，机械、设备、工具及零配件，电话及零件，布匹，钢铁。自东南亚（东盟）进口318亿美元，同比增长12.2%。除新加坡、柬埔寨和文莱外，对该区域其他市场的进口均实现增长。具体来看：泰国120.2亿美元，增长13%；马来西亚74.5亿美元，增长25.2%；印度尼西亚49.2亿美元，增长34.4%；新加坡45.2亿美元，下降14.9%；菲律宾12.6亿美元，增长8%；柬埔寨9.6亿美元，下降6.5%；老挝4.4亿美元，增长18.4%；缅甸1.6亿美元，增长25.9%；文莱0.4亿美元，下降29%。主力进口产品包括：石油，整车，计算机、电子产品及零件，煤炭等。自西亚进口55亿美元，同比增长93%。对该区域大部分市场的进口实现增长，其中，自科威特进口26亿美元，剧增804%。其他主力进口市场包括：沙特阿拉伯15亿美元，增长13%；阿联酋4.674亿美元，下降18%；以色列4.205亿美元，增长21.7%；卡塔尔2.912亿美元，增长110.7%；土耳其2.856亿美元，增长27.6%。自南亚进口43亿美元，同比增长6.1%。对该区域各主力市场的进口均实现增长，包括：印度41亿美元，增长5.3%；巴基斯坦1.726亿美元，增长31.8%。

从美洲进口199.7亿美元，同比增长46.4亿美元，增幅25.7%，占越南进口总额的8.4%。自北美进口实现大幅增长，但对拉美各具体市场的进口则有涨有跌。具体来看：自美国进口127.5亿美元，增长36.7%；阿根廷24.6亿美元，下降3.6%；巴西23.9亿美元，增长30%；墨西哥11.2亿美元，增长42%；加拿大8.59亿美元，增长7.4%；智利3.07亿美元，增长 8.4%；秘鲁 0.836 亿美元，下降 28.44%。主力进口产品包括：计算机、电子产品及零件，机械、设备、工具及零配件，家畜饲料和原料，棉花，大豆，玉米等。

从欧洲进口 172.7 亿美元，同比增长 27.7 亿美元，增幅 18.1%，占越南进口总额的 7.3%。其中，自欧盟进口 138.9 亿美元，同比增长 13.9%。对该区域 4 个具体市场的进口额超过 10 亿美元，包括：德国 38.2 亿美元，爱尔兰 17.9 亿美元，意大利 17.7 亿美元，法国 13.4 亿美元。主力进口产品包括：机械、设备、工具及零配件，药品及制药原料，化工原料和化工制品，纺织、皮革原辅料等。自欧亚经济联盟（EAEU）进口 22.8 亿美元，同比增长 56%。其中，自俄罗斯进口 21.2 亿美元，增长 53.4%。自欧洲自由贸易联盟（EFTA）进口 10.2 亿美元，同比增长 21.58%。其中，自瑞士进口 7.32 亿美元，增长 22%；自挪威进口 2.88 亿美元，增长 20.9%。

从大洋洲进口 43 亿美元，同比增长 7 亿美元，增幅 16.1%，占越南进口总额的 1.82%。主要进口市场包括：澳大利亚 37 亿美元，增长 17.8%；新西兰 5.31 亿美元，增长 5.7%。主力进口产品包括：煤炭、普通金属、棉花、矿石和其他矿产、小麦、奶和奶制品、木材和木制品等。

从非洲进口 13.9 亿美元，同比增长 0.4 亿美元，增幅 1.7%，占越南进口总额的 0.59%。主要进口市场包括：科特迪瓦 7.975 亿美元，下降 11.8%；南非 3.864 亿美元，增长 59.4%。主力进口产品包括：腰果、棉花、普通金属、果蔬、塑料原料等。

三　越南与各主要贸易伙伴的双边经贸关系

（一）越南—中国双边贸易关系

2018 年是中越全面战略合作伙伴关系建立 10 周年，两国在 2017 年签署的《共建"一带一路"和"两廊一圈"合作备忘录》基础上，保持高层密切接触，不断加强双边务实合作，推动落实两党、两国高层达成的共识。

2018 年 1 月，中国国务院总理李克强在柬埔寨出席澜湄合作第二次领导人会议期间与越南政府总理阮春福会晤。9 月，中共中央纪委书记赵乐际应邀对越南进行正式友好访问，其间会见越共中央总书记阮富仲、越南国会主席阮氏金银、越共中央书记处常务书记陈国旺等，并出席"中国改革开放和越南革新·融入国际成就"图片展开幕式。当月，中国国务院副总理胡春华赴河内出席世界经济论坛东盟会议。10 月，李克强总理在比利时出席第十二届亚欧合作论坛期间与阮春福总理第二次会晤。11 月，阮春福总理来华出席首届中国国际进口博览会，其间会见中共中央总书记、中国国家主席习近平。在大批合作项目被纳入"一带一路"合作框架的背景下，两国经贸合作前景十分广阔。

在贸易方面，两国在 2018 年取得了令人欣喜的成就。越南海关总署统计，2018 年双边贸易额突破千亿美元大关，达到 1067.1 亿美元，占越南货物贸易进出口总额的 22.2%，同比增长 15.3%。其中，越南对中国出口 412.7 亿美元，同比增长 16.56%，占越南出口总额的 16.95%；自中国进口 654.4 亿美元，同比增长 11.68%，占越南进口总额的 27.6%。中国连续 14 年成为越南第一大贸易伙伴，越南则连续 3 年成为中国在东盟的第一大贸易伙伴，也是中国在全球的第八大贸易伙伴。中国是越南的第一大进口来源地和第三大出口市场。双边贸易取得的成就不仅表现在规模增长上，也体现在贸易差额平衡和贸易结构优化上。在贸易差额方面，2018 年，越南对华贸易逆差为 242.7 亿美元，与 2017 年基本持平。同时，越南对华出口增长率超过进口增长率，这表明双边贸易不平衡的状况持续得到改善。在贸易结构方面，越南对华出口商品中主要有以下 5 类增幅较大：纺织品服装（15.4 亿美元，增长 39.6%），摄影器材及零配件（28 亿美元，增长 34.1%），电话及零件（93.75 亿美元，增长 31.1%），鞋类（14.9 亿美元，增长 30.82%），计算机、电子产品及零件（83.6 亿美元，增长 21.91%）。越南自中国进口的主要商品有布匹、电话及零件、钢材、纺织皮革原辅料、塑料制品、化工原料和化工制品等。

在投资方面，中国企业对越南投资延续 2017 年的迅猛增长势头。越南计划投资部统计，2018 年全年中国对越南直接投资协议金额 24.6 亿美元，同比增长 13.4%，新增项目 389 个，占越南吸引外资总额的 12.9%，居对越南投资伙伴国第 5 位。截至 2018 年 12 月底，中国对越南直接投资协议金额累计为 133.5 亿美元，项目总数 2149 个，居对越南投资伙伴国第 7 位，较 2017 年上升 1 位。越南较低的出口关税税率成为吸引中国企业赴越投资的主要因素，尤其是《全面与进步跨太平洋伙伴关系协议》生效之后，越南制造业出口呈现巨大利好。当前大量中资企业前往越南考察，越南主要城市工业园内聚集多家中国产业龙头企业，中资企业甚至出现用工紧张的情况。

越南当前较为关注对华农产品和水产品的出口促进工作，欢迎中国对越南投资高科技产业项目。目前中国是越南果蔬产品的最大出口对象国，对华出口额占越南该类商品出口总额的 73%，达到 27.8 亿美元，同比增长 5.1%。同时，2018 年越南对华水产品出口额出现下滑，为 9.9 亿美元，同比下降 8.2%，大米和橡胶对华出口也有不同程度的下滑。越南国家领导人多次在双边高层会晤中表示，希望中方为越南农产品出口创造更多便利条件。同时，越南当前着力调整出口农林水产品的市场定位，提高国内生鲜产品物流效率，提高出口农林水产品质量检验检疫标准，更好地满足中国市场对生鲜产品的质量要求和消费需求。在投资方面，越南希望中国有更多科技含量高、环保效益好的企业来到越南投资。此外，越南当前较关注 PPP 融资模式（公私合营）在基础设施建设项目中的运用，包括对接"两廊一圈"与"一带一路"的相关项目，这是中国企业对越南投资的重要机遇。

（二）越南—韩国双边经贸关系

2018 年是《越韩自由贸易协定》生效的第 4 年，两国经贸关系保持高速发展。2 月，韩国总统文在寅对越南进行国事访问，双方就进一步推动两国贸易往来、科技合作、人员交流等达成共识。3 月，越韩科技合作联席委员会第 8 次会议在越南河内举行，双方强调大力发挥越韩科技研究院（VKIST）在推动两国科技领域交流合作方面的作用。12 月，越南国会主席阮氏金银对韩国进行国事访问，双方签署《至 2020 年双边贸易实现 1000 亿美元目标行动计划》，指导两国工贸部门进一步落实相关目标。

在贸易方面，越韩全年双边货物贸易进出口总额为 657 亿美元，同比增长 6.3%，占越南货物贸易进出口总额的 13.7%。其中，越南对韩国出口 182 亿美元，同比增长 22.8%，占越南出口总额的 7.48%；从韩国进口 475 亿美元，同比增长 1.1%，占越南进口总额的 20.07%。韩国是越南的第二大贸易伙伴、第二大进口来源地和第六大出口市场。韩国连续第二年成为越南最大的贸易逆差来源国，越南对韩国逆差达 293 亿美元，较 2017 年下降 8.9%。在贸易结构上，越南对韩国出口的主要商品有电话及零件（45.05 亿美元，增长 13.4%），纺织品服装（33 亿美元，增长 24.9%），计算机、电子产品及零件（25.02 亿美元，增长 36.8%），机械、设备、工具及零配件（12 亿美元，增长 27.6%），木材和木制品（9.37 亿美元，增长 40.9%），水产品（8.65 亿美元，增长 11.2%）等。越南自韩国进口的主要商品有计算机、电子产品及零件，机械、设备、工具及零配件，电话及零件，布匹，塑料制品和成品油等。越南对韩国贸易逆差居高不下的原因，除了大量进口韩国工业制成品和生产资料类产品之外，也和越南对韩国出口增长相对缓慢有关。一方面，韩国国内市场容量较小，越南的出口优势产品如木材、水产品、纺织品服装等在韩国市场已经趋于饱和；另一方面，越南对韩国消费品生产价值链的参与程度较低，未能形成对韩国出口的增长点。

在投资方面，据越南计划投资部统计数据，2018 年全年韩国对越南直接投资协议金额 72 亿美元，新增项目 1043 个，占越南吸引外资总额的 20.3%，为越南第二大投资来源地。截至 2018 年 12 月底，韩国对越南累计投资项目达到 7459 个，协议金额 625.7 亿美元，在对越南投资的 126 个国家和地区中排名第 1 位。韩国对越南投资的主要领域有加工制造业（占 84%）、建筑业、房地产、专业研发等。在越南的主要投资目的地有胡志明市、河内市、海防市、同奈省、平阳省等。在越南的主要投资形式是外资独资。2018 年韩国在越南注册投资和增资的大型项目主要有：由晓星集团在巴地－头顿省投资的聚丙烯工厂和液化气贮存仓库，注册资金 12 亿美元；

LG 伊诺特海防市工厂增资 5 亿美元用于生产摄像头模块；LG 显示器海防市工厂增资 5 亿美元等。

越韩双边经贸关系总体发展趋势较好，但也存在一些带来负面影响的不利因素。在《越韩自由贸易协定》合作框架下，两国将继续修订完善《避免双重税收协定》，出台更多投资和贸易鼓励政策。此外，韩国最新制定的商检标准可能会给越南农产品和水产品出口带来不利影响。自 2018 年 4 月起，韩国水产质量管理局对进口水产采用新的检验检疫标准，主要是对虾类产品增加 5 种疫病的检查。新标准将给越南冷冻虾出口商带来潜在风险。自 2019 年 1 月起，韩国将对所有进口食品的农药残留含量实施严格标准，越南对韩国出口的咖啡、腰果、花生、热带水果等可能会受到一定影响。

（三）越南—美国双边经贸关系

2018 年越美经贸关系保持平稳发展。9 月，越南政府总理阮春福接见赴越南河内出席世界经济论坛东盟会议的美国企业代表团。会议期间双方举行越美商业峰会，越南政府副总理郑庭勇出席并发表讲话，肯定越美经贸合作取得的发展成就，并希望继续破除相关阻碍和壁垒，推动双边经贸充分发挥合作潜力。尽管美国政府在 2018 年颁布多项贸易保护措施，但越美双边贸易并未受到太多影响，不仅在总量上保持增长势头，而且越南对美国顺差依旧保持较大规模。

在贸易方面，越美全年货物贸易进出口总额为 602.8 亿美元，同比增长 18.3%，占越南货物贸易进出口总额的 12.6%。其中，越南对美国出口 475.3 亿美元，占越南出口总额的 19.5%，同比增长 14.3%；从美国进口 127.5 亿美元，占越南进口总额的 5.4%，同比增长 36.7%。美国为越南第三大贸易伙伴，同时是越南第一大出口市场和第六大进口来源地。越南常年对美国保持较高贸易顺差，2018 年为 347.8 亿美元。在贸易结构上，纺织品服装是越南对美国出口第一大商品，出口额达 137 亿美元，同比增长 11.6%。其他金额较大的出口商品主要包括：鞋类（58.2 亿美元，增长 13.91%），电话及零件（54.1 亿美元，增长 46.1%），木材和木制品

（38.97 亿美元，增长 19.3%），机械、设备、工具及零配件（34.1 亿美元，增长 40.3%）。越南自美国进口的商品主要有计算机、电子产品及零件，棉花，机械、设备、工具及零配件，家畜饲料和原料，大豆，有色金属，塑料制品等。

在投资方面，据越南计划投资部统计数据，2018 年全年美国对越南直接投资协议金额 5.5 亿美元（比 2017 年有所下降），新增项目 84 个，居对越南投资伙伴国第 11 位。截至 2018 年 12 月底，美国对越南累计投资项目达到 900 个，协议金额 93.3 亿美元，在对越南投资的 126 个国家和地区中排名第 11 位。美国能源领域企业对越南的投资兴趣不减，2018 年 5 月，美国爱依斯电力公司在河内拜访越南政府副总理王庭惠时表示，该公司有意按 BOT 模式投资建设山美 2 期燃气热电站，并愿与越南燃气总公司合作投资平顺省函宾县液化石油气仓储站。

越美经贸关系发展前景较好。在贸易方面，2019 年是越美经贸关系正常化 25 周年，越美双边贸易在 25 年来增长近 133 倍，从 1994 年的 4.5 亿美元增至 2018 年的 602.8 亿美元。当前两国致力于不断推动双边经贸关系向前发展。在投资方面，美国对越投资的主要障碍是越南国内产业政策不配套。越南美国商会对越南投资环境评价较为积极，认为越南是东南亚国家中营商环境较具备竞争力的国家，但同时也指出，阻碍美国投资者将资金投向越南的主要原因是越南投资环境缺乏透明度，美国企业对风险产生忧虑。此外，对饮料加征特别消费税将阻碍美国部分中小企业进入越南，《药品法》第 54/2017/N Đ-CP 号实施指导意见则禁止外资药品企业在越南保藏和运输药品，将增加外资药品生产商对药品质保和分配环节的顾虑。

（四）越南—东盟双边经贸关系

2018 年，东盟继续推动区域一体化进程，扩大成员国间在经贸领域的合作。8 月，第 50 届东盟部长经济会议在新加坡举行，修订《东盟货物贸易协定》（ATIGA）的第一项议定书，保证东盟服务商获得准入东盟市场的最广泛优惠。根据 ATIGA，越南于 2018 年取消 97% 的税目关税，越南—东盟间贸易出现大幅增长。11月，第33届东盟峰会在新加坡举行，会上东盟重申支持多边贸易的承诺，并推动尽早完成《区域全面经济伙伴关系协定》（RCEP）谈判。

在贸易方面，越南—东盟全年货物贸易进出口总额为566亿美元，同比增长12.9%，占越南货物贸易进出口总额的11.8%。其中，越南对东盟出口248亿美元，同比增长13.9%，占越南出口总额的10.2%；从东盟进口318亿美元，同比增长12.2%，占越南进口总额的13.4%。东盟超过欧盟成为越南第四大贸易伙伴，同时也是越南的第三大进口来源地和第四大出口市场。在贸易结构上，越南对东盟出口的商品主要有电话及零件（29亿美元，下降7.3%），钢材（23亿美元，增长39.8%），计算机、电子产品及零件（22亿美元，下降12.8%），机械设备，运输工具，纺织品服装等。越南自东盟进口的商品主要有石油（马来西亚、新加坡、泰国），整车（泰国和印度尼西亚），计算机、电子产品及零件（马来西亚、新加坡、菲律宾），煤炭（印度尼西亚）等。值得注意的是，由于ATIGA减税路线图的落实，越南对东盟国家农产品和原材料的出口有大幅增长，如大米、咖啡、钢材等。在东盟各国中，越南的主要出口市场有泰国（54.9亿美元，增长14.3%）、马来西亚（40.5亿美元，下降3.9%）、柬埔寨（37.4亿美元，增长35%）、印度尼西亚（35.3亿美元，增长23.5%）、菲律宾（34.7亿美元，增长22.2%）、新加坡（31.4亿美元，增长5.1%）。泰国是越南在东盟的最大贸易伙伴，2018年双边贸易额达175.1亿美元，同比增长13.4%。

在投资方面，据越南计划投资部统计数据，2018年全年东盟对越南直接投资协议金额约为53亿美元，新增项目325个。截至2018年12月底，东盟对越南累计投资项目有3600多个，协议金额达715亿美元。东盟对越南的主要投资领域是加工制造业、电力和房地产等，新加坡、马来西亚、泰国和文莱是东盟中对越南投资的主要国家，这4个国家对越南投资占东盟对越投资的90%以上。其中，新加坡是越南第三大投资来源地，累计投资2159个项目，协议金额达466亿美元。2018年新加坡对越南直接投资协议金额约为 50.7 亿美元，新增项目 226 个，年内规模较大的项目有位于承天 - 顺化省的越南乐古浪（Laguna）有限责任公司项目，新加坡投资方决定自 2018 年 5 月起增资 11.2 亿美元。

越南—东盟双边贸易的前景易受外部环境的影响。对于东盟地区而言，中美贸易摩擦会产生正、负两方面的影响。2018 年中美贸易摩擦不断升级，东盟国家人口结构年轻，劳动力价格低廉，是大型企业投资的青睐之地。为躲避中美贸易摩擦风险，更多投资人会将东南亚视作理想的避风港。但同时，中美贸易摩擦升级也会引起美元走势增强，出口依存度较高的东盟国家都会贬值本币，越南在东盟的部分贸易伙伴（如菲律宾、印尼等）经常账户赤字会有所增加，这些国家可能因此减少对越南商品的进口。因此，越南—东盟双边贸易的前景有待观察。

2018 年越南与东盟各国货物贸易进出口和贸易平衡状况见表 2。

表 2 2018 年越南与东盟各国货物贸易进出口和贸易平衡状况

单位：亿美元

国家	排名	对越南进出口总额	自越南进口	对越南出口	贸易平衡
泰国	1	175.1	54.9	120.2	− 65.3
马来西亚	2	115	40.5	74.5	− 34
印度尼西亚	3	84.5	35.3	49.2	− 13.9
新加坡	4	76.6	31.4	45.2	− 13.8
菲律宾	5	47.3	34.7	12.6	+ 22.1
柬埔寨	6	47	37.4	9.6	+ 27.8
老挝	7	10.3	5.9	4.4	+ 1.5
缅甸	8	8.6	7	1.6	+ 5.4
文莱	9	0.6	0.2	0.4	− 0.2

资料来源：笔者根据越南海关总局统计数据制作而成。"−"表示越南逆差，"+"表示越南顺差。

（五）越南—欧盟双边经贸关系

2018 年 6 月，《越南—欧盟自由贸易协定》（EVFTA）完成法律审查，并于 10 月由欧盟委员会通过并呈递欧洲议会审批。10 月 14 日至 21 日，越南政府总理阮春福出席第十二届亚欧首脑会议并对比利时、奥地利和丹麦进行国事访问，其间与欧盟国家签署 30 项合作文件，其中包括经过长达 6 年谈判签署的《关于森林执法、施政与贸易自愿伙伴关系协议》（VPA/FLEGT）。该协议将促使加强对森林非法开采的管制，并推动越南林业产品扩大对欧盟市场的出口。

在贸易方面，越南—欧盟全年货物贸易进出口总额为 556.8 亿美元，同比增长 10.4%，占越南货物贸易进出口总额的 11.6%。其中，越南对欧盟出口 417.9 亿美元，同比增长 9.5%，占越南出口总额的 17.2%；从欧盟进口 138.9 亿美元，同比增长 13.9%，占越南进口总额的 5.9%。欧盟是越南第五大贸易伙伴，同时是越南第二大出口市场和第五大进口来源地。越南对欧盟出口的主要商品有电话及零件（131.15 亿美元），计算机、电子产品及零件（50 亿美元），鞋类（46.5 亿美元），纺织品服装（40.98 亿美元），水产品，咖啡，腰果，木材和木制品等。自欧盟进口的主要商品有机械、设备、工具及零配件（40.7 亿美元），药品及制药原料（14.9 亿美元），纺织皮革原辅料（7.9 亿美元），化工原料和化工制品（7.9 亿美元），塑料制品，汽车零件等。在欧盟中，德国是越南最大的贸易伙伴，双边贸易额接近 107 亿美元。越南的主要出口市场有荷兰（70.8 亿美元）、德国（68.7 亿美元）、英国（57.8 亿美元）、奥地利（40.1 亿美元）、法国（37.6 亿美元）、意大利（29 亿美元）、西班牙（26.3 亿美元）、比利时（24.1 亿美元）。

在投资方面，据越南计划投资部统计数据，2018 年全年欧盟对越南直接投资协议金额约为 19 亿美元，新增项目 150 多个。截至 2018 年 12 月底，欧盟对越南累计投资项目有 2250 多个，协议金额近 250 亿美元。欧盟对越南投资的主要领域有加工制造业（占 1/3 左右）、电力、能源、高科技和房地产等。越南主要投资目的地有胡志明市、河内市、巴地－头顿省、广宁省、同奈省等。荷兰是欧盟中累计对越南投资最多的国家，2018 年 FDI 流量为 3.87 亿美元，新增项目 17 个，累计投资存量为 93.6 亿美元，项目数量 318 个，居对越南投资伙伴国第 10 位。其次是法国（FDI 存量 36.8 亿美元，居第 15 位）和英国（FDI 存量 35.1 亿美元，居第 16 位）。

EVFTA 将推动双边经贸关系进一步发展。EVFTA 预计将于 2019 年夏季正式签署，将促进双边贸易往来和投资流动。自协议生效之时起，欧盟将对 84% 的越南商品免税，协议生效 7 年内这一比例将达到 99%。越南是欧盟在东南亚的第二大贸易伙伴（仅次于新加坡），欧盟重视发展对越南的经贸合作。在投资方面，根据越南计划投资部公布的《2018～2030 年外资招商战略草案》，下阶段越南将注重吸引生产高附加值产品和具有辐射效益的外资企业来投资，欧盟是越南招商引资的重点对象之一。

2018 年越南与欧盟各国货物贸易进出口和贸易平衡状况见表 3。

表3 2018 年越南与欧盟各国货物贸易进出口和贸易平衡状况

单位：亿美元

国家	排名	对越南进出口总额	自越南进口	对越南出口	贸易平衡
德国	1	106.9	68.7	38.2	+30.5
荷兰	2	78.4	70.8	7.6	+63.2
英国	3	67.5	57.8	9.7	+48.1
法国	4	51	37.6	13.4	+24.2
意大利	5	46.7	29	17.7	+11.3
奥地利	6	43	40.1	2.9	+37.2
西班牙	7	31.5	26.3	5.2	+21.1
比利时	8	28.8	24.1	4.7	+19.4
爱尔兰	9	19.4	1.5	17.9	-16.4
波兰	10	16	13.3	2.7	+10.6
瑞典	11	15.1	11.6	3.5	+8.1
斯洛伐克	12	10.7	10.3	0.4	+9.9
丹麦	13	7	3.8	3.2	+0.6
匈牙利	14	6.4	4	2.4	+1.6
葡萄牙	15	5.2	4	1.2	+2.8
芬兰	16	4	1.6	2.4	-0.8
斯洛文尼亚	17	3.6	2.9	0.7	+2.2
希腊	18	3.2	2.5	0.7	+1.8

国家	排名	对越南进出口总额	自越南进口	对越南出口	贸易平衡
捷克	19	3	1.6	1.4	+0.2
罗马尼亚	20	2.2	1.5	0.7	+0.8
拉脱维亚	21	1.9	1.8	0.1	+1.7
爱沙尼亚	22	1.3	0.4	0.9	-0.5
克罗地亚	23	1.2	0.8	0.4	+0.4
卢森堡	24	1.2	0.9	0.3	+0.6
保加利亚	25	0.9	0.4	0.5	-0.1
塞浦路斯	26	0.9	0.4	0.5	-0.1
立陶宛	27	0.9	0.7	0.2	+0.5
马耳他	28	0.9	0.7	0.2	+0.5

资料来源：笔者根据越南海关总局统计数据制作而成。"－"表示越南逆差，"＋"表示越南顺差。

（六）越南—日本双边经贸关系

越日双边经贸关系日益紧密。2018 年是越南—日本两国建交 45 周年，也是《越日经济伙伴协定》签署 10 周年。5 月，时任越南国家主席陈大光对日本进行国事访问，双方共同发表《越日联合声明》，公布在经济、农业、能源、减灾、教育、科技、医疗等多领域的合作规划。10 月，越南政府总理阮春福在日本东京出席第十届日本与湄公河流域国家峰会，双方就基础设施建设、人才培养、民间交流等方面进一步达成合作意向。

在贸易方面，越日全年货物贸易进出口总额为 378.5 亿美元，同比增长 11.9%，占越南对外贸易总额的 7.9%。其中，越南对日本出口 188.5 亿美元，同比增长 11.8%，占越南出口总额的 7.7%；从日本进口 190 亿美元，同比增长 12%，占越南进口总额的 8%。日本是越南的第六大贸易伙伴，同时也是越南第四大进口来源地和第五大出口市场。在贸易结构上，越南对日本出口的主要商品有纺织品服装（38.1 亿美元，增长 22.6%），运输工具（24.8 亿美元，增长 14.1%），机械、设备、工具及零配件（18.4 亿美元，增长 7.11%）、水产品（13.9 亿美元，增长 6.4%），木材和木制品（11.47 亿美元，增长 12.2%）等。此外，建筑材料（增长 24.5%）、燃料和矿产（增长 31.6%）等商品对日本出口也实现较大增幅。自日本进口的主要商品有机械、设备、工具及零配件（44.3 亿美元，增长 2.7%），计算机、电子产品及零件（40.6 亿美元，增长 27.2%），钢材（15.9 亿美元，增长 12.7%），塑料制品（8.59 亿美元，增长 8.1%），汽车零部件（7.82 亿美元，增长 20.3%）等。越南从日本进口商品结构主要与日本对越南生产领域加大投资有关，进口额较大的产品大都属于生产工具和原材料类。

在投资方面，据越南计划投资部统计数据，2018 年全年日本对越南直接投资协议金额 85.9 亿美元，新增项目 429 个，占越南吸引外资总额的 24.2%，为越南第一大投资来源地。截至 2018 年 12 月底，日本对越南累计投资项目达到 3996 个，协议金额 570.2 亿美元，在对越投资的 126 个国家和地区中排名第 2 位。日本对越投资的主要领域有加工制造业（占 80%）、房地产、水电气输送等。日本在越南主要投资目的地有清化省、河内市、平阳省、胡志明市、海防市等。日本在越南主要投资形式是外资独资，另外还有 BOT、BT 和 BTO 等形式。2018 年日本在越南新建和增资的大型项目有：日本住友集团在河内市东英县投资的智慧城市项目，注册资金 41.4 亿美元，建设基础设施和相关配套完善的智慧都市住宅区。

越日双边经贸合作发展较好。根据 2018 年《越日联合声明》，两国正在加紧落实更深层次的战略对接。日方表示，将依照《至 2020 年、面向 2030 年越日合作框架下越南工业化战略》，在竞争力提升、转变经济增长方式等方面对越南提供帮助。同时，越日两国进一步加强产能对接，包括推动高科技领域技术转让；推动能源、电子、传媒、通信等领域合作；鼓励日本中小企业赴越投资；协助越南发展机械制造业，建设大型工业区；推动知识产权合作，创新发展营商环境；等等。

2018 年越南与各主要贸易伙伴的货物贸易进出口额和贸易平衡状况见表 4。

表4 2018年越南与各主要贸易伙伴的货物贸易进出口额和贸易平衡状况

单位：亿美元

国家/地区	排名	对越南进出口总额	自越南进口	对越南出口	贸易平衡
中国	1	1067.1	412.7	654.4	−241.7
韩国	2	657	182	475	−293
美国	3	602.8	475.3	127.5	+347.8
东盟	4	566	248	318	−70
欧盟	5	556.8	417.9	138.9	+279
日本	6	378.5	188.5	190	−1.5

资料来源：笔者根据越南海关总局数据制作而成。"−"表示越方逆差，"+"表示越方顺差。

四 2019年越南对外贸易展望

全球经济增速预计有所放缓。2018年中美贸易摩擦导致全球商品交易量持续下降，并对全球价值链造成较大冲击，导致日韩等国的跨国企业担忧情绪持续蔓延。世界银行在2019年1月发布的《2019年全球经济展望》中指出，今年全球经济将面临更加严峻的下行风险，全球经济增长将从2018年的3%降至2.9%，其中发达经济体增长率降至2%，新兴市场国家增长率降至4.2%。预计2019年全球主要经济体的增长预期均有所下降：受到国际紧张局势和英国脱欧的影响，德国、法国和意大利等国经济增长放缓，欧盟委员会于2019年2月将欧元区经济增长预期值由1.9%下降至1.3%。受到全球保护主义的影响，日本经济增长将保持在1%左右。美国经济尽管在2019年第一季度实现3.2%的超预期增长，但受到全球增速放缓、减税效应减弱、失业率上升等因素影响，经济增速下行的压力仍然较大。

越南国内经济形势比较乐观。2018年越南GDP增速达到7.08%，高于6.7%的预期，并且达到近11年来的最高点。全年经济指标呈良好发展势头，CPI增速保持在4%以下，信用增速平稳，外汇储备创历史新高（达到

600 亿美元），财政收入高于预期 3%，FDI 流量创历史新高（180 亿美元）。2018 年 10 月，在越南第十四届国会第六次会议上，确定 2019 年经济增长目标为 6.6%~6.8%。同时，当前越南营商环境继续得到改善，政府已落实将近 50% 的行政手续减免，其中包括 61% 的营业手续和 60% 的进出口商品检验程序简化。因此，预期 2019 年越南经济将继续表现出色，保持较高增长水平。

区域自由贸易协定为越南经济发展注入活力。2018 年 11 月 12 日，在越南第十四届国会第六次会议上，国会代表以 100% 赞成票表决批准《全面与进步跨太平洋伙伴关系协定》（CPTPP）。CPTPP 被认为是当前最先进的自由贸易协定之一。从构成上看，CPTPP 具有发达国家多、经济体量大、地理跨度大等特点，11 国总人口规模超过 5 亿人，占全球人口的 6.7%，GDP 规模达 10 万亿美元，占全球的 13.5%，地理分布则跨越东北亚、东南亚、大洋洲、美洲等地域。从内容上看，CPTPP 具有覆盖范围广、执行力度大、门槛标准高等特点，协议内容不仅包括关税减免、服务业市场开放、知识产权和非关税壁垒等贸易问题，而且涉及劳工组织、私营领域反腐、环境标准、政府采购等非传统领域。关税降幅前所未有，各国执行标准一视同仁。作为发展水平最低的成员国，越南将从"人群"中收获可观短期利益和长期利益，释放经济潜力，搭乘发展快车，倒逼国内改革，进一步融入国际。

在主要贸易伙伴方面，2019 年越南与主要贸易伙伴的贸易规模总体上继续保持增长趋势，"远方市场（美、欧）顺差，近处市场（中、韩、东盟）逆差"的国际贸易格局短期内不会改变。在对华贸易上，"一带一路"推动两国口岸经贸合作不断深化，基础设施不断升级，通关效率不断提升，两国在商贸、物流方面的联系更加紧密，贸易规模将继续攀升，越南对华农产品出口将有所增长。在对韩国贸易上，VKFTA 推动越韩双边贸易规模继续保持增长，韩国企业高附加值、高竞争力产品将继续大量出口至越南，越南对韩国贸易逆差将进一步增大。在对美国贸易上，2019 年年初美国国内私人消费的强劲增长将拉动越南对美国出口，越美贸易前景取决于美国经济增长的预期。在对东盟贸易上，ATIGA 降税安排会推动越南—东盟贸易额增长，但越南将面临来自东盟国家商品的激烈竞争，贸易入超可能因此而增加。在对欧盟贸易上，EVFTA 的签署将为越欧双边营造平等的合作平台，为欧洲企业进军越南市场创造便利条件。在对日本贸易上，CPTPP 将推动越南纺织品服装、皮革、水产品、果蔬等优势产品进入日本市场。此外，RCEP 谈判如能在年内结束，则将进一步推动越南与中国、日本、东盟的贸易拓展。

B.12

旅游

何静波 *

摘　要： 2018 年，越南旅游业在有利的发展条件下，保持增长势头，赴越南国际游客人数再次刷新纪录，旅游营业总收入创历史新高。越南在旅游政策的制定、旅游交通对接、智慧旅游等方面也取得一些重要的进展。

关键词： 越南　旅游业　智慧旅游

一　2018年越南旅游业概况

（一）总体概况

2018 年，越南全年接待国际游客约 1550 万人次，比 2017 年增加 260 万人次，同比增长 19.9%；国内游客总数逾 8000 万人次，比 2017 年增加 680 万人次，同比增长 9.3%。旅游营业总收入 620 万亿越南盾（约合 267 亿美元），比 2017 年增长 17.6%，对 GDP 的贡献率约为 8%。赴越南国际游客按入境方式来看，经航空入境的共 1248.5 万人次，同比增长 14.4%；经陆路入境的共 279.8 万人次，同比增长 59.6%；经海路入境的共 21.5 万人次，同比下降 16.8%。

---

* 何静波，厦门大学南洋研究院博士研究生。

（二）客源市场

2018 年，除了赴越南旅游的柬埔寨和老挝游客量有所减少之外，赴越南旅游的客源市场游客量均有不同程度的增长。增幅排名前 11 位的客源市场分别为：韩国、中国香港、芬兰、中国大陆、中国台湾、丹麦、泰国、马来西亚、意大利、瑞典、美国。

按客源市场看，2018 年，赴越南的亚洲游客达 1207.6 万人次，占总体客源市场比例约 78%，同比增长 23.7%。中国依然为越南第一大旅游客源国，赴越南中国大陆游客达 496.7 万人次，同比增长 23.9%，保持良好的增长势头；中国台湾游客为 71.4 万人次，增长 15.9%；中国香港游客为 6.2 万人次，增长 30.4%。韩国仍为越南第二大旅游客源国，赴越南韩国游客 348.5 万人次，同比增长 44.3%，位列全年各客源市场增幅之首。日本为越南第三大旅游客源国，赴越南日本游客 82.7 万人次，增长 3.6%，增幅较 2017 年略有下降。马来西亚、泰国、新加坡、菲律宾、印度尼西亚等 5 个东盟国家的游客数量继续保持增长之势。其中，马来西亚居东南亚客源国之首，赴越南游客 54 万人次，同比增长 12.4%；泰国 34.9 万人次，增长达 15.8%，为东盟各国中增幅最大者；新加坡 28.6 万人次，增长 3.1%；菲律宾 15.2 万人次，增长 13.6%；印度尼西亚 8.8 万人次，增长 8.5%。此外，赴越南的柬埔寨游客为 20.3 万人次，同比下降 8.8%；老挝游客为 12 万人次，同比下降 15.2%，降幅较大。

2018 年，赴越南欧洲游客达 203.8 万人次，同比增长 8.1%。其中，俄罗斯居欧洲各客源国之最，游客总数达 60.7 万人次，同比增长 5.7%。其余依次为：英国 29.8 万人次，增长 5.1%；法国 28 万人次，增长 9.5%；德国 21.4 万人次，增长 7.1%；荷兰 7.7 万人次，增长 6.9%；西班牙 7.7 万人次，增长 10.8%；意大利 6.6 万人次，增长 13%；瑞典 5 万人次，增长 12.9%；丹麦 4 万人次，增长 15%；瑞士 3.5 万人次，增长 4.3%。

赴越南美洲游客共 90.4 万人次，同比增长 10.6%。其中，美国 68.7 万人次，增长 11.9%；加拿大约 15 万人次，增长 8.2%。

赴越南大洋洲游客共 43.8 万人次，同比增长 4%。其中，澳大利亚 38.7 万人次，增长 4.5%；新西兰 5 万人次，增长 1.5%。

赴越南非洲游客 4.3 万人次，同比增长 19.2%。

2018 年赴越南国际游客和客源市场情况见表 1。

表 1　2018 年赴越南国际游客和客源市场情况

单位：人次，%

排序	国家/地区	总人数	增幅
1	中国大陆	4966500	23.9
2	韩国	3485400	44.3
3	日本	826700	3.6
4	中国台湾	714100	15.9
5	美国	687200	11.9
6	俄罗斯	606600	5.7
7	马来西亚	540100	12.4
8	澳大利亚	386900	4.5
9	泰国	349300	15.8
10	英国	298100	5.1
11	新加坡	286200	3.1
12	法国	279700	9.5
13	德国	214000	7.1
14	柬埔寨	203000	− 8.8
15	菲律宾	151600	13.6
16	加拿大	149500	8.2
17	老挝	120000	− 15.2
18	印度尼西亚	87900	8.5
19	荷兰	77300	6.9
20	西班牙	77100	10.8
21	意大利	65600	13.0
22	中国香港	62200	30.4
23	新西兰	49900	1.5
24	瑞典	49700	12.9

排序	国家/地区	总人数	增幅
25	丹麦	39900	15.0
26	瑞士	34500	4.3
27	秘鲁	31400	7.7
28	挪威	26100	7.6
29	芬兰	22800	24.9

资料来源：《2018 年经济社会情况》，越南统计总局，http：//www. gso. gov. vn/default. aspx? tabid = 621&idmid = &ItemID = 19037。

（三）获得的国际奖项和荣誉称号

2018 年 1 月，越南承天 - 顺化省获"2018～2020 年东盟清洁旅游城市"奖，顺化朝圣乡村精品水疗度假村（Pilgrimage Village Boutique Resort & Spa Hue）获得"2018～2020 年东盟绿色酒店"奖。6 月，越南胡志明市和河内市获 2018 年第八届亚太城市旅游振兴机构（TPO）论坛颁发的 TPO 最佳营销奖。9 月，第 25 届世界旅游大奖（World Travel Awards）亚太地区颁奖典礼在中国香港举行，越南首次获"2018 年亚太地区最佳旅游目的地"奖。多家越南旅游企业获得"2018 亚洲领先旅游管理企业"称号，包括连续六次获此荣誉的 Vietravel 公司。作为越南豪华酒店的代表，2018 年洲际岘港阳光半岛度假村（Inter Continental Danang Sun Peninsula Resort）获得亚洲领先度假村建筑设计奖、绿色度假村奖、奢华婚礼度假村奖、奢华 MICE 度假村奖等奖项。此外，越南被太平洋地区国际旅游作家协会（PATWA）评为"新兴豪华旅游目的地"。在《孤独星球》（*Lonely Planet*）推出的《2018 年度榜单：亚洲十大最佳目的地》中，越南胡志明市上榜，排名第三。河内市则跻身猫途鹰旅游网站公布的 2018 年"旅行者之选"全球前 25 个最佳目的地榜单。

近年来，越南政府大力发展高尔夫产业，岘港市作为越南高尔夫产业发展的重镇，推动了越南旅游业的发展。

二 2018年越南旅游业发展举措

（一）推进旅游法律体系的建设和落实旅游的计划和政策

2018年，越南继续推进旅游法律体系的建设。为适应新的形势以及2017年《旅游法（修正案）》有关规定，对原有的旅游发展战略和规划进行修改补充，包括修订"展望到2020年、2030年越南旅游发展战略"及修订"展望到2020年、2030年越南旅游发展总体规划"，并制定"旅游业重组提案"。3月，越南政府总理签署了《关于越南文化体育旅游部直属旅游总局职能、任务、权限和组织机构规定》（17/2018/Q Đ-TTg号决定），对旅游业主管部门的职权等进行明确的规定。

2018年，越南旅游部门继续落实相关的旅游计划和政策。各旅游相关部门集中力量实施越共中央政治局《关于把旅游业发展成为经济拳头产业的决议》（第8号决议）中提出的各项任务和措施，重点开展政府和文化体育旅游部有关执行上述决议的行动计划，越南旅游总局发布文件指导实施2017年《旅游法（修正案）》。10月，由越南文化体育旅游部提出的《关于举办越南国际旅游展览会提案》获越南政府批准，自2020年起，越南国际旅游展览会（VITM）将于每年4月在河内或胡志明市举办。为了确保越南国际旅游展览会成功举办，每年展览会的主题要符合市场趋势和旅游发展的要求，经越南文化体育旅游部审批。展览会最小规模约为300个展位，其中包括25%及以上的国际展位。

西欧地区是越南旅游业重要的客源市场，越南针对西欧五国的签证政策和旅游推介宣传工作取得一定的成效，使赴越南的西欧国家游客人数逐年增加。为了吸引更多西欧各国游客前往越南旅游，越南政府决定对西欧五国游客实施3年免签政策，即自2018年7月1日至2020年6月30日，英国、法国、德国、意大利及西班牙等5个西欧国家的公民前往越南可享受3年免签政策待遇。2018年，赴越南的西欧五国游客总人数为93.5万人次，比2017

年增加了 6.8 万人次，增长 7.3%。

2018 年，为了加强导游队伍建设、提升导游人员整体素质和服务质量，10 月，越南旅游协会公布了越南导游人员星级评定工作计划。随后，以河内市、胡志明市、广宁省以及其他的旅游重点省市为试点开展相关的评定活动。12 月 31 日试点活动结束后，越南旅游协会将进一步完善考核标准及评定流程，并在全国范围内开展导游人员星级评定工作，以满足旅游行业的发展需求。

2018 年 12 月 22 日，越南政府决定设立法定资本为 3000 亿越南盾的旅游发展扶助基金，并批准了该基金的组织和运营章程，将根据越南《旅游法（修正案）》和越南旅游发展的规划与战略来制订扶助计划，对资金进行管理、分配，支持旅游推介和旅游开发活动，以提高越南旅游形象，促进旅游业的发展。

（二）举办2018年国家旅游年

主题为"下龙—遗产—友好目的地"的 2018 年越南国家旅游年由广宁省下龙市主办，这是该省第二次举办国家旅游年活动（首次为 2008 年）。2018 年，广宁省接待游客量首次突破 1220 万人次，同比增长 24%，其中国际游客达 520 万人次，占越南全年接待国际游客总数的 1/3，增长 22.1%，旅游营业收入达 23.6 万亿越南盾（约合 10.2 亿美元），增长 28.1%，超额完成既定目标，创历史新纪录。在国家旅游年期间，越南文化体育旅游部、广宁省及越南其他一些省市联合举办了上百项活动，包括顺化文化节、谅山桃花节、岘港市滑翔伞比赛和国际烟花比赛等。

为了成功举办 2018 年国家旅游年，广宁省重视交通基础设施的投资和建设。2018 年，广宁省投入使用了下龙—海防高速公路、下龙—云屯高速公路、云屯国际机场等一系列交通基础设施项目，云屯—芒街高速公路项目也已启动。位于下龙市拜斋旅游区的国际游客港口竣工，陆续接待了多艘国际五星级游轮到访。广宁省还兴建了一批大规模的生态旅游项目。近年来，广宁省招商引资吸引了珍珠度假、太阳集团、巡洲、芒清、FLC、BIM 等多家大型集团的投资。还有多家一流的酒店管理品牌参与该省的酒店管理工作。广宁省的住宿在数量和质量上均有显著提高。2018 年，广宁省获评级的住宿中，三星级至五星级酒店及住宅区有 54 家，其中下龙市 34 家，芒街 5 家。公寓与酒店相结合的复合式住宿在广宁省呈爆发式增长，下龙、姑苏和云屯等地的民宿旅游发展迅速，民宿旅馆约占全省客房总数的 37%。交通和旅游基础设施建设项目有力地推动旅游业的发展，成为广宁省吸引游客的有利因素。

此外，广宁省积极改善旅游环境和开展旅游推介宣传。该省不仅在占全省接待国际游客数量 70% 的日本、韩国、中国等市场加大宣传力度，还充分利用举办国际会议之机开展旅游推介工作。9 月，值亚洲审计组织（ASOSAI）第 14 届大会在河内召开之际，广宁省特设广宁省风土人情展厅。2018 年国家旅游年的成功举办提升了下龙市的城市形象。

（三）大力发展会展旅游

2018 年，越南在会展旅游（MICE）方面取得良好成绩，吸引了大量的游客，给旅游企业带来了许多发展机会。2018 年 3 月，在河内举办的越南国际旅游展览会以"在线旅游"为主题，共有 675 家企业 500 余个展位参展，其中 112 个展位来自 21 个国家和地区的旅游相关企业，吸引了 6 万多名游客参加活动。此次展会强调了工业 4.0 时代背景下越南旅游业未来的发展方向，通过开展多项活动，拓宽展览空间等方式，鼓励企业合资、合作，加强企业对接，把握信息时代机遇，推动信息技术在旅游业中的应用。9月，第 14 届胡志明市国际旅游展览会（ITE HCMC）则以"亚洲旅游的门户"为主题，旨在加强胡志明市与区域内各国、各城市及各旅游景点之间的对接，吸引了 40 个国家和地区的航空公司、酒店和旅游企业等 375 名代表参加。展览会期间还组织举办国际研讨会、消费者与国际媒体交流会、旅游线路和目的地推介会及促销等活动。

2018 年 6 月，以"智慧旅游"为主题的第八届亚太城市旅游振兴机构（TPO）论坛在越南胡志明市举办，来自 6 个国家 27 个城市的代表参加了此次论坛。其间，组委会还举办了 TPO 旅游交易会及智慧旅游展览会等活动。7 月，越南广宁省人民委员会与联合国教科文组织在河内联合召开主题为"新形势下的世界自然遗产与可持续发展"国际研讨会。9 月，亚洲旅游促进理事会（CPTA）第 16 次会议在河内召开，会议期间还举办了题为"河内互联互通、合作与发展"的 CPTA 成员城市旅游展览会，吸引东京、吉隆坡、台北、马尼拉等成员城市旅游相关的管理机构参展。会展旅游为越南国内外的旅游管理单位、旅行经营、交通、住宿等企业之间相互交流和发展提供良好的平台，促进越南旅游经济的发展。

（四）积极开展旅游宣传推介

2018 年，越南继续组织旅游管理相关单位及其国内较有实力的旅游、交通、住宿等企业赴国外多地参加大型的国际旅游展览会，积极开展一系列旅游推介活动与促销活动，充分挖掘旅游客源市场。2018 年上半年，由越南旅游总局牵头，各省旅游厅和多家旅游企业组团，陆续赴德国、俄罗斯开展旅游宣传推介工作。2018 年 3 月举行的德国柏林国际旅游展览会（ITB Berlin）是国际旅游界规模最大、层次最高的旅游交易会，吸引了来自 189 个国家及地区的上万家旅游企业参展。由 40 家旅游相关单位组成的越南代表团赴柏林参展，宣传推介越南旅游。越南旅游总局还组织多家旅游企业代表赴莫斯科参加第 25 届俄罗斯莫斯科国际旅游展（MITT）、第 13 届俄罗斯莫斯科国际旅游交易会以及 9 月的第 24 届俄罗斯国际休闲旅游展。11 月，越南旅游企业参加了英国伦敦国际旅游展（WTM London）。

除了继续挖掘传统客源市场，越南旅游业还大力开发潜在的客源市场。东北亚为越南主要的客源市场，一直是越南开展旅游推介工作的重点。由于受越南实行电子签证和口岸签证政策，简化出入境手续，旅游交通日渐便利，以及加大在中国开展旅游宣传推介的力度等因素吸引，赴越南旅游的中国游客量不断增加。2018 年赴越南旅游的中国大陆游客达到 496.7 万人次，在各客源市场中雄居首位。作为 2018 年越南国家旅游促进计划的活动，越南旅游总局在中国北京、济南、杭州、武汉、南宁、深圳等城市开展旅游宣传推介活动，还在台湾地区高雄、台北两个城市举办了旅游推介会，宣传越南旅游景点和旅游产品。6月，越南旅游总局携越捷航空公司在韩国首尔、釜山、大邱和大田四个城市举行旅游推介会，这是越南旅游总局首次组织代表团在韩国各大城市举行旅游推介会，吸引了数百家旅行社、多地旅游管理单位及新闻媒体代表参加。10月，近百名旅行相关企业的代表参加了在韩国光州广域市举行的越南旅游推介会。

加拿大和美国是越南在北美的重点客源市场。越南代表团参加了加拿大第24届渥太华国际休闲旅游展览会，以及北美国家规模最大的展览会——加拿大国家展览会（CNE），旨在推广旅游文化和旅游资源。越南旅游总局和河内市投资贸易与旅游促进中心于9月在加拿大多伦多举行路演活动，并参加了第30届蒙特利尔国际旅游展。9月21日，越南在美国华盛顿举办了主题为"越南——魅力无穷的国家"旅游推介活动，为15年来在美国举行的旅游推介规模之最，越南旅游企业、航空公司、新闻媒体等百余名代表参加了此次活动。在越南旅游发展战略中，澳大利亚和新西兰被列为越南重点开拓的客源市场。8月，越南旅游总局率领代表团在澳大利亚悉尼举办2018年越南旅游推介活动。年内，越南旅游总局还组织越南的航空公司及旅游企业赴比利时、意大利、西班牙等欧洲国家开展旅游推介活动。

为了扩大旅游宣传，越南相关部门积极推出旅游宣传片。河内市与美国有线电视新闻网（CNN）合作推介该市旅游形象。由CNN制作的《河内——越南之心》和《河内——遗产的摇篮》两部宣传片已于2017年在CNN国际新闻频道播出。2018年，同样由CNN制作的《河内——历史、文化和人文》宣传片也陆续在亚太、中东、欧洲和北美等地区播出。

（五）扩大交通网络

2018年，经航空入境越南的国际游客占总数的80.56%，航空旅行已成为广大游客赴越南的首选方式。2017年12月28日，越南出台《关于发展越南与重点国家、地区间直达航线促进投资发展、加强交流、融入国际的方向提案》（2119/Q Đ-TTg号决定），该提案旨在发展越南与其主要客源市场及潜在市场之间的国际直飞航线。越南航空业与旅游业不断加强合作，陆续开通越南芽庄、岘港等旅游胜地与东北亚、东南亚等地区之间的直达航线，增加航班班次。越南航空公司（Vietnam Airlines，简称越航）于 2018 年 3 月开通了芽庄—韩国首尔的直达航线，增加胡志明市飞往新加坡和中国台北两条航线 4 个班次，并于 10 月开通岘港—日本大阪的直达航线。越捷航空公司（Vietjet Air，简称越捷）与日本航空公司根据 2017 年双方签署的合作协议，自 2018 年 10 月 23 日起，在越捷航空各条航线上开展代码共享合作。2018 年，越捷还分别开通河内—中国张家界、岘港—泰国曼谷的直达航线。捷星太平洋航空公司（Jetstar Pacific Airlines，简称捷星）则于 5 月增开胡志明市、河内市飞往中国广州的航班。9 月，捷星与阿联酋航空公司落实双方联营合作协议，根据该协议，乘坐阿联酋航空的航班抵达胡志明市或河内市后，可转乘该公司与捷星的联营航线飞往越南富国、归仁、顺化、芽庄和岘港等 14 个省市。此外，一些国际航空公司也开通了往来越南的航线。曼谷航空公司开通泰国清迈—河内的直飞航线，首尔航空开通韩国首尔—岘港的直达航线，重庆航空公司开通了首条重庆—河内的直达航线。瑞士雪绒花航空公司（Edelweiss Air）开通瑞士苏黎世—胡志明市的直达航线，为首条瑞士直飞越南的航线。目前，已有 50 多家国际航空公司开拓越南市场，在不断增加现有国际直达航线班次的基础上，加快开通新航线。交通网络的扩大推动了客源市场与旅游目的地的进一步联通。

（六）深化国际旅游合作

越南积极推进国际旅游合作，深化区域旅游发展，加强双边旅游交流与对接。近年来，越南与中国的旅游合作日益深入，中越边境旅游合作初见成效，特别是广西与越南边境城市的旅游、文化合作。在 2018 年 9 月，由中国文化和旅游部与越南文化体育旅游部主办、中国驻越南大使馆和越南胡志明市承办的 2018 年中越旅游合作发展会议在胡志明市举行。年内，中越双方一致同意将中国东兴—越南芒街跨境自驾车旅游线路拓展延伸，6 月，中国桂林—防城港（东兴）—越南芒街—下龙黄金旅游线路跨境自驾游正式开通。中国广西—越南谅山跨境自驾游线路也于9月开通，标志着双方在边境旅游合作方面跨入新的阶段。

越南和日本两国之间的旅游合作关系日益密切。2018年是越日建交45周年，越南在日本大力开展旅游推介活动，积极开通越南往来日本各大城市的直达航线。双方举办旅游企业交流研讨会、促进会，组织实地考察旅游景点，推动双方旅游合作进一步发展。

为了深入挖掘韩国市场，吸引更多韩国游客赴越南，2018年5月，越南大型旅游企业西贡旅游总公司（Saigontourist）与韩国首尔市政府签署了合作协议，双方就加强信息互换、旅游宣传推介及旅游产品开发等方面展开合作。

越南与东盟、欧洲国家之间的旅游文化合作也日益扩大。5月，为了庆祝越南—缅甸建交43周年，落实2017年8月两国共同签署的《越—缅文化合作计划（2017~2020年）》，越南首次在缅甸仰光举办"越南文化日"活动。越南土龙木大学与马来西亚科技大学联合举办题为"国际旅游——越南与马来西亚两国各省市和社区文化的对接之路"研讨会，双方签订了旅游合作计划。10月，河内市旅游局和越南航空公司与来自法国、荷兰、意大利及西班牙等11个欧洲国家22家旅行社联合举办了旅游促进会，并实地考察了河内的旅游市场。

（七）加强地方旅游合作

在区域旅游合作方面，九龙江三角洲地区表现得最为积极。近五年来，九龙江三角洲地区过夜游客和旅游营业收入年均增长10%以上。2018年，该地区接待游客量达4000万人次，同比增长17%，其中过夜游客达1000万人次，同比增长20%；过路游客到访量达约3400万人次，增长20%；地区旅游营业总收入达24万亿越南盾（约合10.4亿美元），同比增长38%。该地区的旅游住宿单位日益增加，旅游服务质量也在逐步提高。整个地区的酒店数量约5.3万家，其中三星级以上的酒店占15%。为了扩大旅游对接网络，越南广平省与安江省、薄寮省、朔庄省和芹苴市等九龙江三角洲各省市签订了旅游发展合作计划，交换旅游投资发展、旅游推广等方面的信息和管理经验，并就跨区域的新旅游线路和旅游产品规划进行合作。2018年3月，越南芹苴市人民委员会、越南军队商业股份银行（MBbank）与波士顿咨询公司（BCG）联合开展"促进九龙江三角洲地区适应气候变化的旅游发展"项目，以落实以芹苴市为中心的九龙江三角洲地区13个省市的旅游互联互通与发展战略。10月，越南旅游总局、农业与农村发展部中央新农村建设计划协调办公室和安江省人民委员会等单位在安江省龙川市联合举办题为"提高九龙江三角洲地区农业旅游效果"的研讨会，旨在进一步发挥九龙江三角洲地区农业的优势，推动农业旅游的发展。针对实现旅游产品多样化、加强区域旅游互动交流等问题，4月，胡志明市举行了"胡志明市—加强互联互通、促进地区旅游发展"研讨会，推动胡志明市与九龙江三角洲地区、中南部及北部各省合作打造具有特色的跨地区旅游产品。胡志明市、平顺省与林同省落实三角区互联互通合作计划，联合举办了多项旅游合作与推广活动，三地合作开展旅游产品对接，西贡集市、美奈角、大叻花卉等地方文化旅游获得游客青睐。

（八）旅游业应用信息技术发展迅速

越南的各旅行社和旅游服务供应商重视提供在线旅游服务。根据越南电子商务协会（VECOM）公布的数据，2017年，71%的外国游客通过互联网查询旅游目的地信息，64%的游客在线预订客房及购买旅游产品，在线旅游服务增速为网络贸易增速的一倍。随着全球移动互联网行业的快速发展，越南有关部门相继出台了一些促进在线旅游发展的扶助政策，鼓励和保护越南国内在线旅游公司的发展。根据越南《旅游法（修正案）》相关规定，旅游管理机构负责指导其国内企业了解旅游业网络交易的相关知识。越南政府总理在关于加强工业4.0掌握能力的第16号指示中，要求大力推动智慧旅游的发展。为了促进工业4.0大背景下旅游业的发展，越南旅游协会和越南电子商务协会联合举办了"在线旅游论坛"，胡志明市旅游局举办了"2018年在线旅游发展趋势"论坛。

越南的电子商务企业加快开发和使用在线旅游平台，以满足国内外游客的旅游需求。由美国海泰客（HI-TEK）信息技术公司提供技术支持建立的越南全球一站式购物旅游网站系统于2018年1月开通。4月，岘港市旅游局在移动应用软件库里上传了"岘港旅游观光App"（Danang Fantasti City App），供游客免费下载使用。河内市还剑区人民委员会推出了360度还剑电子信息网和手机客户端，为赴河内旅游的游客提供河内市各名胜古迹和旅游景点的详细介绍，打造智慧城市管理和智慧旅游的模式。越南旅游总局在7月正式推出了国际旅游促进网站（www.vietnam.travel）。信息技术在旅游业中的应用成为提高越南旅游业整体竞争力的关键，并成为旅游管理者、旅游产品供应商和旅游者有效的服务工具。随着互联网在越南日益普及，移动互联网的用户数量大幅度增加，为旅游经营企业的在线旅游服务营销提供了良好的发展机会。

三 存在的问题

（一）游客人均消费低

2018年，越南旅游业虽然取得相当喜人的成绩，但仍然存在诸多问题，限制了越南旅游业的发展。其中较引人注意的是，尽管近年来赴越南的国际游客人数一直稳步增加，但是游客的人均消费额低。据越南旅游总局的调查结果，2014年国际游客在越南的人均消费额为1114.4美元，到2017年，该数字略增至1171美元，远低于亚洲地区的泰国、新加坡、中国等国。胡志明市是越南最大的旅游中心，到访该市的国际游客数量一直呈增长之势。2017年，胡志明市接待国际游客总数约640万人次，比2016年增加约100万人次，同比增长了22.8%，旅游营业收入为116万亿越南盾（约合50.2亿美元），增长12.6%；2018年，该市接待国际游客量达750万人次，占全国接待国际游客总量的50%左右，同比增长17.3%，国内游客量达2900万人次，增长16.1%，旅游营业收入达140万亿越南盾（约合60.6亿美元），增长 21.6%。可见，游客在胡志明市的人均消费额并不算高。越南的另一旅游中心河内市的情况亦是如此。2017 年，河内接待游客总量近 2400 万人次，其中国际游客 500 万人次，较 2016 年增长 23%，旅游营业收入约 71 万亿越南盾（约合 30.7 亿美元），同比增长 15%。2018 年，河内接待游客量达 2604 万人次，同比增长 9.3%，其中国际游客达 574 万人次，同比增长 16%，旅游营业收入约达 75.8 万亿越南盾（约合 32.8 亿美元），同比增长 11.7%。尽管河内市提前两年完成国际游客接待量目标，但与地区及世界其他旅游城市相比，赴河内的游客消费水平仍较低。据河内市旅游局统计数据，赴河内的国际游客日均消费 210 万至 260 万越南盾（约合 91.5 美元至 113.5 美元），国内游客日均消费 139 万至 175 万越南盾（约合 60.6 美元至 75.9 美元），其中住宿费（过夜游客）和餐饮消费占较大比重，其次为购物和出行消费。

近年来，越南低价旅游线路成为旅游促销的重要手段，越南芽庄、岘港、下龙等热门海洋旅游城市陆续出现游客超负荷的现象，导致旅游线路酒店预订困难。越南广平省因美丽的自然风光和特色旅游产品颇受越南国内外游客的喜爱，但该省的旅游住宿在旅游旺季时供给不足。尽管广平省有三星级至五星级酒店 14 家，三星级以下 70 家，以及多家民宿等住宿点，但仍难以满足游客的需求。因此，在旅游高峰期客流量猛增时，经常出现住宿以及景点容量超负荷的现象。而类似情况在下龙等国际游客集中的旅游目的地也相当普遍。这些现象影响了部分对旅游环境要求高但支付能力强的游客选择，降低了这一群体选择赴越南旅游的吸引力，进而选择其他旅游目的地，越南从而失去了这一高消费的旅游群体。

（二）旅游宣传推介缺乏统筹性

尽管多年来越南的旅游推广工作在不断地进步，但仍缺乏统筹性、针对性和有效性，其旅游品牌难以获得客源市场的充分认可与肯定。这主要表现在三个方面。首先，越南的旅游推介活动缺乏统筹性，越南旅游总局还未能充分发挥其指导的职能和作用。虽然越南旅游总局经常组织旅游企业、地方旅游机构等在国内外参加或举办各类旅游推介活动，但更常见的是各省市举行分散的旅游推广活动，导致越南旅游形象推介工作未充分发挥作用。其次，旅游宣传推广投入比例小。据相关统计数据，越南每年投资旅游推介工作仅200万美元左右，与东盟地区其他国家相比处于较低水平。目前越南旅游广告宣传的内容繁杂，信息量大，游客获取旅游资讯和选择体验的满意度不高。最后，旅游推介工作的有效性不够突出。越南很多省市在开展旅游推介活动时未能充分考虑到市场的需求及本地的财政能力，参加国际旅游展或举行旅游推介活动，对其效果也未能形成有效的评估。以宁平省为例，该省旅游资源十分丰富，近年来发展势头良好。尽管该省在大力推动发展会展旅游，各旅游区和旅游景点开始投资建设符合国际标准的多功能会议室，但宁平省多家旅游企业在发展会展旅游过程中缺少具体的方向和战略，配套的娱乐场所和高档购物中心等设施不足，会展旅游宣传推广工作的效果并不明显。

（三）信息技术应用仍处起步阶段

越南电子商务协会公布的《2019年越南电子商务指数报告》显示，2018年越南电商市场规模已经约达78亿美元，包括在线零售、在线旅游、在线营销、在线娱乐以及其他在线数字服务和产品。越南信息传媒部的统计数据显示，目前越南已拥有5000多万互联网用户，占全国人口总数的53%，高于亚太地区平均水平（46.6%）和世界平均水平（48.2%）。越南把旅游产业定位为经济的拳头产业，应用信息技术推动旅游业发展是必然的趋势。然而，越南电子商务协会公布的数据显示，国际品牌在越南在线旅游市场中所占份额高达80%，越南本土的在线旅游交易平台占20%。主要原因在于越南在信息技术基础和资本方面仍处于刚起步的低水平状态。

越南现有10个在线旅游服务平台，如ivivu.com、mytour.vn、chudu24.com、gotadi.com、tripi.vn等，但是这些平台仅能满足交易需求量的20%，余下的

80%的市场份额由国外交易平台占据。不仅是外国游客，越南国内游客也更倾向于选择国外的在线旅游服务平台，仅安可达（Agoda）和缤客（Booking）两家在线酒店预订网站就占越南酒店总预订量的80%。这些国际在线旅游服务品牌不仅拥有雄厚的资本，经营活动范围覆盖全球，还具有很高的知名度，竞争力强。目前，越南尚未出台有关在线旅游的具体规定，其本土在线旅游服务企业还未能享受资金优惠政策以及政府对发展规划的引导。

（四）人才"双短缺"现象突出

当下，越南旅游业人力资源存在数量和质量"双短缺"现象，这是制约越南旅游业高质量发展的因素。在线旅游服务平台需要开发和维护，越南培养的信息技术人才远不能满足当下的需求，导致越南旅游电子商务市场缺乏竞争力。目前，越南全国旅游从业者逾130万人，约占其全国劳动力总数的2.5%。其中，只有42%的接受过旅游培训，38%的接受过其他行业的培训，约20%的仅接受过在职培训，未接受过正规培训。优质的人力资源是突破旅游业发展瓶颈的条件之一。尽管2017年越南的资源竞争力指数达4.0/7.0分，新加坡仅2.4/7.0分，但是在人力资源和劳动力市场方面，越南为4.9/7.0分，略高于东南亚平均值（4.8分），新加坡则达到5.6/7.0分。越南旅游业劳动生产率相对较低，不但低于其他行业，在东南亚地区也处于较低水平。相关数据显示，2000年越南旅游营业总收入仅12.3亿美元，2017年增至227亿美元，2018年则为267亿美元。然而，2017年，越南旅游业劳动生产率为平均3320美元/人，仅高于农业或建筑业等劳动力，而远低于其他一些服务部门及行业。2018年，越南旅游业劳动生产率仅提高到3477美元/人，而新加坡则为47713美元/人，是越南的15倍，泰国为8369美元/人，是越南的2.5倍。这些数据表明，即使拥有丰富的旅游资源，如果缺乏高质量的人力资源，仍难以提高旅游业劳动生产率，将会阻碍旅游业的进一步发展。越南在人力资源培训工作中仍存在许多不足，高质量的旅游专业人才短缺，旅游人力资源的综合知识、外语水平、专业性、管理和领导能力等方面都难以满足实际需求。

四　2019年越南旅游业的目标及展望

基于2018年越南旅游业保持良好的增长势头，越南旅游总局决定提前完成越共中央政治局《关于把旅游业发展成为经济拳头产业的决议》所制定的至2020年"接待国际游客1700万~2000万人次，国内游客8200万人次"的目标。2018年12月21日，越南旅游总局在"2018年工作总结暨2019年工作部署"会议上提出了如下新目标：2019年，越南旅游业力争实现接待国际游客1800万人次，国内游客8500万人次，旅游营业总收入在700万亿越南盾以上。为实现上述各目标，越南旅游业将实施各项有力措施和政策，积极开展旅游活动。越南旅游总局对2019年越南旅游业的重点任务工作进行了部署，其主要内容包括四点。

一、集中力量开展政府各项计划，实施各项刺激旅游政策。落实政府总理批准的《推动旅游业结构调整，满足发展成为国民经济支柱产业的要求》提案。积极筹备举办2019年东盟旅游论坛（ASEAN Tourisn Forum，ATF）和2019年旅游展览会（Hội chợ Travex 2019）。为了给国际游客赴越南创造更为便利的条件，越南政府颁布了17/2019/ND-CP号决议，自2019年2月1日签发之日起生效，有效期为两年。根据该决议，有35个国家的公民可享受电子签证政策。

二、积极举办国家旅游年和其他各类旅游文化活动。越南庆和省芽庄市主办题为"芽庄—海洋之色"的2019年越南国家旅游年，其间将举行数百项活动。

三、将继续加强国际重点客源市场推介工作，拓展潜力客源市场。

四、进一步扩大旅游国际合作，加强国内各地旅游联结。为了满足旅客的出行需求，刺激地方旅游经济的增长，越南各航空公司将开通新航线，增加航班班次，以提升旅客运输能力，加强各地间的联结。重点开展地方旅游合作对接活动，包括旅游管理者、交通运输和旅游景点之间的合作。

五、充分利用举办国际会议和活动的契机，宣传、推介越南旅游资源及产品。

六、加快信息技术应用，提升旅游业竞争力。重视旅游业管理工作中的数字化工作。

B.13

首都河内、工商业中心胡志明市和越南北部边境经济

李碧华*

摘　要： 越南首都河内市是越南的政治、文化中心；胡志明市是越南
人口第一大城市，也是越南最大的工商业中心；越南北部与
中国接壤的 7 个边境省是中越边境开放合作的重要门户。本
报告介绍分析 2018 年越南 63 个省、直辖市竞争力指数情况
以及首都河内、工商业中心胡志明市和越南北方边境七省的
经济社会发展情况。

关键词： 首都河内　胡志明市　越南北部边境

* 李碧华，广西社会科学院东南亚研究所副译审。

越南设5个直辖市和58个省，并按地域划分为6个大区，分别是：红河平原11省（市）、北部丘陵和山区14省、中部14省（市）、西原5省、南部东区6省（市）、湄公河平原13省（市）。

2019年3月28日，2018年越南63个省、直辖市竞争力指数（PCI）报告出炉。该报告由越南工商会（VCCI）和美国国际发展署（USAID）自2005年起每年度联合发布，迄今已发布14期。评选机构通过收集私营企业对越南各个省市政府的经济管理质量、商业环境和行政改革工作的反馈意见进行综合评价。2018年度省级竞争力指数报告源自12000多家企业所反馈的意见，其中包括正在越南63个省、直辖市运营的10681家民营企业以及在外资企业最多的20个省、直辖市运营的1500多家外资企业。

2018年报告显示，广宁省得分为70.36分，连续第二年名列第一，其次是同塔省（70.19分）、隆安省（68.09分）、槟椥省（67.67分）、岘港市（67.65分）。河内市得分为65.40分，排名第9；胡志明市65.34分，排名第10。在越南北部边境7个省中，如上述广宁省跃居第1位，老街省得分64.63分，列第12位；奠边省61.77分，列第47位；谅山61.70分，列第50位；河江61.19分，列第52位；高平60.67分，列第57位；莱州58.33分，列第62位。2017年越南63个省、直辖市面积、人口、人口密度和2018年省级竞争力指数排名情况见表1。

表1 2017年越南63个省、直辖市面积、人口、人口密度和2018年省级竞争力指数排名情况

序号	省（市）	面积（平方公里）	人口（万人）	人口密度（人/平方公里）	2018年省级竞争力指数排名
一 红河平原					
1	河内	3358.6	742.01	2209	9
2	永福	1235.2	107.95	874	13
3	北宁	822.7	121.52	1477	15
4	广宁	6177.8	124.36	201	1
5	海阳	1668.2	179.73	1077	55
6	海防	1561.8	199.77	1279	16
7	兴安	930.2	117.63	1265	58

续表

序号	省（市）	面积（平方公里）	人口（万人）	人口密度（人/平方公里）	2018 年省级竞争力指数排名
一　红河平原					
8	太平	1586.3	179.15	1129	32
9	河南	861.9	80.57	935	37
10	南定	1668.5	185.33	1111	35
11	宁平	1386.8	96.19	694	29
二　北部丘陵和山区					
12	河江	7929.5	83.35	105	52
13	高平	6700.3	53.54	80	57
14	北件	4860.0	32.32	67	60
15	宣光	5867.9	77.35	132	34
16	老街	6364.0	69.44	109	12
17	安沛	6887.7	80.73	117	42
18	太原	3526.6	125.51	356	18
19	谅山	8310.1	77.84	94	50
20	北江	3895.5	167.44	430	36
21	富寿	3534.6	139.29	394	24
22	奠边	9541.3	56.70	59	47
23	莱州	9068.8	44.61	49	62
24	山罗	14123.5	122.89	87	56
25	和平	4590.6	83.88	183	48
三　中部					
26	清化	11114.7	354.44	319	25
27	义安	16481.6	313.13	190	19
28	河静	5990.7	127.22	212	23
29	广平	8000.0	88.25	110	54
30	广治	4621.7	62.73	136	53
31	承天－顺化	4902.5	115.43	235	30
32	岘港	1284.9	106.41	828	5
33	广南	10574.7	149.38	141	7
34	广义	5152.5	126.16	245	41
35	平定	6066.2	152.90	252	20
36	富安	5023.4	90.44	180	51
37	庆和	5137.8	122.22	238	17
38	宁顺	3355.3	60.70	181	43
39	平顺	7943.9	123.04	155	22

续表

序号	省(市)	面积 (平方公里)	人口 (万人)	人口密度 (人/平方公里)	2018 年省级竞 争力指数排名
四　西原					
40	昆嵩	9674.2	52.00	54	59
41	嘉莱	15511.0	143.74	93	33
42	多乐	13030.5	189.66	146	40
43	多农	6509.3	62.56	96	63
44	林同	9783.3	129.89	133	27
五　南部东区					
45	平福	6876.8	96.89	141	61
46	西宁	4041.3	112.62	279	14
47	平阳	2694.6	207.10	769	6
48	同奈	5863.6	302.73	516	26
49	巴地 – 头顿	1981.0	110.16	556	21
50	胡志明市	2061.2	844.46	4097	10
六　湄公河平原					
51	隆安	4494.9	149.68	333	3
52	前江	2510.6	175.18	698	38
53	槟椥	2394.7	126.67	529	4
54	茶荣	2358.3	104.56	443	46
55	永隆	1525.7	105.02	688	8
56	同塔	3383.8	169.03	500	2
57	安江	3536.7	216.17	611	28
58	坚江	6348.8	179.26	282	31
59	芹苴	1439.0	127.28	885	11
60	后江	1621.7	77.46	478	44
61	朔庄	3311.9	131.43	397	45
62	薄寮	2669.0	89.43	335	39
63	金瓯	5221.2	122.63	235	49

资料来源：越南统计总局：《2017 年越南统计年鉴》，越南统计出版社，2018，第 79～80 页；《2018 年省级竞争力指数（PCI）排名》，http://pci2018.pcivietnam.vn/。

一　首都河内

越南首都河内市位于红河三角洲平原中部，是越南的政治、文化中心，为面积第一大城市，也是仅次于胡志明市的人口第二大城市。2018 年，河内市地区生产总值依照比较价格增长 7.12%。其中，农林渔业增加值增长 3.28%，对河内市经济增长的贡献率为 0.06%；工业和建筑业增加值增长 8.34%，对经济增长的贡献率为 1.85%（其中工业增长 7.73%，对经济增长的贡献率为 1.22%；建筑业增长 9.87%，对经济增长的贡献率为 0.63%）；服务业增加值增长 6.89%，对经济增长的贡献率为 4.45%；扣除产品补助的产品税增长 6.67%，对经济增长的贡献率为 0.76%（见表 2）。扣除产品补助的产品税增长幅度不大的主要原因是从东盟地区进口产品的税率下降，一些商品如汽车整车进口税下降为 0。经济结构积极转变，服务业比重继续增长，其中，农业占 1.94%，工业和建筑业占 22.62%，服务业占 64.04%，扣除产品补助的产品税占 11.4%。

表 2　2018 年河内市地区生产总值情况（比较价格）

单位：十亿越南盾，%

	2017 年	2018 年	2018 年增长速度	对经济增长的贡献率
总数	709516	760014	7.12	7.12
农林渔业	13918	14374	3.28	0.06
工业和建筑业	156876	169959	8.34	1.85
服务业	457532	489076	6.89	4.45
扣除产品补助的产品税	81190	86605	6.67	0.76

（一）农业

2018 年，河内气候变化无常，尤其是 7 月的大雨造成大面积洪涝，被淹没的面积超过 8400 公顷。河内市及时采取措施克服天灾不利后果。年内的后几个月农产品价格继续稳定有利于生产和经营。病虫害情况有发生但范围小、程度轻。几乎所有农作物的单位面积产量都实现增长。由于改变土地用途，再加上大雨洪涝影响，一年生作物种植面积继续减少，进而使得产量减少，多年生作物种植面积增加。全年水稻种植面积为 179546 公顷，比 2017 年减少 10316 公顷，同比减少 5.4%。稻谷产量 102.3 万吨，比 2017

年减少 27620 吨，同比减少 2.6%；玉米产量 8.3944 万吨，减少 11.1%；红薯产量 2.8069 万吨，减少 16%；大豆产量 6047 吨，减少 57.8%；花生产量 6126 吨，减少 21%；蔬菜 69.14 万吨，减少 1.3%。多年生作物种植面积为 22034 公顷，比 2017 年增加 1156 公顷，同比增长 5.5%。其中，果树种植面积 18836 公顷，增长 6%；经济作物种植面积 2821 公顷，增长 5.9%；香料作物、药物作物种植面积 195 公顷，减少 10.4%；其他多年生作物类种植面积 182 公顷，减少 17%。养殖业发展相对稳定，没有发生大范围的家禽、家畜传染病。集中造林面积约 271 公顷，同比增长 12%；分散植树 78.5 万株，减少 2.1%；木材开采量 15821 立方米，增长 10%。水产养殖面积 23666 公顷，同比增长 1.9%，水产产量达 10.4661 万吨，增长 5%。

（二）工业和建筑业

2018 年，河内市出台决定成立 5 个工业群并继续研究成立具备条件的工业群，同时选出企业的标志性产品审核认定为 2018 年河内市主力工业产品。多家企业快速把高新技术领域的新型和现代技术应用到生产中，制造出有质量保障的产品在市场稳定销售。工业增加值同比增长 7.73%，对河内市经济增长的贡献率为 1.22%，低于 2017 年的贡献率水平，部分原因是从东盟进口的工业产品如食糖、牛奶、汽车及其零配件、钢铁等关税为零，使得越南企业的生产面临竞争困境，一些工业产业生产指数下降或增长缓慢，如食品加工生产仅增长 3.3%，机动车生产下降 7.2%，金属生产下降 0.4%。建筑业保持高增长水平，建设工程质量的管理和监督水平继续得到加强，尤其是利用国家资金的项目、复杂的大型工程。建筑业增加值增长 9.87%，对河内市经济增长的贡献率为 0.63%。

2018 年河内市工业生产指数增长 7.5%。其中，采矿业下降 8.7%，加工制造业增长 7.5%，电力及燃气生产和分配增长 8.5%，供水、垃圾及污水处理增长 7.9%。一些产业的发展速度高于总体增长水平，如饮料生产增长 12.2%，纺织增长 8.7%，药物生产增长 9.4%，橡胶和塑料产品生产增长 11.7%等。

2018 年，加工制造业销售指数同比增长 8.8%。截至 12 月 1 日，加工制造业产品库存指数同比增长 28.7%。工业企业使用劳动力出现一些变动，外资企业使用劳动力指数同比增长 8.1%，非国有企业减少 0.7%，国有企业增长 1.8%。

（三）商业服务业

2017 年，服务业作为拉动河内市经济发展的优势产业，为河内的经济增长做出了重要贡献。

2018 年，河内市商品零售和消费服务营业收入总额达 508.833 万亿越南盾，同比增长 8.9%。其中国有经济占 17.9%，增长 8.9%；非国有经济占 76.2%，增长 9.2%；外商投资经济占 5.9%，增长 4%。

2018 年河内市出口 142.33 亿美元，同比增长 21.6%。出口实现大幅度增长主要是因为非国有经济领域的出口快速增长（同比增长 39.5%），表明越南发展私有经济的政策初见成效。对出口额的增长做出重要贡献的有：纺织品服装增长 24%，农产品增长 39.8%，油品增长 83.8%。2018 年河内市进口约 311.87 亿美元，同比增长 8.2%。一些商品进口额大幅度增长，如机器设备零件增长 26.8%，钢铁增长 14.6%，化工原料增长 18.2%，塑料原料增长 25.4%，油品增长 9.8%。一些商品进口额则大幅度下降，如化肥下降 22.1%。

2018 年，河内市旅游业发展势头良好，到达河内的越南国内游客 1178 万人次，同比增长 17.5%，其中不停留过夜的游客占 49%，增长 27 个百分点；停留过夜的游客占 51%，增长 9.5 个百分点。全年到达河内的国际游客 452.5 万人次，同比增长 19.1%。旅游业营业收入达 66.717 万亿越南盾，同比增长 7%。2018 年河内市平均居民消费价格指数（CPI）比 2017 年上涨 4.22%。

（四）投资和注册成立企业

2018 年，河内市发展投资额约 340.778 万亿越南盾，同比增长 10.6%。

其中，国家财政投资增长 8.7%，国有企业自有资金投资增长 9.2%，外国直接投资增长 8.2%。河内市非国有投资占投资总额的 51% 以上，同比增长 12.2%。国有投资占 38.7%，增长 8.9%，其中中央国有资金投资增长 7.1%，地方管理资金投资增长 13.3%。按照投资项目来划分，投资基础建设占 56.9%，投资购置固定资产用于生产占 24.1%，投资修缮升级资产占 7.5%，投入补充流动资金占 10%，其他类投资占 1.5%。

河内市继续推动新项目的外资招商工作。举办"2018 年河内——投资与发展合作"会议，在会议上达成了投资项目 71 个，其中外国直接投资项目 11 个，越南国内投资项目 60 个。2018 年，河内市吸引外资 75.01 亿美元，为 2017 年的两倍多，其中新批项目 616 个，注册资金 50.30 亿美元；增资项目 157 个，增加注册资金 8.28 亿美元；8 个项目减资，减少注册资金 5400 万美元。截至 2018 年 12 月 18 日，河内仍有效力的外资项目 4500 个，注册资金总额 360 亿美元，其中实际到位资金约 189 亿美元，占注册资金的 52.5%。投资项目大部分是外资独资形式，占 80%，其余的是签订联营和经营合作合同形式。吸引外资最多的领域是房地产（占 31%），其次是加工制造业（占 28%）、通信（8.7%）。日本是最大的投资来源地（102 亿美元），之后依次是新加坡（60 亿美元）、韩国（55 亿美元）。

2018 年，新企业注册数量约为 25740 个，同比增加 5%，注册资金 280 万亿越南盾，同比增加 31%。

（五）财政收支

2018 年，河内市的国家财政收入为 238.793 万亿越南盾，超过预算计划 0.2%，比 2017 年增长 12.3%。其中地方性收入 219.167 万亿越南盾，增长 14.1%，原油收入 3 万亿越南盾，增长 28.5%。在地方性收入中，来自国有企业的收入为 51.802 万亿越南盾，比 2017 年增长 16.9%；来自外资企业的收入为 25 万亿越南盾，增长 9.9%；来自非国有领域的收入为 42 万亿越南盾，增长 24.8%；来自个人所得税的收入为 21.5 万亿越南盾，增长 23.5%。

河内市财政支出 87.348 万亿越南盾，相当于预算的 91.7%。其中发展投资支出为 38.081 万亿越南盾，相当于预算的 90.4%，比 2017 年增长 22.5%；经常性支出 43.282 万亿越南盾，相当于预算的 98.2%，比 2017 年支出增长 8.7%。①

二 工商业中心胡志明市

胡志明市位于湄公河三角洲平原，是越南人口第一大城市，也是越南最大的工商业中心。2018 年，胡志明市完成 20 个既定经济社会发展指标中的 17 个。财政收入和成立新企业的指标未能实现，行政改革指数到 2019 年中才进行评估。2018 年胡志明市地区生产总值为 1330 万亿越南盾，比 2017 年增长 8.3%。经济结构中的服务业比重继续逐步提高，竞争优势比较明显。

2018 年，越南中央机关加强对胡志明市历届领导人任期遗留下来的胡志明市首添新都市区、高科技园区、古芝县 Safari 西贡公园等项目的土地纠纷的调查。由此引发的一系列检查、监察、审计和提起公诉多少影响了该市的投资环境，企业对投资感到担心。年内，胡志明市的一些大型重点项目如城市地铁一号线、二号线等因法律手续、结算和资金到位确认机制等原因导致施工进度缓慢，严重影响到资金到位进度。截至 2018 年 10 月 31 日，7 个使用越南中央政府贷款的项目资金仅到位 1020 亿越南盾，相当于计划（48840 亿越南盾）的 2%。②

作为越南人口第一大城市，胡志明市的社会治安状况引人关注。

（一）农业

胡志明市农业生产继续转变结构，发展具有高经济价值的种植和养殖，符合城市的生产条件。实行了一些农业政策和项目，如发展安全蔬菜、花和

---

① 越南河内市计划投资局网站，http：//www.hapi.gov.vn/。
② 《2019 年胡志明市经济将面临哪些挑战》，https：//bnews.vn/kinh－te－tp－ho－chi－minh－se－doi－mat－thach－thuc－nao－trong－nam－2019－/109594.html。

景观树计划，以色列高技术奶牛养殖实验庄园项目。2018 年，胡志明市一年生作物种植总面积约 4.0108 万公顷，比 2017 年减少 3.4%。其中，水稻种植面积占 42.2%，减少 11.8%，稻谷产量为 7.8967 万吨，减少 8.7%；蔬菜种植面积占 19.2%，减少 2.8%，产量为 24.299 万吨，增长 5.4%。林业用地总面积为 38864 公顷，其中有树林的土地面积为 36802 公顷。全市森林覆盖率为 17.56%。

2018 年，胡志明市水产产量约为 6.1255 万吨，比 2017 年增长 1.3%。其中，水产养殖产量 4.1382 万吨，比 2017 年增长 1.9%；捕捞产量 1.9872 万吨，比 2017 年增长 0.1%。截至 2018 年 11 月 1 日，胡志明市有海产捕捞船 940 艘，主要集中在芹蒢县，其中海洋捕捞动力机船 580 艘，总功率为 20691CV，主要在近海海域捕捞。全市有 1066 户渔民利用 360 艘动力机船、43 艘非动力机船进行内河水产捕捞。

（二）工业和建筑业

2018 年，胡志明市工业生产指数比 2017 年增长 7.98%，高于 2017 年的增长水平（7.9%）。房地产市场恢复带动相关产业增长，建筑业产值按照现行价格约为 247.31 万亿越南盾。其中，国有经济领域建筑产值为 9.02 万亿越南盾，占 3.65%；非国有经济领域为 230.01 万亿越南盾，占 93%；外资投资领域为 8.28 万亿越南盾，占 3.35%。在建筑总产值中，房屋工程建筑产值占 55.21%，民用技术工程产值占 20.6%，专用建设活动产值占 24.19%。

（三）商业服务业

2018 年，胡志明市商品零售和消费服务营业收入总额为 1050.093 万亿越南盾，比 2017 年增长 13%。按照经济成分划分：国有经济营业收入 66.141 万亿越南盾，占 6.3%，比 2017 年增长 2.3%；非国有经济营业收入 828.277 万亿越南盾，占 78.9%，增长 12.8%；外资经济营业收入 155.675 万亿越南盾，占 14.8%，增长 19.2%。国际零售集团在胡志明市发展速度快，使得零售市场竞争激烈。

胡志明市的现代分配系统在数量和质量上都日益提高，民众购物和消费更加便利。截至 2018 年年底，胡志明市有超市 207 个，比年初增加 18 个；有商业中心 43 个，比年初增加 3 个；有便利店 1100 个，比年初增加 218 个。2018 年胡志明市平均居民消费价格指数比 2017 年上涨 3.05%。

2018 年，胡志明市接待国际游客 750 万人次，比 2017 年增长 17.3%。

（四）进出口保持增长

1. 出口

2018 年，胡志明市企业通过越南各口岸的货物出口额约为 382.86 亿美元（含原油出口），比 2017 年增长 7.5%，若不计原油部分，全年出口额 357.634 亿美元。在原油出口方面，原油出口量为 434.3 万吨，比 2017 年减少 40.5%，出口金额 25.226 亿美元，同比减少 18.5%。主要出口市场第一位是中国，其后依次为美国、日本、中国香港、韩国。主要出口商品包括工业产品、农林水产品和其他类商品。

2. 进口

2018 年，胡志明市企业通过越南各口岸的货物进口额约为 474.089 亿美元，比 2017 年增长 8.8%。主要进口市场第一位是中国，其后依次为新加坡、韩国、泰国、美国。

主要进口商品包括计算机、电子产品及零配件，机器、机械设备、仪器及零配件，布匹，塑料原料，纺织服装、鞋类原辅料，钢铁，药品等。

（五）投资

1. 建设投资

2018 年，胡志明市发展投资额为 465.99 万亿越南盾，比 2017 年增长 20.3%，达到年初计划的 100.3%，高于 2017 年的增长速度（18.4%）。投资大幅度增长的主要原因是居民新建和修葺房屋的需求加大、企业扩大厂房和店铺、外资进入房地产等行业继续高增长。其中，国家资金投资 61.447 万亿越南盾，比 2017 年增长 8.3%，占 13.2%；非国有资金投资 336.002 万亿越南盾，增长 22.4%，占 72.1%；外资投资 68.541 万亿越南盾，增长 21.9%，占 14.7%。

2. 官方开发援助（ODA）

2017 年，ODA 资金到位 3.5248 万亿越南盾，达到计划的 45.5%。其资金主要用于边城—仙泉铁路项目和城市水环境改善第二期项目。

3. 外国直接投资

从 2018 年年初至 12 月 20 日，胡志明市批准外商投资新项目 1029 个，注册资金 7.848 亿美元，项目数量比 2017 年同期增长 28%，但注册资金只相当于 2017 年同期的 33.5%；调整增资项目 236 个，补充注册资金 7.363 亿美元。新项目和增资项目注册资金总额 15.211 亿美元，相当于 2017 年同期的 46%。购买股份 3163 次，投资金额 58.738 亿美元，同比增长 90.7%。

外商投资新项目按照投资形式划分：外商独资项目 914 个，注册资金 7.211 亿美元；联营项目 113 个，资金 636 万美元；合作经营合同项目 2 个，资金 9.37 万美元。按照投资领域划分：加工制造领域项目 46 个，注册资金 1.793 亿美元，占外国直接投资新注册资金的 22.8%；房地产项目 36 个，资金 1.288 亿美元，占 16.4%；商业项目 407 个，资金 2.603 亿美元，占 33.2%；科技活动项目 244 个，资金 8930 万美元，占 11.4%；信息通信项目 148 个，资金 4180 万美元，占 5.3%；建筑项目 46 个，资金 4980 万美元，占 6.3%；运输货仓场地项目 39 个，资金 1870 万美元，占 2.4%；等等。外国直接投资来自 58 个国家和地区，其中领先的是韩国，共有 221 个项目，注册资金 2.066 亿美元，接着是新加坡 143 个项目，注册资金 1.745 亿美元；日本 156 个项目，注册资金 9830 万美元；挪威 3 个项目，注册资金 7010 万美元；中国香港 57 个项目，注册资金 4630 万美元；英属维尔京群岛 13 个项目，注册资金 3720 万美元；英国 21 个项目，注册资金 3040 万美元；美国 46 个项目，注册资金 2660 万美元。

从 2018 年年初至 12 月 20 日，胡志明市有 132 个外资项目解体，注册资金 8510 万美元。截至 2018 年 12 月 20 日，胡志明市仍有效力的外资项目有 8243 个，注册资金总额 4490 亿美元。

（六）新成立和停止经营活动的企业

2018 年 1 月 1 日至 12 月 15 日，胡志明市新注册成立企业 42113 家（未能达到计划的 46000 家），比 2017 年同期增长 3.8%，注册资金总额 523.405 万亿越南盾，比 2017 年同期减少 10.3%。其中 9 类主要服务行业注册成立企业 30155 家，占 71.6%，同比增长 5.1%，注册资金 383.336 万亿越南盾，同比减少 12.5%。依照部门划分：农林渔业新注册成立企业 191家，注册资金 6.35 万亿越南盾；工业和建筑业 8434 家，注册资金 114.81万亿越南盾；商业服务业 33488 家，注册资金 402.245 万亿越南盾。

2018 年 1 月 1 日至 11 月 30 日，胡志明市有 3673 家企业解体，同比增长 19.8%。另外，有 6277 家企业停止经营活动，同比增长 7.4%。

2018 年胡志明市未能实现成立新企业 46000 家的目标的主要原因有三个。一是从个体户转为企业未达到预定目标，如果个体户要转为企业则要履行更多的行政手续，企业管理活动更复杂，经营费用更高；二是在商业服务领域，企业逐步转向连锁经营，形成与小企业竞争市场份额的大企业；三是电商异军突起减少了传统零售业中小型和微小型企业的数量。

（七）财政收支

1. 财政收入

2018 年，胡志明市国家预算平衡总收入约为 367.653 万亿越南盾，达到预算的 97.6%，比 2017 年增长 6.6%。其中，国内收入为 235.152 万亿越南盾，达到预算的 91.8%，比 2017 年增长 7.8%；原油收入为 24.4 万亿越南盾，达到预算的 194.1%，增长 44.7%；进出口活动收入为 108 万亿越南盾，达到预算的 100%，同比减少 1.0%。在国内收入中，来自国有企业的收入占 11.2%，增长 18.9%。

胡志明市地方预算平衡收入约为 73.787 万亿越南盾，达到预算的

95%，比2017年增长0.04%。

2018年胡志明市未能完成财政收入指标的主要原因有：一是交付2018年预算过高；二是企业投资裹足不前使得土地使用费收入来源减少；三是受自由贸易协定的影响，一些商品进口关税下降甚至降为零，使得进出口活动的收入来源减少。

2. 财政支出

2018年，胡志明市地方财政总支出65.341万亿越南盾（不计预支在内），达到预算的75.2%，比2017年增长21.6%。其中，发展投资支出为19.923万亿越南盾，达到预算的55.1%，比2017年减少10.3%；经常性支出为40.784万亿越南盾，达到预算的111.7%，增长21.1%。[①]

（八）社会治安状况

2018年，胡志明市社会治安继续得到维护，但是刑事犯罪、毒品犯罪、赌博、卖淫等违法现象依然严峻。

1. 刑事犯罪

2017年11月16日至2018年11月15日，胡志明市发生刑事犯罪案件4576起，比2017年减少223起，死亡95人，受伤589起，财产损失超过1380亿越南盾。犯罪分子日趋年轻化，失业和外来的青少年随时加入冲突之中并成为危险和特别危险分子。调查破获刑事犯罪案件3464起，抓获处理犯罪分子3698人，查破摧毁443个有组织的犯罪团伙。

2. 胡志明市艾滋病病毒（HIV）感染者约占越南全国的1/4

根据越南国家统计总局的数据，截至2018年12月18日，越南现今存活的艾滋病病毒（HIV）感染者为20.88万人，存活的艾滋病病人（AIDS）为9.49万人，死亡9.816万人。据越南胡志明市卫生厅的报告，2018年胡志明市艾滋病病毒（HIV）感染者将近5万人，约占越南艾滋病病毒（HIV）感染者的1/4。

---

① 资料来源：胡志明市统计局。

三　越南北部边境经济

越南北方边境共有 7 个省份与中国的广西壮族自治区及云南省接壤，自东向西分别是：广宁省、谅山省、高平省、河江省、老街省、莱州省和奠边省。其中，广宁、谅山、高平三省和河江省小部分与广西相连，老街、莱州、奠边三省和河江省的大部分与云南省接壤。

（一）广宁省经济发展情况

2018 年，广宁省地区生产总值（依照 2010 年比较价格）增长约 11.1%，经济增长水平超过计划指标 0.9% 并在越南北部重点经济区域各省市中领先。其中，农林渔业增加值增长 3.5%，对广宁省经济增长的贡献率为 0.2%；工业和建筑业增长 9.8%，对经济增长的贡献率为 4.7%；服务业增长 14.2%，对经济增长的贡献率为 4.9%；产品税增长 11.8%，对经济增长的贡献率为 1.3%。经济规模依照现行价格约达 145.946 万亿美元，增长 12.6%。2018 年，人均地区生产总值依照现行价格为 5110 美元，同比增长 11.2%。人均劳动生产率为 1.995 亿越南盾，同比增长 10.8%。

经济增长质量日益改善，经济结构继续朝着既定的方向转变，服务业比重增长。其中，农林渔业占 5.9%，工业和建筑业占 50.3%，服务业和产品税占 43.8%。2017 年的经济结构相应为：农林渔业占 6.3%，工业和建筑业占 51.3%，服务业和产品税占 42.4%。

2018 年，越南工业和建筑业发展良好，增长幅度最大的是加工制造业，对广宁省经济增长的贡献率为 1.5%，开矿业实现恢复发展，对经济增长的贡献率为 1.2%。各项动力项目工程，尤其是交通基础设施，经济区、工业区、服务性基础设施得以加快投资进度或完成投入使用，发挥投资后效益。服务业发展活跃，多个旅游服务设施、公寓、产品投入使用，加上年内在广宁省举行国家旅游年，吸引了众多国内外游客。农林渔业维持稳定发展。

2018 年，广宁省工业增加值依照 2010 年比较价格约为 43.588 万亿越南盾，同比增长 8.4%。工业生产指数增长 9.1%，其中加工制造业增长 12.7%，燃气、电力生产和配送行业增长 7.5%，供水、垃圾及污水处理工业增长 9.4%，开矿业增长 6.7%。工业生产指数增长主要是因为开矿业实现恢复发展，推动生产和加工各类煤炭满足市场需求。净煤库存量 460 万吨，比 2018 年年初减少 520 万吨。开矿业占广宁省地区生产总值的 19.1% 和地方财政收入的 45.8%。加工制造业、电力生产和配送行业继续增加新的生产动力。升龙热电厂的 1 号机组（功率 300MW）投入商业运行。建筑业增加值依照 2010 年比较价格约为 6.779 万亿越南盾，同比增长 18%。不动产市场继续吸引投资者，尤其是下龙市，形成了现代都市中心。

农林渔业发展稳定。2018 年，广宁省农林渔业增加值按照 2010 年比较价格约 5.722 万亿越南盾，同比增长 3.5%。粮食总产量为 22.36 万吨，同比增长 1.9%。森林覆盖率为 54.5%。水产产量为 12.4282 万吨，同比增长 6.1%，其中捕捞产量为 6.4922 万吨，增长 3.2%；水产养殖产量为 5.936 万吨，增长 9.4%。广宁省重视执行水产发展政策和渔船管理工作，全省有渔船 8430 艘，其中 90 马力以上的渔船有 659 艘，比 2017 年增加 128 艘。下龙市人民委员会发布公告自 2018 年 10 月 1 日起不能在下龙湾世界自然遗产区进行水产捕捞活动。

服务业快速发展。服务业增加值按照 2010 年比较价格约为 36.835 万亿越南盾，同比增长 14.2%。产品税约为 11.095 万亿越南盾，同比增长 11.8%。服务业财政收入约为 5.758 万亿越南盾，占广宁省地方财政总收入的 18.9%，同比增长 16%。商品零售和服务业营业收入为 87.498 万亿越南盾，同比增长 19.7%。平均居民消费价格指数同比上涨 3%。

2018 年，广宁省内企业货物出口额约为 19.62 亿美元，同比增长 11.03%，省内企业货物进口额 17.93 亿美元，增长 4.24%。发有原产地证书的进出口商品总额为 7.1 亿美元，增长 17.8%；广宁省经营进出口业务的企业有 939 家，增长 4%；出入境的车辆有 56077 辆，增长 50%；横模口岸、北风生口岸的贸易减少，收取口岸基础设施的使用费减少，为 2050 亿越南盾，比年度预算的 2330 亿越南盾减少约 12%。

2018 年，社会投资资金约为 67.6 万亿越南盾，同比增长 11.6%。其中，国有资金投资 27.6 万亿越南盾，占 40.8%，同比增长 20.6%；非国有资金投资 30.7 万亿越南盾，占 45.5%，增长 19.8%；外国直接投资 9.3 万亿越南盾，占 13.7%，减少 23%。新颁发和调整投资注册许可证的项目有 50 个，投资注册资金总额为 23.618 万亿越南盾，同比增长 71%，其中新颁发和调整投资注册许可证的国内项目有 25 个，注册资金 11.03 万亿越南盾，同比减少 6.5%；新颁发和调整投资注册许可证的外国直接投资项目有 25 个，注册资金 5.5453 亿美元，同比增长 56.4%。

2018 年，广宁省的财政总收入约为 40.5 万亿越南盾，比越南财政部交付的预算增长 14.3%（预算为 35.438 万亿越南盾），同比增长 4.9%。其中，地方收入 30.5 万亿越南盾，比预算增长 3.6%，同比增长 10.3%；进出口财政收入 10 万亿越南盾，比预算增长 67%，同比减少 5.6%。依照规定严格管理财政支出，经常性支出约为 11.66 万亿越南盾，为预算的 100%，同比增长 25%。

广宁省因旅游胜地下龙湾而吸引大量游客。2018 年，越南国家旅游年由广宁省下龙市主办，加上下龙—海防高速公路、白藤大桥建成通车吸引了众多游客到广宁。旅游管理工作得到加强，严格处理违规的组织和个人，改善旅游经营环境。到广宁省的游客达 1220 万人次，同比增长 24%，其中国际游客 520 万人次，增长 22.1%。旅游业营业收入达 23.6 万亿越南盾，同比增长 28.1%。旅游业财政收入 2.75 万亿越南盾，占广宁省地方财政总收入的 9%，同比增长 31%。2018 年国际游客平均每人消费 104 美元，比 2017 年增加 8.5 美元；越南本国游客平均每人消费 160 万越南盾，比 2017 年增长 4%。[①]

（二）谅山省经济发展情况

2018 年，谅山省地区生产总值增长约 8.36%（计划目标是 8%～

---

① 广宁省政府网站：http://www.quangninh.gov.vn/。

8.5%)。其中，农林业比 2017 年增长 2.55%，工业和建筑业增长 19.24%，服务业增长 7.6%，扣除产品补助的产品税增长 4.87%。经济结构积极转变，农林业占 20.3%，工业和建筑业占 19.68%，服务业占 49.78%，扣除产品补助的产品税占 10.24%。人均地区生产总值为 3840 万越南盾。

农业生产发展稳定，继续加强与新农村建设相结合的农业结构调整，形成了一些采用先进标准的农业集中生产基地。积极推动宣传工作，促进农产品销售，树立产品商标。谅山省支棱县的番荔枝商标获得 2018 年越南农业 10 大金牌商标荣誉。粮食总产量 31.76 万吨，达到计划的 102.5%。新种植 1.0783 万公顷树木，超过计划 19.8%，森林覆盖率约 62%。工业生产指数同比增长 9.2%，其中采矿业增长 17.7%，加工制造业增长 4.6%，电力生产和分配行业增长 3.5%，供水、垃圾和污水处理行业增长 5.1%。一些工业产品增长良好，如电力生产 7.85 亿 kW，增长 6.1%；商业用电 6.85 亿 kW，增长 9.1%；净煤 52 万吨，增长 11.8%；水泥 94.5 万吨，增长 3.1%；各类石材 316 万立方米，增长 15.5%；石粉 7503 吨，增长 13%；木板和原木制品 10 万立方米，增长 20.5%。

谅山省重视发展口岸经济。继续推动发展谅山—同登口岸经济区，批准了调整一些口岸区域的局部规划。投资者积极开展货物中转区和一号出口加工区基础设施建设投资项目。2018 年，经过谅山省的货物进出口额约为 48.55 亿美元，达到计划的 100.7%，同比减少 7.5%。其中，出口 29.55 亿美元，达到计划的 103.7%，增长 0.2%；进口 19 亿美元，达到计划的 96.5%，同比减少 17.4%。谅山本省货物出口 1.255 亿美元，达到计划的 100%，增长 9.6%。

谅山省加强执行反财政失收的措施，收回欠缴税款。同步采取措施管理、增加收入来源，尤其是来自土地、国有资产、场地使用费的收入。2018 年，谅山省地方财政总收入为 5.2204 万亿越南盾，达到中央预算的 88.5%，同比减少 27.6%；国家预算平衡支出约为 11.945 万亿越南盾，达到预算的 118.8%，同比增长 15%，其中地方预算平衡支出 8.2744 万亿越南盾，国家目标计划和一些其他项目和任务开支 2.3403 万亿越南盾。社会发展取得进步，贫困户比例为16.7%，比2017年下降了3个百分点。在全省226个乡级医疗站中，有114个乡达到国家乡级医疗标准。

2018年，谅山省商品零售和消费服务营业收入总额为18.4万亿越南盾，同比增长10%。到谅山省的游客278.7万人次，达到计划的103.2%，其中国际游客38.8万人次，国内游客239.9万人次。旅游业营业收入约9700亿越南盾。年内开展编制母山国家旅游区建设总体规划。

在促进吸引投资方面，2018年，对35个项目颁发投资许可证（国内投资项目32个，外资项目3个），总注册资金7.527万亿越南盾；调整27个国内投资项目和5个外资项目的投资，补充注册资金1890亿越南盾和1700万美元；收回7个项目的投资许可证。批准了2018~2020年谅山省招商引资项目名录，颁布实施公私合作模式（PPP）投资项目的程序和手续规定。[1]

（三）高平省经济发展情况

越南高平省交通等基础设施建设滞后，是越南经济发展相对落后的省份之一。2018年，高平省地区生产总值增长7%。其中，农林渔业同比增长3.5%，工业和建筑业增长11.2%，服务业增长7.5%，扣除产品补助的产品税增长4.1%。人均地区生产总值为2490万越南盾，达到计划目标。

2018年，高平省粮食总产量27.51万吨，超过计划4.2%，相当于上年同期的99.85%；单位面积农业产值每公顷3800万越南盾，达到计划目标，农业种植主要有水稻、玉米、黄豆、烟草、甘蔗、花生等。森林覆盖率约54.5%。全省财政总收入为15500亿越南盾，比中央交付预算增加37.9%，比省人民议会预算增加13.2%，同比增长0.44%。

2018年，经过高平省的货物进出口额为23.8亿美元（包括受监察的货物价值），其中，由高平海关局办理手续的出口为5.337亿美元，达到计划的108.9%，相当于2017年的84.44%；由高平海关局办理手续的进口为1.463亿美元，达到计划的77%，相当于2017年的86.05%；受监察的货物

---

① 谅山省政府网站：http://www.langson.gov.vn/。

价值为 17 亿美元。

旅游业是高平省发展经济的重要产业。高平省致力于打造多样化的旅游产品，促进把旅游业发展成为经济拳头产业。2018 年，高平山水地质公园被联合国教科文组织列入世界地质公园名录。

为了破解高平省交通基础设施落后的问题，高平省向越南中央政府建议投资修建高平至谅山（茶岭—同登段）高速公路，里程约 115 公里。[①]

（四）河江省经济发展情况

2018 年，河江省地区生产总值（依照 2010 年比较价格）为 14.3252 万亿越南盾，比 2017 年增长 6.76%。其中，农林渔业增长 5.06%，工业和建筑业增长 10.53%，服务业增长 6.35%，产品税增长 5.61%。人均地区生产总值为 2620 万越南盾，比 2017 年增长 17%。在经济结构方面，农林渔业增长占 30.54%，工业和建筑业占 22.44%，服务业占 47.02%。

2018 年，河江省粮食产量 40.52 万吨，比 2017 年增长 1.9%。每公顷耕地农业产值 4447 万越南盾，比 2017 年增加 120 万越南盾。养殖业占农业比重的 30.2%。新种植林木 6920.6 公顷，森林覆盖率约为 56.5%。截至 2018 年，河江省有 6 个农业产品进行了地理标志商标注册。2018 年工业生产指数同比增长 13.8%，全年工业产值依照实际价格超过 5.3223 万亿越南盾，比 2017 年增长 12.8%。年内投入使用 2 号泸江和 1 号纳马河水电工程。

河江省重视发展合作社集体经济，合作社发展迅速。2018 年新成立合作社 70 个，使全省的合作社数量增加到 622 个。其中，农林渔业合作社 318 个，工业和小手工业合作社 68 个，建筑合作社 79 个，人民信贷基金 10 个，商业合作社 75 个，运输合作社 65 个，其他领域的合作社 7 个。合作社中的劳动者平均每人年收入 2500 万越南盾。

2018 年，河江省货物进出口额为 4.05 亿美元，比 2017 年减少 10.1%，

---

① 高平省政府网站：http://www.caobang.gov.vn/。高平省科技厅网站：http://khcncaobang.gov.vn/。

达到计划的 54%。继续推动旅游宣传推介工作，年内到河江省的游客有 110 万人次，比 2017 年增长 7.5%，旅游业营业收入为 1.15 万亿越南盾。年内商品零售和消费服务营业收入总额为 9.5633 万亿越南盾，比 2017 年增长 13.4%。

2018 年，河江省的财政总收入约为 2.108 万亿越南盾，达到计划的 97.7%，比 2017 年增长 9.5%。其中，本地财政收入为 1.878 万亿越南盾，达到计划的 100%；进出口活动所得收入为 1800 亿越南盾，达到计划的 78.3%。地方财政总支出约为 13.003 万亿越南盾，为计划的 99.8%。

2018 年，河江省全社会投资资金约为 8.6114 万亿越南盾，比 2017 年增长 21.4%。其中，国有资金投资 2.7474 万亿越南盾，增长 57.32%；非国有资金投资 5.8612 万亿越南盾，增长 9.88%；外国直接投资 28 亿越南盾。

2018 年，河江省配合越南中央部委考察制定了河江联结河内—老街高速公路投资方案并被越南交通运输部列入至 2030 年高速公路发展规划中。①

（五）老街省经济发展情况

2018 年，老街省地区生产总值增长 10.23%。经济结构继续实现积极转变，农林渔业比重占 13.07%，比 2017 年减少 0.5 个百分点；工业和建筑业比重占 44.29%，增加 1.55 个百分点；服务业比重占 42.64%，减少 0.64 个百分点。

2018 年，老街省继续大力开展现代技术农业生产，粮食种植面积、单位面积产量和总产量都有所增加。粮食产量 32.54 万吨，同比增长 6.57%。年内老街省批准 9 个乡达到新农村标准，至此在全省 143 个乡中，有 44 个乡达到了新农村标准。工业产值 29.043 万亿越南盾，超出计划 5.5%，比 2017 年同期增长 16.7%。其中加工制造业增长 18%，水电工业增长 12%，但采矿业大幅度下降近 40%。2018 年，有 7 个水电项

---

① 河江省投资促进中心网站，http://hagianginvest.com/。

目完成并投入运行发电。至此，老街省运行发电的水电厂增加至 49 个，总容量为 855.9 兆瓦。

2018 年，经过老街陆路和铁路国际口岸的进出口活动保持高增长。各类货物进出口额 30.1 亿美元，超过计划 3.8%，同比增长 14.3%。

2018 年，老街省大力推动旅游业的发展，到老街省的游客达 424.7 万人次，超过计划 6.2%，同比增长 21.2%。旅游业营业收入达 13.40637 万亿越南盾，超过计划 11.7%，同比增长 42%。全年商品零售和消费服务营业收入总额达 23.238 万亿越南盾，同比增长 13.5%。平均居民消费价格指数同比上涨 3.24%。互联网用户普及率为 11.5%。

2018 年，老街省的中央财政收入为 8.368 万亿越南盾，超过省人民议会交付预算 7.3%，超过中央交付预算 48.3%。地方财政总收入达 12.698 万亿越南盾，超过预算 2.3%。地方财政总支出 12.537 万亿越南盾，达到预算的 102.3%。财政开支满足了社会民生需求，保障了各项政策制度和机关单位的经常性支出。

2018 年，老街省新批准投资项目 27 个，总注册资金为 4.286 万亿越南盾；26 个项目减资，减少注册资金 4.775 万亿越南盾。没有新批准的外国直接投资项目。截至 2018 年年底，老街省仍有效力的外国直接投资项目有 23 个，总注册资金为 5.496 亿美元。全省有合作社 398 个，比 2017 年增加 28 个；有庄寨 552 个，比 2017 年增加了 67 个。①

（六）莱州省经济发展情况

2018 年，莱州省地区生产总值约为 10.78373 万亿越南盾，增长 7.22%（计划增长 9.02%）。经济结构比重如下：农、林、水产业占 15.94%，工业和建筑业占 48.27%，服务业和进口税占 35.79%。人均地区生产总值约为 3292 万越南盾，比 2017 年增加 222 万越南盾。粮食总产量 21.5 万吨，与 2017 年持平。大力发展茶叶、橡胶产业和水果种

---

① 老街省政府网站：https：//laocai.gov.vn/。

植。森林覆盖率约 49.11%。莱州省贫困户比例为 25.64%，比 2017 年下降了 4.19 个百分点。

2018 年，莱州省工业产值按照 2010 年比较价格约为 62164 亿越南盾，超过计划 33.6%，同比增长 2.5%；为莱州省的中小型水电项目排除困难，创造投资条件；发电量为 624.4 万千瓦时；使用国家电网的家庭户比例为 94%，超过计划 1%，比 2017 年增加 2.5%；全年商品零售和消费服务营业收入总额为 5.102 万亿越南盾，同比增长 6.9%。

2018 年，莱州省进出口总额为 4630 万美元，超过计划 206.4%，比 2017 年增长 2.7 倍。颁布了通过莱州省边境副口岸、开放通道的货物"再出"经营活动的管理规定，决定选出 34 家企业通过波多（Po To）开放通道和乌马图贡（U Ma Tu Khoong）副口岸实施有条件的货物"再出"。正在开展制定"扩大发展马鹿塘口岸经济区提案"。2018 年，莱州省吸引游客约 24.34 万人次，与 2017 年持平，其中国际游客 2.74 万人次。旅游业营业收入约 3774 亿越南盾，增长 10%。

2018 年，莱州省财政总收入约为 7.9835 万亿越南盾，超过省人民议会预算 3%。其中，地方财政收入为 2.123 万亿越南盾，超过预算 9%。

2018 年，莱州省新批准投资项目 22 个，注册资金为 4.521 万亿越南盾。截至 2018 年年底，莱州省累计有投资项目 183 个，总注册资金为 40.557 万亿越南盾。新成立合作社 30 个，使全省的合作社数量增加到 312 个，其中有 252 个合作社正在开展生产经营活动。[1]

（七）奠边省经济发展情况

2018 年，奠边省地区生产总值按照 2010 年比较价格约为 10.4822 亿越南盾，同比增长 7.15%。其中，农林水产业增长 4.98%，工业和建筑业增长 9.52%；服务业增长 7.11%，扣除补助的产品税增长 4.86%。经济结构继续按确定的方向转变，其中：农、林、水产业占 19.96%，比

---

[1] 莱州省计划投资厅网站：http://sokhdt.laichau.gov.vn/。

2017年减少1.23%；工业和建筑业占22.82%，增长0.34%；服务业占54.61%，增长0.86%；扣除补助的产品税占2.62%，增长0.03%。人均地区生产总值依照现行价格约为2731万越南盾，比2017年增长12.14%。

2018年，奠边省粮食（稻谷和玉米）总产量约为26.46万吨，比2017年同期增加6394吨。黄豆、花生种植面积有所减少，转为种植水果等经济效益高的作物。大面积种植橡胶、咖啡、茶、澳洲坚果等作物。森林覆盖率约为39.74%。

2018年，奠边省工业产值按照2010年比较价格约为2.71743万亿越南盾，比2017年增长12.95%。其中，采矿业产值为1372亿越南盾，增长5.68%；加工制造业为21033亿越南盾，增长10.4%；电力生产和分配行业为4344亿越南盾，增长31.25%；供水、垃圾和污水处理行业为426亿越南盾，增长6.6%。

2018年，奠边省新批准投资项目25个，处于完善手续等待批准的项目有4个，注册资金为4.9万亿越南盾。截至2018年年底，奠边省累计有投资项目150个，总注册资金为26万亿越南盾。集体经济和经营户继续得到鼓励发展。2018年新成立了20个合作社，注册资金为2000亿越南盾。截至2018年年底，共有合作社196个，总注册资金为4350亿越南盾。截至2018年年底共有17728家经营户，注册资金23380亿越南盾。奠边省贫困户比例为37.45%，比2017年下降了3.56个百分点。

2018年，奠边省货物出口额约为4400万美元，同比增长12.82%，其中地方货物出口额为2160万美元，出口的货物主要有水泥、建材等；货物进口额2300万美元，与2017年持平，其中地方进口额为1000万美元，进口的货物主要是服务水电建设的机械设备和机电、农林产品等。

2018年，奠边省接待游客70.5万人次，超过计划3.7%，比2017年增长17.5%，其中国际游客15.1万人次，增长25.8%。游客人均停留时间为2.4天。旅游业营业收入为11550亿越南盾，超过计划4.7%，比2017年增长21.6%。

　　2018 年，奠边省全社会发展投资额达 10.2377 万亿越南盾，同比增长 25.27%。其中，在国有投资中，中央管理资金 26242.5 亿越南盾，同比增长 6.48%；地方管理资金 25145.44 亿越南盾。非国有投资 50963 亿越南盾，外国投资 26.5 亿越南盾。

　　2018 年，奠边省财政总收入约为 9.5919 万亿越南盾，超过预算的 5.04%；地方财政总支出为 9.3594 万亿越南盾，超过预算的 3.29%。①

---

　　①　奠边省政府网站：http：//dienbien. gov. vn/。

其他专题研究

Related Reports

B.14
越南劳工问题及发展趋势研究

杨 超*

摘 要： 在加入《全面与进步跨太平洋伙伴关系协定》（CPTPP）后以及即将签署欧盟—越南自由贸易协定（EVFTA）之际，多边贸易协定中对劳动条款的规定使得越南不得不在国内立法方面也做出相应调整，以使法律符合国际劳工组织的标准，特别是有关集体谈判和结社自由的公约。在CPTPP生效后，越南劳工出现了自组织的新趋向，也促使越南劳动总联合会及下属工会做出改变，大力创新工会活动的内容和方法。

在越南《劳动法》（修订版）草案中，最低工资和加班时间成为讨论的焦点。随着劳动力成本不断上升，低成本劳动力作为越南最大的优势正在不断缩小。越南还面临人口老龄化的

---

* 杨超，广西社会科学院东南亚研究所副研究员、博士。

挑战，劳动力素质不高、最低工资的增长高于劳动生产率的增长也成为制约越南经济进一步发展的重要问题。其他劳工问题和挑战还包括社会保险覆盖率较低、加入贸易协定和第四次工业革命带来的失业风险等。越南要做好人力资源，尤其是高素质劳动者的培训准备，以提高自己的竞争力。

关键词： CPTPP　越南　劳工　劳动法

在加入《全面与进步跨太平洋伙伴关系协定》（CPTPP）之前，越南党和政府以及工会在劳资关系中扮演了主导者的角色。但在加入 CPTPP 后以及即将签署欧盟—越南自由贸易协定（EVFTA）之际，多边贸易协定中对劳动条款的规定使得越南不得不在国内立法方面也做出相应调整，以适应其所加入的贸易协定。国内立法的变动也会对越南劳工和工会组织产生不小的影响。此外，越南劳动力的成本、素质、生产率问题以及多边贸易协定和工业 4.0 革命带来的失业风险等问题也日渐突出，成为影响越南经济发展的重要因素。

一　多边贸易协定中的劳动条款对越南国内法的影响

《全面与进步跨太平洋伙伴关系协定》（以下简称 CPTPP）于 2019 年 1 月 14 日正式对越南生效。CPTPP 具有全面、平衡且高标准的承诺，有助于加强各成员经济体之间的互利联系，促进包括越南在内的亚太地区经贸、投资合作与经济发展。CPTPP 在三个方面为越南贸易开辟了新机遇，其中包括市场空间将进一步扩大；取消大部分关税壁垒；越南企业能够加大对 CPTPP 各成员国的出口力度，尤其是在纺织品服装、鞋类与皮革、手提包、电子、水产品、农产品等越南具有优势的领域。

加入 CPTPP 给越南带来了诸多利益，如提供更多就业机会，给劳动者和企业带来新机会，有助于提高劳动者的生活水平等。但与此同时，加入该协定也使越南面临不小的挑战，越南劳动领域受到巨大冲击。CPTPP 协定对劳动环境、劳动者权利等标准的要求较高，协定的第 19 章共有 15 条关于劳动问题的规定。

CPTPP 协定中关于劳动条款的规定，包含可强制执行的劳工权利和义务，并重申 11 个缔约方承诺尊重国际公认的劳工权利和原则，并有效执行其国内劳动法，以提高和改善 CPTPP 成员国的劳工标准和工作条件。在劳工权利方面，条款规定，所有 CPTPP 当事方均为国际劳工组织（ILO）成员，各方同意在其法律和惯例中采用和维护国际劳工组织 1998 年宣言中承认的基本劳工权利，即结社自由和集体谈判权利，消除强迫劳动，禁止使用童工和消除就业歧视。CPTPP 当事方还同意制定有关最低工资、工作时间和职业安全与卫生方面可接受的工作条件的法律。①

越南政府在加入该协定后将面临的挑战之一，是修改企业成立劳动者组织的权利及国家对其进行管理的法律，以保障其依照越南法律开展活动。这意味着加入该协定后越南要修改一些国内法条款以融入国际。较为典型的是，越南要批准国际劳工组织的 8 项国际公约，目前已批准了 6 项。今后，越南将进行审查调整，以符合关于保护劳动者结社自由和劳动者组织权利的公约。这意味着越南要保障劳动者的结社和谈判等权利，劳动者可以在企业内成立其代表组织。②

2019 年 6 月 14 日上午，越南第十四届国会第七次会议全体到会的 452 名代表投票通过国际劳工组织关于组织权利和谈判的第 98 号公约。③ 第 98 号公约是 1998 年"劳工基本原则和权利宣言"框架内的 8 项国际劳工组织

---

① "How to read the Comprehensive and Progressive Agreement for Trans-Pacific Partnership (CPTPP)", Government of Canada, https：//www. international. gc. ca/trade – commerce/trade – agreements – accords – commerciaux/agr – acc/cptpp – ptpgp/chapter＿ summaries – sommaires＿ chapitres. aspx? lang = eng，最后访问日期：2019 年 6 月 24 日。

② 《〈跨太平洋伙伴关系全面及进步协定〉提高越南在国际劳动市场的竞争力》，〔越南〕人民报网，2018 年 11 月 16 日，https：//cn. nhandan. com. vn/theodongsukien/item/6582201。

③ 《越南批准国际劳工组织关于集体谈判的公约》，〔越南〕《越南经济时报》，2019 年 6 月 15 日，http：//vneconomy. vn/viet – nam – phe – chuan – cong – uoc – cua – ilo – ve – thuong – luong – tap – the – 20190614155526573. htm。

核心公约之一，包括：集体谈判权，废除一切形式的强迫和强制劳动，消除童工现象，消除就业和职业歧视。国际劳工组织所有会员国都有义务尊重和适用1998年宣言中提到的原则。第98号公约是越南批准的国际劳工组织的第6项基本公约。批准国际劳工组织第98号公约将表明越南对工人权利的承诺，并向欧洲议会保证越南将履行其在EVFTA下的劳动义务。① 其他越南已批准的核心公约包括第29号公约、第100号和第111号公约，以及关于童工的第138号和第182号公约。

2019年6月21~22日，越南政府总理特使、越南劳动荣军与社会部部长陶玉容对欧盟和比利时进行了工作访问。此行的目的是加快越南与欧盟签署自由贸易协定（EVFTA），并再次重申越南为履行国际劳工承诺所做的努力。此行的重点是讨论越南与欧盟之间自由贸易协定（EVFTA）贸易与可持续发展章节中与劳工承诺相关的问题，这是欧盟在准备签署和批准EVFTA协议过程中特别关注的内容之一。陶玉容告知欧盟和比利时领导人，越南国会于2019年6月14日批准了国际劳工组织第98号公约。越南将继续准备着手到2020年批准关于废除强迫劳动的第105号公约，到2023年批准关于结社自由的第87号公约。② 欧盟对此表示支持。

2019年6月30日，欧盟与越南政府签署了欧盟—越南自由贸易协定（EVFTA），从而为越南生产制造的大部分产品以零关税出口到欧洲铺平了道路。按照越南与欧盟各自的规定，EVFTA将同时提交越南国会和欧洲议会批准；对于该协议中的投资保护协议，还需要获得欧盟成员国各国家议会的批准。根据EVFTA的劳工章节，越南有义务改革其法律制度及其实践，以确保实现工作的基本原则和权利。欧洲议会负责批准欧盟加入的所有条约或国际贸易协定，对自由贸易协定中的劳工标准有严格要求。根据国际劳工

---

① 《越南的劳工问题可能会妨碍与欧盟的贸易协定》，〔越南〕越南网桥，2019年1月25日，https：//english. vietnamnet. vn/fms/business/216688/vietnam - s - labor - issues - likely - hamper - trade - pact - with - european - union. html。

② 《越南重申执行国际劳工承诺》，〔越南〕《越南经济时报》，2019年6月22日，http：// vneconomy. vn/viet - nam - tai - khang - dinh - thuc - thi - cac - cam - ket - quoc - te - ve - lao - dong - 20190622093155087. htm。

组织关于基本原则和权利的声明，如果越南在满足劳工要求方面没有取得进展，EVFTA 的批准将会遇到阻碍。

在批准公约之外，越南还需要考虑修订《劳动法》，此次修订旨在使法律符合国际劳工组织的标准，特别是有关集体谈判和结社自由的问题，以满足 CPTPP 以及欧盟—越南自由贸易协定（EVFTA）的要求。越南劳动荣军与社会部部长陶玉容表示，根据国会第 57 号决议，预计修订后的《劳动法》将被纳入国际劳工组织公约和越南对国际劳工所做的承诺中。① 越南目前的法律框架已经有了许多国际劳工组织标准的关键概念。根据现行越南《劳动法》，禁止雇主对建立、加入或参加工会的员工进行干涉和歧视。经修订的《劳动法》草案将进一步加强越南对这些原则的实施。此外，《劳动法》（修订版）草案引入了集体谈判的新方法，将谈判焦点从一次会议转移到一个持续的过程上。

二 CPTPP 生效对越南劳工和工会组织的影响

尽管越南的劳动法规和劳资关系框架在不断改进，但仍存在一些缺陷，例如越南发生的罢工大多为非法罢工。

西方国家工会行使罢工权一般是在劳方与资方交涉破裂后。虽然越南劳动法规定第一阶段（调解）和第二阶段（仲裁）都宣告失败后，第三阶段才能合法罢工。但在实践中，越南发生的集体罢工大多没有经过与资方交涉以及调解仲裁等阶段，多由自发性和盲目性主导，并最终发展为非法罢工。但在罢工发生后，在越南工会或官方代表出面的情况下，劳资双方最终大多能达成妥协，结束罢工。

越南劳动总联合会（VGCL）是越南唯一的全国总工会。越南劳动总联合会在越南共产党的领导下，"有责任贯彻落实党的方针政策"。越南劳动

---

① 《越南重申执行国际劳工承诺》，〔越南〕《越南经济时报》，2019 年 6 月 22 日，http：//vneconomy. vn/viet - nam - tai - khang - dinh - thuc - thi - cac - cam - ket - quoc - te - ve - lao - dong - 20190622093155087. htm。

总联合会由 64 个地方省、市级总工会组成，共计 18 个下属全国行业工会，包括越南全国邮电工会、越南全国石油天然气工会、越南全国教育工会、越南全国工商业工会、越南全国电力工会、越南全国铁路工会等。越南工会作为一个社会组织，受越南共产党的领导。但是，工会与其他社会政治组织不同，不使用国家预算，而是筹集资金来保证自身活动以及照顾和保护工人。劳动总联合会为工作人员支付工资并组织代表活动，照顾和保护工人以及为工人建造设施，包括住房、幼儿园和其他为工人服务的文化、体育和健康机构。

在越南加入 CPTPP 以前，越南法律给予劳动者有限的结社自由权。在 CPTPP 生效后，越南政府为了遵守协定要求，允许工人们在基层建立工会或加入他们自己选择的工会。根据越南政府的规定，企业的劳工组织必须遵守东道国的法律，并且必须到当地主管机构登记。越南国会对外委员会主任阮文富表示，这些组织不得从事任何威胁国家安全、秩序的活动。① CPTPP 生效后成立的这些工会有可能不是目前越南官方的工会、劳动总联合会的一部分，这也给越南劳动总联合会提出了新的挑战和任务。

CPTPP 的正式生效，使得工会成员的发展和党组织的建立变得困难，而且由于精简政策，工会组织机构将会减少工资。这也促使越南劳动总联合会及下属工会迅速做出改变，使工会真正成为工人的组织。为了将挑战转化为机遇，工会需要大力创新工会活动的内容和方法，使工会真正成为工人的组织。提高各级工会干事的素质，重点建设数量充足、质量上乘、符合新形势的要求的工会干部队伍，领导和指导工会会员的发展并建立好基层工会组织。②

面临 CPTPP 生效后对原有工会的冲击，越南劳动总联合会的各级工会

---

① 《国际劳工组织：CPTPP 帮助越南推进劳动力改革》，〔越南〕越南网桥，2018 年 11 月 15 日，https：//english. vietnamnet. vn/fms/society/212960/ilo - - cptpp - helps - vietnam - advance - labor - reforms. html。

② 《CPTPP：工会必须将挑战转化为机遇》，〔越南〕《劳动报》，2019 年 5 月 5 日，https：// laodong. vn/vi - loi - ich - doan - vien/hiep - dinh - cptpp - to - chuc - cong - doan - phai - bien - thach - thuc - thanh - co - hoi - 731502. ldo。

积极应对，加强工会干部的培训工作。越南工商会继续组织培训，使越南工会下属地方工会的官员使用工会管理软件系统。培训结束后，学员将成为组织实施基层工会培训和指导的核心。越南劳动总联合会的专业代表介绍并指导工会官员使用工会管理软件。培训班旨在提高各级工会对工会会员的有效管理。这有助于工会层面准确、及时地统计社区各级工会成员的数量，帮助基层干部建立相应的工作计划方案，在此基础上，可以实行优惠政策以关心工会会员。①

加强劳资各方之间的谈判和协议，是劳动关系各方的目标。越南已经批准生效的国际劳工组织第 98 号公约包括三个主要组成部分，以确保工人和雇主之间的集体谈判能够有效地进行。包括：保护工人和工会免受因加入和参与合法工会活动而招致雇主的歧视，确保工人代表组织不受资方干预或主导，要求国家采取法律和制度措施来促进集体谈判。② 目前在许多越南工厂中，高级经理或人力资源经理也常常担任工会主席。因此，根据公约要求，越南要改变这一状况，使工会独立运作不受干预。国际劳工组织第 98 号公约确立了集体谈判中的自愿和善意原则，并规定了国家促进集体谈判的责任。通过务实、有效促进集体谈判特别是关于薪酬的集体谈判，建设和谐、稳定、进步的劳动关系。越南劳动总联合会通过指导各级工会更好、更有效地谈判，签署和实施集体劳动协议（CLA），以保留现有成员并吸引更多工会成员。

批准公约后，根据越南劳动总联合会主席裴文强的说法，企业集体劳务协议谈判和签署的数量仍然非常有限。"目前只有超过 60% 的企业与工会签订了集体劳动协议。"③ 虽然尚未达到 100% 签署集体劳动协议，越南多家企

---

① 《为工会官员培训使用工会管理软件》，〔越南〕《劳动报》，2019 年 6 月 7 日，https：// laodong. vn/cd – cong – thuong/tap – huan – su – dung – phan – mem – quan – ly – doan – vien – cho – can – bo – cong – doan – 737795. ldo。

② 《越南批准国际劳工组织关于集体谈判的公约》，〔越南〕《越南经济时报》，2019 年 6 月 15 日，http：//vneconomy. vn/viet – nam – phe – chuan – cong – uoc – cua – ilo – ve – thuong – luong – tap – the – 20190614155526573. htm。

③ 《越南工会将大力创新以适应新形势》，〔越南〕《劳动报》，2019 年 6 月 7 日，https：// laodong. vn/cong – doan/cong – doan – viet – nam – se – doi – moi – manh – me – de – thich – ung – voi – tinh – hinh – moi – 737898. ldo。

业的集体谈判已在蓬勃发展。目前，越南同奈工业园区有 394 个工会，212162 名成员。许多集体劳动协议必须经过多次谈判，与各方协商，持续数月最后才成功并签字。事实上，为了达到上述效果，基层工会干部必须敢想敢做，敢于承担责任，从实践中发现新的问题和汲取经验。工会领导及干部必须接受培训，培养专业技能、对话和集体谈判技巧。①

越南宁平省工会主席杨德庆说，在过去的一段时间里，宁平省的劳工和劳工运动取得了许多突出成果，为关心和保护员工的合法权益做出了重要贡献。但是，许多企业仍然存在违反劳动法、工会法和社会保险法的情况，侵犯了员工的合法权益。2018 年，越南宁平省共有 6 起劳工集体罢工案件。原因是一些企业的工资、加班、病假结算和奖金等政策尚未按照规定实施。工会各级人员及时参与有效解决集体罢工问题，确保员工的合法权益，促使大多数企业主严格遵守与员工利益相关的规定。此外，工会还积极参与和协调，组织和工人对话。许多集体劳动协议已经签署。②

越南劳动总联合会正在大力创新工作内容和运作方式，以适应新形势和新任务。首先，工会注重代表和保障工人合法权益。其次，注重维护工会成员的利益。再次，注重工会官员尤其是基层干部的能力建设。最后，注重建立并有效利用资源来完成任务。

三　越南《劳动法》（修订版）草案的要点及潜在影响

（一）最低工资

越南现行的 2012 年《劳动法》第 91 条规定，最低工资是在正常工作

---

① 《基层工会的角色和权利》，〔越南〕《劳动报》，2019 年 6 月 7 日，https：//laodong. vn/cong‐doan/vai‐tro‐va‐quyen‐cua‐cong‐doan‐cap‐tren‐co‐so‐737847. ldo。

② 《宁平省工会：积极有效地解决集体罢工问题》，〔越南〕《劳动报》，2019 年 3 月 12 日，https：//laodong. vn/cong‐doan/chu‐dong‐giai‐quyet‐co‐hieu‐qua‐cac‐vu‐ngung‐viec‐tap‐the‐661887. ldo。

条件下从事简单工作的雇员的最低工资。最低工资根据工人及其家庭的最低生活标准等基础和因素确定和调整，这些因素包括消费价格指数、经济增长率、供求关系、劳动生产率和企业的负担能力。

最低工资是计算社保、津贴和福利金的基础，最低工资的上涨会导致企业成本增加。[①] 经济学家认为，最低工资调整应与劳动生产率增长保持一致；最低工资目前按月计算，但应按每小时最低工资计算；最低工资应根据基于规则的方法进行调整，因此要更加透明和可预测。事实上，2012 年越南《劳动法》已经规定了最低小时工资，但尚未实施。根据 2012 年《劳动法》第 91 条，最低工资由月、日或小时决定，并根据地区和部门确定。由于越南国家工资委员会只决定最低月工资，因此，按小时计算最低工资是必需的。按照目前的最低工资计算方法，95% 以上的工人难以满足最低生活需求，因此工人被迫加班以满足个人及家庭基本需求。这导致越南企业违反了国际劳工组织关于禁止强迫劳动的第 105 号公约，以及越南在一系列新一代自由贸易协定例如 EVFTA 和 CPTPP 中的承诺。

最低工资并不能保证最低生活需求也是罢工的主要原因之一。值得注意的是，纺织和制鞋业是工资最低的两个行业，也因此拥有最高的罢工率。仅在 2018 年，越南的纺织行业就有 84 次罢工，占越南全国所有罢工的 39%，皮革和制鞋业有 44 次罢工，占越南全国所有罢工的近 21%。[②]

在越南，按地区划分的最低月工资仅用于保护正规部门的雇员，而大约 1/2 的越南劳工没有就业合同。这些劳动者主要为家庭企业工作，或从事自由职业，或在中小经济部门工作，因此没有得到地区最低工资政策的覆盖。

2018 年 5 月，越南共产党第十二届中央委员会第七次全体会议通过了关于薪酬政策改革的决议。越共中央总书记阮富仲在讲话中表示，最低工资

---

① 廖春霞、阮氏秋霞、梅雪恒等：《经济转型与劳动关系规制——越南加入 TPP 后的变革对我国劳动关系调整的镜鉴》，《中国人力资源开发》2016 年第 11 期。

② 《最低工资支付：很难确定"企业的负担能力"》，〔越南〕《越南经济时报》，2019 年 6 月 20 日，http：//vneconomy. vn/tra - luong - toi - thieu - kho - xac - dinh - kha - nang - chi - tra - cua - doanh - nghiep - 20190620132546854. htm。

将用于保护弱势劳动者，作为工资谈判的基础并规范劳动力市场。未来一段时间需要做的工作包括改善各地区最低月工资政策，起草最低小时工资规定，巩固国家工资委员会的职能和职责。①

越南国家工资委员会决定在 2017 年将地区最低月工资提高 7.3%。② 2017 年 8 月 7 日，越南国家工资委员会决定，2018 年最低月工资将增长 6.5%，增加的幅度从 180000 越南盾（7.9 美元）到 230000 越南盾（10.5 美元）不等，具体取决于不同地区。③ 2019 年地区最低月工资增长了 5.3%，工人的生活得到改善，受益于最低工资增长的工人数量非常大。此前，越南劳动总联合会提出最低工资标准增幅为 8%。越南劳动总联合会劳工关系部副主任，同时也是国家工资委员会成员的黎丁光表示，企业年度报告显示，大多数企业遵守员工的最低工资规定。由于生产和经营困难而无须调整最低工资的企业仅占少数，主要是一些小型或微型企业。

讨论越南《劳动法》修订版草案的越南国会代表们认为，确定地区最低工资的原则必须以工人的最低生活需求为基础。修订后的《劳动法》草案中的最低工资的制订标准之一是企业的负担能力。企业的负担能力是根据与社会经济条件相关的许多综合因素来评估的，因此很难确定。企业可以利用政策漏洞向工人支付低于地区最低工资标准的工资。由于很难识别单一的企业因素，因此，如果使用这一因素，有必要澄清"企业的负担能力"的概念。④

---

① 《非正式就业部门将采用最低时薪》，〔越南〕越南网桥，2018 年 5 月 17 日，https://english. vietnamnet. vn/fms/society/200810/minimum – hourly – wages – in – informal – sector – to – be – introduced. html。
② 《越南经济对廉价劳动力的依赖程度有所降低》〔越南〕越南网桥，2017 年 2 月 2 日，https://english. vietnamnet. vn/fms/business/171637/vietnam – s – economy – less – dependent – on – cheap – labor – force. html。
③ 《越南工资增长超过劳动生产率增长》，〔越南〕越南网桥，2017 年 9 月 14 日，https://english. vietnamnet. vn/fms/business/186416/wage – growth – outpacing – labor – productivity – growth – in – vietnam. html。
④ 《最低工资支付：很难确定"企业的负担能力"》，〔越南〕《越南经济时报》，2019 年 6 月 20 日，http://vneconomy. vn/tra – luong – toi – thieu – kho – xac – dinh – kha – nang – chi – tra – cua – doanh – nghiep –20190620132546854. htm。

为了准备 2020 年最低工资的谈判，越南劳动总联合会副主席吴维晓说，工会已经征求了多方的意见，包括对工人的收入、工资和生活状况等意见，并掌握当今工人的最低生活需求。在国家工资委员会讨论到 2020 年提高地区最低月工资标准的会议上，劳方代表建议到 2020 年实现两次最低工资增长，增长率最高为 8%。雇主代表则保留他们的观点，即使最低工资要增加，也只会低于 3%。

（二）加班时间

根据现行 2012 年越南《劳动法》第 106 条规定，目前工人每月最多可加班 30 小时，每年最多可加班 200 小时。在一些特定领域，如纺织品和服装、皮革，水产养殖加工，电信，水和电力供应，工人加班时间限制为每年 300 小时。目前越南允许的最长加班时间远远少于其他东南亚国家：泰国为每年 1872 小时，马来西亚每年 1248 小时，新加坡每年 865 小时，印度尼西亚每年 728 小时，老挝每年 540 小时，柬埔寨和菲律宾则无限制。[1]

2018 年 7 月下旬，在越南平阳省投资的外商投资企业代表与越南平阳省当局会晤时表达了意见，即加班时间上限的规定是不合理的，要求在越南《劳动法》修订版中延长加班时间，满足私营企业，特别是外国企业的需要，也满足一大批希望加班加点以增加收入的劳动者的需求。许多工人希望有更多的加班时间来获得额外的收入，而企业则希望有更多的加班时间来完成紧急订单。一家涂料生产企业的高级管理人员表示，目前的监管给企业带来了压力。由于订单数量急剧增加，公司鼓励员工加班。但是，由于劳动法规定了加班 200 小时的上限，公司无法完成所有的订单工作。[2]

---

[1] 《加班工作的法律需要改变》，〔越南〕越南网桥，2016 年 12 月 15 日，https://english. vietnamnet. vn/fms/society/169528/overtime – work – laws – may – change. html。

[2] 《外商投资企业抱怨加班时间及强制社保》，〔越南〕越南网桥，2018 年 8 月 15 日，https://english. vietnamnet. vn/fms/business/206803/fies – complain – about – overtime – hours – compulsory – social – insurance. html。

2019 年 5 月 17 日，越南广南省劳动联合会和广南省国会代表团召开了一次会议，对越南《劳动法》（修订版）草案进行了讨论。广南省国会代表团副团长表示，与会代表们提出的对社会保险、产假、退休年龄以及加班、员工的工资和健康、劳动合同、法定节假日等方面的意见将被吸收并提交越南国会审议，以补充《劳动法》（修订版）草案。① 该草案中受到企业和工人关注的主要内容之一是在一些特殊情况下将加班时间扩展到每年最多 400 小时。在 CPTPP 已经生效的情况下，延长加班时间，可以弥补非正规劳动力的短缺，从而创造灵活性，提高越南工人相对该地区其他国家工人的竞争力。

四 越南劳动力成本、人口老龄化、素质及劳动生产率问题

（一）越南劳动力成本上升

长期以来，越南被认为是一个利用廉价劳动力的经济体。外国专家称这是"没有深度的经济发展"。近年来外国和越南专家多次警告越南不能再将廉价劳动力视为经济的竞争力。

哈佛大学的一项研究指出，国家发展过程分为三个阶段。第一阶段是基于自然资源和低成本劳动力。第二阶段依赖于对制造业和出口服务的投资。这一阶段的收入较高，但国民经济很容易受到世界市场的冲击。在第三阶段，新的创意产品和服务将成为经济的主要资源。

越南经济处于第二个发展阶段的早期阶段，依赖对制造出口产品的制造业的投资。然而，拥有开放经济的越南仍然没有深入地加入全球价值链，只能获得链条中的最低价值，从而处于"微笑曲线"的底部。

低成本劳动力是越南最大的优势之一。随着中国进入新的发展阶段，其

---

① 《广南省劳动联合会：就起草〈劳动法〉征求意见》，〔越南〕《劳动报》，2019 年 5 月 17 日，https：//laodong. vn/vi - loi - ich/doan - vien/ldld - tinh - quang - nam - lay - y - kien - gop - vao - du - thao - bo - luat - lao - dong - 733977. ldo。

劳动力成本增加，从而迫使跨国公司将其工厂迁至劳动力成本较低的国家，如越南。然而，近年来越南最低月工资的快速上涨令外商投资企业感到担忧。越南政府副总理范平明在讲话中也表示，在未来几年，在工会和员工对最低工资增长的期望的压力下，廉价劳动力将不再是越南吸引外国直接投资的优势点。范平明说，"我们需要一种新的经济增长模式，重点关注质量、生产率和知识"。① 在兑现 CPTPP 的承诺后，越南的劳动力成本预计会更高。要满足 CPTPP 要求，越南必须兑现两组关于工人权利和工作条件的承诺，并遵守国际劳工组织关于劳工权利宣言中的基本原则。

越南的廉价劳动力优势将不再存在引发了担忧，例如像三星这样的跨国公司将再次迁往劳动力成本较低的国家，比如朝鲜。不过，分析人士指出，从长远来看，廉价劳动力不应成为越南的优势。ManpowerGroup 越南首席执行官西蒙马修斯说，不熟练的劳动者总是意味着低收入，这绝不是经济所追求的目标。②

（二）人口老龄化趋势加速

越南吸引外国直接投资的最大优势之一是其现在处于"黄金人口"时期的年轻劳动力。在过去的 30 年里，越南每年增加 100 万工人，预计增长率将持续到 2035 年。2017 年，越南的人口数量为 9370 万人，预计到 2020 年将达到 9650 万人，到 2030 年达到 1.1 亿人。工作年龄人口占 50% ~65%。③

但是，越南也面临人口老龄化的挑战。根据越南劳动科学和社会事务研究所的报告，由于人口老龄化，越南当地劳动力在过去 5 年中每年增长不到

---

① 《越南经济对廉价劳动力的依赖程度有所降低》〔越南〕越南网桥，2017 年 2 月 2 日，https：//english. vietnamnet. vn/fms/business/171637/vietnam – s – economy – less – dependent – on – cheap – labor – force. html。
② 《低成本劳动力的正确工资是多少？》，〔越南〕越南网桥，2018 年 11 月 24 日，https：//english. vietnamnet. vn/fms/business/213199/what – are – the – right – wages – for – a – low – cost – labor – force. html。
③ 《尽管取得了巨大的经济成就，越南的劳动力价值仍然很低》，〔越南〕越南网桥，2018 年 11 月 27 日，https：//english. vietnamnet. vn/fms/business/213315/despite – great – economic – achievements – – vietnam – s – labor – value – still – low. html。

1%。该研究所所长陶光荣表示，越南不得不面对人口迅速老龄化，而社会保险体系不能够有效应对。人口老龄化也影响以年龄为基础的就业结构，不到35岁的工人人数下降。此外，55岁以上的女性员工和60岁以上的男性员工人数增加，几乎与15岁至24岁的年轻人人数相等。退休后继续工作的人数趋于上升，从2012年的44.89%上升到2017年第二季度的46.24%。[①]

（三）劳动力素质和劳动生产率不高

来自越南国家社会经济信息和预测中心（NCIF）的阮文术表示，越南有4300万劳动力人口没有技术资格（占79.1%），只有1130万人受过训练（占20.9%）。数据显示，越南的劳动力充足，但劳动力素质低，导致生产率低下。[②]

阮文术及其同事研究发现，虽然在职业学校受过训练的工人数量在下降，但拥有学士学位或更高学位的人数从2013年的6.9%增加到2016年的9%。这反映出一种不合理的结构，即一些劳动力拥有学士学位，却未受过专业的技术培训。世界银行2012年的一项研究项目发现，很大一部分越南当地企业抱怨工人的技能不是企业所需要的。近65%的在越南的外商投资企业表示，越南职业学校学生的技能不能满足企业的需求。[③] 职业学校不是大多数越南学生的选择。对2016～2018年胡志明市120所高中的毕业生的调查发现，87%的高中毕业生希望进入本科及更高层次的学府学习，只有7%的人计划进入大专院校，6%的人计划进入职业学校。大多数学生对与技术、金融和商业相关的工作感兴趣。越南劳动力信息中心副主任陈英俊指

---

① 《劳动人口增长放缓》，〔越南〕越南网桥，2017年11月19日，https：//english. vietnamnet. vn/fms/business/190587/workforce - growth - turns - modest. html。

② 《越南劳动力质量是个大问题》，〔越南〕越南网桥，2017年9月25日，https：// english. vietnamnet. vn/fms/business/186863/labor - quality - is - big - problem - for - vietnam - reports. html。

③ 《越南劳动力质量是个大问题》，〔越南〕越南网桥，2017年9月25日，https：// english. vietnamnet. vn/fms/business/186863/labor - quality - is - big - problem - for - vietnam - reports. html。

出，劳动力市场需求与学校劳动力供给之间不平衡：学校不把重点放在企业想要的专业培训上，而是专注于培养学士学位及以上毕业生，而企业则更需要工人有技术技能。①

劳动力市场需求与学校劳动力供给之间不平衡的结果是数十万取得大学学士学位的毕业生找不到工作，而其余许多人可以找到工作却得不到满意的工资。根据越南劳动荣军与社会部黎金容的说法，2017 年第三季度拥有学士学位的工人数量比第二季度增加了 4.51%，达到 237000 人。② 2018 年第二季度发布的劳动荣军与社会部的报告显示，拥有学士学位的员工每月收入最高达 787 万越南盾，接受过初级职业培训的工人获得 651 万越南盾，完成大专学业的工人获得 612 万越南盾，职业学校文凭持有人的收入为 557 万越南盾。拥有学士学位的员工的收入仅比那些接受过初级职业培训的工人高出 136 万越南盾。③

越南的劳动力素质仍有待提高，其劳动力质量得分为 3.79/10，在亚洲 12 个国家中排名第 11 位，人力资源竞争力指数得分为 4.3/10。越南工人的其他指标也很低。2015 年，只有 20.3% 的越南工人有培训或学位证书。越南人在软技能方面表现不佳，如外语、信息技术、团队合作、沟通和职业道德等方面。④ 国际劳工组织斯蒂文·乌里希（Stephan Ulrich）表示，越南在企业管理方面与肯尼亚和尼日利亚的水平相当，远远落后于日本和韩国等其他国家。乌里希建议越南为新的 CPTPP 时期做准备，越南需要扩大培训，普及

---

① 《随着大学培养出成千上万的毕业生，技术工人的短缺仍在继续》，〔越南〕越南网桥，2018 年 12 月 11 日，https：//english. vietnamnet. vn/fms/education/214023/shortage – of – skilled – workers – continues – as – universities – produce – thousands – of – graduates. html。
② 《实施 CPTPP：越南感受到劳动力素质的压力》，〔越南〕越南网桥，2018 年 4 月 18 日，https：//english. vietnamnet. vn/fms/business/198981/cptpp – vietnam – to – feel – pressure – on – labor – quality. html。
③ 《随着大学培养出成千上万的毕业生，技术工人的短缺仍在继续》，〔越南〕越南网桥，2018 年 12 月 11 日，https：//english. vietnamnet. vn/fms/education/214023/shortage – of – skilled – workers – continues – as – universities – produce – thousands – of – graduates. html。
④ 《越南会在工业 4.0 革命中失去 500 万个工作岗位吗?》，〔越南〕越南网桥，2018 年 7 月 22 日，https：//english. vietnamnet. vn/fms/business/204353/will – 5 – million – jobs – in – vietnam – be – lost – in – the – 4 – 0 – industrial – revolution. html。

教育，并鼓励学生学习科学、技术和数学，以便在未来获得待遇更好的工作。①

除了劳动力素质有待提高外，越南最低工资的增长高于 2007～2015 年期间劳动生产率的增长。最低工资与劳动生产率的比例迅速增长，从 2007 年的 25%增长到 2015 年的 50%，而在其他各国如中国、印尼和泰国并未观察到类似越南的这一模式。越南最低工资增长与劳动生产率增长之间的差距扩大得比其他国家快。2017 年，每个工人的最低成本——以越南企业所承担的最低工资加上社会保障（包括社会保险、健康保险和失业保险）的缴款总额来衡量——水平略低于泰国，但高于印度尼西亚。在 2004～2015 年期间，越南的劳动生产率增长显著，增长率为 4.4%，但平均工资增长率以 5.8%超过了劳动生产率。劳动生产率增长与最低工资和平均工资增长之间的不一致如果继续下去，将逐渐严重地在许多方面破坏经济平衡。这将会阻碍人力资本的积累，削弱投资动机、企业的盈利能力和经济的竞争力。世界银行发展研究小组高级经济学家山内福一（Futoshi Yamauchi）表示，一般来说，最低工资的增长会导致平均工资增长，就业和利润减少。山内福一认为："按利润收入计算，最低工资增长 100%可能导致利润下降 2.3 个百分点。"②

五 其他问题和挑战

（一）社会保险覆盖率较低

越南的社会保险政策虽然取得了很大成就，但仍显示出其局限性。由于正规部门的合规性较低以及非正规部门的覆盖率较低，越南社会保险计划的覆盖范围仍然有限。与此同时，目前有 600 万～700 万老年人没有领取养

① 《实施 CPTPP：越南感受到劳动力素质的压力》，〔越南〕越南网桥，2018 年 4 月 18 日，https：//english. vietnamnet. vn/fms/business/198981/cptpp - vietnam - to - feel - pressure - on - labor - quality. html。

② 《越南工资增长超过劳动生产率增长》，〔越南〕越南网桥，2017 年 9 月 14 日，https：//english. vietnamnet. vn/fms/business/185416/wage - growth - outpacing - labor - productivity - growth - in - vietnam. html。

老金。

国际劳工组织越南主管 Chang-Hee Lee 表示，越南的挑战在于如何使社会保险覆盖到"中间层"，这一阶层的人介于社会保险和社会救助覆盖范围之间。"尽管过去十年取得了良好进展，但只有 1300 万越南工人登记参加社会保险，仅占劳动力的四分之一。" Chang-Hee Lee 还表示，扩大社会保险对中小企业（SME）、短期合同工人以及没有雇佣关系的工人的覆盖范围需要额外的努力和创新。重要的是将社会保障扩展到非正规经济部门的工人队伍中，逐步使用工规范化和改善非正规部门工人工作条件的一种方式。[①]

（二）加入贸易协定和第四次工业革命带来的失业风险

专家警告说，越南加入 CPTPP 后，其劳动力市场竞争将越加激烈，更多的外国高级员工将涌向越南。越南中高级员工有更高的失业风险。与外国同行相比，越南高级职员处于劣势。他们收入较低，收益较小，晋升机会较少。一家韩国公司的越南销售经理每个月可以获得 2000 美元的收入，而韩国经理可以获得不低于 3000 美元的收入。一般来说，印度人的薪酬比同一职位的越南人多 30%。[②]

第四次工业革命也为越南劳工增加了失业风险。第四次工业革命或工业 4.0 指的是制造业中自动化和数据交换的趋势，被认为是自 18 世纪以来的第四次革命。相关新闻报道称，由于第四次工业革命的影响，越南制造业和加工业 74% 的工人预计将失去工作，在东盟国家中受影响最大。国际劳工组织的报告还指出，越南纺织服装行业 86% 的工人，印度尼西亚 64% 的工人，柬埔寨 88% 的工人，在自动化程度不断提高的情况下将面临失业的风险。

越南的制造车间出现了更多的机器人。生产牛仔裤的越南 Vita Jean 公

---

① 《国际劳工组织：越南应该将社会保障扩展到非正规经济部门》，〔越南〕越南网桥，2017 年 11 月 30 日，https：//english. vietnamnet. vn/fms/society/191249/ilo – vietnam – should – extend – social – protection – to – informal – economy. html。

② 《加入 CPTPP 使中高级员工将面临失业风险》，〔越南〕越南网桥，2018 年 12 月 6 日 https：//english. vietnamnet. vn/fms/business/213847/in – cptpp – period – – medium – high – ranking – staff – will – face – risk – of – job – loss. html。

司总经理范文越表示，现代机器有望取代 60% ~ 80% 的工人。现代化使公司将员工人数从 1800 人减至 1250 人，然后减至 800 人。"未来，我们将仅保留 450 名高素质工人。"[1] 国际劳工组织警告说，亚洲国家的低收入工人将面临因自动生产而失去工作的风险。从表面上看，因为机器人仍然相对昂贵，工人仍然有竞争力。然而，实际上，许多看到机器人化好处的企业已经开始在生产中使用高技术和自动化。自动化是提高利润的必要条件。越南的许多纺织服装厂减少了人工劳动力，增加了机器人的数量。在接下来的十年中，在化学纤维生产等一些生产阶段，机器人对工人的替换将处于非常高的水平。专家表示，越南不应该抵制机器人化趋势或工业 4.0 革命，而应该学习如何应对这一趋势。

结 语

在越南加入 CPTPP 后以及即将签订欧盟—越南自由贸易协定（EVFTA）之际，多边贸易协定中对劳动条款的规定使得越南不得不在国内立法方面也做出相应调整，以适应其所加入的贸易协定。这也表明，随着全球化的发展和区域自由贸易协定的签署，原来仅属于一国主权范畴的劳资关系，也逐渐受到了多边层面的影响。意图融入国际的越南需要适应更高的标准，如国际劳工组织的标准等。

除了批准国际劳工组织公约之外，越南还需要考虑修订《劳动法》，旨在使法律符合国际劳工组织的标准，特别是解决集体谈判和结社自由的问题，以满足 CPTPP 以及欧盟—越南自由贸易协定（EVFTA）的要求。预计修订后的《劳动法》将被纳国际劳工组织公约和越南对国际劳工所做的承诺中，以更好地保障劳动者的利益和集体谈判权等权益。此外，在越南《劳动法》（修订版）草案中，最低工资和加班时间成为讨论的焦

---

① 《越南会在工业 4.0 革命中失去 500 万个工作岗位吗?》，〔越〕越南网桥，2018 年 7 月 22 日，https：//english. vietnamnet. vn/fms/business/204353/will - 5 - million - jobs - in - vietnam - be - lost - in - the - 4 - 0 - industrial - revolution. html。

点，越南则要在保护劳工权益和保障资方利益和积极性方面做好平衡。

CPTPP 以及 EVFTA 等新一代的自由贸易协定要求缔约国不能以降低劳动标准来获取贸易竞争优势。越南政府为了遵守协定要求，允许工人们在基层建立工会或加入他们自己选择的工会，这些工会有可能不是目前越南官方的工会、劳动总联合会的一部分。越南劳动总联合会要大力创新工会活动的内容和方法，通过指导各级工会更好、更有效地谈判、签署和实施集体劳动协议（CLA），注重代表和保障工人合法权益，注重维护工会成员的利益，注重工会官员尤其是基层干部的能力建设等，保留现有成员并吸引更多工会成员。

此外，越南还将面临第四次工业革命所带来的影响。随着劳动力成本不断上升，低成本劳动力作为越南最大的优势正在不断缩小。越南还面临人口老龄化的挑战。劳动力素质不高、最低工资的增长高于劳动生产率的增长也成为制约越南经济进一步发展的重要问题。因此，越南还要做好人力资源，尤其是高素质劳动者的培训准备，以提高自己的劳动竞争力。

B.15
越南加入《全面与进步跨太平洋伙伴关系协定》（CPTPP）研究

张　磊*

摘　要： 自革新开放以来，越南积极融入国际经济，并积极主动地加入 CPTPP。希冀通过加入 CPTPP 改善投资环境，更好地吸引外商投资，促进对外贸易发展，培育优势产品出口竞争力，承接产业转移、增加就业岗位，推动越南经济发展，是越南积极加入 CPTPP 的主要驱动因素。加入 CPTPP 有助于越南企业融入区域和 CPTPP 成员国的价值链之中，由此降低对一个地区或市场的依赖程度。CPTPP 也对国有企业、工会体制等越南经济体制改革，越南中小企业发展，部分产品出口及劳工管理等方面带来挑战。未来，越南将积极推进各种改革，应对 CPTPP 带来的挑战，并加快 CPTPP 各项要求在越南的落地及实施。

关键词： 越南　CPTPP　驱动因素　挑战

　　《全面与进步跨太平洋伙伴关系协定》（以下简称 CPTPP）是美国于 2017 年 1 月退出《跨太平洋伙伴关系协定》（TPP）后，参与 TPP 谈判的日本、加拿大、澳大利亚、智利、新西兰、新加坡、文莱、马来西亚、越南、

---

* 张磊，广西社会科学院台湾研究中心副研究员，广西八桂青年学者"中国—东盟海洋合作研究"岗位团队核心成员。

墨西哥和秘鲁等 11 国对原协定做出相应修改后形成的新的自由贸易协定。2018 年 3 月 8 日，11 国在智利签署 CPTPP；2018 年 12 月 30 日，按照规定，在取得日本、墨西哥、新加坡、加拿大、新西兰、澳大利亚等国立法机构批准后，CPTPP 正式生效。CPTPP 被视为一份高标准的自由贸易协定，其不仅涉及减免关税、对外开放服务市场、知识产权、技术壁垒等传统领域，还解决劳务、环境、政府采购、国有企业等非传统问题和出现的新问题。越南是 CPTPP 的积极参与者，其国会于 2018 年 11 月 12 日正式批准 CPTPP，使越南成为第 7 个批准该协定的国家。越南加入 CPTPP 给其经济发展带来了重大机遇，但同时也使其面临一定挑战。

一 越南加入 CPTPP 的历程

越南自革新开放以来十分重视国际经济合作，并积极推动多边及双边自由贸易协定的签署。2008 年 11 月，越南宣布加入 CPTPP 的前身 TPP 的谈判。2010 年 3 月 15 日，越南签署 TPP 框架协议。随后，越南参加了签署 TPP 的 30 多轮谈判。2015 年 10 月 5 日，参与 TPP 的 12 个成员国结束谈判，达成 TPP 贸易协定，等待各国立法机构批准。但 2016 年特朗普当选美国总统后，于 2017 年 1 月 23 日签署了上任后的第一份行政命令，正式宣布美国退出 TPP。TTP 其他 11 个成员国在 TPP 的基础上于 2018 年 3 月签署 CPTPP。

2018 年 11 月 12 日，越南第 14 届国会第 6 次会议以全票赞成批准 CPTPP。根据 CPTPP 确定的协议生效的规定，2018 年 12 月 30 日 CPTPP 生效。2019 年 1 月 14 日，CPTPP 对越南正式生效。越南是积极主动加入 CPTPP 的，对其协议的谈判、签署和批准也是经过了长期的准备。越南国会全票赞成批准通过 CPTPP 协定，是基于 CPTPP 是新一代自由贸易协定，属于高质量的贸易协定，相互之间承诺的深远程度和全面程度都在前所未有的认知基础上。CPTPP 的现有条款基本保障了越南的核心利益，同时还拥有更多的灵活性以有效地实施协定内容，给越南带来相当大的利益。2019 年 1

月 19 日，CPTPP 委员会第一次会议在日本东京举行。越南工贸部部长陈俊英率团出席会议。此次会议通过了 CPTPP 委员会运作机制的决定、新成员接纳标准和流程的决定、关于解决政府与政府之间的纠纷的仲裁委员会的流程和手续的决定、解决投资商与政府之间纠纷的仲裁员行为准则等 4 份决议。陈俊英接受越通社记者采访时透露，越南将会积极、认真且充分地践行各项承诺，并相信 CPTPP 各成员国将有效落实该协定，进而为本国人民和企业带来切实利益。

二 越南加入 CPTPP 的经济驱动因素

加入 CPTPP 将提升越南在地区和国际舞台上的地位和作用，因为其充分证明越南在奉行独立、自主，实现国际关系多边化、多样化的对外路线取得了新进展。加入 CPTPP 还有助于巩固越南经济实力，进而为国家经济社会发展注入新动力。越南计划投资部国家经济社会信息与预测中心认为，从经济发展前景来看越南为 CPTPP 最大受益者，因为 CPTPP 将对越南 GDP 的增长发挥重要促进作用。根据越南政府办公厅公布的信息，加入 CPTPP 将使越南 GDP 增长率到 2035 年提高 2.01%，并有助于吸引更多外资，促进对外贸易发展，年均增加 2 万~2.6 万个就业岗位，并提高越南在其他自由贸易协定谈判中的地位，这给越南经济发展带来了诸多机遇。[①] 希冀通过加入 CPTPP 改善投资环境，更好地吸引外商投资，促进对外贸易发展，培育优势产品出口竞争力，承接产业转移、增加就业岗位，推动越南经济发展，是越南积极加入 CPTPP 的主要驱动因素。加入 CPTPP 有助于越南企业融入区域和 CPTPP 成员国的价值链之中，由此降低对一个地区或一个市场的依赖程度。

---

① 〔越南〕越通社：《加入 CPTPP：2035 年越南 GDP 增长率有望增加 2.01%》，http://www.vietchina.org/ssxw/10197.html。

（一）改善投资环境，使越南更好地吸引外商投资

加入 CPTPP，越南需要履行相关承诺，这可以使越南更好地推进经济体制改革，完善法律法规，对改善越南自身投资环境、更好地吸引外商投资发挥非常积极的作用。根据 CPTPP 协议，越南至少需要修改 7 部法律以及约 10 项法规。目前，越南正积极推行相关法律法规的修订以履行加入 CPTPP 的承诺。如 2019 年 1 月 22 日，越南工贸部发布《CPTTP 货物产地规则规定的通知》（03/2019/TT-BCT 号通知），公布 CPTPP 货物出口产地证新规，并于 2019 年 3 月 8 日起生效；2019 年 5 月 13 日，越南政府颁布《修订环保法实施细则规定决定若干条款》（40/2019/ND – CP 号决定），补充、修改环保法的实施细则，此决定将于 2019 年 7 月 1 日生效。

在相关改革的促进下，通过 CPTPP 贸易自由化和国际经济一体化不断深化和拓展，越南可吸引更多的 FDI 资金和先进技术流入，越南吸引外商投资取得快速发展。根据越南计划投资部外商投资局的统计资料，2019 年第一季度，越南的外商直接投资创近 4 年来同期的最高纪录，达 108 亿美元。越南 2016~2018 年第一季度吸引外商直接投资额分别为 40.3 亿美元、77.1 亿美元和 58 亿美元。① 2019 年第一季度越南新增外商直接投资项目 785 个，较 2018 年同期增长 80.1%，其中以制造业最多，占 77.7%，其次为房地产业。根据越南计划投资部的统计资料，2019 年前 4 个月越南主要的外商投资来源分别为中国香港（投资金额 47.4719 亿美元）、韩国（19.8494 亿美元）、新加坡（18.7173 亿美元）、中国内地（16.9626 亿美元）、日本（13.285 亿美元）。这表明加入 CPTPP 对越南更好地吸引外商投资具有重要的促进作用。

（二）通过关税减免促进越南与 CPTPP 成员国的贸易合作

通过关税减让提升成员间贸易合作水平是签署自由贸易协定的主要动因。加入 CPTPP 是越南应对全球经济衰退、贸易保护主义日益严峻等国际

---

① 数据来源：越南 Saigon Times 网站。

新形势的主要举措，尤其是各成员针对越南的关税减让，将极大地提升越南对外贸易合作水平。2018年，越南与CPTPP成员国间的贸易总额达744.78亿美元，占越南贸易总额的15.5%，其中进口额为376.69亿美元。日本是越南在CPTPP中最大的贸易伙伴，贸易额为378.62亿美元，占比为51%。越南与加拿大、智利、墨西哥、新西兰、秘鲁等CPTPP成员国的贸易均处于顺差地位。在已有的贸易合作基础上，加入CPTPP，通过关税减免，促进了越南与其他成员国的贸易合作。

根据相关协议，CPTPP成员国对其他成员国承诺取消或减免关税的形式主要有3种，即CPTPP生效之日起就马上减免或取消进口关税、根据不同的时间要求按进度有步骤地减免或取消关税、适用限额关税①。CPTPP其他成员国对越南的关税减免情况主要是马上减免或取消进口关税和有步骤地减免和取消关税。其中新加坡在CPTPP生效后便对越南的进口商品实行零关税，其他成员国均马上对越南的进口产品进行了一定比例的关税减免，并根据各自的情况，在不同时间段进行更大程度的关税减免（详细情况见表1）。

表1　CPTPP生效后其他成员国对从越南进口关税减免情况

国家	关税减免情况
新加坡	马上对越南减免100%的关税
智利	马上对越南减免95.1%的关税，到CPTPP开始生效后第8年减免99.9%的关税
加拿大	马上对越南减免95%的关税，其中水产品及木材和木制品关税降为零
新西兰	马上对越南减免94.6%的关税，到CPTPP开始生效后第7年减免全部进口关税
澳大利亚	马上对越南减免93%的关税，到CPTPP开始生效后第4年减免全部进口关税
文莱	马上对越南减免92%的关税，到CPTPP开始生效后第11年减免全部进口关税
日本	马上对越南减免86%的关税，到CPTPP生效后第5年减免90%关税，CPTPP生效后第5年起农产品和水产品关税降为零
马来西亚	马上对越南减免84.7%的关税，到CPTPP开始生效后第11年减免99.9%的关税
秘鲁	马上对越南减免80.7%的关税，到CPTPP生效后第17年减免99.4%的关税
墨西哥	马上对越南减免77.2%的关税，到CPTPP生效后第10年减免98%的关税

资料来源：越南工贸部。

---

① 适用限额关税，主要是指对其他成员国进口货物关税的减免只适用于一定数量的货物，一旦进口货物超过限额，就不再享受减免关税税率。

　　在关税减免的基础上，越南对外贸易尤其是与 CPTPP 其他成员国的贸易取得较快发展。越南海关总局统计，2019 年 1～5 月，越南进出口总额约2020 亿美元，较上年同期增长 8.5%。其中，越南出口额 1007.4 亿美元，较上年同期增长 6.7%，进口额 1012.8 亿美元，同比增长 10.3%，贸易逆差约 5.4 亿美元。[①]

　　在与 CPTPP 成员的贸易中，一方面，越南与传统重要贸易伙伴关系得到进一步深化。在 CPTPP 的成员中，日本、新加坡、马来西亚是越南重要的传统贸易伙伴。2015～2018 年，日本、新加坡、马来西亚为越南前十大进口来源国，日本、马来西亚为越南前十大出口市场。CPTPP 生效后，新加坡马上对越南减免 100% 的关税，日本马上对越南减免 86% 的关税，马来西亚马上对越南减免 84.7% 的关税，这进一步深化了越南与日本、新加坡、马来西亚的贸易合作。如越南对日本的出口保持强劲增长。2019 年 1～3月，越南对日本的出口额达 46.2 亿美元，较上年同期增长了 6.68%。其中2019 年 3 月，越南对日本的出口额达 16.8 亿美元，与 2019 年 2 月相比增长了 62.25%。[②]

表 2　2015～2018 年越南与日本、新加坡、马来西亚贸易情况

单位：亿美元

		2015 年	2016 年	2017 年	2018 年
日本	向越南出口	143.67	150.34	165.92	190.11
	自越南进口	141.37	146.77	168.41	188.51
新加坡	向越南出口	60.38	47.09	53.01	45.23
	自越南进口	30.9	24.37	29.6	31.38
马来西亚	向越南出口	42.01	51.14	58.60	74.50
	自越南进口	35.84	33.43	42.09	40.48

资料来源：越南海关总局与 2015～2018 年《越南国情报告》。

---

① 数据来源：越南 baodauthau.vn 网站 2019 年 5 月 29 日报道。

② 《2019 年第一季度越南对日本市场的出口增长强劲》，中国国际贸易促进委员会驻新加坡代表处网站，http://www.ccpit.org/Contents/Channel_4013/2019/0506/1161624/content_1161624.htm。

另一方面，拓展了越南与 CPTPP 其他成员国的贸易合作空间。在 CPTPP 成员国中，加拿大、墨西哥与秘鲁三国是第一次与越南签署自由贸易协定，因此，这些国家承诺协议生效实施后立即对越南货品进行关税减让的比例较高，加拿大承诺减让 95%，秘鲁承诺减让 80.7%，墨西哥承诺减让 77.2%，这为越南拓展三国市场创造了良好机遇。近年来，越南与加拿大、墨西哥、秘鲁的贸易关系发展迅速，这三国成为越南在美洲地区的重要出口市场，且越南对这三国的贸易均处于顺差地位（详见表3）。越南可通过 CPTPP 进一步将具有优势的出口产品输往这些市场，并同时为越南具有出口潜力的产品寻找新商机。

表3　2018 年越南与加拿大、墨西哥、秘鲁的贸易情况

单位：亿美元

	加拿大	墨西哥	秘鲁
越南出口	30.14	22.40	2.50
越南进口	8.59	11.19	0.84
越南顺差	21.55	11.21	1.66

资料来源：越南海关总局。

（三）培育越南优势产品出口竞争力并提高出口额

自革新开放以来，越南积极融入国际经济合作，对外贸易规模不断扩大。据越南统计总局的数据，2018 年，越南进出口总额达约 4822.3 亿美元，其中出口额达 2447 亿美元，同比增长 13.8%。[①] 培育越南优势产品出口竞争力并提高出口额，成为越南经济发展的重要目标。CPTPP 生效后，越南纺织服装产品、鞋类产品、水产品、电子产品、机器设备产品、木材及木制品、燃油产品、汽车（各种运输用车辆）、农产品、饲料产品等 10 个产品种类将最为受益。而这些产品一直是越南对外出口的主要产品（详见表4）。2018 年，这些产品继续保持较快出口增长速度，如手机、话

---

① 《2018 年越南出口行业亮点纷呈》，中国国际贸易促进委员会网站，http：//www.ccpit.org/Contents/Channel_ 4114/2019/0110/1111458/content_ 1111458. htm。

机及其零件是出口额增长最快的商品，出口额达 500 亿美元；纺织品服装出口额为 300 亿美元；电子产品、计算机及其零配件出口额有 290 多亿美元；农、水产品出口实现高速增长。[①]

2019 年 CPTPP 生效以来，越南主要产品出口呈现全面稳定增长态势。据越南海关总局统计数据，2019 年 1～5 月，越南手机及零组件出口居首位，出口额为 198.6 亿美元，同比增长 3%；计算机、电子产品及零组件出口额为 123.3 亿美元，同比增长 11.1%；纺织品出口额为 120.6 亿美元，同比增长 10.3%；鞋类出口额达 71.4 亿美元，同比增长 14.3%；机械设备、工具及零组件出口额约 67.6 亿美元，同比增长 5.7%。[②]

表4　越南 2015～2017 年前 10 大出口产品

单位：万美元

产品项目	2015 年	2016 年	2017 年
相机、录像机及其零件	302576.3	295823.0	4527241.2
纺织品服装	2281450.1	2384136.0	2603844.6
手机、话机及其零件	3017632.0	3431737.1	2594209.2
纺织、服装、皮革、鞋类原辅料	143397.3	149532.3	1465184.8
电线及电缆	89644.5	107082.4	1277036.0
水产品	657260.0	705312.5	831573.4
木材及木制品	689918.9	696909.6	765872.8
木材以外之室内产品	62171.5	71519.6	699053.8
机械、设备及零配件	816767.7	1014376.7	380057.5
纤维制品	253989.0	292956.7	359326.6

资料来源：越南海关总局。

加入 CPTPP，关税的减让提升了越南优势产品在其他成员国中的市场占有率，提高了越南产品的市场竞争力。纺织品服装是越南对外出口的最主要

① 《2018 年越南出口行业亮点纷呈》，中国国际贸易促进委员会网站，http://www.ccpit.org/Contents/Channel_4114/2019/0110/1111458/content_1111458.htm。
② 数据来源：越南 baodauthau.vn 网站 2019 年 5 月 29 日报道。

的产品之一，CPTPP 的生效为越南扩大纺织品服装出口市场并提高出口额创造了重要机遇。美国是越南纺织品服装最大的出口市场，占越南纺织品服装出口总额的近 50%。美国退出 CPTPP 后，澳大利亚、新西兰、智利、加拿大等其他成员国仍是越南纺织品服装颇具潜力的出口市场。CPTPP 生效后，第一次与越南签署自由贸易协议的加拿大、墨西哥、秘鲁成为越南优势产品需开拓的新市场。CPTPP 生效后，加拿大对越南进口的水产品、茶叶、胡椒、腰果等实施零关税，除木椅外的木制家具关税也降至零；纺织品服装关税将于 CPTPP 生效第 4 年完全取消；鞋类根据不同关税代码立即享有零关税或是与以往适用之关税相较减降 75%。这将进一步提升越南这些产品对加拿大的出口。此外，CPTPP 将为扩大越南纺织服装对加拿大出口敞开大门。① 2018 年越南出口墨西哥的主要产品为电话机、鞋类、计算机、纺织品服装。加入 CPTPP 时墨西哥承诺自 2019 年 1 月 14 日起对 77% 的关税项目进行关税免除，相当于自越南进口金额的 36.5%，并自该协议生效实施后第 10 年对 98% 的关税项目免除关税。越南可利用 CPTPP 关税优惠提高鲶鱼、鲔鱼、大米与纺织品服装等产品的出口。2018 年越南对秘鲁的出口额仅为 2.5 亿美元。CPTPP 协议对秘鲁生效后，越南木制品、腰果、茶叶、胡椒、蔬果类、咖啡、纺织品服装以及鞋类等具有优势的产品的出口机会将大幅提升。

（四）承接产业转移，创造就业岗位

受中美贸易摩擦美国加征关税和 CPTPP 在越南生效使"越南原产地证"含金量大幅提升的双重影响，一些中国外向型企业及在中国投资的外资企业将生产基地迁往越南。如自 2018 年第三季度开始，许多电子产业外资公司陆续将在中国的生产线转至越南，包括在中国投资设厂的跨国公司及中国的企业。如为苹果做无线耳机配套的企业 Goertek 于 2018 年 10 月将工厂由中

---

① 〔越南〕越通社：《CPTPP：逐渐扩大越南纺织品服装对加拿大市场的出口》，http：//www. vietchina. org/ssxw/10295. html。

国山东移到越南。此外，贵州前进轮胎投资有限责任公司、华孚时尚等中国企业也相继投资越南。这些转移和投资越南的企业不仅成为越南经济发展的重要力量，也成为越南增加就业岗位的新载体。根据越南计划与投资部的研究结果，加入 CPTPP，越南年均可增加就业岗位 2 万 ~2.6 万个。

三 加入 CPTPP 给越南经济社会发展带来的挑战

与越南等发展中国家相比，CPTPP 的许多条款更有利于发达国家。CPTPP 协定不仅涉及削减产品关税、开放服务市场、知识产权、贸易技术壁垒等传统领域，还涉及劳动、环境、政府采购、国有企业和扶贫减贫等非传统新问题。该协定不仅给越南经济社会发展带来机遇，也对国有企业、工会体制等越南经济体制改革、中小企业发展、部分产品出口及劳工管理等方面带来挑战。

（一）对越南经济体制改革的挑战

CPTPP 是一个高标准的新型自由贸易协定，越南为兑现加入时的承诺，需要根据协定的标准对贸易、海关、知识产权和劳动等领域的一些法律规定进行调整和修改。根据 CPTPP 协议，越南至少需要修改《食品安全法》（2010 年）、《保险法》（2000 年）、《保险法部分条款修改补充法案》（2010年）、《知识产权法》（2005 年）等 7 部法律以及约 10 项法规。虽然 CPTPP 协定的新标准完全符合越南共产党的方针路线和越南的法律，但修改法律及开展与其相关的体制改革给越南党和国家带来一定挑战。如何使所有国家机关和企业同时发力，共同推进务实、全面和有效的改革成为越南落实 CPTPP 协议面临的首要挑战。越南工商会主席武进禄表示，尽管 CPTPP 没有美国参加，许多承诺条款与 TPP 相比做了修改，但执行 CPTPP 的挑战丝毫不亚于 TPP，当然比执行其他自由贸易协定的挑战更大，因此，对越南经济体制改革的压力没有变化。

以越南国有企业改革和工会体制改革为例。推进国有企业改革是越南加入 CPTPP 的承诺之一。根据越南的承诺，到 2020 年，越南 100% 国有企业数量由 583 家降为 103 家。① 2017 年 7 月 10 日，越南政府总理阮春福签发 991/TTg-DMDN 号公文，要求 2018 年年内完成至少 85 家国有企业的股份制改革。② 2018 年 9 月 30 日，越南成立国有资产管理委员会，并于 2018 年 10 月 1 日起正式运作并推进国有企业改革。但这项工作推进较为缓慢，截至 2018 年年底，越南仅完成了 11 家国有企业的股份制改革。如何避免国有资产流失成为越南国有企业股份制改革面临的重要挑战之一。根据越南政府的要求，改革过程中企业国有股份低于 50% 的，要由政府总理批准（CPTPP 要求根据不同企业类型国有股份只占 50% 或 36%）。但是国有股份超过 50%，很多民营资本不愿意购买。因此，越南政府如何更灵活地推进这一改革也是面临的主要挑战。

在工会体制改革方面，根据 CPTPP 协定的要求，成员国必须有能够真正代表劳动者、不带任何政治色彩的工会组织。因此，越南要履行 CPTPP 的承诺，必须调整现有的《工会法》。近年来，越南工人罢工事件频发，但越南工会更多的是维护企业的利益，这与 CPTPP 协定的要求存在明显的差异。面对 CPTPP，越南工会组织将面临前所未有的巨大挑战。为达到 CPTPP 关于劳动者组织方面的要求，越南很有可能要成立越南工会组织之外的代表劳动者的新组织。越南工会组织与新组织在吸引成员、成立基层组织、融资等方面将成为竞争对手。因此，加入 CPTPP 对越南现行体制将产生一定程度的冲击和影响，越南为兑现 CPTPP 的承诺在修改法律上将存在一定的压力。

（二）对越南中小企业的冲击

CPTPP 协议生效后，对越南对外贸易发展及承接劳动密集型产业的转移形成了巨大推力，为越南吸引外资和国内企业发展创造了机遇。但越南中小

---

① 越南要保留的不按 CPTPP 的要求来进行股份制改革的这 103 家国有企业，是关系到越南国计民生或属于极其敏感的领域，如越南电力集团（EVN）、越南国家油气集团（PVN）、越南铁路总公司等。
② 这 85 家企业分别为 2017 年批准进行改革的 21 家和 2018 年新批准的 64 家。

企业面临一定的挑战。一方面，CPTPP 生效后越南市场更加开放、更有创造性的竞争环境，尤其是大量外资企业的进入，使越南部分企业陷入困境。另一方面，由于越南中小企业不熟悉 CPTPP 协定，在运用新规定接触市场以及扩大生产规模的能力上仍有欠缺。如 CPTPP 生效后，越南皮革鞋类被视为出口增长机会巨大的行业，因为该协定缔约国都是越南潜力巨大的出口市场。各种关税尤其是皮革鞋类、手提包产品的关税全部降为零，给该行业出口带来巨大机会。但越南皮革鞋类及箱包协会副主席兼秘书长潘氏青春表示，本行业的许多中小企业不熟悉 CPTPP 的规定，并缺乏扩大生产规模的能力。根据 CPTPP 协定要求，出口产品要满足 55% 的原材料国产化的要求。对于缺乏资金实力和人力资源的中小企业，很难解决原材料的问题。此外，农业等多个行业也面临上述问题。①

（三）部分产品出口竞争压力增大

CPTPP 生效后，在给越南优势产品带来出口增长的同时，部分产品则因越南市场更加开放而面临更加激烈的竞争。根据越南的相关研究，水果蔬菜类产品、奶制品、木材及木制品、煤炭、糖果制品、药品等，是 CPTPP 生效后越南面临竞争最激烈、出口压力增加的主要产品。如越南农业与农村发展部农产品加工与市场发展局副局长黎青和认为，越南农产品存在的最大不足是质量和食品安全问题，加入 CPTPP，越南要随时满足协定缔约国的严格要求，尤其是对农产品的要求，这将导致农产品出口压力增大。根据越南海关总局的数据，2019 年 1~5 月，越南农产品出口额为 70.2 亿美元，较 2018 年同期下降 10.2%；水产品出口额为 31.8 亿美元，较 2018 年同期下降 0.7%。② 这表明加入 CPTPP 对越南农产品、水产品的出口压力开始显现。

（四）劳工问题的挑战

劳工问题是越南加入 CPTPP 面临的重要挑战之一。一方面，CPTPP 生

① 〔越南〕越通社：《CPTPP：越南企业的挑战》，http://www.vietchina.org/ssxw/10573.html。
② 数据来源：VnEconomy.vn，2019 年 6 月 16 日。

效后创造的竞争环境使越南部分企业，尤其是中小企业陷入困境，导致部分劳动者面临失业；另一方面，为了履行加入 CPTPP 的承诺，越南面临取消使用童工等问题的挑战。越南劳动力主要是农业农村劳动力，越南企业使用童工的现象比较普遍。为有效落实 CPTPP 的各项承诺，越南政府和企业需要应对减少童工问题带来的挑战，因为越南政府要在取消强迫劳动、童工和劳动分歧等方面符合国际劳工组织的标准和 CPTPP 的承诺，需要对法律进行妥善的调整和修改，确保企业中代表劳动者的组织及对其管理符合越南的法律规定，符合国际劳工组织公约第 87 号《结社自由和组织权利保护公约》所提出的"遵守所在国法律"原则；企业则需要应对取消使用童工带来的劳动力缺口及用人成本的提高等挑战。

（五）国家财政收入减少

CPTPP 生效之后，越南也需要根据承诺进行相应的关税减免。CPTPP 协议生效后，越南马上减免 63% 的关税，生效后第 3 年减免 86.5% 的关税，余下的主要在 CPTPP 生效后第 5~10 年减免。对于一些特别敏感的商品如酒类、鸡肉、钢铁、排量 3000cc 以下的汽车，越南减免关税的时间为 10 年以上。越南对糖、禽蛋、盐（在世界贸易组织的限额量内）和二手汽车采用限额关税。① 关税是越南国家财政收入的重要组成部分，依照承诺减免关税将使越南国家财政收入减少。根据越南财政部统计数据，2019 年 1~5 月，越南国家财政收入为 507 万亿越南盾，占国家预算总收入的 43.2%。其中 2019 年 5 月份国家财政收入为 82 万亿越南盾，较 2019 年 4 月减少约 30 万亿越南盾。②

四　结语

越南加入 CPTPP 是机遇也是挑战。加入 CPTPP 有助于提高越南在国际

---

① 《CPTPP 生效后越南获得的初步利益》，越南《数字与事件》杂志 2019 年第 2 期。
② 数据来源：VnEconomy. vn，2019 年 6 月 7 日

舞台上的地位与作用，是越南落实独立、自主，实现国际关系多边化、多样化的外交政策的重要举措。CPTPP 是一项高标准的自由贸易协定，促进越南经济发展，增强经济实力是越南积极主动加入这一协定的主要驱动力。但加入 CPTPP 也使越南面临较为严峻的挑战。越南需要解决劳动力、国有企业等新问题。CPTPP 提出关于透明化的系列高标准和要求，关于知识产权保护规定以及具有约束力的争议解决机制，也使越南面临巨大的竞争压力。未来，越南将积极推进各种改革，应对 CPTPP 带来的挑战，如越南工贸部通过举办系列专题研讨会及会议，健全相关法律法规等，确保企业及时了解 CPTPP 协定的各项规定，多种形式推进 CPTPP 协议的实施。①

---

① 〔越南〕越通社：《越南制定合理的计划和路线图应对 CPTPP 带来的挑战》，http：// www. vietchina. org/ssxw/10919. html。

综合资料

Reference Data

B.16
2018年越南大事记

蒋玉山[*]

1月27日 U23亚洲杯决赛在中国江苏常州奥体中心举行，越南U23国家队以1∶2不敌乌兹别克斯坦U23国家队，取得本届U23亚洲杯亚军，这是越南足球迄今取得的最好成绩。

2月24日 越南巴地－头顿省头顿市龙山乡的南部石油化工综合体项目正式启动。项目由龙山石油化工有限责任公司投资，预计于2022年投产。该项目的陆地面积达464公顷，水面面积达194公顷，投资总额37.7亿美元，预计投资资本将增加至54亿美元。这是越南第一家完全整合的石油化工综合体，年产160万吨烯烃。该项目还生产各类石化产品，包括塑料行业必不可少的材料产品，如聚乙烯、聚丙烯等。

3月29~31日 大湄公河次区域经济合作第六次领导人会议（GMS-6）

---

* 作者单位：北部湾大学北部湾海洋文化研究中心研究员、博士。

和第 10 届柬老越发展三角区合作峰会（CLV－10）在越南河内召开。本届 GMS 峰会通过了联合宣言、《2018～2022 年河内行动计划》和《至 2022 年区域投资框架》三项成果文件，其中《至 2022 年区域投资框架》拟定了未来五年间优先发展项目，包含 227 个投资和技术援助项目，总投资约 660 亿美元。另外，在第 10 届柬老越发展三角区合作峰会上，三国领导人对《至 2020 年柬老越发展三角区经济社会发展总体规划》的前期实施情况做出评估并发表联合声明。

3 月 29 日 越南河内市人民法院就越南国家油气集团（PVN）投资大洋股份商业银行导致重大损失案做出判决，越共中央政治局原委员、越南国家油气集团原董事长丁罗升被判处 18 年监禁。

4 月 12 日 在法国巴黎举行的 UNESCO 第 204 次会议上，越南高平省山水地质公园入选 UNESCO 世界地质公园名录，这也是继河江省同文岩石高原全球地质公园之后，越南入选的第二个世界地质公园。高平山水地质公园位于越南北部，总面积 3275 平方公里，覆盖高平省 9 个县，总人口 25 万人。

4 月 18 日 为加强越南共产党对公安部的领导，精简机构，提高工作效率，越共中央政治局责成越南公安部制订越南公安部机构重组方案，撤销六个副部级总局单位，将厅局级单位由现有 126 个缩减到 60 个，包括公安部和各省、直辖市公安厅，共裁撤 800 个处级单位。这次改革影响到 300～400 名将校级军官和多位部级高官。下级军官也可能受较大影响，部分干部将被调离公安部。改革从公安部机关开始，之后延伸到省市公安厅及县一级公安机构。

5 月 9 日 越共中央十二届七中全会进入第三天，会议进行了重大人事调整，越共中央政治局委员、中央书记处常务书记、中央检查委员会主任陈国旺卸任第十二届中央检查委员会主任职务，由陈锦绣接任第十二届中央检查委员会主任职务。选举富安省委副书记、人民委员会主席、第十四届国会代表团团长黄文茶担任越共中央检查委员会委员。增补陈青敏任越共中央委员、越南祖国阵线中央委员会主席。同时决定对原越共中央委员、中央经济部副部长丁罗升给予开除党籍处分。

5月11日 越南防空空军司令黎辉永中将与美国国际开发署（USAID）驻越首席代表迈克尔·格林联合举行"边和机场橙毒剂污染地清理项目"无偿援助限制性协议签署仪式。同奈省边和是越南橙剂污染最严重的地区，边和机场橙毒剂污染地清理项目估计费用3.9亿美元，项目期限预计10年。美方承诺与越方合作致力于解决战争遗留问题，同时继续促进双方在经济、文化和安全领域的合作关系。自2000年以来，美国与越南合作解决战争遗留问题，其中包括清除未爆炸弹、战争失踪人员遗骸身份确认、橙毒剂污染清理等合作事项。2018年越南国防部与美国国际开发署将完成实施为期6年、总经费为1.1亿美元的岘港机场橙毒剂污染地清理项目。

5月12日 2018年第十九届亚洲物理奥林匹克竞赛在越南河内大学落下帷幕，代表越南参赛的全部8名学生均夺得奖牌，其中包括4枚金牌、2枚银牌和2枚铜牌。2018年亚洲物理奥林匹克竞赛共设金牌33枚、银牌13枚、铜牌24枚和9个优异成绩奖。

5月17日 越南常驻联合国代表团团长阮芳娥向联合国递交《禁止核武器条约》批准书，越南成为批准《禁止核武器条约》的第10个国家。

6月25～27日 一年一度的越南高考正式拉开序幕，越南全国共设2144个考点，报考人数共计90.5万人。

6月25日 越南FLC集团旗下越竹航空公司（Bamboo Airways）与美国波音公司签订购买20架波音787-9型梦幻宽体客机协议，合同总值56.3亿美元。

7月29日 越南教育培训部质量管理局发布消息称，参加在葡萄牙举行的2018年第49届国际物理奥林匹克竞赛的越南全部5名学生均获得奖牌，包括2金、2银和1铜。

8月21日 越南FLC集团旗下越竹航空公司经过4年筹备正式揭牌成立，该航空公司定于10月10日实现首航。

8月27日 在2018年印尼雅加达举行的亚运会男足1/4决赛中，越南国奥队1:0战胜叙利亚国奥队，历史上首次晋级亚运会四强。

9月21日 据当日越共电子报消息，越南政府将芒街市划分为广宁省二线城市。2007年芒街被划分为三线城市，经过10年发展，该市2017年人均GDP达到3417美元，远高于越南全国人均GDP水平。

9月21日 越南国家主席陈大光因重病医治无效，在河内108号军队中央医院逝世，享年62岁。陈大光1956年10月12日生，越南宁平省金山县光善乡人。2010~2015年任越南公安部部长、公安部党委书记。2011年12月5日，被授予越南人民公安上将军衔。2012年12月29日晋升大将。2016年4月起任越南国家主席、越南中央军委常委。

9月30日 为提高国有企业效率和竞争力，越南政府正式成立越南国有资产管理委员会（简称国资委），当日越南国资委与越南工贸部、交通运输部、农业与农村发展部、通信传媒部和财政部等五部委代表签署合作备忘录。

10月1日 越南野战医院63名医疗人员赴南苏丹参加维和任务，这是越南首次组织一个独立单位参加联合国维和行动。此前越南先后向中非和南苏丹派遣29名维和官兵。

10月2日 越南第一个国产汽车品牌——温捷（Vinfast）两款车型（轿车和SUV）正式亮相2018年巴黎车展。

10月5日 越南首座太阳能发电厂——TTC丰田太阳能发电厂正式落成。发电厂由越南成功集团和嘉莱电力股份公司联合承建，厂址位于承天－顺化省丰田县田禄乡。

10月6日 越共十二届八中全会于当日闭幕。会议通过越南《至2030年海洋经济可持续发展战略及2045年展望决议》、《2018年经济社会和国家财政预算执行情况及2019年经济社会发展和国家财政预算安排计划》、推选越共中央总书记阮富仲为越南国家主席、成立越共十三大各筹备工作小组等重大决议案。会议还决定罢免原越共中央委员、原信息传媒部部长阮北山职务，罢免原越共中央委员、原岘港市人民委员会主席陈文明职务。

10月16日 据越南内政部年度报告，截至2018年10月15日，越南党和政府机构编制精减人数总计4.05万人。其中党团机关精减1698人，行政机关精减4826人，事业机关精减27547人（占比68%），乡级政府机关精减 6213 人，国有企业精减 200 人。

10 月 23 日 越南第十四届国会第六次会议在河内举行，在 477 位国会代表中，越共中央总书记阮富仲以 99.79% 的支持率高票当选 2016～2021 年越南社会主义共和国主席。

10 月 25 日 国际足联发布新一期世界排名，越南男足居世界第 102 位、亚洲第 7 位。在东南亚地区，越南国足排名第一，其后依次为菲律宾、泰国、马来西亚、缅甸、老挝和柬埔寨。

10 月 25 日 越南第十四届国会第六次会议对 48 名高层领导进行信任投票。其中包括越南国家副主席邓氏玉盛、国会主席阮氏金银在内的国会领导 18 人、政府总理阮春福在内的政府领导 26 人以及最高人民法院院长、最高人民检察院检察长、审计署审计长。

10 月 25 日 亚洲政党国际会议（ICAPP）第十届大会在莫斯科召开，参会人员包括 40 个国家 70 个政党的 500 名代表和观察员。越共中央委员、中央对外部部长黄平君率团出席会议。此次会议还推选越共任 ICAPP 副主席。

10 月 26 日 按照越南公安部第 4123 号决议精神，河内市正式对公安系统进行改组，将 70 个处级单位裁减至 35 个，将 713 个科级单位削减到 631 个，改组后的河内公安厅设厅长一名、副厅长五名。另外，新成立对外安全处、对内安全处、经济安全处三个处级单位。

11 月 12 日 越南第十四届国会通过《全面与进步跨太平洋伙伴关系协定》（CPTPP）。该协定于 2019 年 1 月 1 日生效。作为一项高阶且全面的新一代自由贸易协定，协定签约国总人口近 5 亿人，GDP 约 10 万亿美元，占世界经济总量的 13% 左右。

11 月 20 日 越南第十四届国会第六次会议落下帷幕。此次会议表决通过 9 部法律，包括《反腐败法》（修正案）、《人民公安法》（修正案）、《特赦法》、《越南海警法》等。

11 月 22 日 据越共电子报当日报道，越南电信巨头——军队电信集团（Viettel）拟在 2019 年内安装首个第一代 5G 网络发射基站，2020 年试运行

5G 网络基站，2021 年投入使用。

12 月 17 日　在第 73 届联合国大会上，越南以 157 票首次当选联合国国际贸易法委员会（UNCITRAL）成员（任期 2019～2025 年）。

12 月 23 日　越南宜山炼油联合企业在清化省宜山经济区正式落成并投入商业运行，该厂总投资 93 亿美元，是越南迄今最大的国家重点投资工程。项目一期工程日炼原油能力 20 万桶，是榕橘炼油厂的两倍。预计 2019 年该厂将达到设计产能的 80%，待全部投产年原油冶炼能力将达 1000 万吨，解决国内成品油需求的 40%，其中成品油的 17% 将用于出口。

12 月 24 日　越南 2020 年东盟轮值主席国活动筹备和实施国家委员会在河内正式揭牌。该委员会包括内容、礼宾、宣传—文化、物质—后勤、安全—卫生和秘书处等 5 个分委会，委员会共有 29 名成员，政府副总理兼外长范平明任委员会主席。

12 月 31 日　越南国家统计总局数据显示，2018 年越南 GDP 增长 7.08%，这是自 2008 年全球金融危机以来的最高值。在保持高增长的同时，越南宏观经济保持稳定，财政赤字减少，营商环境大幅改善。

B.17
2018年中越关系大事记

马金案*

1月24日 中共中央政治局委员、中央组织部部长陈希在北京会见了由越共中央政治局委员、中央组织部部长范明政率领的越南共产党代表团。

2月8日 中共中央总书记、国家主席习近平与越共中央总书记阮富仲互致新年贺信。习近平在贺信中表示："值此中越两国人民的传统节日春节即将到来之际，我代表中国共产党和中国人民并以我个人的名义，向总书记同志，并通过你向越南共产党和越南人民致以诚挚的新春问候和祝福。"

3月15日上午 中国驻越南大使馆和越南外交部在河内共同举办座谈会，就落实两国高层共识、加快"一带一路"和"两廊一圈"对接的方向和举措进行了深入探讨。

3月22日上午 中国广西人民广播电台与越南之声广播电台联合制作和播出的电视节目签约仪式在越南河内市举行。今后双方还将进一步加强在广播节目、人员互访、技术合作等方面的交流与合作。

3月28日 中国重庆市人民政府副市长刘桂平一行访问越南。

3月30日至4月2日 应越南政府邀请，中国国务委员兼外交部部长王毅率团出席大湄公河次区域经济合作第六次领导人会议（GMS‐6）并对越南进行正式访问。4月1日，越南国家主席陈大光在河内会见王毅。王毅转达习近平主席对陈大光的问候，介绍了中国全国两会的重要成果。陈大光请王毅转达对习近平主席的亲切问候，并再次热烈祝贺中国全国两会成功召开。

---

* 马金案，广西社会科学院东南亚研究所《东南亚纵横》副研究员。

4月15～19日 越共中央政治局委员、中央书记处书记、中央经济部部长阮文平率领越南共产党代表团对中国进行工作访问。访问期间，中国国家副主席王岐山会见阮文平一行。中国国务院国资委党委书记郝鹏在国资委会见阮文平，双方就国企改革和国资监管等议题深入交换了意见。

4月24～26日 中越海警开展2018年度首次北部湾共同渔区联合检查行动。双方各派出两艘舰船执行此次任务，这是中越两国海上执法部门在中越北部湾渔业合作委员会框架下，自2006年以来第15次在中越北部湾共同渔区开展联合执法检查。

4月26日 中共中央政治局委员、中宣部部长黄坤明在北京会见了越南通讯社社长阮德利一行。

5月3～5日 越南最高人民法院院长阮和平率领越南最高人民法院代表团对中国进行工作访问，其间中国最高人民法院院长周强与阮和平举行会谈并共同签署两院合作协议。中共中央政治局委员、中央政法委书记郭声琨，最高人民检察院检察长张军分别会见阮和平一行。

5月26日晚 由中国广西艺术学院和越南驻南宁总领事馆主办的"纪念中国—东盟建立战略伙伴关系15周年暨中越文化交流晚会"在广西艺术学院举行。

6月28日 越共中央委员、《人民报》总编辑、中央宣教部副部长、越南记协主席顺友祝贺《人民日报》创刊70周年。

7月5日 越共中央总书记阮富仲在河内会见率中共代表团访越并出席第14次中越两党理论研讨会的中共中央政治局委员、中宣部部长黄坤明。黄坤明向阮富仲转达了习近平总书记的亲切问候。阮富仲请黄坤明转达对习近平总书记的良好祝愿。他高度评价中共十八大以来以习近平同志为核心的党中央带领全党全国人民奋斗取得的巨大成就，表示愿同中方加强互学互鉴，更好地推进党的建设和社会主义事业。越方高度重视越中传统友谊，希望充分发挥两党关系的关键引领作用，推动越中全面战略合作伙伴关系持续健康稳定发展。

7月6日 中国企业在越南投资规模最大的电力项目——位于越南平顺

省的越南永新燃煤电厂一期 BOT 项目 1 号机组正式投入商业运营。该项目是越南首个采用无烟煤"W"火焰燃烧技术的电力项目。

7 月 25 日 中央军委副主席张又侠在北京八一大楼会见来访的越共中央书记处书记、中央军委常委、越南人民军总政治局主任梁强。

8 月 2~4 日 中国吉林省委书记巴音朝鲁率吉林省代表团对越南进行友好访问。

8 月 13~19 日 第 18 届中越青年友好会见活动在越南举行。中国共青团团中央书记处书记傅振邦、越南胡志明共青团中央书记处第一书记黎国锋以及来自中越两国的百余名青年出席活动。

8 月 20 日 中共中央总书记、中国国家主席习近平在北京会见越共中央政治局委员、中央书记处常务书记陈国旺。习近平请陈国旺转达对阮富仲总书记和陈大光主席的亲切问候。习近平表示，我们愿同越方一道，就一些全局性、战略性重大问题深入沟通，加强对中越关系发展的政治引领，推动中越关系进一步发展。陈国旺首先转达阮富仲总书记和陈大光主席对习近平总书记、国家主席的亲切问候。陈国旺表示，越方珍视越中传统友谊，发展对华友好关系是越对外关系中的头等优先，愿与中国党、政府一道努力，推动越中全面战略合作伙伴关系持续健康稳定发展。

8 月 22 日上午 中越两军边境联合义诊活动在越南高平省复合县举行开幕式。两军将展开为期 7 天以"携手服务军民，共创健康未来"为主题的义诊活动，这是中越两军卫勤首次境内外全程一体协同开展联合义诊活动。

9 月 11 日 中共中央政治局常委、国务院副总理韩正在广西南宁会见出席第 15 届中国—东盟博览会和商务与投资峰会活动的越南政府副总理王庭惠。

9 月 11~13 日 中国国务院副总理胡春华应邀出席在越南河内举行的世界经济论坛东盟会议，12 日，越共中央总书记阮富仲、越南政府总理阮春福分别会见了胡春华副总理。

9 月 15 日 中国国务委员兼外交部部长王毅在越南胡志明市会见越共

中央政治局委员、胡志明市委书记阮善仁。16 日，中国—越南双边合作指导委员会第 11 次会议在胡志明市举行，王毅和越南副总理兼外交部部长范平明共同主持会议。

9 月 18～19 日　应越南最高人民法院邀请，中华人民共和国首席大法官、最高人民法院院长周强率中国法院代表团对越南进行访问。越南国家主席陈大光在河内会见周强。

9 月 21 日　中共中央总书记、中国国家主席习近平向越共中央总书记阮富仲致唁电，代表中国党、政府、人民并以个人名义，对越南国家主席陈大光逝世表示最沉痛的哀悼，向其家属致以最深切的慰问。

9 月 26～29 日　应越南共产党邀请，中共中央政治局常委、中央纪委书记赵乐际对越南进行正式友好访问，越共中央总书记阮富仲，国会主席阮氏金银，越共中央政治局委员、中央书记处常务书记陈国旺分别会见了赵乐际。访问期间，赵乐际与越共中央书记处书记、中央检查委员会主任陈锦绣举行会谈，并与越共中央政治局委员、中央书记处书记范明政共同出席了"中国改革开放和越南革新·融入国际成就"图片展开幕式。26 日，受中共中央总书记、国家主席习近平委托，赵乐际代表中共中央在河内吊唁越南国家主席陈大光。

9 月 27 日　受中共中央总书记、国家主席习近平委托，中共中央政治局常委、全国人大常委会委员长栗战书前往越南驻华使馆，代表中共中央和中国政府吊唁越南国家主席陈大光逝世。

9 月 30 日　中国驻越南大使馆临时代办尹海虹率使馆馆员、中资机构和留学生代表，与越南同志一起前往河内市嘉林烈士陵园，祭奠长眠于此的 49 名中国援越抗战烈士英灵，缅怀烈士们为中越友谊所做的伟大贡献。60 多年前，应越南党和政府的请求，中国政府先后派出 32 万中华儿女奔赴越南，同越南人民并肩战斗，抗击外来侵略。1400 余名优秀指战员长眠在越南国土上。其中，安葬在嘉林陵园的 49 名烈士来自中国援越抗法军事顾问团以及援越抗美后勤 1 支队、援越红河大桥专家组等，他们用年轻而宝贵的生命筑起了中越友谊的不朽丰碑。

10 月 15～19 日 中国共青团广西区委派出青年代表团出访越南广宁省参加 2018 年中国广西—越南广宁青年友好交流活动,两国青年代表进行了内容丰富的联谊交流。

10 月 19 日 越南胡志明市人民议会副主席张氏映会见正在访问胡志明市的以上海市人大常委会副主任徐泽洲为首的中国上海市人民代表大会代表团。

10 月 22～28 日 越南派军舰参加中国—东盟在中国湛江举行的"海上联演—2018"演习。

10 月 23 日 越南第十四届国会第六次会议在首都河内投票选举越共中央总书记阮富仲为新一任越南国家主席,阮富仲随后宣誓就职。中共中央总书记、国家主席习近平向越共中央总书记阮富仲当选国家主席致贺电。习近平在贺电中指出:"中越互为友好邻邦和重要伙伴,传统友谊源远流长。我高度重视发展中越关系,愿同你一道,在'十六字'方针和'四好'精神指引下,以中越全面战略合作伙伴关系建立 10 周年为契机,加强对双边关系的政治引领,推动两国全面战略合作不断迈上新台阶。"

10 月 26 日 中央军委副主席许其亮在北京会见到访的越南国防部部长吴春历一行。

11 月 4～5 日 越南政府总理阮春福出席在中国上海举办的第一届中国国际进口博览会。4 日,中国国家主席习近平在上海会见阮春福。

11 月 17 日 中国新任驻越南大使熊波前往越南主席府,向越南国家主席阮富仲递交国书。熊波大使向阮富仲主席转达了习近平主席的亲切问候和良好祝愿。阮富仲主席欢迎熊波大使履新,请大使转达对习近平主席的亲切问候和良好祝愿。越方表示,重视发展越中传统友好关系,愿同中方一道,推动越中全面战略合作伙伴关系不断迈上新台阶。

11 月 19～21 日 中越两军第 5 次边境高层会晤先后在中国广西崇左市龙州县和越南高平省高平市及相关口岸地区举行,中国国务委员兼国防部部长魏凤和与越南中央军委副书记、国防部部长吴春历分别率团参加。会晤期间,在中方境内,双方代表团观摩了两军边防部队水陆联合巡逻,参观了中国陆军某边防连营区、水口镇学校和胡志明展馆，共同植下友谊树，举行了会谈；在越方境内，双方代表团出席了中国广西龙州县和越南高平省复和县结为友好县五周年纪念庆典和中越友好文化馆落成剪彩仪式，举行了"越中边境国防友好交流座谈会"，观摩了两军边防部队灾害救援联合演练，参观了胡志明纪念堂，签署了会晤纪要。

11 月 25～30 日 应中国财政部部长刘昆的邀请，越南财政部部长丁进勇率团对华进行工作访问。

11 月 29 日 越共中央政治局委员、中央书记处书记、中央经济部部长阮文平在河内会见了对越南进行工作访问的中共中央委员、湖南省委书记杜家毫一行。

12 月 5～7 日 中国科技部副部长、国家外国专家局局长张建国访问越南，出席中越科技合作联委会第 10 次会议。

12 月 11 日 中越传统戏剧交流周活动在越南河内云湖展览馆开幕，越共中央宣教部、越南文化体育旅游部等越南机关，越南文联、河内市文联等中央与地方文艺团体派员出席了开幕式。越南嘲剧院、云南京剧院艺术家奉献了专业的演出。

12 月 13～14 日 根据中越两军相关协议，中国南部战区海军与越南海军第 1 区舰船在北部湾海域进行第 25 次联合巡逻，并开展搜救演习。

12 月 20 日 博鳌亚洲论坛在越南首都河内与中越有关机构联合举办"中越促进经济合作论坛"，近 500 名两国政府官员和企业家代表携手探寻互利共赢商机。

12 月 28 日 由中国广西北部湾书画院与越南文化体育旅游部越中文化交流中心共同举办的"中越民族文化交流活动艺术作品展"在越南国家美术馆举行。来自广西北部湾书画院的 16 名中国艺术家、越南文化体育旅游部国际合作局、美术摄影展览局等单位的领导及艺术界同人一起参与了此次活动。

B.18
经济社会统计数据

朱莹莹　摘译*

表1　2010～2017年越南人口统计

年份	总数（万人）	性别		城镇和农村	
		男（万人）	女（万人）	城镇（万人）	农村（万人）
2010	8694.74	4299.35	4395.39	2651.59	6043.15
2011	8786.04	4344.68	4441.36	2771.93	6014.11
2012	8880.93	4390.82	4490.11	2826.92	6054.01
2013	8975.95	4436.49	4539.46	2887.49	6088.46
2014	9072.89	4475.81	4597.08	3003.54	6069.35
2015	9170.98	4522.40	4648.58	3106.75	6064.23
2016	9269.22	4575.34	4693.88	3192.63	6076.59
2017 初算	9367.16	4625.30	4741.86	3281.34	6085.82
增长比例（%）（括号内数字表示负数）					
2010	1.07	1.11	1.04	3.64	(0.01)
2011	1.05	1.05	1.05	4.54	(0.48)
2012	1.08	1.06	1.10	1.98	0.66
2013	1.07	1.04	1.10	2.14	0.57
2014	1.08	0.89	1.27	4.02	(0.31)
2015	1.08	1.04	1.12	3.44	(0.08)
2016	1.07	1.17	0.97	2.76	0.20
2017 初算	1.06	1.09	1.02	2.78	0.15
结构（%）					
2010	100.00	49.45	50.55	30.50	69.50
2011	100.00	49.45	50.55	31.55	68.45

---

* 朱莹莹，广西社会科学院东南亚研究所《东南亚纵横》编务。

年份	总数（万人）	性别		城镇和农村	
		男（万人）	女（万人）	城镇（万人）	农村（万人）
结构（%）					
2012	100.00	49.44	50.56	31.83	68.17
2013	100.00	49.43	50.57	32.17	67.83
2014	100.00	49.33	50.67	33.10	66.90
2015	100.00	49.31	50.69	33.88	66.12
2016	100.00	49.36	50.64	34.44	65.56
2017 初算	100.00	49.38	50.62	35.03	64.97

表2 2010～2017 年越南国内生产总值（当年价）

单位：十亿越南盾

年份	2010	2014	2015	2016	2017 初算
总值	2157828	3937856	4192862	4502733	5005975
按经济成分划分					
国有经济	633187	1131319	1202850	1297274	1433139
非国有经济	926928	1706441	1812152	1916263	2089784
集体经济	86000	158964	167913	176510	188096
私营经济	148919	306857	330590	369434	432491
个体经济	692009	1240620	1313649	1370319	1469197
外资经济	326967	704341	757550	837093	982678
扣除产品补助后的产品税	270746	395755	420310	452103	500374
按经济行业划分					
农林水产业	396576	696969	712460	734830	768161
矿业	204544	426184	402869	365522	373932
加工制造业	279360	518962	574201	642338	767495
电力、煤气、热水蒸气和空调机行业	65721	142060	167402	188876	217443
供水、垃圾及污水处理工业	11107	19526	21556	23541	25946
建筑业	132618	201203	228102	252794	287137
批发与零售、机动车修理业	172608	387749	425543	472942	536259
运输、仓储	62064	112351	114558	120728	133073
住宿和餐饮业	77800	147720	155590	171195	191743
通信和传媒	19895	26974	29392	31840	34293
财政、金融和保险业	116515	207083	230149	248598	273809
不动产经营	131692	202103	212882	228684	239869

续表

年份	2010	2014	2015	2016	2017 初算
总值	2157828	3937856	4192862	4502733	5005975
按经济行业划分					
科技活动	28004	51166	55574	59762	64258
行政、互助服务活动	7881	14761	15829	17263	18729
党政管理、国防安全、社会保障	55194	106127	114186	125399	137635
教育和培训	50237	120696	136699	154718	177620
医务和社会救助活动	23335	66204	72206	96949	132507
艺术、文体活动	14592	23047	24969	27128	29990
其他类型服务活动	34396	65463	71946	80286	87620
家庭雇工	2944	5753	6439	7236	8082
扣除产品补助后的产品税	270746	395755	420310	452103	500374

表3 2010~2017年越南国内生产总值

单位：十亿越南盾，%

年份	国内生产总值	其中			
		农林水产业	工业和建筑业	服务业	扣除产品补助后的产品税
2010	2157828	396576	693351	797155	270746
2011	2779880	543960	896356	1021126	318438
2012	3245419	623815	1089091	1209464	323049
2013	3584262	643862	1189618	1388407	362375
2014	3937856	696969	1307935	1537197	395755
2015	4192862	712460	1394130	1665962	420310
2016	4502733	734830	1473071	1842729	452103
2017 初算	5005975	768161	1671952	2065488	500374
结构					
2010	100.00	18.38	32.13	36.94	12.55
2011	100.00	19.57	32.24	36.73	11.46
2012	100.00	19.22	33.56	37.27	9.95
2013	100.00	17.96	33.19	38.74	10.11
2014	100.00	17.70	33.21	39.04	10.05
2015	100.00	17.00	33.25	39.73	10.02
2016	100.00	16.32	32.72	40.92	10.04
2017 初算	100.00	15.34	33.40	41.26	10.00

表4 2010～2017年越南工业生产指数

单位：%

项目	2013 年	2014 年	2015 年	2016 年	2017 年
总值	105.9	107.6	109.8	107.4	109.5
开采工业	99.4	102.4	107.1	93.2	93.6
煤炭开采	98.3	100.0	103.6	96.3	100.0
原油和天然气开采	99.5	102.5	108.0	92.0	91.1
其他矿产开采	95.8	113.6	106.0	102.5	105.4
加工制造业	107.6	108.7	110.5	111.3	114.5
食品生产、加工	106.0	104.8	107.8	108.2	105.3
饮料生产	109.2	109.5	107.0	110.4	110.0
卷烟和烟丝生产	106.2	87.4	103.8	103.3	98.8
纺织品生产	121.0	119.7	114.0	116.9	109.5
服装生产	110.9	112.2	104.6	107.5	106.0
皮革与皮革制品生产	118.7	122.0	117.0	103.5	104.0
纸张与各种纸制品生产	120.0	115.5	111.7	107.2	108.5
化工原料与化工产品生产	107.9	104.4	104.9	101.4	108.4
药品与药材生产	111.2	101.8	103.4	102.7	106.0
橡胶与塑料制品生产	109.5	103.6	111.5	110.2	113.1
非金属矿产品生产	104.6	108.8	112.0	112.3	106.7
金属生产	98.2	109.9	112.1	117.9	122.0
金属预构件生产（机械设备除外）	117.0	113.3	103.0	109.7	112.9
电子产品、计算机、光学仪器生产	102.2	135.2	135.1	112.5	132.5
电力设备生产	110.7	102.6	110.2	107.4	109.2
机动车生产	113.9	123.1	127.0	117.5	99.8
其他运输工具生产	98.3	101.2	104.2	107.2	108.7
床、柜子、桌子和椅子生产	96.0	103.5	107.4	111.1	106.2
电力、煤气、热水蒸气和空调机生产和分配	108.4	112.5	111.4	111.5	109.1
供水、垃圾及污水处理工业	109.5	106.3	106.9	108.0	108.6
水的开发、处理和供应	109.5	107.3	106.6	107.9	109.8
收集、处理和销毁垃圾，废品再造	109.5	104.2	107.5	108.2	107.6

表5 2010～2017年越南主要工业产品产量统计

项目	单位	2010 年	2014 年	2015 年	2016 年	2017 年初算
净煤	万吨	4483.5	4108.6	4166.4	3873.5	3823.7
原油	万吨	1501.4	1739.2	1874.6	1723.0	1551.8
其中:国内开采	万吨	1479.5	1555.0	1688.0	1520.0	1355.7
天然气	百万立方米	9402	10210	10660	10610	9866

项目	单位	2010 年	2014 年	2015 年	2016 年	2017 年初算
铁矿	万吨	197.2	271.9	269.1	305.6	507.4
铜矿	吨	49038	48394	49032	48526	48618
钛矿	万吨	58.68	55.80	23.77	21.08	22.50
锑矿	吨	608	2745	548	572	608
石料	万立方米	14685.7	14719.8	15793.8	17285.8	18362.1
各类砂石	万立方米	6016.1	5007.3	5115.5	5350.2	5499.0
卵石	万立方米	288.36	205.93	202.94	200.60	200.00
磷矿石	万吨	232.45	247.09	292.34	314.25	323.89
海盐	万吨	97.53	90.56	106.10	98.20	85.43
肉类罐头	吨	4677	4086	4384	4314	4146
水产罐头	万吨	7.69	10.35	10.06	10.23	10.90
冷藏水产	万吨	127.83	158.67	166.60	176.31	194.00
鱼露	百万升	257.1	334.4	339.5	372.2	380.2
蔬菜罐头	吨	48411	63062	65096	69132	74178
水果、坚果罐头	万吨	6.01	4.78	4.92	5.37	5.70
精炼植物油	万吨	56.59	86.29	96.61	103.47	108.10
鲜奶	百万升	520.6	846.5	1027.9	1105.5	1186.8
奶粉	万吨	5.89	9.02	9.93	10.77	11.17
大米	万吨	3347.3	4216.5	4077.0	3892.0	3950.4
白砂糖	万吨	114.15	186.34	184.21	169.53	171.90
速溶咖啡	万吨	6.81	9.07	8.76	9.54	10.39
茶叶	万吨	21.10	17.98	16.78	16.54	16.92
味精	万吨	24.82	25.27	26.33	27.75	29.55
家畜、家禽饲料	万吨	870.9	1223.0	1327.2	1490.5	1551.8
水产饲料	万吨	209.6	323.8	387.4	439.3	502.3
烈酒、白酒	百万升	349.4	312.7	310.3	306.8	310.2
啤酒	百万升	2420.2	3287.2	3526.8	3845.1	4063.3
矿泉水	百万升	458.5	763.7	877.3	1016.6	1049.1
纯净水	百万升	1342.9	2111.5	2390.1	2762.7	2903.6
香烟	百万包	5073.9	4909.0	5462.0	5606.3	5709.2
纱	万吨	81.02	156.00	190.53	218.04	240.71
布料	百万平方米	1176.9	1346.5	1525.6	1700.7	1838.5
成衣	百万件	2604.5	3706.5	4320.0	4530.0	4807.9
皮鞋、皮拖鞋	百万对	192.2	246.5	253.0	257.6	261.1

续表

项目	单位	2010 年	2014 年	2015 年	2016 年	2017 年初算
布鞋	百万对	50.3	55.1	61.5	66.0	69.6
运动鞋	百万对	347.0	567.3	680.3	730.8	802.5
木板	万立方米	523.67	386.99	452.60	485.55	520.15
纸张	万吨	153.68	134.94	149.56	161.44	172.26
报纸	十亿张	716.2	712.6	792.8	840.2	909.1
黄磷	吨	24514	68484	68893	83632	91454
化肥	万吨	241.13	382.94	372.91	353.66	375.76
NPK 复合肥	万吨	264.54	338.71	330.41	308.10	327.60
杀虫剂	吨	73633	92307	100260	106059	113960
除草剂	吨	24218	38220	39106	40234	40781
洗发剂、护发素	吨	49280	63662	65801	68241	71018
牙膏	吨	30307	39626	45009	48208	49601
沐浴乳、洗面奶	吨	14328	29499	34939	38348	41681
洗涤产品	万吨	81.56	93.88	105.60	112.17	114.09
汽车、拖拉机外胎	万个	549.4	931.7	1160.7	1372.0	1643.4
摩托车、自行车外胎	万个	4852.6	4933.6	5182.6	5569.7	5894.4
汽车、飞机内胎	万个	787.2	1066.0	991.0	727.8	683.5
摩托车、自行车内胎	万个	9278.2	11145.1	11873.8	12401.7	13192.9
塑料袋	万吨	66.29	81.44	91.44	106.86	116.77
民用陶瓷	百万个	351.3	284.3	282.2	283.2	294.9
医用陶瓷	万个	729.5	986.2	1083.0	1148.4	1251.6
炼砖	百万块	20196	17368	18451	18964	18313
瓦	百万片	587.4	514.7	517.2	531.8	555.5
水泥	万吨	5580.1	6098.2	6764.5	7445.7	7884.3
水泥板	百万平方米	88.3	59.3	55.9	59.9	60.5
钢筋	万吨	290.64	395.40	409.27	547.20	716.72
钢材	万吨	841.45	1073.90	1254.33	1552.34	1767.49
打印机	万台	2351.92	2746.58	2582.01	2584.76	2697.52
固定电话	万台	940.57	543.95	586.81	565.44	558.83
移动电话	百万台	37.5	181.4	235.6	193.0	212.1
组装电视机	万台	280.03	342.59	551.24	1083.86	1043.36
标准电池(1.5V)	百万个	397.0	457.9	474.0	508.7	550.1
蓄电池	万千瓦时	1593.1	1337.8	1506.4	1640.1	1797.5
电灯泡	百万个	350.4	161.3	175.9	170.4	160.5

续表

项目	单位	2010 年	2014 年	2015 年	2016 年	2017 年初算
电冰箱	万台	154. 09	152. 15	161. 04	160. 05	158. 58
洗衣机	万台	46. 74	91. 64	128. 48	204. 01	284. 50
电风扇	万台	717. 41	552. 44	669. 40	677. 05	682. 81
空调	万台	34. 37	28. 66	53. 43	61. 35	45. 18
打谷机	万台	0. 90	1. 29	1. 31	1. 37	1. 41
组装汽车	万辆	11. 23	13. 40	19. 28	25. 49	24. 34
组装摩托车	万辆	350. 66	348. 88	342. 22	353. 56	378. 80
自行车	万辆	70. 59	72. 07	72. 19	61. 19	59. 73
发电	百万千瓦时	91722	141250	157949	175745	191593
自来水	百万立方米	1416. 8	2021. 1	2203. 0	2419. 7	2652. 5

表6 2010～2017 年越南社会发展投资

单位：十亿越南盾，%

年份	总额	国有经济	非国有经济	外资经济	实际投资资金与国内生产总值相比
2010	830278	316285	299487	214506	38. 5
2011	924495	341555	356049	226891	33. 3
2012	1010114	406514	385027	218573	31. 1
2013	1094542	441924	412506	240112	30. 5
2014	1220704	486804	468500	265400	31. 0
2015	1366478	519878	528500	318100	32. 6
2016	1487638	557633	578902	351103	33. 0
2017 初算	1668601	594885	677510	396206	33. 3
结构					
2010	100. 0	38. 1	36. 1	25. 8	—
2011	100. 0	37. 0	38. 5	24. 5	—
2012	100. 0	40. 3	38. 1	21. 6	—
2013	100. 0	40. 4	37. 7	21. 9	—
2014	100. 0	39. 9	38. 4	21. 7	—
2015	100. 0	38. 0	38. 7	23. 3	—
2016	100. 0	37. 5	38. 9	23. 6	—
2017 初算	100. 0	35. 7	40. 6	23. 7	—

表 7　2017 年外商直接投资项目数与注册资金总额
（截至 2017 年 12 月 31 日的有效项目数）

单位：个，百万美元

	项目数	注册资金总额
总数	24803	319613.1
其中各国（地区）：		
韩国	6549	57861.7
日本	3607	49307.3
新加坡	1973	42540.7
中国台湾	2534	30867.2
英属维尔京群岛	744	22535.2
中国香港	1284	17933.5
马来西亚	572	12274.9
中国大陆	1817	12023.0
美国	861	9894.1
泰国	489	9288.7
荷兰	306	8177.1
萨摩亚	238	7294.6
开曼群岛	103	6977.0
加拿大	160	5090.7
英国	318	3464.7
法国	513	2786.6
卢森堡	45	2336.6
瑞士	131	1841.6
澳大利亚	410	1808.7
德国	293	1759.5
文莱	196	1163.3
俄罗斯	115	982.7
塞浦路斯	17	975.4
英属西印度群岛	15	971.5
塞舌尔	121	921.2
比利时	63	914.0
丹麦	130	883.4
印度	168	760.6
土耳其	18	708.2
印度尼西亚	69	477.0

续表

	项目数	注册资金总额
其中各国(地区):		
意大利	87	388.7
阿曼	5	337.0
毛里求斯	48	337.0
菲律宾	73	319.2
百慕大群岛	9	318.4
斯洛伐克	10	197.3
波兰	14	182.9
伯利兹	22	175.4
库克群岛	2	172.0
马绍尔群岛	7	171.1
奥地利	30	139.0
巴林	1	123.5
巴哈马	3	108.7
瑞典	57	103.3
新西兰	29	102.4
挪威	38	95.3
老挝	9	92.5
西班牙	64	90.8
捷克共和国	36	90.1
中国澳门	13	83.5
斯里兰卡	15	77.8
安哥拉岛	4	74.5
海峡群岛	11	74.5
安圭拉	8	70.7
以色列	27	69.4
巴巴多斯	3	68.4
柬埔寨	19	64.9
匈牙利	17	63.6
厄瓜多尔	4	56.7
圣文森特和格林纳丁斯	4	47.6
斯威士兰	1	45.0
圣基茨和尼维斯	2	39.7

续表

其中各国（地区）：	项目数	注册资金总额
列支敦士登	2	35.6
马恩岛	2	35.1
巴拿马	10	31.0
保加利亚	8	30.8
乌克兰	23	29.5
巴基斯坦	32	28.8
伊拉克	5	27.2
阿联酋	15	26.6
芬兰	18	22.6

表8 2010～2017年商品零售和消费服务业营业收入总额（当年价）

单位：十亿越南盾，%

年份	总额	其中		
		零售	住宿和餐饮业	服务和旅游
2010	1677344.7	1254200.0	212065.2	211079.5
2011	2079523.5	1535600.0	260325.9	283597.6
2012	2369130.6	1740359.7	305651.0	323119.9
2013	2615203.6	1964666.5	315873.2	334663.9
2014	2916233.9	2189448.4	353306.5	373479.0
2015	3223202.6	2403723.2	399841.8	419637.6
2016	3546268.6	2648856.7	439892.3	457519.6
2017初算	3942312.7	2941065.0	494953.4	506294.3
结构				
2010	100.0	74.8	12.6	12.6
2011	100.0	73.9	12.5	13.6
2012	100.0	73.5	12.9	13.6
2013	100.0	75.1	12.1	12.8
2014	100.0	75.1	12.1	12.8
2015	100.0	74.6	12.4	13.0
2016	100.0	74.7	12.4	12.9
2017初算	100.0	74.6	12.6	12.8

表9　2010～2017年越南进出口总值

单位：百万美元

年份	总值	其中		贸易平衡（括号内数字表示负数）
		出口	进口	
2010	157075.3	72236.7	84838.6	(12601.9)
2011	203655.5	95905.7	106749.8	(9844.1)
2012	228309.6	114529.2	113780.4	748.8
2013	264065.5	132032.9	132032.6	0.3
2014	298066.2	150217.1	147849.1	2368.0
2015	327792.6	162016.7	165775.9	(3759.2)
2016	351559.2	176580.8	174978.4	1602.4
2017初算	425122.8	214019.1	211103.7	2915.4
发展指数（上年为100%）				
2010	123.6	126.5	121.3	
2011	129.7	134.2	125.8	
2012	112.1	118.2	106.6	
2013	115.7	115.3	116.0	
2014	112.9	113.8	112.0	
2015	110.0	107.9	112.1	
2016	107.3	109.0	105.6	
2017初算	120.9	121.2	120.6	

表10　2010～2017年越南主要出口对象

单位：百万美元

主要出口对象	2010年	2014年	2015年	2016年	2017年初算
总额	72236.7	150217.1	162016.7	176580.8	214019.1
主要国际组织					
东盟	10364.7	19106.8	18195.1	17449.2	21680.3
亚太经合组织	49354.6	98499.2	106607.5	119741.9	143227.4
欧盟	11385.5	27895.5	30928.3	34002.2	38337.0
欧佩克	1316.7	5973.8	6892.0	6049.5	10973.7
主要国家和地区					
文莱	14.2	49.6	25.5	20.1	21.6
柬埔寨	1563.8	2685.4	2395.2	2199.4	2776.1
印度尼西亚	1433.4	2890.4	2847.6	2617.9	2863.6
老挝	200.0	484.0	523.3	477.8	524.5

主要出口对象	2010 年	2014 年	2015 年	2016 年	2017 年初算
主要国家和地区					
马来西亚	2093. 1	3926. 4	3577. 1	3342. 0	4209. 0
缅甸	49. 5	345. 0	375. 7	461. 6	703. 0
菲律宾	1706. 4	2310. 3	2016. 4	2219. 9	2835. 4
新加坡	2121. 3	2942. 0	3256. 6	2419. 9	2961. 1
泰国	1182. 8	3473. 5	3177. 7	3690. 7	4786. 1
中国台湾	1442. 8	2306. 5	2076. 4	2272. 0	2574. 5
韩国	3092. 2	7167. 5	8915. 4	11406. 1	14822. 9
中国香港	1464. 2	5264. 7	6959. 3	6088. 1	7582. 7
日本	7727. 7	14674. 9	14100. 3	14671. 5	16841. 5
中国大陆	7742. 9	14928. 3	16567. 7	21950. 4	35462. 7
印度	991. 6	2510. 7	2469. 7	2687. 2	3755. 7
孟加拉国	256. 1	709. 9	570. 0	554. 7	868. 5
巴基斯坦	133. 6	282. 5	419. 8	435. 6	501. 3
斯里兰卡	62. 0	166. 7	192. 4	186. 7	225. 2
沙特阿拉伯	144. 0	534. 2	534. 0	394. 1	432. 1
阿拉伯联合酋长国	508. 3	4627. 0	5690. 9	4999. 6	5030. 2
科威特	29. 9	72. 2	88. 2	73. 3	62. 5
以色列	97. 5	495. 8	533. 7	554. 1	712. 1
塞浦路斯	13. 9	28. 7	33. 4	38. 1	39. 4
土耳其	528. 7	1507. 6	1359. 6	1328. 8	1900. 5
波兰	241. 2	509. 1	585. 2	597. 6	775. 7
保加利亚	36. 9	47. 7	40. 8	44. 6	38. 4
匈牙利	38. 4	55. 0	65. 7	93. 3	207. 0
俄罗斯	829. 7	1724. 9	1438. 3	1616. 1	2167. 4
罗马尼亚	77. 7	99. 2	102. 2	97. 2	119. 7
捷克共和国	134. 9	218. 6	170. 9	146. 2	151. 4
斯洛伐克	111. 4	370. 5	275. 6	416. 7	704. 0
乌克兰	115. 7	229. 4	160. 0	188. 5	246. 2
丹麦	195. 0	315. 6	289. 4	283. 0	343. 5
爱尔兰	46. 1	102. 2	115. 0	112. 3	108. 3
英国	1681. 9	3647. 2	4645. 2	4898. 1	5423. 5
挪威	74. 1	117. 2	103. 4	117. 7	116. 4

续表

主要出口对象	2010 年	2014 年	2015 年	2016 年	2017 年初算
主要国家和地区					
芬兰	68. 4	104. 5	117. 6	106. 6	165. 2
瑞典	233. 2	961. 1	936. 2	914. 7	971. 4
葡萄牙	94. 7	272. 7	287. 9	292. 1	330. 8
希腊	80. 3	185. 1	167. 3	188. 6	270. 9
意大利	980. 1	2740. 1	2847. 8	3264. 8	2738. 8
西班牙	1110. 8	2563. 3	2299. 0	2293. 6	2517. 7
奥地利	144. 0	2158. 8	2188. 7	2631. 3	3706. 0
德国	2372. 7	5174. 9	5707. 4	5960. 5	6364. 3
比利时	848. 8	1805. 5	1779. 5	1967. 2	2254. 8
荷兰	1688. 3	3762. 2	4759. 6	6011. 6	7106. 1
法国	1095. 1	2396. 8	2947. 1	2998. 0	3351. 3
瑞士	2652. 0	264. 4	230. 0	593. 0	241. 0
加拿大	802. 1	2077. 7	2407. 6	2652. 5	2716. 6
美国	14238. 1	28634. 7	33451. 0	38449. 7	41607. 5
阿根廷	91. 6	174. 0	377. 6	368. 6	481. 7
巴西	492. 8	1480. 7	1435. 8	1332. 4	2040. 6
智利	94. 1	520. 8	649. 5	805. 2	999. 4
墨西哥	488. 8	1035. 9	1545. 5	1888. 4	2339. 8
巴拿马	173. 8	272. 0	268. 8	259. 5	325. 5
秘鲁	38. 3	186. 9	238. 2	277. 5	330. 8
埃及	174. 6	380. 0	361. 7	292. 9	321. 1
阿尔及利亚	75. 8	246. 4	233. 8	271. 2	280. 9
安哥拉	111. 2	81. 4	46. 3	38. 7	37. 6
加纳	98. 6	243. 6	240. 5	290. 7	266. 9
南非	494. 1	793. 0	1038. 9	868. 8	751. 6
尼日利亚	109. 8	182. 9	113. 0	71. 4	63. 8
坦桑尼亚	35. 7	51. 6	62. 1	28. 6	29. 1
塞内加尔	80. 3	55. 4	39. 6	26. 9	38. 7
新西兰	122. 6	315. 9	325. 0	359. 9	458. 6
澳大利亚	2704. 0	3988. 2	2905. 6	2864. 9	3298. 4

表11 2010～2017年主要进口对象

单位：百万美元

主要进口对象	2010年	2014年	2015年	2016年	2017年初算
总数	84838.6	147849.1	165775.9	174978.4	211103.7
主要国际组织					
东盟	16407.5	22918.5	23785.9	24085.9	28021.4
亚太经合组织	69924.6	122467.5	137971.0	146836.4	178042.6
欧盟	6361.7	8842.7	10450.3	11169.6	12097.6
欧佩克	1440.0	2801.3	2104.2	2169.5	5203.3
主要国家和地区					
文莱	10.0	102.3	48.1	70.5	51.7
柬埔寨	276.6	623.4	949.5	728.8	1020.6
印度尼西亚	1909.2	2488.5	2740.3	2992.5	3639.8
老挝	291.7	802.1	588.3	347.1	368.4
马来西亚	3413.4	4203.6	4188.0	5174.3	8560.2
缅甸	102.8	134.6	58.9	88.8	125.3
菲律宾	700.3	674.9	898.9	1060.2	1158.8
新加坡	4101.1	6834.7	6038.3	4768.5	5301.5
泰国	5602.3	7053.3	8275.5	8855.1	10495.2
中国台湾	6976.9	11063.6	10951.3	11241.8	12707.0
韩国	9757.6	21728.5	27578.5	32193.1	46734.4
中国香港	860.4	1036.9	1320.4	1500.3	1663.1
日本	9016.1	12857.0	14225.1	15098.3	16592.3
中国大陆	20203.6	43647.6	49458.0	50018.8	58228.6
印度	1762.0	3111.0	2655.2	2745.5	3877.6
巴基斯坦	109.6	144.4	160.0	128.8	130.6
沙特阿拉伯	601.5	1336.9	1105.8	1165.3	1283.1
阿拉伯联合酋长国	223.3	466.1	521.5	450.4	561.6
科威特	372.8	611.1	130.6	110.4	287.6
以色列	124.9	570.1	1161.4	688.3	345.3
卡塔尔	83.3	220.3	187.6	181.3	138.2
塞浦路斯	10.7	17.7	25.3	35.6	44.6
土耳其	107.7	129.0	147.3	171.4	223.7
波兰	105.6	150.6	175.4	191.7	230.7
白俄罗斯	85.7	93.1	120.1	92.0	94.0
保加利亚	49.2	39.4	61.6	171.0	70.8

主要进口对象	2010 年	2014 年	2015 年	2016 年	2017 年初算
主要国家和地区					
匈牙利	106.3	120.5	129.4	173.2	147.3
俄罗斯	999.1	826.7	748.2	1136.8	1385.4
罗马尼亚	32.1	51.3	73.4	168.4	86.1
捷克共和国	70.3	74.9	75.6	104.6	106.2
斯洛伐克	15.7	28.3	18.1	32.3	36.0
乌克兰	140.0	116.4	74.5	75.9	109.3
丹麦	116.4	176.6	244.0	331.8	321.3
爱尔兰	110.5	211.6	286.2	1026.8	1380.5
英国	511.1	644.5	737.5	724.4	733.3
挪威	129.5	189.9	202.6	263.7	238.4
芬兰	122.3	159.5	204.4	224.8	292.9
瑞典	317.0	255.9	239.2	311.1	341.3
葡萄牙	13.4	73.4	67.9	50.6	63.0
希腊	5.8	22.1	28.5	50.4	64.0
意大利	822.5	1332.4	1451.5	1427.0	1655.0
西班牙	230.6	352.3	399.8	451.4	503.8
奥地利	123.4	225.3	412.1	351.0	304.3
德国	1742.4	2606.6	3219.2	2861.4	3170.2
比利时	320.2	519.5	494.2	476.0	442.3
荷兰	527.8	549.9	690.1	676.9	665.5
法国	969.0	1111.4	1281.4	1159.8	1271.4
瑞士	1006.6	367.3	437.0	505.9	599.9
加拿大	349.3	385.2	448.3	395.5	774.4
美国	3766.9	6287.0	7785.0	8701.6	9203.4
阿根廷	826.3	1715.3	2163.2	2672.2	2548.5
巴西	543.6	1849.3	2437.1	1722.3	1834.6
智利	291.2	367.5	290.5	231.7	282.7
墨西哥	89.1	262.7	477.0	483.9	566.8
秘鲁	69.0	98.0	60.0	76.5	117.1
突尼斯	5.2	6.0	5.8	8.7	11.0
科特迪瓦	129.5	250.3	450.4	703.0	892.0
南非	165.1	144.6	115.0	149.5	242.3
新西兰	353.0	478.3	377.8	356.9	449.0
澳大利亚	1443.6	2054.7	2039.7	2442.1	3165.6

表 12 2010～2017 年越南主要出口产品价值与重量

	2010 年	2014 年	2015 年	2016 年	2017 年初算
价值(百万美元)					
原油	5023.5	7224.2	3823.8	2361.1	2875.2
煤炭	1614.6	554.5	185.1	138.7	287.1
电子产品、计算机及其零件	3590.1	11434.4	15607.6	18956.9	25942.1
手机产品	2307.3	23572.7	30239.6	34493.7	45272.4
塑料制品	1130.2	2041.3	2060.3	2211.6	2522.4
电线、电缆	1316.0	756.7	896.6	1070.7	1406.1
背包、手提包、皮包、帽子、伞	985.5	2533.5	2874.7	3172.1	3285.1
鞋	5123.3	10317.8	12012.6	12998.1	14651.8
纺织品、服装	11209.8	20101.2	22808.7	23824.9	26038.4
竹藤与凉席制品	189.9	242.1	247.1	262.8	269.2
陶器、瓷器	317.1	514.3	477.0	431.3	465.8
纤维制品	1377.6	2548.7	2549.8	2938.3	3593.3
木薯及木薯制品	567.2	1138.5	1320.3	1001.6	1029.2
果蔬	460.3	1489.0	1839.3	2460.9	3501.6
胡椒	421.5	1201.9	1259.9	1429.2	1117.7
咖啡	1851.4	3557.4	2671.0	3336.6	3244.3
橡胶	2386.2	1780.8	1531.5	1669.7	2248.6
大米	3249.5	2935.2	2796.3	2159.0	2615.9
腰果仁	1136.9	1993.6	2397.6	2841.5	3516.8
淀粉食品	385.2	454.0	657.9	533.2	595.5
茶叶	200.5	228.1	217.2	228.0	227.9
食用油	98.0	257.6	280.5	166.3	174.0
木材与木制品	3444.5	6145.3	6797.5	6964.5	7658.7
玉桂	5.8	78.9	69.4	76.1	100.4
水产品	5016.9	7825.3	6568.8	7036.0	8315.7
其中:					
冻虾	1565.5	2553.8	1805.8	1918.8	2447.1
冻鱼	2018.4	2661.7	2542.9	2742.3	2882.1
冻墨鱼	97.7	20.8	23.9	21.4	28.8
重量(万吨)					
原油	8072.0	9306.2	9486.4	6848.0	6805.9
煤炭	19876.0	7266.1	1747.7	1243.4	2229.0

续表

	2010 年	2014 年	2015 年	2016 年	2017 年初算
		重量（万吨）			
胡椒	117.0	155.0	131.5	178.1	214.9
咖啡	1218.0	1691.1	1341.2	1780.4	1442.1
橡胶	779.0	1071.7	1137.6	1253.1	1380.3
大米	6893.0	6331.4	6582.2	4809.3	5789.2
腰果仁	190.0	302.6	328.3	347.0	353.3
茶叶	137.0	132.4	126.9	137.5	139.8

表13　2010～2017年越南主要进口产品价值

单位：百万美元；万吨

	2010 年	2014 年	2015 年	2016 年	2017 年初算
汽车	978.2	1568.3	2990.2	2414.2	2236.9
纺织、缝纫设备及零件	578.3	1231.9	1365.7	1359.9	1451.6
制皮制鞋设备及零件	70.3	127.5	172.0	176.4	167.7
制纸设备及零件	150.3	131.5	217.0	346.9	235.1
塑制品生产设备及零件	348.4	602.6	715.0	756.5	842.0
建工设备及零件	868.8	602.7	793.7	764.3	626.5
水泥生产设备及零件	211.7	111.4	318.5	220.0	257.6
航空机械设备	341.5	381.2	1662.6	776.9	346.4
通信机械设备	2480.6	8700.7	10968.0	11139.8	16327.3
饮料、食品生产设备及零件	249.3	363.0	362.3	407.3	462.5
电子产品、计算机及零件	5208.3	18823.5	23211.4	28054.6	37706.1
汽油	6441.3	7467.2	5522.7	5217.9	7036.7
机油	25.7	61.4	354.5	333.1	371.6
化肥	1220.0	1240.8	1439.2	1125.8	1229.6
钢铁	6164.6	7732.1	7491.7	8056.2	9012.5
其中:胚铁	1115.6	342.1	687.7	363.4	118.7
铅	198.1	302.4	244.4	273.4	344.8
铜	1306.8	1389.8	1490.6	1652.4	2387.0
锌	178.8	264.9	271.9	344.3	500.6
铝	930.5	1402.8	2150.2	2446.4	2040.7
建筑玻璃	81.6	148.9	158.5	248.5	365.4
化工原料	2137.4	3236.4	3133.6	3214.1	4087.8
初级形态塑料	3780.4	6316.3	5942.9	6263.9	7315.3

续表

	2010 年	2014 年	2015 年	2016 年	2017 年初算
塑料产品	1649. 8	3137. 6	3694. 9	4406. 6	5379. 4
麦芽	154. 2	204. 4	196. 5	206. 1	190. 9
棉花	673. 5	1439. 4	1618. 9	1662. 2	2356. 0
丝线	1301. 9	1620. 0	1528. 7	1617. 6	1814. 2
杀虫剂及其原料	575. 7	829. 5	786. 3	776. 2	978. 5
各类纸张	968. 3	1427. 7	1423. 1	1524. 4	1667. 7
西药原料及辅料	265. 4	354. 4	338. 9	381. 2	375. 2
制鞋辅料	997. 9	2196. 8	2426. 4	2426. 6	2675. 8
缝纫辅料	1937. 2	2371. 3	2581. 5	2636. 4	2743. 8
各类布料	5383. 1	9560. 0	10234. 3	10565. 4	11366. 2
卷烟生产原料	239. 5	288. 7	274. 4	319. 4	306. 9
食用油	698. 1	758. 5	681. 8	701. 5	761. 1
麦子	569. 7	648. 8	600. 9	1005. 0	993. 6
牛奶与奶制品	708. 3	1131. 2	911. 3	880. 5	865. 4
西药	1238. 8	2036. 3	2320. 4	2563. 0	2819. 2
空调机	345. 3	495. 0	685. 2	882. 3	791. 1
摩托车及零部件	890. 6	391. 3	367. 9	464. 4	445. 8
重量					
成品油	98. 530	83. 930	104. 150	120. 600	128. 558
其中：					
汽油	19. 950	23. 790	26. 756	24. 880	32. 179
柴油	49. 400	40. 890	52. 127	67. 140	72. 267
重油	17. 660	6. 760	7. 107	8. 830	5. 968
煤油		0. 290	0. 407	5. 00	0. 489
航空燃油	8. 330	12. 199	17. 755	19. 250	17. 655
化肥	35. 110	37. 960	45. 427	41. 930	46. 426
其中：					
硫酸铵	6. 870	9. 240	10. 405	10. 360	10. 985
尿素	9. 850	2. 210	6. 208	6. 080	4. 766
氮磷钾复合肥	2. 450	2. 230	3. 124	2. 620	5. 039
磷酸二铵（DAP）	7. 050	9. 600	9. 788	8. 030	8. 801
氯化钾和硫酸钾	6. 660	9. 880	9. 717	10. 090	11. 759
其他	2. 230	4. 810	6. 183	4. 750	5. 077
钢铁	90. 820	117. 530	155. 132	183. 280	149. 852

续表

	2010 年	2014 年	2015 年	2016 年	2017 年初算
其中					
钢坯	20.090	6.190	19.265	11.060	2.820
汽车	538.99	705.16	1261.63	1129.32	972.13
其中:					
9 座以下汽车	356.54	315.38	514.27	505.98	388.32
9 座以上汽车	4.15	9.33	12.55	9.01	7.45
卡车	144.58	234.76	489.91	474.17	449.06
其他类汽车	33.72	145.69	244.90	140.16	127.30

表 14　2010～2017 年越南主要经济指标（当年价）

	2010 年	2014 年	2015 年	2016 年	2017 年初算
国内生产总值（十亿越南盾）	2157828	3937856	4192862	4502733	5005975
人均国内生产总值					
单位:千越南盾	24818	43402	45719	48577	53442
单位:美元	1273	2052	2109	2215	2389
资本积累（十亿越南盾）	770211	1056632	1160447	1196739	1330694
最终消费（十亿越南盾）	1565602	2838048	3115085	3379404	3731554
货物和服务出口额（十亿越南盾）	1553687	3402495	3764320	4215636	5085742
货物和服务进口额（十亿越南盾）	1730902	3273530	3731151	4100294	4945460
国家总收入（十亿越南盾）	2075578	3750823	3977609	4314321	4764958
按照 2010 年价格					
国内生产总值（十亿越南盾）	2157828	2695796	2875856	3054470	3262548
国内生产总值增长率（%）	6.42	5.98	6.68	6.21	6.81
在国内生产总值中所占比例（%）					
资本积累	35.69	26.83	27.68	26.58	26.58
固定资本	32.64	23.83	24.66	23.68	23.78
最终消费	72.55	72.07	74.29	75.05	74.54
货物和服务出口额	72.00	86.40	89.78	93.62	101.59
货物和服务进口额	80.21	83.13	88.99	91.06	98.79
国家总收入	96.19	95.25	94.87	95.82	95.19

表 15   2010～2017 年越南交通部门运输商品总量

单位：万吨

年份	总量	其中				
		铁路	公路	内河航运	海运	空运
2010	800886.0	7861.5	587014.2	144227.0	61593.2	190.1
2011	885681.5	7285.1	654127.1	160164.5	63904.5	200.3
2012	961128.4	6952.1	717905.7	174385.4	61694.2	191.0
2013	1010413.9	6525.9	763790.0	181212.7	58701.6	183.7
2014	1078580.9	7178.9	821700.0	190600.0	58900.0	202.0
2015	1146895.7	6707.0	877628.4	201530.7	60800.0	229.6
2016	1255458.2	5209.0	969721.0	215768.2	64474.4	285.6
2017 初算	1378999.8	5636.1	1070572.0	231950.8	70535.0	305.9
发展指数（上年为100%）						
2010	111.9	95.3	114.3	104.7	110.4	136.2
2011	110.6	92.7	111.4	111.1	103.8	105.4
2012	108.5	95.4	109.8	108.9	96.5	95.4
2013	105.1	93.9	106.4	103.9	95.1	96.2
2014	106.7	110.0	107.6	105.2	100.3	109.9
2015	106.3	93.4	106.8	105.7	103.2	113.7
2016	109.5	77.7	110.5	107.1	106.0	124.4
2017 初算	109.8	108.2	110.4	107.5	109.4	107.1

表 16   2010～2016 年越南企业生产经营收入（按企业类型划分）

单位：万亿越南盾；个；%

	2010 年	2013 年	2014 年	2015 年	2016 年
项目					
总额	7487.7	12201.7	13516.0	14949.2	17436.4
国有企业	2033.5	2943.7	2960.8	2722.2	2865.5
100% 国有资本企业	1517.6	1933.5	1785.4	1666.0	1811.3
超过 50% 国有资本企业	515.9	1010.2	1175.4	1056.2	1054.2
非国有企业	4068.2	6203.6	7039.5	8075.1	9762.1
私人企业	391.4	496.8	532.7	516.2	541.7
联营公司	0.4	1.1	1.0	2.0	1.6
有限责任公司	1865.9	3070.1	3577.0	4137.2	5062.8
国有股份制公司	432.9	488.0	486.7	474.0	460.3
非国有股份制公司	1377.6	2147.6	2442.1	2945.7	3695.7

续表

	2010 年	2013 年	2014 年	2015 年	2016 年
项目					
外资企业	1386.0	3054.4	3515.7	4151.9	4808.8
外商独资企业	943.6	2435.0	2861.2	3502.9	4050.5
合资企业	442.4	619.4	654.5	649.0	758.3
结构					
总数	100.00	100.00	100.00	100.00	100.00
国有企业	27.16	24.13	21.90	18.21	16.43
100%国有资本企业	20.27	15.85	13.20	11.14	10.39
超过50%国有资本企业	6.89	8.28	8.70	7.07	6.05
非国有企业	54.33	50.84	52.08	54.02	55.99
私人企业	5.23	4.07	3.94	3.46	3.11
联营公司	0.01	0.01	0.01	0.01	0.01
有限责任公司	24.91	25.16	26.46	27.68	29.04
国有股份制公司	5.78	4.00	3.60	3.17	2.64
非国有股份制公司	18.40	17.60	18.07	19.70	21.20
外资企业	18.51	25.03	26.02	27.77	27.58
外商独资企业	12.60	19.96	21.18	23.43	23.23
合资企业	5.91	5.07	4.84	4.34	4.35

表 17　2010～2017 年越南大学教育情况统计

项目	2010 年	2014 年	2015 年	2016 年	2017 年初算
高等院校数量(所)	188	219	223	235	235
公立学校	138	159	163	170	170
非公立学校	50	60	60	65	65
教师数量(万人)	5.10	6.57	6.96	7.28	7.50
公立学校	4.34	5.27	5.54	5.76	5.93
非公立学校	0.76	1.30	1.42	1.52	1.57
在校大学生数量(万人)	143.59	182.43	175.32	176.79	169.59
公立学校	124.64	159.67	152.08	152.39	143.26
非公立学校	18.95	22.76	23.24	24.40	26.33
毕业大学生数量(万人)	18.74	35.39	35.28	30.56	31.95
公立学校	16.62	30.26	30.78	26.84	28.20
非公立学校	2.12	5.13	4.50	3.72	3.75

续表

项目	2010 年	2014 年	2015 年	2016 年	2017 年初算
发展指数（上年为 100%）					
高等院校数量	108.5	102.3	104.2	105.4	100.0
公立学校	108.7	101.9	104.5	104.3	100.0
非公立学校	108.0	103.4	103.4	108.3	100.0
教师数量	117.1	100.7	106.7	104.6	103.0
公立学校	114.6	100.4	105.5	104.0	102.8
非公立学校	131.4	102.1	111.7	106.8	103.8
在校大学生数量	100.8	109.2	105.0	100.8	95.9
公立学校	101.0	106.9	101.8	100.2	94.0
非公立学校	99.8	128.8	131.5	105.0	107.9
毕业大学生数量	124.3	144.5	144.1	86.6	104.6
公立学校	121.1	142.5	101.7	87.2	105.1
非公立学校	149.2	157.7	87.7	82.7	100.9

表 18　2010～2017 年越南普通教育情况统计（9 月 30 日时点）

项目	2010～2011 年	2014～2015 年	2015～2016 年	2016～2017 年	2017～2018 年初算
学校数量（所）	28593	28922	28951	28791	28710
小学学校	15242	15277	15254	15052	14937
初中学校	10143	10293	10312	10155	10091
高中学校	2288	2386	2399	2391	2398
小学和初中一体化学校	601	585	597	773	848
初中和高中一体化学校	319	381	389	420	436
教师数量（万人）	830.9	856.7	861.3	858.8	853.0
小学学校	365.8	392.1	396.9	397.1	396.6
初中学校	316.2	312.6	313.5	311.0	306.1
高中学校	148.9	152.0	150.9	150.7	150.3
在校学生数量（万人）	14792.8	15082.4	15353.8	15514.3	15923.7
小学学校	7043.3	7543.7	7790.0	7801.6	8041.8
初中学校	4945.2	5098.8	5138.7	5235.5	5373.3
高中学校	2804.3	2439.9	2425.1	2477.2	2508.6

资料来源：越南统计总局《2017 年统计年鉴》，越南统计出版社，2018。

B.19
主要参考文献和资料来源

一　越南文

1. 越南《共产主义杂志》2018 年各期。

2. 越南《数字与事件》杂志 2018 年各期。

3. 越南《经济与预测》杂志 2018 年各期。

4. 越南《工业》杂志 2018 年各期。

5. 越南《农业》杂志 2018 年各期。

6. 越南《商业》杂志 2018 年各期。

7. 越南《财政》杂志 2018 年各期。

8. 越南《旅游》杂志 2018 年各期。

9. 越南《通信和传媒技术》杂志 2018 年各期。

10. 越南《海洋》杂志 2018 年各期。

11. 越南统计总局：《2016 年越南统计年鉴》，越南统计出版社，2018。

12. 2018 年越南《人民军队报》。

13. 越南共产党电子报，http：//www. cpv. org. vn/。

14. 越南中央政府网站，http：//www. chinhphu. vn/。

15. 越南国家统计总局网站，http：//www. gso. gov. vn/。

16. 越南计划投资部网站，http：//www. mpi. gov. vn/。

17. 越南农业与农村发展部网站，http：//www. agroviet. gov. vn/。

18. 越南工贸部网站，http：//www. moit. gov. vn/。

19. 越南财政部网站，http：//www. mof. gov. vn/。

20. 越南科技部网站，http：//www. most. gov. vn/。

21. 越南国防部网站，http：//www. mod. gov. vn/。

22. 越南海警网，http：//canhsatbien. vn/。

23. 越南水产总局网站，https：//tongcucthuysan. gov. vn/。

24. 越南《人民报》网站，http：//www. nhandan. org. vn/。

25. 越南《人民军队报》网站，http：//www. qdnd. vn/。

26. 越南《共产主义杂志》网站，http：//www. tapchicongsan. org. vn/。

27. 越南《全民国防杂志》网站，http：//www. tapchiqptd. vn/。

28. 越南《防空空军报》网站，http：//www. phongkhongkhongquan. vn/。

29. 越南《海军报》网站，http：//www. baohaiquanvietnam. vn。

30. 越南《越土报》网站，http：//baodatviet. vn/。

31. 《越南经济时报》网站，http：//vneconomy. vn/。

32. 越南《前锋报》网站，https：//www. tienphong. vn/。

33. 越南网，https：//vietnamnet. vn/。

34. 越南通讯社。

二　中文

1. 中华人民共和国驻越南大使馆经济商务参赞处网站，http：//vn. mofcom. gov. cn/。

2. 中华人民共和国驻胡志明市总领事馆经济商务室网站，http：// hochiminh. mofcom. gov. cn/。

3. 新华网，http：//www. xinhuanet. com/。

皮 书

智库报告的主要形式
同一主题智库报告的聚合

✦ 皮书定义 ✦

皮书是对中国与世界发展状况和热点问题进行年度监测，以专业的角度、专家的视野和实证研究方法，针对某一领域或区域现状与发展态势展开分析和预测，具备前沿性、原创性、实证性、连续性、时效性等特点的公开出版物，由一系列权威研究报告组成。

✦ 皮书作者 ✦

皮书系列报告作者以国内外一流研究机构、知名高校等重点智库的研究人员为主，多为相关领域一流专家学者，他们的观点代表了当下学界对中国与世界的现实和未来最高水平的解读与分析。截至2020年，皮书研创机构有近千家，报告作者累计超过7万人。

✦ 皮书荣誉 ✦

皮书系列已成为社会科学文献出版社的著名图书品牌和中国社会科学院的知名学术品牌。2016年皮书系列正式列入"十三五"国家重点出版规划项目；2013~2020年，重点皮书列入中国社会科学院承担的国家哲学社会科学创新工程项目。

中国皮书网

（网址：www.pishu.cn）

发布皮书研创资讯，传播皮书精彩内容
引领皮书出版潮流，打造皮书服务平台

栏目设置

◆ **关于皮书**
何谓皮书、皮书分类、皮书大事记、
皮书荣誉、皮书出版第一人、皮书编辑部

◆ **最新资讯**
通知公告、新闻动态、媒体聚焦、
网站专题、视频直播、下载专区

◆ **皮书研创**
皮书规范、皮书选题、皮书出版、
皮书研究、研创团队

◆ **皮书评奖评价**
指标体系、皮书评价、皮书评奖

◆ **互动专区**
皮书说、社科数托邦、皮书微博、留言板

所获荣誉

◆ 2008 年、2011 年、2014 年，中国皮书
网均在全国新闻出版业网站荣誉评选中
获得"最具商业价值网站"称号；
◆ 2012 年，获得"出版业网站百强"称号。

网库合一

2014 年，中国皮书网与皮书数据库端口
合一，实现资源共享。

权威报告·一手数据·特色资源

皮书数据库
ANNUAL REPORT(YEARBOOK)
DATABASE

分析解读当下中国发展变迁的高端智库平台

所获荣誉

- 2019年，入围国家新闻出版署数字出版精品遴选推荐计划项目
- 2016年，入选"'十三五'国家重点电子出版物出版规划骨干工程"
- 2015年，荣获"搜索中国正能量 点赞2015""创新中国科技创新奖"
- 2013年，荣获"中国出版政府奖·网络出版物奖"提名奖
- 连续多年荣获中国数字出版博览会"数字出版·优秀品牌"奖

成为会员

通过网址www.pishu.com.cn访问皮书数据库网站或下载皮书数据库APP，进行手机号码验证或邮箱验证即可成为皮书数据库会员。

会员福利

- 已注册用户购书后可免费获赠100元皮书数据库充值卡。刮开充值卡涂层获取充值密码，登录并进入"会员中心"—"在线充值"—"充值卡充值"，充值成功即可购买和查看数据库内容。
- 会员福利最终解释权归社会科学文献出版社所有。

社会科学文献出版社 皮书系列
SOCIAL SCIENCES ACADEMIC PRESS(CHINA)

卡号：586532595341
密码：

数据库服务热线：400-008-6695
数据库服务QQ：2475522410
数据库服务邮箱：database@ssap.cn
图书销售热线：010-59367070/7028
图书服务QQ：1265056568
图书服务邮箱：duzhe@ssap.cn

S 基本子库
SUB DATABASE

中国社会发展数据库（下设 12 个子库）

整合国内外中国社会发展研究成果，汇聚独家统计数据、深度分析报告，涉及社会、人口、政治、教育、法律等 12 个领域，为了解中国社会发展动态、跟踪社会核心热点、分析社会发展趋势提供一站式资源搜索和数据服务。

中国经济发展数据库（下设 12 个子库）

围绕国内外中国经济发展主题研究报告、学术资讯、基础数据等资料构建，内容涵盖宏观经济、农业经济、工业经济、产业经济等 12 个重点经济领域，为实时掌控经济运行态势、把握经济发展规律、洞察经济形势、进行经济决策提供参考和依据。

中国行业发展数据库（下设 17 个子库）

以中国国民经济行业分类为依据，覆盖金融业、旅游、医疗卫生、交通运输、能源矿产等 100 多个行业，跟踪分析国民经济相关行业市场运行状况和政策导向，汇集行业发展前沿资讯，为投资、从业及各种经济决策提供理论基础和实践指导。

中国区域发展数据库（下设 6 个子库）

对中国特定区域内的经济、社会、文化等领域现状与发展情况进行深度分析和预测，研究层级至县及县以下行政区，涉及地区、区域经济体、城市、农村等不同维度，为地方经济社会宏观态势研究、发展经验研究、案例分析提供数据服务。

中国文化传媒数据库（下设 18 个子库）

汇聚文化传媒领域专家观点、热点资讯，梳理国内外中国文化发展相关学术研究成果、一手统计数据，涵盖文化产业、新闻传播、电影娱乐、文学艺术、群众文化等 18 个重点研究领域。为文化传媒研究提供相关数据、研究报告和综合分析服务。

世界经济与国际关系数据库（下设 6 个子库）

立足"皮书系列"世界经济、国际关系相关学术资源，整合世界经济、国际政治、世界文化与科技、全球性问题、国际组织与国际法、区域研究 6 大领域研究成果，为世界经济与国际关系研究提供全方位数据分析，为决策和形势研判提供参考。

法律声明

　　"皮书系列"（含蓝皮书、绿皮书、黄皮书）之品牌由社会科学文献出版社最早使用并持续至今，现已被中国图书市场所熟知。"皮书系列"的相关商标已在中华人民共和国国家工商行政管理总局商标局注册，如LOGO（ ▉ ）、皮书、Pishu、经济蓝皮书、社会蓝皮书等。"皮书系列"图书的注册商标专用权及封面设计、版式设计的著作权均为社会科学文献出版社所有。未经社会科学文献出版社书面授权许可，任何使用与"皮书系列"图书注册商标、封面设计、版式设计相同或者近似的文字、图形或其组合的行为均系侵权行为。

　　经作者授权，本书的专有出版权及信息网络传播权等为社会科学文献出版社享有。未经社会科学文献出版社书面授权许可，任何就本书内容的复制、发行或以数字形式进行网络传播的行为均系侵权行为。

　　社会科学文献出版社将通过法律途径追究上述侵权行为的法律责任，维护自身合法权益。

　　欢迎社会各界人士对侵犯社会科学文献出版社上述权利的侵权行为进行举报。电话：010-59367121，电子邮箱：fawubu@ssap.cn。

社会科学文献出版社